Ravensburger Malschule

Grund- und Aufbaukurs
in zwölf Monatslektionen

Ian Simpson, Tom Robb
und Fred Cuming

Ravensburger Malschule

Grund- und Aufbaukurs
in zwölf Monatslektionen

Otto Maier Ravensburg

Die englische Originalausgabe erschien unter dem Titel »Painter's Progress« bei Allen Lane – Penguin Books Ltd, London
(ISBN der Originalausgabe: 0 7139 1488 2)

Übersetzung: Dr. Hajo Düchting und
Beate Wellmann (Anhang)
Satz: acomp, Wemding
Gesamtherstellung: Druckerei Ernst Uhl, Radolfzell
Printed in Germany

92 91 90 5

ISBN 3-473-48351-6

Vorwort

Die zwölf Lektionen der Ravensburger Malschule sollen Ihnen das Zeichnen in verschiedenen Techniken und das Malen in Wasserfarben und Ölfarben vermitteln. Die Übungen sind für jeden geeignet, der bereit ist, regelmäßg ein wenig Zeit aufzubringen.
Wir sind von den zwei Voraussetzungen ausgegangen, daß jeder Zeichnen und Malen lernen kann und daß jeder Kunstunterricht mit der Beobachtung der gegenständlichen Welt um uns herum anfangen sollte. Die erste Annahme wird in unserer Einleitung erläutert. Die zweite ist eher praktisch als dogmatisch zu verstehen. Es gibt natürlich viele Wege, ein so vielfältiges und subjektives Fach wie Kunst zu lehren. Doch als ausübende Künstler und Kunsterzieher glauben wir, daß technisches Können, egal in welchem Medium, ein gründliches Naturstudium voraussetzt. Die besten Motive, für Anfänger wie für Fortgeschrittene, sind die Gegenstände in Ihrer Umgebung, die Szene vor dem Fenster oder die Landschaft vor Ihren Augen.
Wenn Sie erst einmal gelernt haben, die Gegenstände Ihres Alltags bewußt wahrzunehmen, werden Sie auch mit verschiedenen Techniken experimentieren können, um sich Ihre Welt der Imagination und Intuition zu erschließen. In dieser Malschule geben Ihnen gleich drei Lehrer Übungsvorschläge zu den verschiedensten technischen Fragen.
Der ganze Kurs mit seinen zwölf Abschnitten sollte den Zeitraum eines Jahres beanspruchen, für jede Lektion brauchen Sie etwa einen Monat, und fünf bis zehn Stunden die Woche. Falls Sie mehr Zeit zur Verfügung haben, finden Sie in jeder Lektion noch genügend weitere Anregungen.
Andere mögen es wiederum schwierig finden, diesen Zeitplan bei allen beruflichen und privaten Verpflichtungen einzuhalten. Die einzelnen Lektionen sind jedoch so in sich abgeschlossen, daß man zwischen den Abschnitten auch größere Pausen einlegen kann. Natürlich erzielt man mit regelmäßiger Arbeit die besten Ergebnisse! Aber das Beste ist ja oft nicht zu verwirklichen! Deshalb lassen Sie sich nicht durch Zeitmangel entmutigen: Das Wichtigste ist erst mal, anzufangen.
Zu jeder Lektion gibt es eine kurze kunsthistorische Einleitung zur Entwicklung der Kunst. Am Ende des Buches werden bekannte Maler in Kurzbiografien und wichtige Museen und Galerien vorgestellt. Ein Verzeichnis der gebräuchlichsten (leider oft mißbrauchten) Kunstbegriffe soll die Lektüre der empfohlenen Literatur erleichtern. Den Einkaufsführer werden Sie vielleicht angesichts der riesigen Auswahl an Zeichen- und Malmaterialien als Segen empfinden. Ein Namens- und Themenverzeichnis schließt den Anhang ab. Wir bedanken uns bei allen, die uns mit Abbildungen versorgt haben. Diese sind im Text betitelt, während Skizzen und Abbildungsbeispiele aus Autorenhand keinen Titel tragen.

Ian Simpson
Tom Robb
Fred Cuming

Inhalt

Teil I
Einführung in die künstlerische Wahrnehmung 11

Lektion 1
Zeichnen
19

Lektion 2
Malen mit Wasserfarben
55

Lektion 3
Malen mit Ölfarben
95

Teil II
Der Künstler bei der Arbeit 135

Lektion 4
Stillebenmalerei
137

Lektion 5
Innenräume
177

Lektion 6
Von drinnen nach draußen
217

Lektion 7
Wir arbeiten im Freien
257

Lektion 8
Landschaftsmalerei
297

Lektion 9
Stadtansichten
337

Lektion 10
Seestücke und Wasserlandschaften
377

Lektion 11
Figurenmalerei
417

Lektion 12
Porträts
457

Anhang 496

Gliederung

11 TEIL I EINFÜHRUNG IN DIE KÜNSTLERISCHE WAHRNEHMUNG
13 Wir lernen, Farbe zu sehen
16 Ein Experiment

19 **Lektion 1 Zeichnen**
22 Zeichenmaterial
28 Das nötige Geschick bei Arbeitsbeginn
30 Zum Gebrauch von Pastellfarben
32 Wie man ein Maßgitter benutzt
34 Eine Pastellzeichnung
36 Perspektive
40 Einfache Formen
44 In Tonwerten zeichnen
46 Zeichnen mit Linien und Tonwerten
48 Zur Verwendung von Fotografien
50 Pflanzen zeichnen
52 Ein Blick auf Zeichnungen

55 **Lektion 2 Malen mit Wasserfarben**
58 Von der Zeichnung zur Malerei
60 Malmaterial
68 Arbeitsbeginn
69 Eine erste Skizze
70 Wie man eine Lavierung anlegt
71 Auswaschen
72 Komposition
74 Wie man einen Suchrahmen herstellt
75 Praktische Beispiele
76 Zum Gebrauch von Tonwerten
77 Eine Perspektive in Tonwerten
78 Wir bereiten farbig angelegte Hintergründe vor
80 Die ersten Aufgaben
82 Weitere Aufgaben mit Tonabstufungen
84 Ein Blick in den Garten
86 Tonwert und Farbe
88 Unser erstes Blumenbild
92 Ein Blick auf Aquarelle

95 **Lektion 3 Malen mit Ölfarben**
98 Ein Farbenkreis in Öl
100 Material
108 Wir beginnen mit der Arbeit
110 Impasto: eine besondere Ölmaltechnik
112 Eine Übung mit verschiedenen Bildgründen
114 Andere Bildgründe
116 Vorzeichnung in der Ölmalerei
118 Eine erste Übung
120 Elemente der Komposition
122 Perspektive und Farbe
124 Wie man Tonwerte in Kompositionen einsetzt
126 Farbe und Licht
128 Einige Gedanken zur Malerei
130 Noch eine Farbstudie
132 Wir betrachten ein Ölbild

135 TEIL II DER KÜNSTLER BEI DER ARBEIT

137 **Lektion 4 Stillebenmalerei**
140 Wir beginnen mit der Arbeit
142 Wie man ein Stilleben aufbaut
144 Eine Übung mit Töpfen und Pfannen
146 Ein Stilleben mit Früchten und Vase
148 Erste Übung Weiß in Weiß
149 Zweite Übung Weiß in Weiß
150 Eine Grundübung in Aquarell
152 Eine Variante mit Weinflasche und Früchten
154 Noch eine Variante
156 Ungewöhnliche Stilleben
158 Wir studieren Formen
160 Pflanzen und Blumen
166 Ein Stilleben in Öl
168 Ein Stilleben mit Patchworkdecke
172 Noch einige Vorschläge

177 **Lektion 5 Innenräume**
180 Wir beginnen mit der Arbeit
181 Komposition
182 Ein Zimmer in richtiger Perspektive
184 Texturen und Stoffe
186 Eine Stuhlskizze in Contékreide
188 Wir zeichnen einen Raumausschnitt
192 Wie man Raum in einem Zimmer darstellt
194 Eine Stuhlstudie in Aquarell
196 Wir malen ein ganzes Zimmer
202 Die Küche als Bildmotiv
204 Nahe und ferne Formen
206 Details an Gegenständen
208 Ölstudie eines Tisches vor einer Wand
210 Wahrnehmung von Tiefe
212 Eine Malübung mit Mustern
214 Noch ein paar Übungsvorschläge

217 **Lektion 6 Von drinnen nach draußen**
220 Wir beginnen mit der Arbeit
222 Größenordnung
224 Tiefenwirkung
226 Eine Nachtszene
228 Eine Ansicht von oben
230 Tonwert-Variationen
232 Kontraste in Farbe und Tonwert für drinnen und draußen
234 Wir malen eine offene Tür
238 Asymmetrische und symmetrische Einrahmung
240 Eine Übung zur Einheit in der Farbgebung
242 Persönlichen Stil in der Ölmalerei entwickeln
246 In einem Geschäft
248 Das Licht drinnen und draußen
250 Blick aus einem Gewächshaus
252 Heller Innenraum und dunkler Außenraum
254 Weitere Übungsvorschläge

257 **Lektion 7 Wir arbeiten im Freien**
260 Wir beginnen mit der Arbeit
262 Erste Vorskizzen
264 Skizzen umsetzen
266 Wir halten Tonwerte fest
268 Aquarellskizzen
270 Schnelle monochrome Skizzen
272 Vorbereitete Lavierungen
274 Im Winter arbeiten
276 Zur Richtung des Lichteinfalls
278 Draußen zeichnen
280 Farben der Jahreszeiten
282 Probleme mit dem Wetter
284 Eine Jahreszeitenpalette in Aquarellfarben
286 Wir malen draußen
288 Eine Jahreszeitenpalette in Ölfarben
290 Skizzen von Stadt-Landschaften
292 Wetterstudien
294 Studien von Figuren

297 **Lektion 8 Landschaftsmalerei**
300 Wir beginnen mit der Arbeit
302 Perspektive und Blickwinkel
304 Eine geometrische Komposition
305 Eine Kompositionsübung
306 Eine Collage-Komposition
307 Eine abstrakte Komposition
308 Malerei mit Farbfeldern
309 Landschaftsstrukturen
310 Gebäude
311 Bäume und Hecken
312 Himmel und Wolken
313 Tusche und Lavierung
314 Skizzen und Notizen zur Landschaft
315 Mischtechniken
316 Fünf-Minuten-Studien
318 Die Trockenpinseltechnik
320 Skizzen umsetzen
322 Ein erstes Landschaftsbild in Aquarell
326 Eine Landschaft in Ölmalerei
328 Maltechniken mit Acrylfarbe
330 Einige besondere Öltechniken
332 Ein Landschaftsbild in Öltechnik
334 Noch einige Übungsvorschläge

337 **Lektion 9 Stadtansichten**
340 Wir betrachten Stadtszenen
342 Wir beginnen mit der Arbeit
344 Ein Blick aus der Höhe
346 Ein Blick vom Boden aus
350 Gebäude im Detail
352 Details und Perspektive
356 Leute in Städten
358 Eine Straßenszene in Aquarell
362 Wie man im richtigen Größenverhältnis arbeitet
364 Wie man Formblöcke auftaut
366 Eine Vorstadtstraßenszene in Öltechnik
370 Der reisende Künstler
372 Stadtgärten und Parks
374 Weitere Übungsvorschläge

377 **Lektion 10 Seestücke und Wasserlandschaften**
380 Ein Blick auf Wasserlandschaften
382 Wir beginnen mit der Arbeit
384 Wir zeichnen Boote
386 Spiegelungen im Wasser zeichnen
388 Studie eines Wasserfalls
390 Verschiedene Wellenformen in Aquarelltechnik
392 Wasserlandschaften in Pastell
394 Wir malen eine Strandszene
398 Noch mehr Boote
400 Sommer und Herbst am Wasser in Aquarelltechnik
402 Ein Skizzenbuch für Wasseransichten
404 Wasserlandschaften in der Ölmalerei
406 Hafenszenen
410 Ein Seemotiv in Öltechnik
414 Weitere Übungen

417 **Lektion 11 Figurenmalerei**
420 Der menschliche Körper
422 Wir beginnen mit der Arbeit
424 Anatomie
426 Wir zeichnen eine stehende Figur
428 Wir zeichnen eine arbeitende Figur
430 Der Goldene Schnitt
432 Eine einfache Figurenstudie in Aquarell
434 Gleichgewicht und Bewegung
436 Erste Zeichenübungen der Körperteile
438 Köpfe zeichnen
440 Fleischtöne in Aquarell
442 Wir malen einen Akt in Aquarell
446 Figurenstudien in Öltechnik
447 Hauttöne in Öltechnik
448 Eine Ölfarbenkomposition
450 Eine Schattenstudie
452 Ölstudie einer Frau am Fenster
454 Noch ein Übungsvorschlag

457 **Lektion 12 Porträts**
460 Was ein Porträt ausmacht
462 Wir beginnen mit der Arbeit
464 Pastellstudien
466 Ein Selbstporträt in Pastell
470 Eine Profilstudie
472 Wir nehmen eine Vorlage
473 Wie man Ähnlichkeit erzielt
474 Asymmetrie
475 Haltungen
476 Kompositionsstützen im Hintergrund
478 Ein Porträt in Aquarell
482 Porträts in Öltechnik
486 Ein Doppelporträt
490 Wir verbinden alle erlernten Fähigkeiten
494 Noch ein Übungsvorschlag

496 **Anhang**
497 Künstlerbiografien
502 Einkaufshilfen
503 Glossar
506 Museen und öffentliche Galerien in Deutschland
508 Internationale Museen und öffentliche Galerien
508 Hochschulen und Akademien der Künste
509 Vereinigungen und Verbände
509 Literatur
510 Stichwortregister

Teil I

Einführung in die künstlerische Wahrnehmung

Ein Maler muß genauso sehen lernen, wie ein Sportler atmen und sich bewegen oder ein Musiker hören lernen muß. Künstlerische Wahrnehmung ist die Weiterentwicklung unserer natürlichen Sehfähigkeit. Wir kennen heute einige sehr interessante wissenschaftliche Konzepte über die Funktion des Gehirns für den Sehprozeß. In zahlreichen Experimenten versucht man, bisher unbekannte Verbindungen zwischen Auge und Gehirn zu erforschen, besonders jene, die für die künstlerische Einbildungskraft zuständig sein sollen.
Schon jetzt scheint sich die Annahme vieler Künstler und Kunsterzieher zu bestätigen, daß das Gehirn alles das aus den Sehinformationen auswählt und in den manuellen Prozeß weiterleitet, was für den Vorgang des Malens und Zeichnens notwendig ist. Mit einiger Übung lassen sich Auge und Gehirn anleiten, auf Umriß, Form, Farbe und Raum zu achten und diese Informationen so klar wie möglich in die Tätigkeit des Zeichnens und Malens umzusetzen.
Der Sehvorgang setzt ein, sobald Lichtstrahlen auf die Linsen des Auges fallen. Die Augenlinsen bündeln die Strahlen zu einem scharfen, aber umgekehrten Bild auf der Retina – ähnlich wie eine Kamera ein Foto macht. Diese Lichtstrahlen werden dann aber in Nervenimpulse umgewandelt, an bestimmte Teile des Gehirns weitergeleitet und dort sinnvoll interpretiert.
Das Auge ist also zunächst nur für den mechanischen Vorgang der Wahrnehmung verantwortlich. Das Ge-

Paar in Tracht, Korsuth

hirn sammelt, organisiert und verwertet diese Bilder. In der Entschlüsselung der erhaltenen Botschaften zeigt es sich erstaunlich leistungsfähig.
Mit Hilfe des gesamten gespeicherten Wissens vermag es aus einer noch so bruchstückhaften Information eine vollständige und sinnvolle Nachricht über unsere Welt zusammenzusetzen.
Um künstlerisches Sehen zu erlernen, müssen wir allerdings darauf achten, die Schlüsse der alltäglichen Wahrnehmung, die ja auf die praktische Anwendung Leben gerichtet ist, zu unterdrücken. Die künstlerische Wahrnehmung ist eine Art »reine Wahrnehmung«, d.h. losgelöst von begrifflichen und praktisch umsetzbaren Vorstellungen, einzig auf das Sehen von Farben und Formen gerichtet.
Die Informationen der alltäglichen Wahrnehmung kann der Künstler zur Identifikation des Gesehenen und als Signal oder Auslöser für die künstlerische Umsetzung einsetzen. Dem fertigen Bild muß der Betrachter wiederum genügend Information entnehmen können, um den vom Künstler gemeinten Gegenstand wiederzuerkennen.
Ein erfahrener Künstler kann auch ein ganz subjektives Bild der Realität entwerfen. Die flachen Formen einer von Matisse gemalten Blume z.B. haben viele Bedeutungsebenen. Matisse war aber genauso fähig, die Natur genau und detailliert wiederzugeben. Umwandlung oder sogar expressive Verzerrung der Realität sollten immer das Ergebnis von Wissen und nicht Zeichen von Ignoranz sein!
Für die Wahrnehmung spielen besonders zwei Faktoren eine große Rolle. Zunächst das Wiedererkennen: Das Gehirn benötigt nicht jede einzelne Detailinformation über einen Gegenstand, um ihn zu identifizieren. Einige wenige Anhaltspunkte genügen, um die Erinnerung an den bestimmten Gegenstand wachzurufen.
Der zweite Faktor, die Auswahl aus dem visuellen Angebot, erfordert noch mehr Unterscheidungsvermögen. Die wesentlichen Elemente müssen nämlich von den offensichtlichen (und damit überflüssigen) abgehoben werden. Die Linien und Zeichen auf dem Bild müssen ja das Gehirn des Betrachters anregen, das zu sehen, was der Künstler ihn sehen lassen möchte. Die Entwicklung dieses Unterscheidungsvermögens ist für jeden Kunstschüler wichtig! In den folgenden Monaten werden Sie lernen, Ihre Augen sorgfältiger und genauer als je zuvor zu benutzen.
Das Gehirn arbeitet übrigens nicht unpersönlich, also objektiv, sondern ist vorgeprägt durch die Vergangenheit des Individuums. Wie jeder Lehrer einer Aktzeichenklasse weiß, reagieren wir auf den nackten menschlichen Körper verschieden, und zwar nicht aufgrund der verschiedenen Blickwinkel der Schüler, sondern aufgrund unserer Vorstellungen von Nacktheit, die wir auf das Modell, sei es in einer idealen Form, oder als Nachahmung eines Stils, projizieren.
Diese Ideenschranke erkennen wir auch an Zeichnungen von Kindern, die den für sie wichtigsten Gegenstand betonen. Erwachsene handeln subtiler, verzerren aber die Realität auf ähnliche Weise und aus den gleichen Gründen. Der Zwiespalt zwischen Auge und Gehirn ist ein Hauptproblem für den Kunstschüler. Die Fähigkeit, objektiv zu sehen bzw. »künstlerisch«, gehört zu den grundlegenden, zu erlernenden Fertigkeiten eines Künstlers.
Das Gehirn ist oft nicht in der Lage oder sogar unwillig, genau das aufzuzeichnen, was das Auge sieht. Subjektive, gefühlsmäßige Antworten auf das Sehbild können zwar eingesetzt werden, um Stimmungen und Reaktionen des Betrachters auszulösen. Sie müssen aber gezielt und kontrolliert verwendet werden.
Bei der Umsetzung des Sehbildes in ein gemaltes oder gezeichnetes Bild gibt es noch zwei andere Probleme: die Tiefendimension und die Oberflächenbeschaffenheit, Textur genannt. Die gegenständliche Welt hat drei Dimensionen: Höhe, Breite und Tiefe. Die Oberflächen, auf denen wir malen, haben nur zwei Dimensionen: Höhe und Breite. Um das umzusetzen, was wir sehen, brauchen wir die Illusion der Tiefe und der Textur.
Wir haben zwei Möglichkeiten, die Illusion der Tiefe zu schaffen. Das erste Hilfsmittel ist die Perspektive, die über die Jahrhunderte zu einer mathematischen Formel für die Anlage von Fluchtpunkten entwickelt wurde. Die Regeln der Perspektive erscheinen zunächst kompliziert, sind aber im Grunde einfach. Perspektive ist vor allem für den Künstler wichtig, der aus der Phantasie arbeitet. Mit Hilfe der Perspektive kann er eine ganze Stadt oder auch nur eine Vase mit Blumen in den richtigen Proportionen und mit der Illusion von Tiefe und Materialität malen.
Die direkte und genaue Beobachtung der Realität ist die zweite Möglichkeit. Sobald Sie lernen, Winkel, Tonwerte und andere Beziehungen zwischen den Dingen zu sehen, werden Sie auch bald in der Lage sein, das aufzuzeichnen, was Sie vor sich sehen. Oberflächenstrukturen, das sind Texturen, können nur aus der direkten Beobachtung abgeleitet werden. Die Perspektive kann zwar die richtigen Umrisse der Formen wiedergeben, aber nur die genaue Naturbeobachtung kann Ihnen die vielen Details vermitteln, die eine Textur ausmachen und auf einem Bild den Eindruck von Plastizität geben.

Wir lernen, Farbe zu sehen

Um die vielen verschiedenen Aspekte der Farbe zu benennen, brauchen wir eigene Begriffe. Eine reine Farbe gibt es kaum in unserer Umgebung. Was wir als rot oder grün bezeichnen, heißt in der Sprache der Maler »Farbton«. Um den Farbton einer Farbe zu ändern, müssen wir eine andere Farbe hinzufügen.
Die Abstufungen eines Farbtons nach Dunkel durch Zumischen von Schwarz nennt man »Schattierung« oder »getrübte Farbe«. Eine »Abtönung« oder »aufgehellte Farbe« erhält man durch Zumischen von Weiß zu einer Farbe. Um den Übergang einer Farbe zu einer anderen zu beschreiben, verwendet man den Begriff »Farbstich«, z.B. Blau mit einem Grünstich. Der Begriff »Tonwert« bezeichnet die Wirkung von Hell und Dunkel in einem Bild.
Schließlich besitzen alle Farben einen unterschiedlichen Grad an Leuchtkraft. Farben verschiedener Farbtöne können den gleichen Tonwert haben und sehen doch anders aus. Dieser Unterschied besteht in dem »Sättigungsgrad« der Farbe oder ihrer »Intensität«.
Das Wort Farbe ist gewöhnlich ein Oberbegriff, der Farbton, Tonwert und Intensität einschließt. Wenn Sie einmal diese Eigenschaften der Farbe verstanden haben, fällt es Ihnen leicht, einen bestimmten Farbeffekt zu erzielen. Dann wissen Sie auch, warum eine Farbe innerhalb einer Komposition falsch wirkt.
Eine wichtige Funktion der Farbe ist die Ausdrucksmöglichkeit von Gefühlen. Schauen Sie sich die Arbeiten von Picassos Blauer Periode an oder die heftigen Farben in van Goghs letzten Bildern.
Auf Seite 15, in den Schritten 5, 6 und 7 der Übung für den Farbenkreis, finden Sie eine Beschreibung von primären, sekundären und tertiären Farben.
Um ganz kurz die warmen und kalten Farben anzusprechen: An Rot sich nähernde Farben sind warm, vibrierend, dominant, aggressiv und erregend. Warme Farben treten hervor. Nach Blau neigende Farben sind kühl, beruhigend, geheimnisvoll und melancholisch. Farben an diesem Ende des Spektrums scheinen zurückzuweichen. Die Sekundärfarben Grün und Violett enthalten warme und kalte Farbanteile und sind deshalb vielseitig verwendbar.
Die Art und Weise, wie ein Maler seine Farben benutzt, ist ein wichtiger Teil seiner künstlerischen Aussage. Malerei schließt den Gebrauch von Farben ein, seien es ungemischte, reine oder gemischte Farbtöne. Anfänger haben mit dem Ausmischen von Farben noch wenig Erfahrung gemacht. Es gibt zwar eine Grundformel für das Farbenmischen, doch erzielen die meisten Maler raffinierte Farbtöne durch erfahrenes Ausprobieren. Ihre Wahl wird vom Verständnis der Zusammensetzung der benutzten Pigmente und dem Wissen um die Farbgesetze bestimmt.

Vorschlag für eine Mischübung

Für einen ersten Versuch im Farbenmischen schlagen wir folgende Übung vor: Reißen Sie eine farbige Abbildung aus einer Illustrierten, schneiden Sie daraus einen Streifen von etwa 3 cm Breite und kleben ihn auf ein Blatt Zeichenpapier DIN A2.
Drücken Sie eine kleine Menge von jeder Primärfarbe, außerdem Schwarz und Weiß, auf die Palette und versuchen Sie, ähnliche Farbtöne wie auf dem Streifen auszumischen. Wahrscheinlich werden Sie die genauen Farben der Vorlage nicht treffen, da die Malfarben andere Zusammensetzungen haben als die Druckfarben.
Versuchen Sie trotzdem, der Vorlage so nahe wie möglich zu kommen.

Der Farbenkreis

Für diese Farbmischübung brauchen Sie:
Je eine Tube Acrylfarbe in Kadmiumrot, Kobaltblau und Kadmiumgelb, einen harten und einen weichen Bleistift, zwei Marderhaarpinsel Nr. 4, einige Blatt weißen Zeichenpapiers, ein Blatt Transparentpapier von der Größe des Buches, ein Zeichenbrett, ein Glas Wasser und einen weißen Teller oder eine Palette. Für diese erste Übung empfehlen wir Acrylfarben, da sie ihr Aussehen weder in trockenem noch in nassem Zustand verändern. Sie trocknen schnell und können leicht übermalt werden.
Diese Übung wird mindestens eine Stunde dauern. Falls Sie länger brauchen, liegt das nicht an Ihrer mangelnden Fähigkeit, sondern zeigt eher die angewandte Sorgfalt.

Schritt 1: Benutzen Sie den harten Bleistift, um den Kreis und seine Unterteilungen auf dem Transparentpapier nachzuzeichnen.

Schritt 2: Mit dem weichen Bleistift stricheln Sie auf der Rückseite des Transparentpapiers die Zeichnung gleichmäßig zu.

Schritt 3: Legen Sie das Transparentpapier auf ein Blatt Zeichenpapier, die zugestrichene Seite nach unten, und ziehen Sie die Linien nach. So pausen Sie die Zeichnung des Kreises auf das Zeichenpapier durch.

Schritt 4: Drücken Sie ein wenig von jeder Farbe auf Ihre Palette, und zwar in ausreichendem Abstand, damit die Farben nicht zusammenlaufen können.

Schritt 5: Nehmen Sie mit dem Pinsel Wasser auf, um die Farben zu verdünnen. Füllen Sie zunächst das rote Dreieck, dann das gelbe und schließlich das blaue aus. Lassen Sie die Mitte frei. Achten Sie darauf, daß der Pinsel jedesmal sorgfältig ausgewaschen wird, bevor die nächste Farbe aufgenommen wird. Verwenden Sie nicht zuviel Wasser: Jede Farbe soll gleichmäßig und dicht auf dem Papier stehen. Diese drei Grundfarben heißen Primärfarben.

Wenn Sie zwei von ihnen zusammenmischen, erhalten Sie die Sekundärfarben: Orange, Grün und Violett, nämlich aus der Mischung von Rot und Gelb, bzw. Blau und Gelb, bzw. Rot und Blau.

Schritt 6: Mischen Sie die Sekundärfarben aus, indem Sie kleine Mengen der einen Primärfarbe zur anderen hinzufügen, bis Sie einen Farbton erzielt haben, der halbwegs zwischen den Primärfarben zu liegen scheint. Ein Orange ist z. B. weder zu rot noch zu gelb. Testen Sie Ihre Farben zuerst auf einem Stück Papier.

Betrachten Sie nun den Farbenkreis. Sie werden sehen, daß die Sekundärfarben auch auf dem äußeren Ring vorkommen. Mischen Sie also genug Farbe aus, um die Dreiecke und den äußeren Ring auszumischen. Die Farben sollten Sie auf der Palette gut getrennt halten.

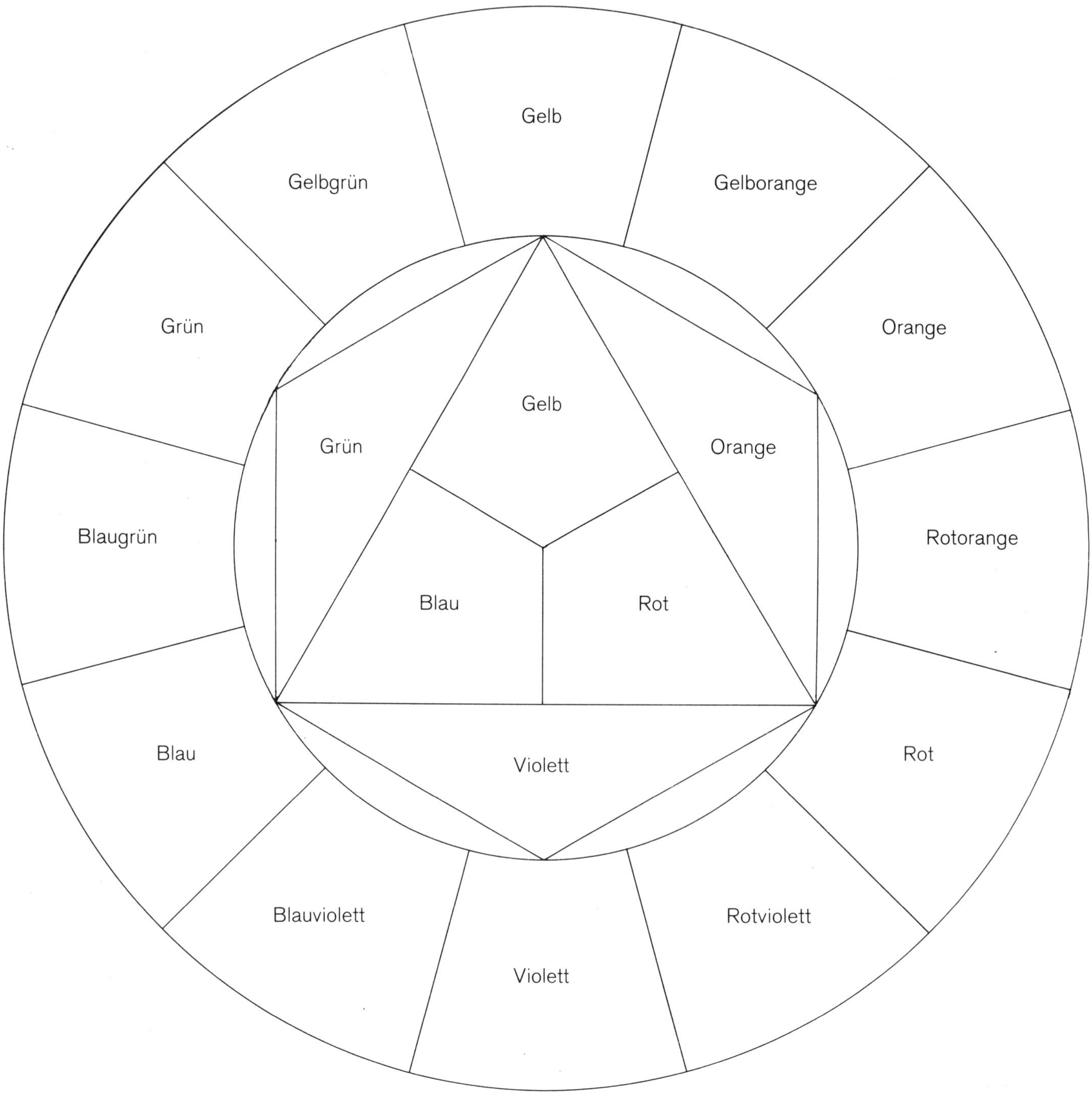

Schritt 7: Nun setzen Sie die Primärfarben in die richtigen Felder ein. Sechs Abschnitte sind jetzt ausgefüllt, und sechs leere Felder bleiben übrig. Dort werden die Tertiärfarben eingetragen: Rot-Orange, Gelb-Orange, Gelb-Grün, Blau-Grün, Blau-Violett, Rot-Violett. Tertiärfarben werden durch Mischen von einer Primärfarbe mit je einer Sekundärfarbe hergestellt.

Schritt 8: Mischen Sie die Tertiärfarben sorgfältig aus. Sie müssen wieder halbwegs zwischen der Primärfarbe und der Sekundärfarbe, aus denen sie jeweils gemischt sind, liegen.

Es macht erstaunliche Schwierigkeiten, zwölf unterschiedliche Farben in gleichem Farbabstand in den Kreis zu malen. Wenn Sie die großen Dreiecke ausmalen, werden Sie vielleicht feststellen, daß die Sekundärfarben nicht sorgfältig genug ausgemischt wurden und zu sehr der einen oder anderen Primärfarbe gleichen. Das wiederum beeinflußt den Farbton der Tertiärfarbe. Vielleicht ist es sogar nötig, die ganze Übung noch einmal zu wiederholen.

Dieser Farbkreis von Johannes Itten ist entnommen dem Buch »Kunst der Farbe«, Otto Maier Verlag, Ravensburg

Ein Experiment

Legen Sie ein beliebiges Buch auf einen Tisch, nahe an die Tischkante. Zeichnen Sie das Buch schnell mit Tinte oder Bleistift. Da Ihr Auge noch nicht geübt ist, werden Sie diese Übung vielleicht schwierig finden. Das größte Problem dabei ist es, die Winkel des Buches richtig zu zeichnen.
Um den Unterschied zwischen Perspektive und Tonwert zu verstehen, werfen Sie noch einmal einen Blick auf das Buch. Sie haben einen Umriß gezeichnet, wo in Wirklichkeit gar keine Linien existieren. Der Umriß ist nur ein Hilfsmittel, um anzuzeigen, wo ein Gegenstand aufhört und ein anderer anfängt. Die Zeichnung des Buches ist nicht das Buch selbst. Aber die Linien regen uns an, ein Buch zu sehen.

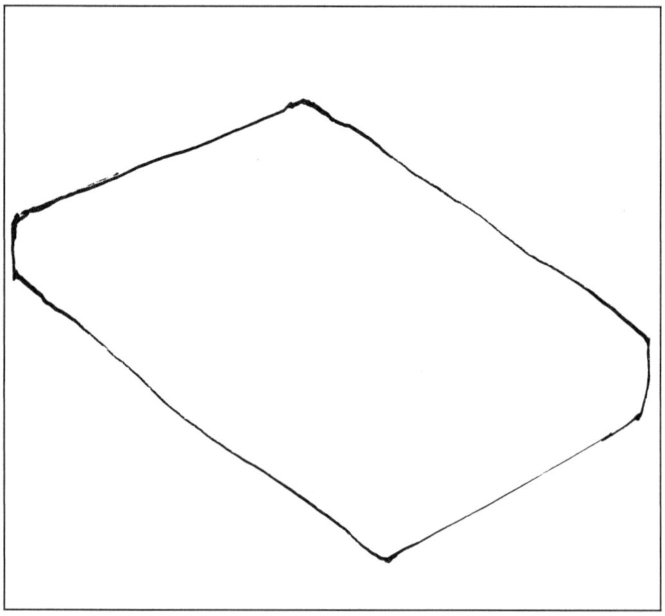

Betrachten Sie wieder das Buch. Die Kante des Tisches ist eine horizontale Linie. Schauen Sie auf die Buchecken. Sie schneiden die horizontale Linie in verschiedenen Winkeln.
Diese Winkel zu sehen und auf dem Papier nachzuzeichnen, ist der erste Schritt zu einer künstlerischen Wahrnehmung.
Horizontale oder vertikale Linien werden für Sie in den ersten Übungen eine große Hilfe sein. Später werden Sie sehen, wie man einen Tisch, ein Regal, ein Fensterbrett und die senkrechten Linien von Ecken und Vorhängen als Richtlinien benutzen kann.

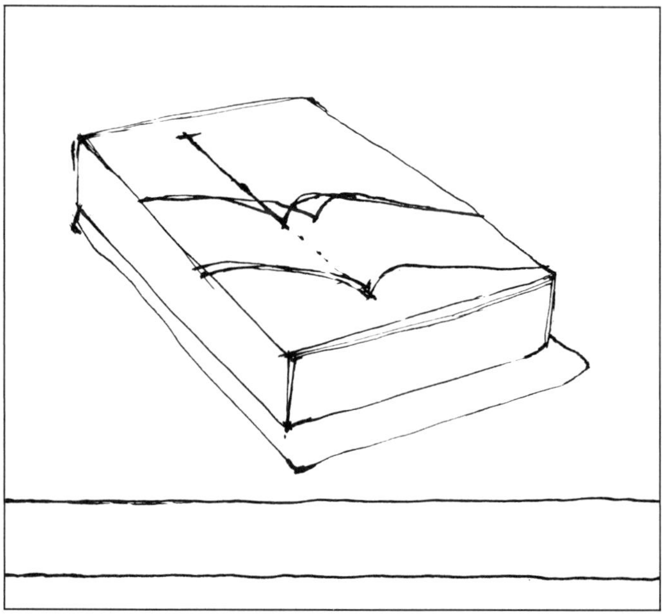

Wenn Sie die Umrisse der Buchform mit Farbe ausfüllen, sehen die Proportionen richtiger aus. Das Bild sieht »realer« aus, aber immer noch nicht wie das Buch in der Realität.

Fügen Sie nun die kleinen Farbschattierungen hinzu, den Schatten des Buches, die Textur des Umschlages. Schließlich wird die Zeichnung dem Buch auf dem Tisch sehr ähneln. Der Eindruck der Zeichnung genügt nun, um Auge und Gehirn von der Darstellung eines Buches zu überzeugen.

Versuchen Sie nun, auch an komplizierteren Gegenständen Winkel und ihre Beziehungen untereinander festzustellen. Sehen Sie durch ein Fenster und achten Sie auf die vielen Winkel: Dachlinien, Zäune, Bäume, Wege und Straßen. Wenn Sie Ihr Auge geschult haben, die relativen Abstände zwischen den Punkten der beobachteten Gegenstände wahrzunehmen, haben Sie den ersten Schritt zur Arbeit nach der Natur gemacht. Sie werden jetzt vielleicht sogar in der Lage sein, die Illusion von Räumlichkeit hervorzurufen – selbst in einer Zeichnung ohne Tonwerte, ohne Schattierungen.

Zum Abschluß dieser Übungen schauen Sie einmal in den Spiegel. Natürlich denken Sie, das Gesicht im Spiegel sei eine genaue Wiedergabe Ihres realen Gesichtes, nach dem alten Sprichwort »Sehen ist Glauben«. Markieren Sie auf dem Spiegel mit Kreide oder Lippenstift die oberste Grenze Ihres Kopfes und die unterste Spitze des Kinns. Messen Sie dann den Abstand dazwischen und vergleichen Sie ihn mit der realen Höhe Ihres Kopfes: Die Spiegelung ist nur halb so groß wie die richtige Proportion Ihres Gesichtes. Denken Sie an diesen Versuch zurück, wenn Sie ein Selbstporträt vor dem Spiegel machen.

Wenn Sie Ihre Wahrnehmung der Realität mit einem naturgetreuen Abbild vergleichen wollen, so machen Sie Fotos von den Motiven. Aber schauen Sie erst nach Beendigung der ersten Skizze auf die Ergebnisse der Fotos. Diese Übung zeigt Ihnen den Unterschied zwischen wirklicher und eingebildeter Objektivität.

»Apfelernte«, Anonym

Lektion 1
Zeichnen

Was macht eine Zeichnung, was macht ein Gemälde aus und wie können beide unterschieden werden? Eine scharfe Trennung ist in der Tat nicht möglich. Kunstwerke bedürfen eigentlich keiner Kategorien, nur unser Ordnungssinn verlangt sie.
Am einfachsten ist eine Zeichnung als Umriß von Formen in Schwarz und Weiß zu definieren. Ein Gemälde dagegen beschreibt die Innenflächen der Formen und ist meist in Farbe ausgeführt. Man kann mit dieser Definition arbeiten, sollte aber nie vergessen, daß sie willkürlich und konventionell ist und oft nicht den Tatsachen entspricht. Es gibt nämlich eine ganze Reihe von Möglichkeiten zwischen einer rein linearen Zeichnung und einem Gemälde in reiner Farbe.
Wann der Mensch zu zeichnen anfing, wissen wir nicht genau. Zeichnen besagt zunächst, daß irgendein Schreib- oder Zeicheninstrument über eine Fläche gezogen wird und dabei Spuren hinterläßt. Schon die ersten Höhlenzeichnungen sind jedoch so kompliziert, daß diese Definition angezweifelt werden kann. Die prähistorischen Kunstwerke zeigen, in großen Linien festgehalten und in einer Art Spritztechnik ausgefüllt, sensibel dargestellte Eindrücke von der Jagd auf Bison, Rentier und anderes Wild.
Über Tausende von Jahren wurden Zeichnungen im allgemeinen in schwarzer Tusche oder mit Holzkohle ausgeführt. Holzkohle wurde auch dazu benutzt, in Gemälden vorzuzeichnen. Die mittelalterlichen Manuskripte enthalten eine Fülle von Beschreibungen über die Herstellung von Brennöfen und die nötige Beschaffenheit des Holzes. Auch Zeichenfedern wurden früh erfunden. So entwickelten die Römer Bronzestifte mit festen Spitzen. Die alten Ägypter benutzten zugespitzte Schilfrohre, um auf Ton zu ritzen, sowie Feder und dazu Tinte aus pulverisierter Erde, um auf Papyrus zu schreiben.

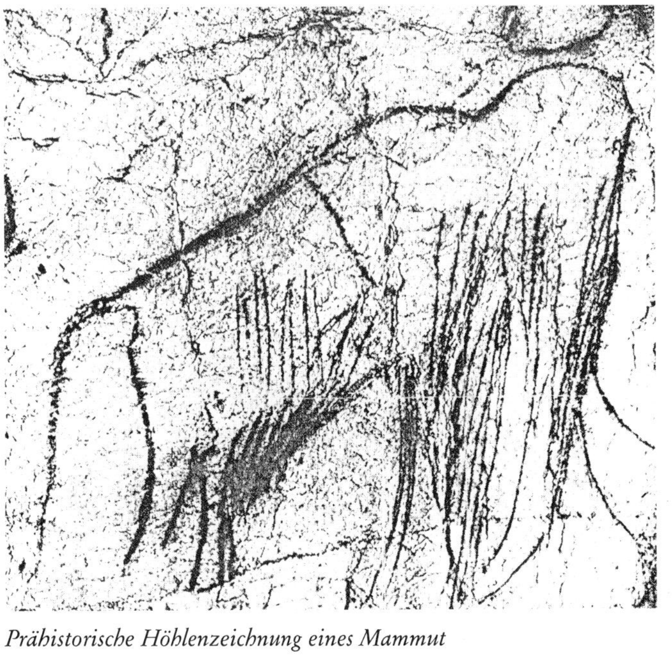

Prähistorische Höhlenzeichnung eines Mammut

Während des Mittelalters war das Zeichnen in Manuskripten sehr verbreitet. Viele mittelalterliche Schriften, ausgeschmückt mit abstrakten Buchstaben und kleinen Bildern in Gold und herrlichen Farben, sind uns erhalten geblieben. Damals wurden Gebäude wie auch Privatschmuck gerne mit Mustern verziert, die zuerst vorgezeichnet und dann in Stein plastisch gestaltet wurden.

Die orientalischen Maler benutzten Pinsel und Tusche, aber auch Wasserfarben, was viele Historiker veranlaßte, ihre Werke als Malerei zu beschreiben, obwohl es sich eigentlich um Zeichnungen handelte.

»St. Christophorus«, spätes 12. Jahrhundert

Tuschezeichnung aus einem japanischen Rollbild, 14. Jahrhundert

Zur Entwicklung der Zeichnung, wie wir sie heute kennen, bedurfte es der Erfindung der Farbkreiden im 18. Jahrhundert. Zwar machten auch die Künstler der Renaissance Tausende von Skizzen in brauner und weißer Kreide oder schwarzer Kohle, doch wurden diese anatomischen, landschaftlichen und botanischen Studien vor allem von den Lehrlingen des Meisters als eine Art Musterbuch verwendet, wenn ein Gemälde fertigzustellen war. (Viele Bilder aus dieser Zeit sind »Teamarbeiten« einer Werkstatt. Der Meister brachte oft nur die letzten Feinheiten an.) Die schönsten Beispiele dieser Art von Zeichnung sind die Skizzenbücher Leonardo da Vincis (1452–1519), die jeder Kunstschüler studieren sollte.

Der Zeichenstift wurde erst im 18. Jahrhundert erfunden. Durch die Präzision seiner Linienführung brachte er im Vergleich zur unbequemen Tinte einen großen Umschwung in der Zeichentechnik. Gegen Ende des 18. Jahrhunderts waren alle wichtigen Werkzeuge des Zeichners erfunden, und die Zeichnung wurde als vollständiges Kunstwerk anerkannt. Die Porträts von Jean-Baptiste Perroneau (1715?–1783) und Jean-Baptiste Siméon Chardin (1699–1779) sind ausgezeichnete Beispiele früher Zeichenkunst in Pastell.

Eine Reihe anderer Einflüsse, wie z. B. die zunehmende Reisetätigkeit, machte die Kunst der Zeichnung weiter populär. Die »Grand Tour« durch Europas Städte und Landschaften war unverzichtbarer Teil der Erziehung jeder besseren Dame und jedes besseren Herrn. Skizzenbücher gehörten wie heute die Kamera zur unbedingt notwendigen Ausrüstung. Die strenge Wirkung der einfarbigen Zeichnungen paßte vorzüglich zur klassizistischen Architektur und zu den Möbeln dieser Epoche.

Auch neue Drucktechniken, wie die Lithographie, regten die Bewunderung von Kunstwerken der Zeichnung an. Im 19. Jahrhundert wurden bereits Zeichnungen gesammelt und in Galerien gezeigt wie geschätzt. Die Zeichnung war zu einer echten Kunstform herangereift. Künstler wie Odilon Redon (1840–1916) und Edgar Degas (1834–1917) zeichneten mit meisterhafter Genauigkeit in einer Vielzahl von Techniken, wie Bleistift, Kreide und Pastell. Zur gleichen Zeit revolutionierten die japanischen Holzschnittdrucke auch für die Zeichnung den Gebrauch der Farbe. So wurden östliche Tuschetechniken entdeckt und für die Zeichnung eingesetzt. Für die Künstler in Europa und Amerika wurde die Verbindung von Feder, Tusche und Lavierung zu einer bevorzugten Technik.

In unserem Jahrhundert haben sich so viele Künstler der Zeichnung gewidmet, daß wir hier nur einige wenige zum Studium empfehlen können: die Vielzahl von Stilen, Themen und Techniken im großartigen Werk von Pablo Picasso (1881–1973), die bemerkenswerte Verwendung von Mustern und Texturen in den Arbeiten von Joan Miró (geb. 1893) und Henri Matisse (1869–1954) und der Zugriff zeitgenössischer Künstler, wie David Hockney (geb. 1937) und Frank Stella (geb. 1936).

Der wohl wichtigste, weil vielseitigste deutsche Zeichner der Gegenwart ist Horst Janssen (geb. 1929), der ein ungeheuer reiches Œuvre vorweisen kann und schier unerschöpflich in seiner Schaffenskraft ist.
Die Tradition der Stillebenzeichnung lebte wieder auf, und neue Möglichkeiten des linearen Ausdrucks wurden erforscht. Die Zeichnung von Odysseus (auf dieser Seite) ist stellvertretend für viele moderne Versuche. Nun mag es nicht mehr überraschen, daß jede Art von Zeichnung für viele große Künstler eine wesentliche Grundlage ihrer Arbeit war.

»Odysseus an den Mast gebunden«, Warner

Zeichenmaterial

Für die Zeichnung auf Papier können zahlreiche Zeichenmaterialien verwendet werden, von denen die meisten zwar reizvoll, aber nicht unbedingt notwendig sind. Im Grunde reichen Bleistift, Papier und eine feste Unterlage für den Anfang aus.

Zeichenbrett

Sie brauchen ein Zeichenbrett von der Größe eines DIN-A2-Formates (42 × 59,4 cm). Die Oberfläche muß glatt sein. Die im Handel erhältlichen Zeichenbretter sind so verarbeitet, daß die Kanten nicht abknicken und die Platte sich nicht verziehen kann. Bedenken Sie bei der Wahl Ihres Brettes, daß Sie vielleicht auch einmal draußen arbeiten wollen. Deshalb sollte Ihr Zeichenbrett nicht so schwer sein.

Klammern

Klammern oder auch Klebeband sind zum Befestigen des Papiers besser geeignet als Nadeln oder Reißzwecken. Die Größe und Beschaffenheit der Klammern hängt von der Wahl des Zeichenbrettes ab. Zu fest gespannte Klammern können das Papier beim Wegziehen zerreißen.

Fixativ

Pastell-, Kohle- und Contékreidezeichnungen müssen fixiert werden, da sie sonst verwischen. Fixative sind in Sprühdosen oder als Flüssigkeit, die auf die Zeichnung gesprüht wird, erhältlich.

Pastellfarben und Kreiden

Pastellfarben werden aus pulverisierten Pigmenten in Mischung mit Gummen oder Kunstharzen hergestellt. Die Bestandteile werden zu einer ziemlich trockenen Paste (daher das Wort Pastell) gemischt, zu Stiften geformt und getrocknet. Pastellfarben können für Zeichnungen benutzt werden, bringen aber auch schöne malerische Wirkungen.

Für Öl- und Wachsmalkreiden werden die Pigmente mit Öl oder Wachs gemischt, bevor sie geformt werden. Contékreide (nach dem Erfinder benannt) besteht aus einer Mischung aus Ton, Graphit, Wasser und Farbpaste in Vierkantform oder in Holz gefaßt und ist in Schwarz (drei Abstufungen), Sepia, Rot und Weiß erhältlich.

Ölpastellfarben

Diese Stifte unterscheiden sich von den reinen Pastellfarben durch ihr ölhaltiges Bindemittel. Daher sind sie gut für Skizzen in der Ölmalerei geeignet und können auch mit Terpentin vermalt werden. Ölpastellstifte sind nicht so leicht zerbrechlich wie andere Sorten.

Zeichenstifte

Zeichenstifte sind eingeteilt in sehr hart (6 H) bis sehr weich (6 B). Einen härteren Stift als H werden Sie nicht brauchen (härtere Sorten sind für technische Zwecke). Die weiche Skala ist brauchbarer, doch genügen zunächst HB, B und 2 B. Halten Sie einen Anspitzer immer griffbereit.

Zeichentuschen

Im Handel sind Schreibtuschen und zahlreiche Zeichentuschen erhältlich. Zeichentuschen gibt es in vielen Farben, aber für unsere Zwecke reicht die schwarze Tusche aus. Vielleicht wollen Sie später einmal mit farbigen Tuschen experimentieren. Es gibt wasserfeste und nicht-wasserfeste Zeichentuschen. Die wasserfesten Sorten können mit Wasserfarben übermalt werden, ohne daß die Zeichnung verschmiert. Nichtwasserfeste Sorten können, mit Wasser verdünnt, lavierend benutzt werden.

Sonstiges Zubehör

Sie brauchen ein Wassergefäß und eine Palette oder einen Teller, da die folgenden Übungen auch Zeichnungen mit Pinsel und Tinte einschließen. Zwei bis drei Radiergummis sollte man sich ruhig anschaffen, da sie schnell verbraucht sind oder leicht verlorengehen.
Das gesamte Zeichenmaterial wird am besten in einer Schachtel aufbewahrt, die Sie im Fachgeschäft kaufen können oder einfach Ihrem Haushalt entnehmen. Für die Arbeit im Freien ist ein Reiseset aus Leinen praktisch und schnell selbst hergestellt.

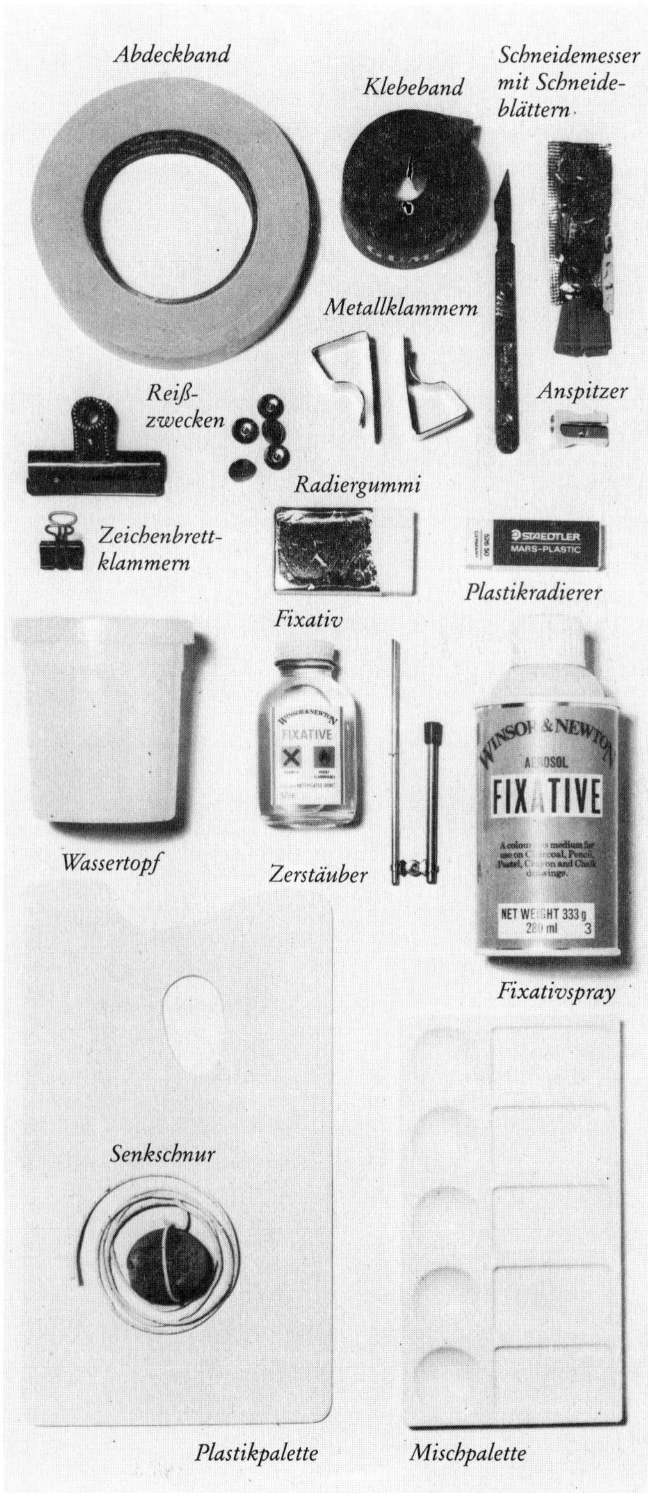

Ein Künstler kann ungeheuer viele kleine Dinge brauchen. Die abgebildeten Dinge gehören zur Standardausrüstung, egal, welches Medium Sie bevorzugen.

Staffeleien

Zeichenbänke und Staffeleien sind nicht unbedingt erforderlich, aber wünschenswert, denn anfangs fällt es sicher schwer, das Brett beim Zeichnen auf den Knien zu halten. Selbst wenn das keine Schwierigkeiten mehr macht, ist es doch notwendig, das Zeichenbrett hin und wieder hochzustellen. Die Position der Zeichnung kann auf das Resultat einen erheblichen Einfluß haben. Wenn das Brett flach liegt, ergibt das einen verkürzten Blickwinkel auf die Zeichnung. In aufrechter Stellung kann dieselbe Zeichnung verzerrt wirken. Ideal wäre ein senkrecht aufstellbares Zeichenbrett, auf das Sie mit ausgestrecktem Arm zeichnen. Eine Zeichenbank ist bequem, nimmt aber zuviel Platz ein und läßt sich schwer tragen. Zudem erlaubt eine Zeichenbank nur eine sitzende Stellung. Eine Atelierstaffelei steht fest, nimmt nur wenig Platz ein und kann auch im Sitzen benutzt werden. Leider ist auch sie schwer zu tragen.

Die beste Lösung wäre eine Atelierstaffelei für drinnen und eine Feldstaffelei für draußen. Wenn Sie nur eine Staffelei kaufen wollen, erkundigen Sie sich nach einer Ausführung, die man drinnen wie draußen benutzen kann.

Zeichenbrett und Zeichenbank, im Hintergrund Feldstaffelei

Atelierstaffelei und Hocker

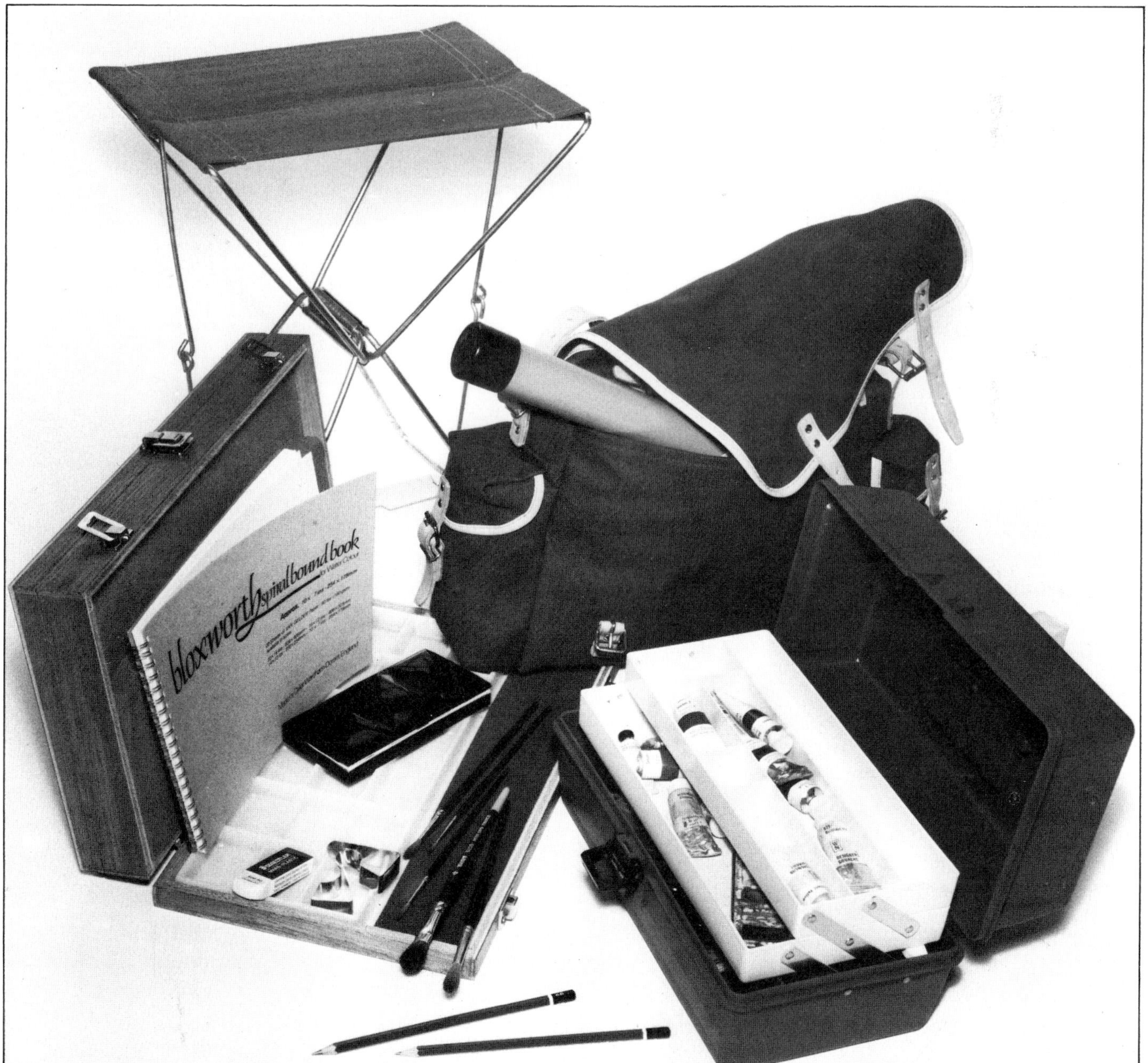

Auswahl an Taschen und Schachteln zum Verstauen der Ausrüstung

Papier und Zeichenstifte

Anhand eines eigenen Musterheftes können Sie am besten die unterschiedlichsten Texturen der Papiere und Farben der Zeichenstifte kennenlernen.
Kaufen Sie sich einen Block verschiedenfarbigen Zeichenpapiers oder kleine Bögen sortierter Stärken und Farbtöne. Reißen Sie von jeder Sorte einen kleinen Streifen ab und kleben Sie ihn auf ein stärkeres Papier, die rauhen Sorten auf die eine Seite, die glatten auf die andere.
Besorgen Sie sich verschiedene Zeichenwerkzeuge, entweder in verschiedenen Farben oder beschränkt auf Schwarz. In jedem Fall werden Sie interessante Wirkungen erzielen, wenn Sie über die Papiere kritzeln und die sich je nach Papiersorte verändernde Strichqualität beobachten. Um die Zeichenproben noch besser zu unterscheiden, lassen Sie zwischen jedem Papierstreifen genügend Abstand frei.
Auf der Abbildung unten sind Papiere mit rauher Oberfläche zu sehen, auf denen die Striche kreideartig wirken. Auf der rechten Seite wirken die gleichen Stifte auf einem glatten, leicht getönten Papier viel härter und energiegeladener.
Vergleichen Sie nun beide Seiten: Ein Kugelschreiber versinkt leicht im rauhen Papier, steht aber sehr klar und fein auf dem glatten. Die beiden Bleistiftstärken (hart und weich) ähneln sich auf dem glatten mehr als auf dem weichen, wo der weiche Bleistift fast wie Kohle wirkt, mit der daneben einige Striche aufgetragen worden sind. Der Filzschreiber zeigt von Seite zu Seite wenig Veränderung, während der Minenstift auf

dem glatten Papier so fein wird, daß er auf dem Foto fast verschwindet.

Sie können die gleiche Übung mit verschiedenen Farbtönen einer Grundfarbe ausprobieren und beobachten, wie die Purpur- oder Blautöne auf dem Papier stehen. Lassen Sie sich aber nicht zu sehr auf das Problem der Farben ein, das noch früh genug bei den Pastellstiften auf Sie zukommt. Zu diesem Zeitpunkt sollten Sie Ihr Auge erst einmal auf monochrome Feinheiten einstellen. Leuchtende Farben lenken Sie dabei nur ab.

Es kann natürlich nicht schaden, sondern nur von Nutzen sein, wenn Sie diese Übung von Zeit zu Zeit wiederholen – mit neuen Papierqualitäten, aber den gleichen Stiften. So bekommen Sie allmählich einen sehr interessanten »Papierkatalog«.

Das nötige Geschick bei Arbeitsbeginn

Wenn Sie wirklich das sehen, was Sie zeichnen möchten, sind Sie auch in der Lage, es zu zeichnen. Falls die Zeichnung zu ungenau ist, liegt das vor allem an Ihrer ungenauen Beobachtung. Das ist vielleicht eine etwas vereinfachte Feststellung, aber für den Anfang sehr nützlich. Jeder kann zeichnen lernen, und zwar nicht durch das Studium zahlloser Techniken, sondern indem er lernt, in einer bestimmten Art und Weise zu sehen.

Der Zeichenvorgang selbst besteht aus Sehen und Aufzeichnen. Zuerst lernen Sie, scharf zu beobachten. Der Aufzeichnungsvorgang zeigt dann, wie gut Auge und Gehirn zusammengespielt haben.

Die Bemerkungen zur Wahrnehmung zeigten ja, wie Auge und Gehirn zusammenarbeiten, um die Realität in ein Bild zu übertragen. Die erste Lektion soll, zunächst bei der Arbeit an einer Strichzeichnung, die Theorie in die Praxis überführen und ebenso das Auge schulen zu sehen, wie die Hand schulen aufzuzeichnen.

Auch wenn viele Motive in den folgenden Übungen aus der gegenständlichen Welt um uns herum stammen, basiert doch jedes Zeichnen, auch aus der Phantasie, auf dem gleichen Vorgang. Die innere Welt müssen Sie genauso deutlich sehen lernen wie die äußere, wenn Sie Ihrer Einbildungskraft folgen wollen. Ein Blick zurück in die Geschichte der Zeichenkunst sagt uns jedoch sofort, daß eine Zeichnung nie eine vollständige Nachahmung der Realität war und sein kann. Wir leben ja in einer Welt voller Farben. Die Zeichnung kann gewöhnlich nur die Gegenstände in einfarbigen Umrißformen wiedergeben. Aber schon in den nächsten Lektionen lernen Sie den Gebrauch von Wasserfarben und Pastellfarben kennen, um auch in einer Zeichnung die wirkliche Welt abzubilden.

Der Einsatz von Tonwerten wird oft lediglich mit dem Gedanken an Malerei verbunden. Auch Zeichnungen sind jedoch oft auch in Tonwerten, besonders bei Tuschelavierungen und Kohle, ausgeführt. Eine scharfe Trennlinie zwischen Malerei und Zeichnung kann oft gar nicht gezogen werden.

Zeichnung ist eine Kunst des Augenblicks; die lebhafte Übertragung einer Erfahrung, die das Gehirn dazu herausfordert, in ein paar schwarzen Strichen auf weißem Papier Leben und Bewegung zu sehen. Eine andere, große Bedeutung hat die Zeichnung für den Ma-

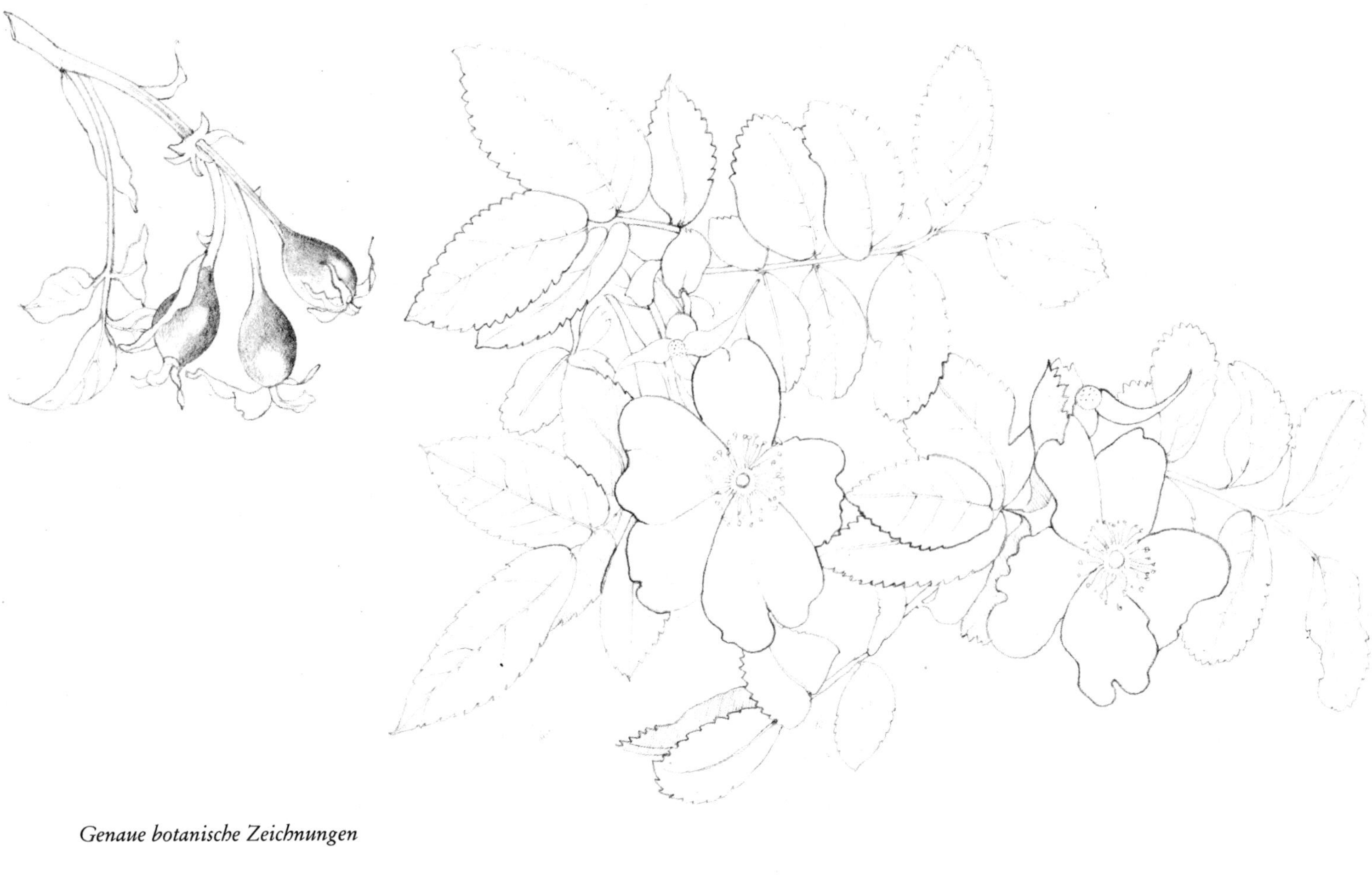

Genaue botanische Zeichnungen

ler: als Notizen von unterwegs, als Skizzen von Händen oder Körpern, ein schneller Blick aus dem Fenster, ein Detail eines Kleides oder Stoffes, als Erinnerungsstütze skizziert.
Aus diesen zwei Gründen sollten Sie auf jeden Fall eine ernsthafte Kunsterziehung mit einem Zeichenstudium beginnen lassen.
Wenn Kunstschüler ihre ersten Zeichnungen anfertigen, fürchten sie oft mangelndes Talent oder fehlende Information über Techniken, und oft sind das Vorurteile: Die verschiedenen Linien, Texturen und Schattierungen können in wenigen Minuten demonstriert werden. In ein paar Stunden werden Sie das beherrschen.
Bleistifte, Zeichenfedern und Kreiden setzen Zeichen auf Papier. Entscheidend ist, wie diese Zeichen verwendet werden. Viel Übung macht die Hand geschmeidig und mit den Aufgaben vertraut. Die ersten Versuche werden vielleicht noch unbeholfen wirken. Diese Unbeholfenheit wird sich aber verlieren, sobald Sie sich darauf konzentrieren, warum Sie ein Zeichen setzen und nicht wie sie es setzen. Für den Anfänger ist ebenfalls sehr ermutigend zu wissen, daß eine Zeichnung nicht immer unbedingt sauber und ordentlich aussehen muß. Ein Künstler wie Miró kann einen Gegenstand mit nur einer einzigen, fließenden Linie umschreiben.
Solche Arbeitszeichnungen geben Einblick in die intensive Beobachtungsgabe eines Künstlers. Zeichenstile gibt es so viele wie Künstler. Die Einführung in die Zeichengrammatik in dieser Lektion soll Ihnen zu einem persönlichen Stil verhelfen.

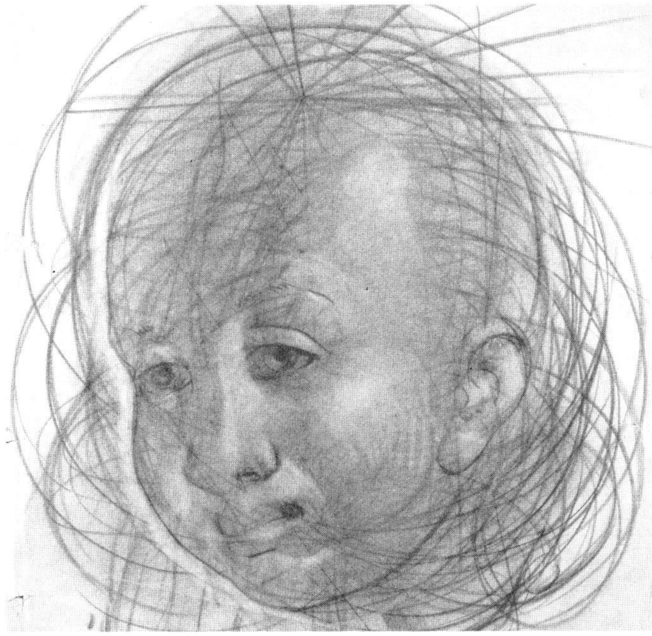

Skizze eines Kinderkopfes mit Angaben von Details und Tonwerten, Bauer

Die ersten Beispiele sind ganz einfache Übungen, damit Sie sich besser auf die verschiedenen Zeichenmaterialien konzentrieren können. Außerdem soll das Ihr Verständnis für bildnerische Techniken allgemein erweitern, so daß Sie auch Arbeiten anderer Künstler besser einschätzen lernen.
Auch Sie werden eines Tages in der Lage sein, Ihre neue Wahrnehmung der Welt in einer anregenden Zeichnung festzuhalten.

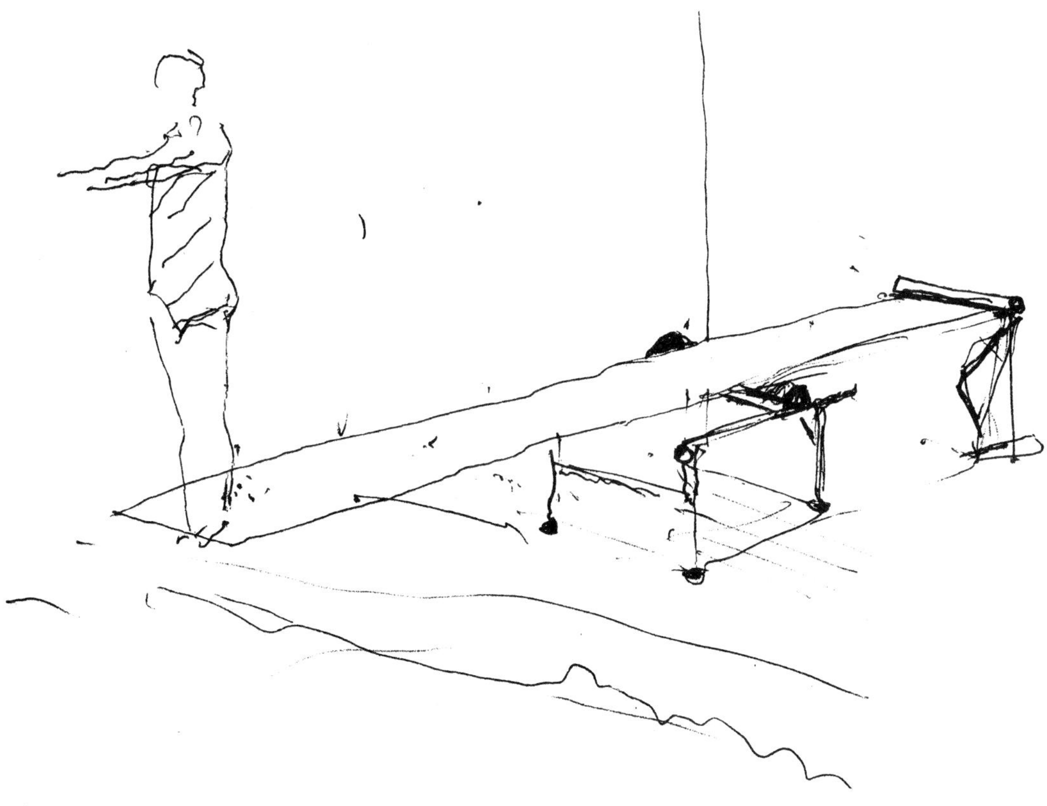

Arbeitsskizze mit Tusche

Zum Gebrauch von Pastellfarben

Die Verwendung von Pastellfarben führt zu einer eigenartigen Mischung von Zeichnen und Malen. Zwar werden Pastellfarben, ähnlich wie Kohle, Conté oder andere Kreiden verwendet, doch liefern sie in ihren zahlreichen Farbtönen so feine Übergänge, daß sie für den Maler eine Art pulverisierte Wasserfarbe sein können.

Die Stifte enthalten reine Pigmente. Nur bei einigen Sorten ist ein wenig Gummi oder Harz zugefügt, um die Form des Stiftes zu bewahren. Die Farben können direkt auf dem Papier gemischt werden und haben eine weiche Textur.

Viele Künstler arbeiten mit Pastell und anderen Kreiden, um dem Bild Körperhaftigkeit zu geben. Farblich getönte Papiere sind in Verbindung mit Pastell sehr reizvoll. Bevorzugen Sie aber die rauhen Sorten, damit die Kreidespuren besser haften!

Falls Sie Fehler machen, reiben Sie die Kreide vorsichtig weg! Für die ersten Versuche ist es jedoch günstiger, alle Linien als Arbeitszeichen stehen zu lassen.

Kaufen Sie sich erst einmal eine kleine Schachtel mit Pastellstiften und experimentieren Sie mit verschiedenen Zeichen und Überlagerungen!

Pastellfarben sind vorsichtig zu handhaben. Sie können sehr leicht verschmiert oder weggeblasen werden. Wenn Ihnen das Medium Pastell zusagt und Sie es weiter erforschen wollen, helfen Ihnen verschiedene Fixierungsarten, um den Zeichnungen Dauer zu verleihen: Fixativsprays, festes Andrücken mit Transparentpapier oder sogar heißer Dampf aus dem Wasserkessel lassen die Pigmente tiefer in das Papier eindringen.

Wahrscheinlich wird sich die Farbe bei diesen Vorgängen verändern und die Zeichnung etwas matter. Aus diesem Grund betrachten Sie bitte Ihre Pastellstudien nicht als fertige Zeichnungen, sondern als Übungen zu Raum und Form und der Textur trockener Pigmente.

Wie man ein Maßgitter benutzt

Die beste Art und Weise, die Eigenschaften der verschiedenen Medien kennenzulernen, ist, sie einfach auszuprobieren. Im folgenden bekommen Sie Gelegenheit dazu und lernen gleichzeitig, wie man analytisch sieht.

Bleistift

Die meisten Leute können mit dem Bleistift gut umgehen. Der Bleistift kann zwar auch sehr schwierig zu benutzen sein, und Sie werden lange Zeit gar nicht mehr mit ihm arbeiten. Trotzdem: Der Bleistift ist ein gutes Zeichengerät für Anfänger.
Die folgende Übung soll Ihnen zeigen, daß selbst die Form eines schwierigen Gegenstandes relativ leicht zu zeichnen ist, wenn Bezugslinien benutzt werden.
Sie brauchen Papier (ein Blatt von A3 oder A2, in der Mitte der langen Seite gefaltet) und einen weichen Bleistift (2 B). Suchen Sie sich einen ziemlich komplizierten Gegenstand aus – eine Teekanne zum Beispiel – und stellen Sie sie vor eine Gitterfläche.
Dieses Maßgitter legen Sie auf einen weißen Karton an, der größer als der Gegenstand ist. Die Größe der Quadrate hängt von dem ausgesuchten Gegenstand ab. Das Gitter in der Abbildung besteht aus Quadraten von etwa 3 cm Kantenlänge. Ein größeres Objekt sollte vor größeren Quadraten stehen, ein kleineres vor kleineren Quadraten. Zeichnen Sie das Gitter mit Federhalter und Tusche, damit es für lange Zeit benutzbar ist.
Zählen Sie die Quadrate auf dem Gitter! Zeichnen Sie nun ein anderes Gitter auf dem Zeichenpapier, wobei die Quadrate kleiner oder größer sein können, aber die gleiche Anzahl haben müssen wie auf dem Maßgitter.
Zeichnen Sie die Umrisse der Teekanne, indem Sie jede Teilform innerhalb eines Quadrates auf dem Meßgitter in ein Quadrat auf Ihrem Zeichenblatt übertragen.
Radieren Sie nichts aus! Bemühen Sie sich nicht krampfhaft um die richtigen Umrisse!

Zeichenkohle

Benutzen Sie nun Zeichenkohle! Kohle verschmiert leicht. Deshalb halten Sie Ihre Hand vom Papier entfernt. Sie müssen den Stift so lange drehen, bis Sie eine scharfe Kante finden, die eine scharfe Linie zeichnet. (Mit einiger Übung werden Sie das leicht beherrschen. Anspitzen nützt wenig, da die Spitze bald wieder abgerieben ist.)
Dieses Mal stellen Sie den Gegenstand vor einen gewöhnlichen Hintergrund, z. B. vor eine Gardine oder eine Tapete.
Anstatt sich auf ein Maßgitter zu beziehen, verwenden Sie nun den Hintergrund Ihrer Umgebung – Vorhänge oder Tapeten, Fensterrahmen, Tischdecken usw. –, um die Form des Gegenstandes zu erfassen.
Auch jetzt gilt: Nicht radieren!

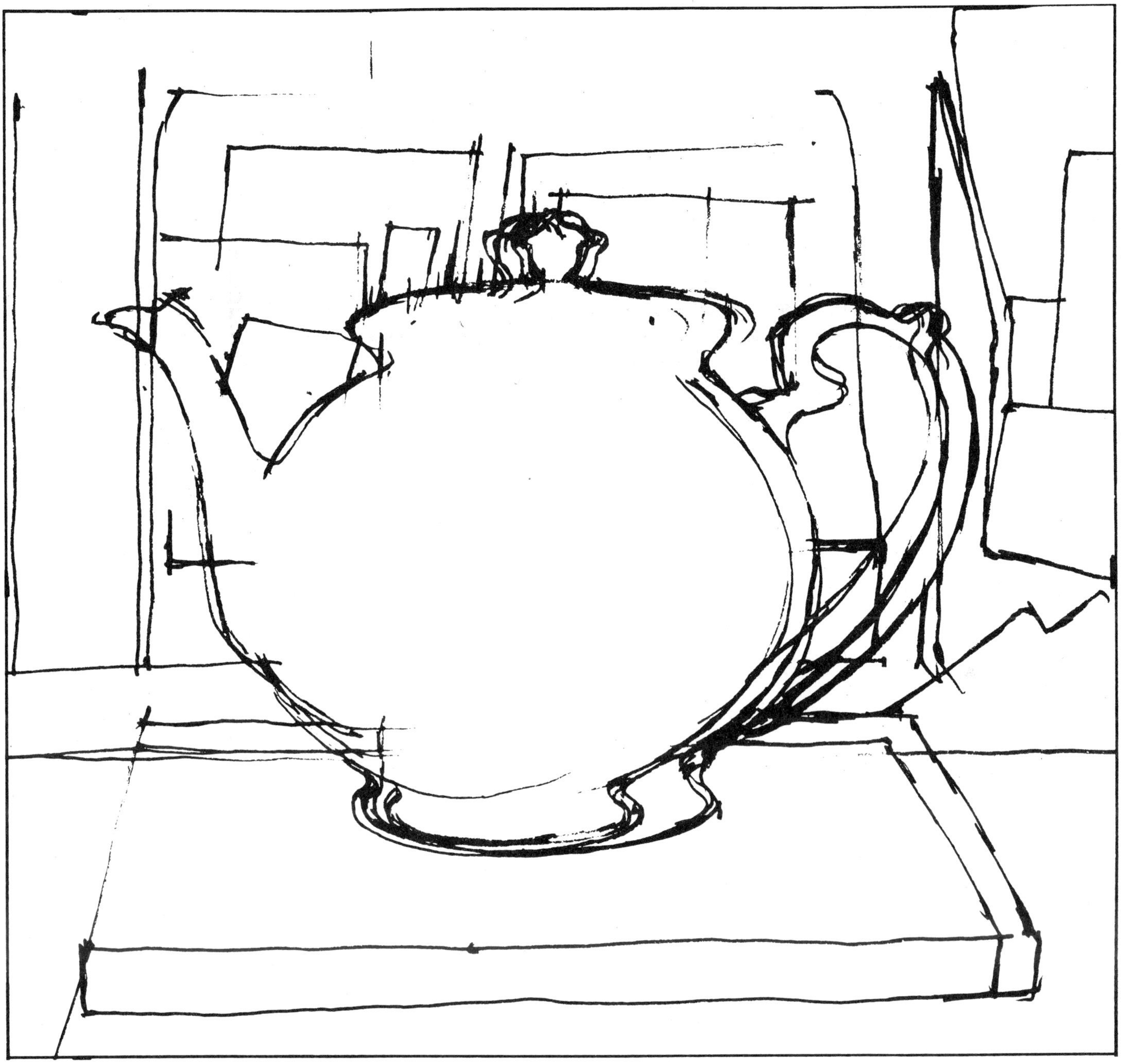

Tusche

Tusche und Feder geben feine oder dicke Linien, je nach Federspitze. Waschen Sie die Feder nach der Arbeit mit Wasser aus und trocknen Sie sie in einem Tuch! Zum Vergleich mit den Kohlezeichnungen benutzen Sie eine Feder mittlerer Größe und Tusche beliebiger Art. Zeichnen Sie wieder nur Linien von Gegenständen Ihrer alltäglichen Umgebung, indem Sie alle verfügbaren Bezugspunkte benutzen. Verwenden Sie dieses Mal zwei Gegenstände, den einen hinter dem anderen. Machen Sie mehrere Zeichnungen mit unterschiedlichen Tuschesorten, um die verschiedenen Arten der Linien zu vergleichen.

Eine Pastellzeichnung

Um unterschiedliche Farbmischungen zu erzielen, reiben Sie die Pastellfarben in verschiedenen Stärken übereinander. Experimentieren Sie zum Beispiel mit Mischungen von Gelb, Blau und Rot auf grauem Papier, in den auf der Abbildung links angegebenen Proportionen: eine Schicht Gelb mit einer Schicht Blau; eine Schicht Gelb mit zwei Schichten Blau; Gelb mit einer gleichen Menge Rot usw.
Das übriggebliebene Farbpuder muß abgeschüttelt werden. Dann wird das Pastell fixiert.
Wenn Sie mit den Farben genügend experimentiert haben, versuchen Sie eine Zeichnung. Das erste Pastell konzentriert sich auf Formen.

Schritt 1

Schritt 1: Stellen Sie eine Gruppe von Haushaltsgegenständen zusammen. Suchen Sie einige helle Farben aus!
Benutzen Sie Untersetzer, Vorhänge und Tapeten als Bezugsrahmen für geradlinige Flächen.
Fertigen Sie die erste Zeichnung nur in Umrissen. Arbeiten Sie mit der Pastellkante in lockerem Strich.

Schritt 2

Schritt 2: Da dies nur die vorläufige Stellung der Gegenstände ist, benutzen Sie nur hellfarbige Pastellkreiden, die später leicht überarbeitet werden können. Gehen Sie möglichst schnell zu Schritt 3 über.

Schritt 3: Füllen Sie nun Vorder- und Hintergrund aus und konzentrieren Sie sich mehr auf die Negativformen als auf die Positivformen. Mit anderen Worten: Vergessen Sie für einen Augenblick die Gegenstände selbst und zeichnen Sie die Umrisse der von ihnen gebildeten Zwischenräume, die Sie dann wie abstrakte Farbflächen behandeln. Entscheiden Sie sich für eine Hauptfarbe für jede Fläche und mischen Sie die Pastelle in einfachen und klaren Stufen. Beachten Sie weder Schatten noch Reflexe oder Farbtöne.

Schritt 4: Schließlich füllen Sie die Gegenstände flächig aus. Arbeiten Sie sorgfältig zu den Rändern der Formen. Vielleicht müssen Sie zwischendurch schon fixieren, um ein Verschmieren der Pastellfarben zu vermeiden. Auf jeden Fall fixieren Sie die Zeichnung nach Abschluß. Versuchen Sie mehrere Pastellzeichnungen, bis Sie sich sicherer fühlen.

Schritt 3

Schritt 4

Perspektive

Bis jetzt haben Sie nur die Umrißformen der Gegenstände gezeichnet. Ein Grundproblem der Zeichnung ist jedoch die Wiedergabe einer Tiefenillusion. Je weiter die Gegenstände entfernt sind, desto kleiner erscheinen sie uns. Dieser visuelle Trick des Auges wurde für das System der Perspektive übernommen.
Die Perspektive wird oft als Schlüssel zu einer sehr genauen Zeichenkunst angesehen. Tatsächlich ist die Perspektive einfach nur ein Hilfsmittel, um Gegenstände im Raum in eine richtige Größenordnung zu setzen. Als mathematisch entwickeltes System wird die Erfindung der Perspektive meist dem italienischen Architekten des 15. Jh., Brunelleschi, zugeschrieben.

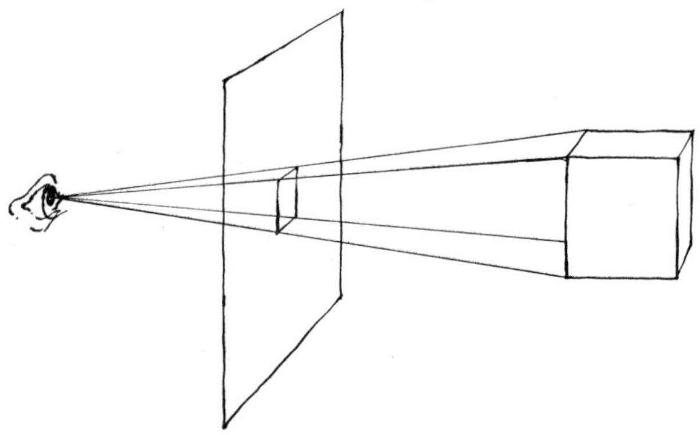

Wenn Sie aus dem Fenster schauen und die Umrisse einiger Gegenstände draußen auf der Fensterscheibe abzeichnen, haben Sie ein gutes Beispiel für die Probleme der Perspektive. Die Abbildung links, nach einer Zeichnung aus Leonardo da Vincis Skizzenbuch, zeigt, wie eine Kiste – auf einen flachen Bildschirm projiziert – aussehen müßte (da Vinci arbeitete wie andere Künstler der Renaissance an der Entwicklung der Perspektive). Mit den Gesetzen der Perspektive können Sie ohne Hilfe einer durchsichtigen Bildebene zeichnen: Die Bildfläche, d. h. die Oberfläche des Papiers oder der Leinwand, ersetzt das Fenster.

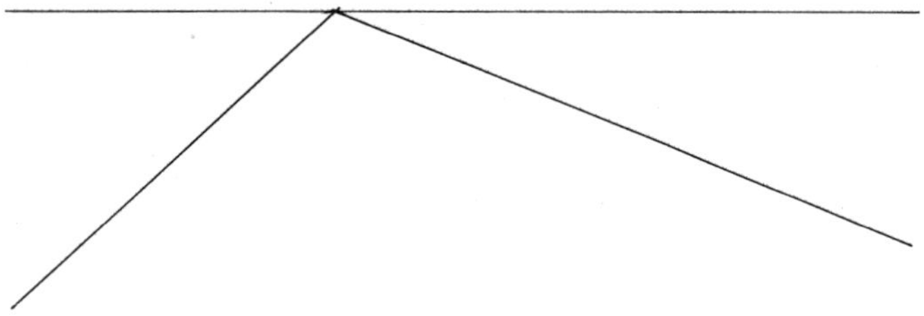

Die Perspektive gründet vor allem auf zwei Regeln:

1. Linien, die in Wirklichkeit parallel sind, scheinen in der Verlängerung an einem Punkt am Horizont zusammenzutreffen, dem Fluchtpunkt.

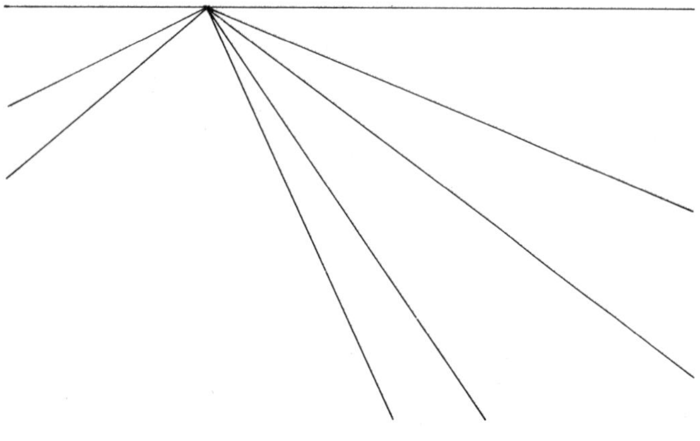

2. Alle parallele Linien scheinen im gleichen Punkt am Horizont zusammenzutreffen.

Um zu lernen, wie man mit der Perspektive umgeht, machen Sie mehrere Zeichnungen von Rechtecken. Legen Sie zwei rechteckige Blätter Papier auf einen Tisch in einem Abstand von 1 bis 1½ m von Ihnen entfernt. Dann zeichnen Sie die Umrißformen der Rechtecke!

Wenn Sie mit einer Horizontlinie arbeiten wollen, nehmen Sie ein großes Blatt Papier, am besten an der Staffelei, und Postkarten.

Versuchen Sie die Fluchtlinien beider Rechtecke mit dem Auge festzulegen! Dann zeichnen Sie einen Horizont etwa in Höhe Ihres Blickfeldes und verlängern die Seiten der Rechtecke, bis sie sich treffen! Bleiben Sie auf dem gleichen Stuhl, in der gleichen Höhe sitzen, wo Sie nach Beobachtung gezeichnet haben! Die verlängerten Seiten der Rechtecke müßten sich nun in je einem Punkt auf der Horizontlinie treffen.

Versuchen Sie Zeichnungen aus verschiedenen Blickhöhen und vergleichen Sie Ihre Beobachtung immer mit den Fluchtpunktlinien!

Bisher haben wir rechtwinklige Gegenstände auf einer ebenen Unterlage gezeichnet, um die Funktion der Zentralperspektive mit einem Fluchtpunkt kennenzulernen. Die Abbildung rechts zeigt ein gekipptes oder aufgerichtetes Rechteck. Beim letzteren besteht die perspektivische Wirkung in der Anhebung des Augenhorizontes.

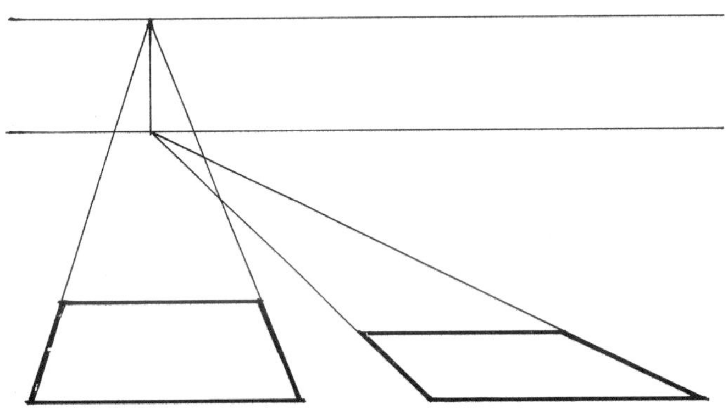

Wenn ein gekipptes Rechteck neben einem flach liegenden gezeichnet werden soll, geschieht das Umgekehrte: Der Augenhorizont wird abgesenkt. Die Arbeit mit Rechtecken mag kalt und geometrisch erscheinen, jedoch sind Rechtecke die Grundelemente vieler Gegenstände.

Diese einfache Verwendung eines Fluchtpunktes nennt man »Zentralperspektive«. Es gibt aber auch raffiniertere Arten der Perspektive, die mit zwei und mehr Fluchtpunkten arbeiten, um verschiedene Blickwinkel auf einmal zu erfassen.

Mit der Parallelperspektive lassen sich geometrische Körper darstellen. Sie baut nicht, wie die Zentralperspektive, auf den optischen Gesetzen des Sehvorgangs auf und unterscheidet sich von ihr durch folgende Merkmale:

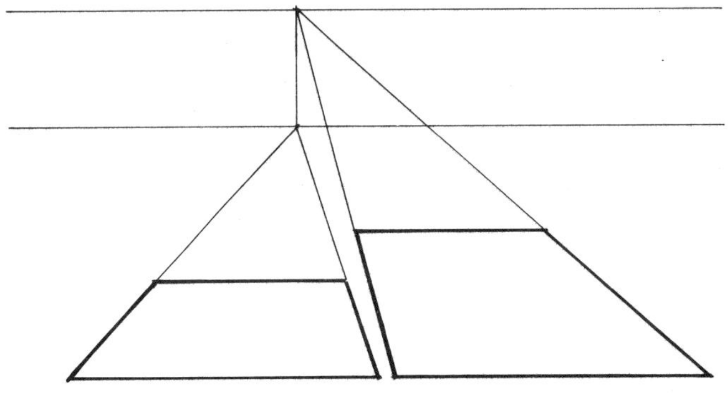

1. Die waagrechten, in die Tiefe führenden Linien des Körpers laufen nicht in einem oder mehreren Fluchtpunkten zusammen, sondern sie verlaufen schräg auf dem Blatt parallel zueinander.

2. Die in die Tiefe führenden Linien werden nicht verkürzt. Deshalb sind alle Längenmaße des Körpers an der Zeichnung exakt abzulesen.

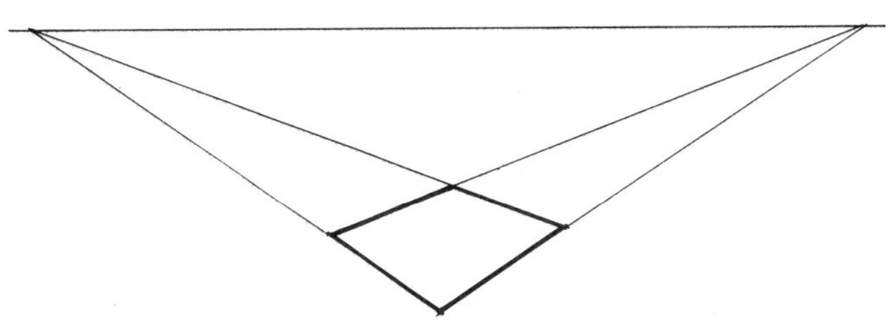

Sonderformen der Zentral- oder Fluchtpunktperspektive sind die Frosch- und die Vogelperspektive, die perspektivische Darstellung von einem extrem niedrig liegenden Betrachtungspunkt bzw. einem extrem hoch liegenden Betrachtungspunkt aus.

Die Abbildungen unten zeigen die Wirkung unterschiedlicher Blickwinkel. Architektonische Themen hängen stark von der Fähigkeit ab, rechtwinklige Anordnungen in der richtigen Perspektive zu zeichnen.

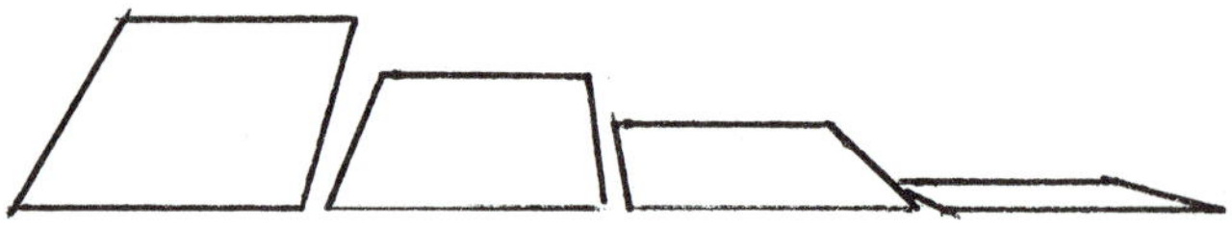

In der Praxis finden wir oft parallele und in Winkeln zusammentreffende Gegenstände auf einer Zeichnung. Legen Sie die Postkarten in verschiedenen Winkeln zueinander. Legen Sie die Winkel fest und zeichnen Sie nach der Beobachtung. Dann fügen Sie einen Augenhorizont und Fluchtpunkte ein und vergleichen das Ergebnis mit der Beobachtung.

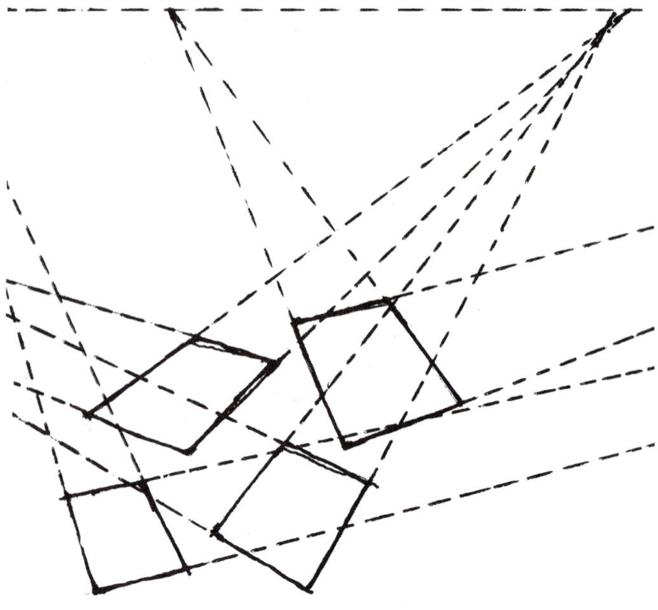

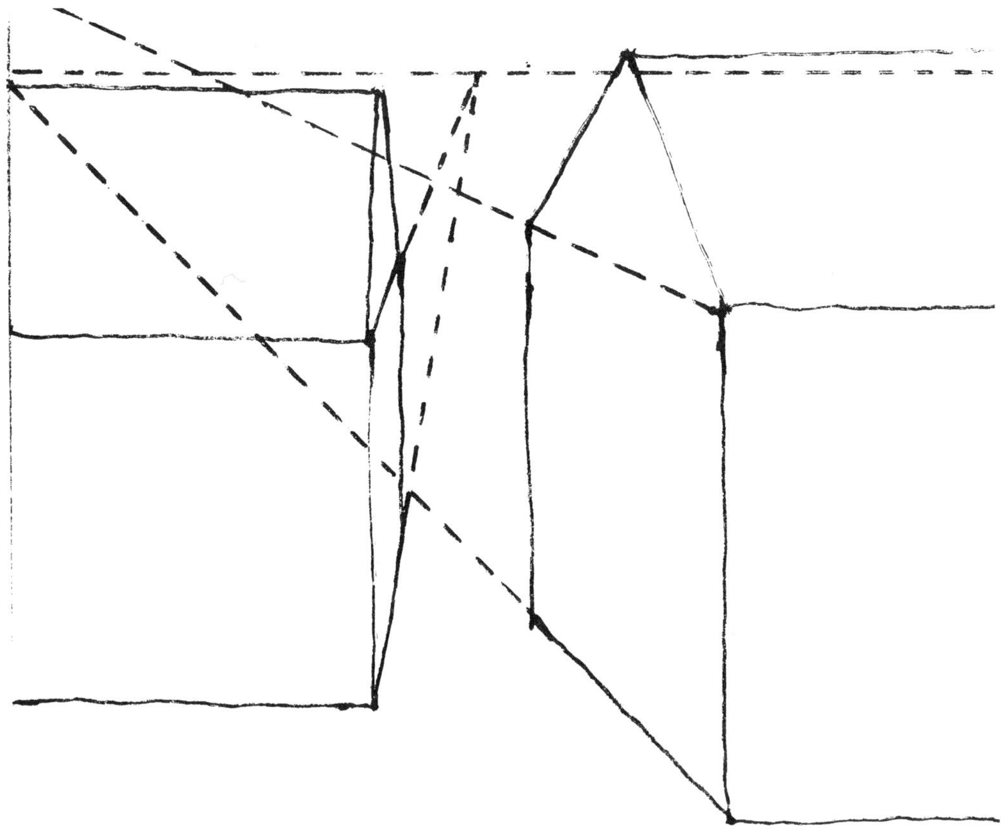

Trotzdem gibt die Perspektive nützliche Prüfmöglichkeiten und Bezugspunkte für den Zeichner. Wenn Sie z. B. zwei rechtwinklige Gebäude zeichnen und beide verzerrt wirken, überprüfen Sie, ob die verlängerten Seiten auf einem Punkt der gedachten Horizontlinie zusammentreffen.

Direkte Beobachtung und Perspektive

Mit den Regeln der Perspektive lassen sich Gegenstände, Schatten und sogar Reflexionen wiedergeben. Das ist besonders für eine Zeichnung aus der Phantasie günstig, z. B. die Zeichnung eines Architekten für ein zu planendes Gebäude. Die Perspektive ist auch für hinzuzufügende Figuren, die nicht aus der Beobachtung gewonnen werden konnten, nützlich, um die richtige Größe festzulegen.
Trotzdem ist die Perspektive nicht die Wirklichkeit!
Erstens unterstellt die Perspektive einen Betrachter mit einem fixierten Blickwinkel, was in der Realität nie vorkommt. In der täglichen Wahrnehmung bewegen sich Kopf und Augen ständig, und auch ein Maler zeichnet aus ganz verschiedenen Blickwinkeln.
Zweitens kann die Perspektive zwar wiedergeben, wie Gegenstände in zunehmender Entfernung immer kleiner werden. Beim Naturstudium wird dieses Phänomen jedoch durch den Faktor der Wahrnehmungskonstanz beeinflußt, der alle beobachteten Dinge in ihrer natürlichen Größe »erkennen« läßt.
Perspektive bezieht sich auf das, was wir sehen, ist aber nicht identisch damit. Sie gibt technisch richtige Ergebnisse, die Fotografien ähneln, auf denen entfernte Gegenstände immer zu klein aussehen. Deshalb ist die Perspektive nicht unbedingt nötig, wenn man nach der Beobachtung arbeiten kann.

Einfache Formen

Kurven und Zylinder

Die Übungen zur Darstellung rechter Winkel in Perspektive beschäftigten sich mit geradlinigen Gegenständen. Viele andere Gegenstände haben jedoch runde Formen. Zunächst wollen wir den einfachen Fall von Kreis und Zylinder untersuchen.

Die Abbildung vergleicht ein Rechteck und einen Kreis auf einem ebenen Untergrund. Das von vorne gesehene Rechteck zeigt seine volle Breite, ist aber in der Tiefe optisch verkürzt. Auch der Kreis behält seine volle Breite und erscheint in der Tiefe zu einem Oval verkürzt.

Das Ziel der ersten Übung ist das Zeichnen von Kreisen in verschiedenen Lagen. Schneiden Sie Kreise aus Karton (oder nehmen Sie Scheiben anderen Materials) und legen Sie einige flach und einige leicht angehoben.

Zeichnen Sie mit Materialien, die Sie noch nicht benutzt haben (Zeichenkohle, Bleistift, Conté). Zeichnen Sie nur die Umrisse und vergleichen Sie die ovalen Formen mit den runden Kreisen! Da alle Kartons in Wirklichkeit kreisrund sind, werden die Ovale symmetrisch aussehen. Lernen Sie die Tiefe jeder Ellipse genau einzuschätzen!

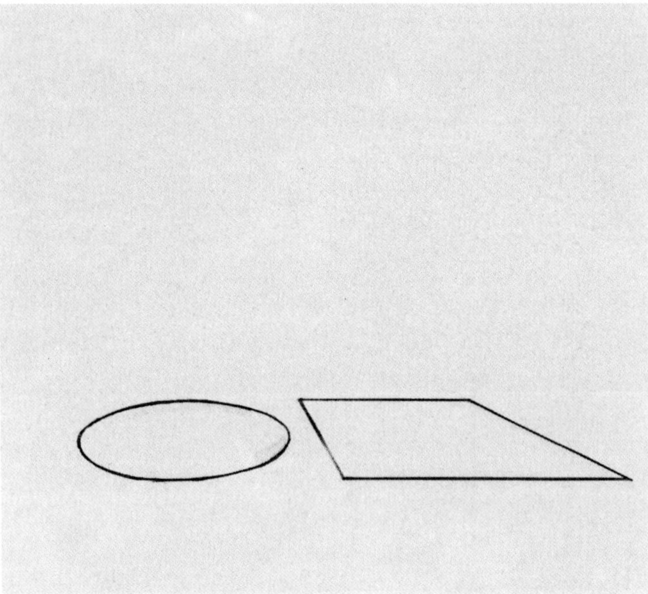

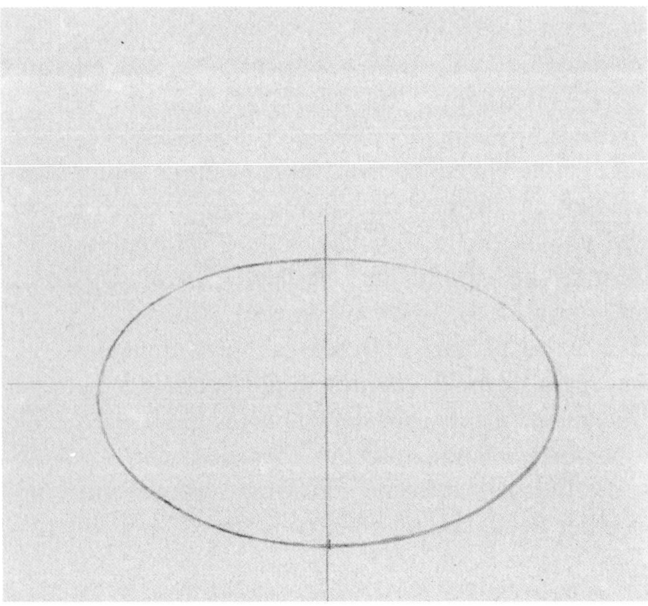

Um zu überprüfen, ob Ihre Zeichnung symmetrisch ist, ziehen Sie zwei Linien auf Transparentpapier, die sich in der Mitte des Kreises rechtwinklig schneiden. Pausen Sie die Formen der Kreissegmente durch und vergleichen Sie sie! Je ähnlicher sie aussehen, desto symmetrischer ist Ihre Zeichnung.

Kurvenzeichnen erfordert viel Übung und Kontrolle. Ein häufiger Fehler besteht darin, die Ellipsen zu spitz zu zeichnen. Denken Sie immer daran, daß die Form in Wirklichkeit eine fortlaufende Kurve ist.

Wenn Sie sich einigermaßen sicher fühlen, gehen Sie zur nächsten Übung weiter – Zeichnen von Zylindern, der gegenständlichen Form, die aus Kreisen abgeleitet ist. Zylinder sind die Grundformen vieler Küchengeräte, wie Pfannen und Töpfe. Verwenden Sie Krüge oder Glasbehälter (Einmachgläser) und zeichnen Sie diese in den Umrißlinien mit einem vorher noch nicht benutzten Material. Stellen Sie nun eine Gruppe aus einem von Zylindern umgebenen rechtwinkligen Gegenstand zusammen! Zeichen Sie wieder die Umrisse mit einem neuen Medium.

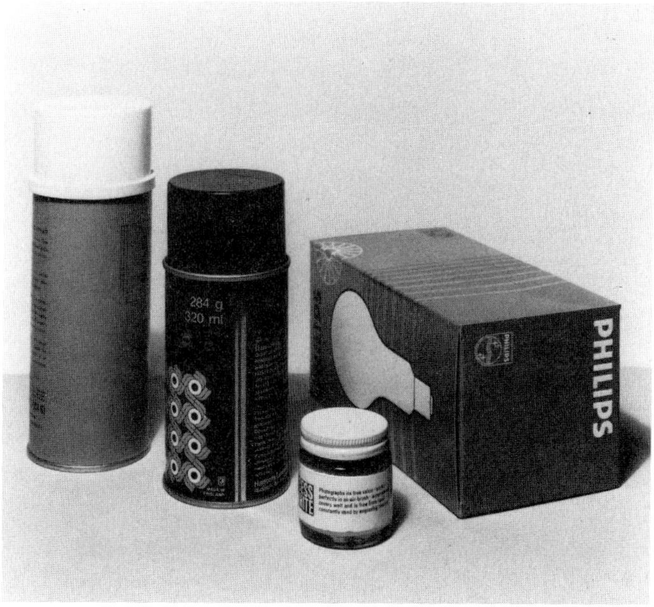

Wenn Ihr Blickwinkel oberhalb der Gegenstände liegt, werden die Standflächen größer als die Oberteile und Öffnungen erscheinen. Das wird Studenten oft als Regel empfohlen und resultiert dann weniger aus der Beobachtung. Wichtig ist, daß Sie dieses Phänomen wirklich sehen und nicht nur die Theorie akzeptieren. Falls die zylindrischen Gegenstände Krüge sind, zeichnen Sie sie am besten durchsichtig, um Öffnung und Boden besser vergleichen zu können.

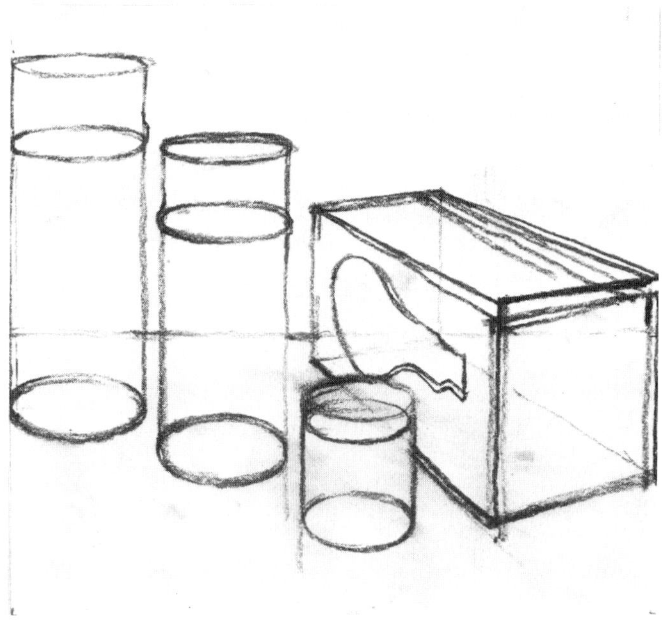

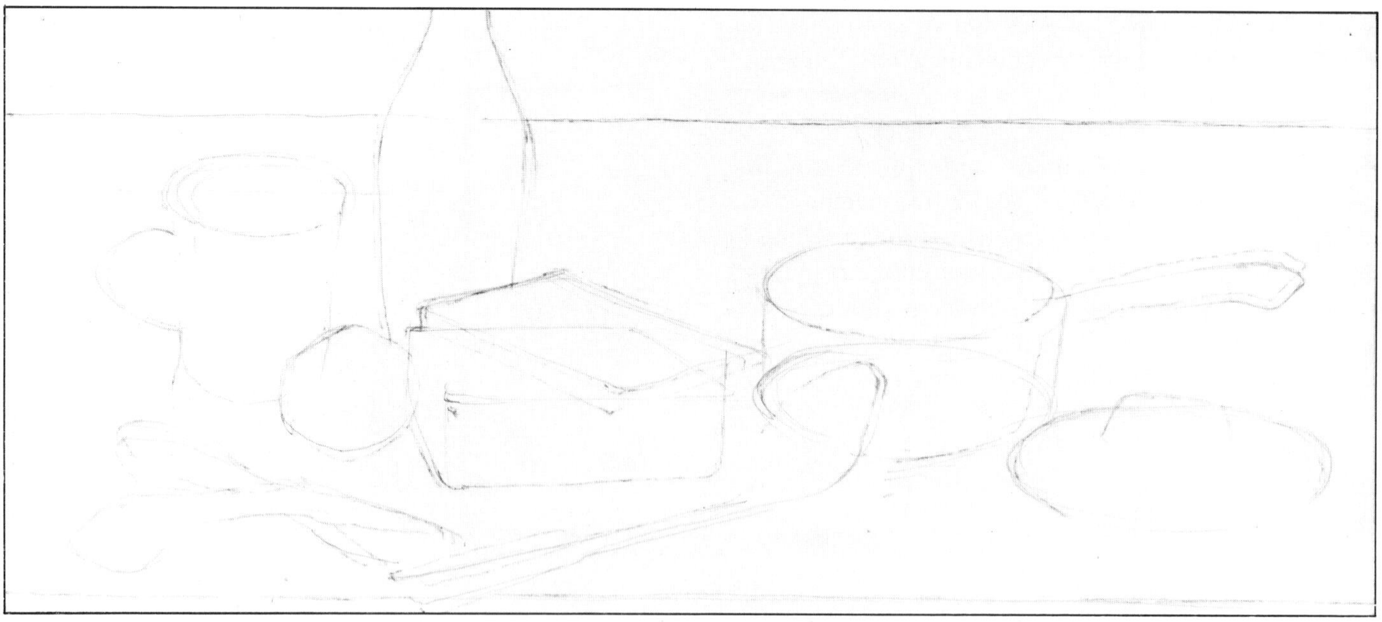

Die wirklichen Probleme tauchen aber erst auf, wenn Sie die zylindrischen Gegenstände auf die Seite legen.
Stellen Sie eine Gruppe von Konservendosen oder Gegenständen aus Glas zusammen, oder schneiden Sie Röhren aus Karton. Machen Sie davon eine lineare Zeichnung mit einem vorher wenig benutzten Material. Wir können Ihnen jetzt schon voraussagen, daß die von Ihnen abgewandten Seiten der Zylinder scheinbar näher zusammenrücken, genau wie bei den Rechtecken. Die an sich kreisrunden Enden scheinen gekippte Ellipsen zu sein. Bewegen Sie einen Zylinder und Sie werden sehen, daß der Neigungswinkel von der Entfernung zu Ihrer Blickeinstellung abhängt.

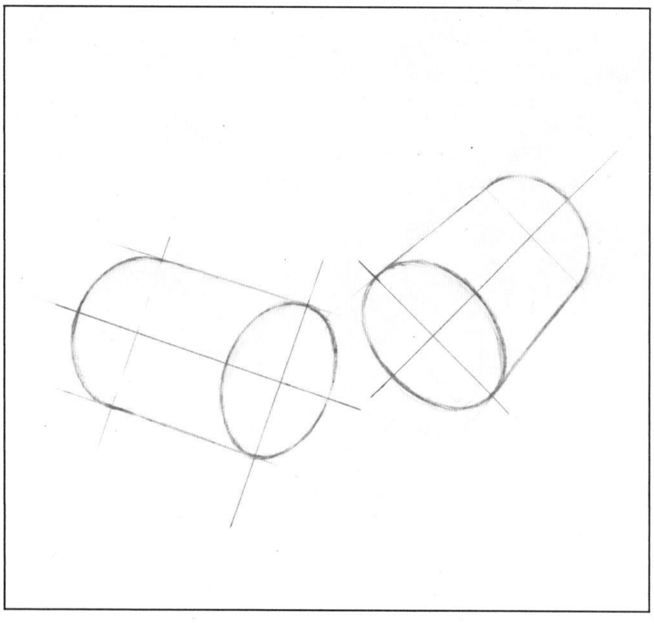

Das nächste visuelle Problem ist schwieriger wahrzunehmen, wird aber in der Abbildung noch einmal verdeutlicht:
Eine Linie, die durch die Achse eines Zylinders gezogen wird, steht immer im rechten Winkel zu einer Linie, die durch das Zentrum der Ellipse gezogen wird.
Sie müssen das selbst sehen lernen und nicht einfach als Faustregel für richtiges Zeichnen hinnehmen!

Als nächste Übung machen Sie eine Zeichnung von einer leeren Weinflasche und dem daneben liegenden Korken. Die Flasche besteht im Grunde aus zwei Zylindern mit einer Kegelform als Boden. Da zylindrische Gegenstände schwer zu zeichnen sind, machen Sie so viele Übungen wie möglich mit Gegenständen, die auf Zylindern beruhen: Tassen, Milchkannen, Saucieren usw. Auch Kinderspielzeuge sind ideale Studienobjekte.

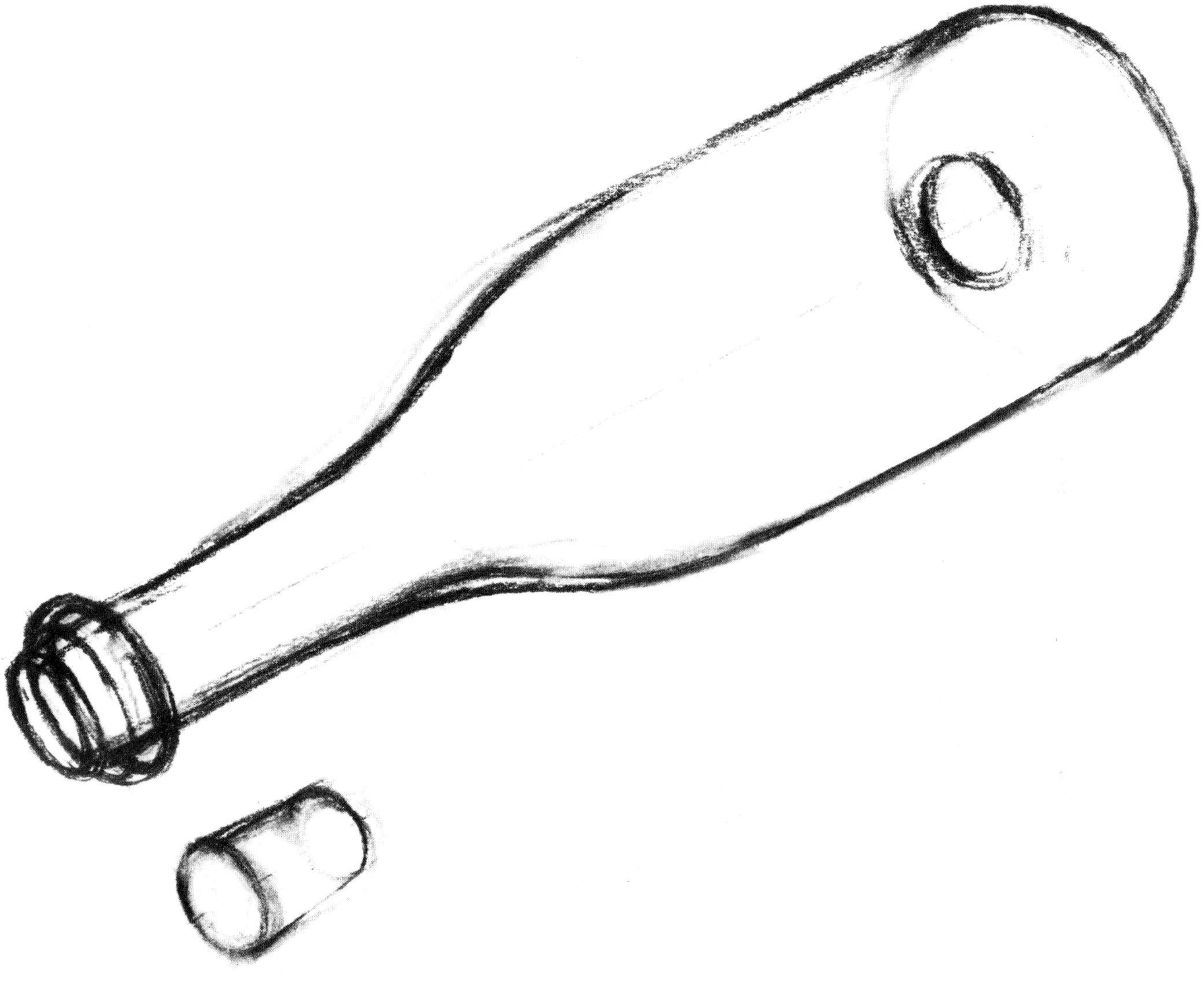

In Tonwerten zeichnen

Bisher waren die Übungen auf Gegenstände beschränkt, die man mit Linien allein zeichnen konnte. Entweder hatten sie Ecken (Schachteln) oder Kurven (Flaschen). Die Überschneidungen der Linien am Boden und Deckel zeigten die dreidimensionale Form deutlich genug. Die schwierigsten zeichnerischen Probleme bereiten jedoch Gegenstände ohne klar definierte Ecken oder Hinweise auf Überschneidungen. Eine Kugel ist das beste Beispiel.
Mit Hilfe von Tonwerten, die allerdings nicht mit den Tonwerten der Farbe zu verwechseln sind, können Sie Rundungen und Schattierungen angeben.
Arbeiten Sie in den ersten Übungen mit einem Zeichenmaterial, das schon nach wenigen Strichen den gewünschten Effekt anspricht. Also etwa mit einer Tuschelavierung, mit Kohlestiften oder Contékreiden. Probieren Sie verschiedene Kanten der Stifte unter wechselndem Druck aus. Drücken Sie aber nicht zu hart auf, sonst zerbrechen die Stifte. Versuchen Sie auch einmal eine Tuschelavierung mit einem dicken Pinsel.

Eine Kugel wird zum Apfel

Tonwerte in Bleistift und dünne Kohlestriche

»Schiff auf See«, Tekla Torn. Tonwerte in Kreide und einfache geometrische Linien in Tusche geben effektvolle Ergebnisse

Zeichnen mit Linien und Tonwerten

Um sich mit der Verbindung von Linie und Tonwert vertraut zu machen, zerknüllen Sie ein Stück weißes Papier. Machen Sie von dem Papier mehrere Zeichnungen und verwenden Sie Linien sowie auch Schattentöne. Kombinieren Sie ein lineares Zeichenmittel mit schwarzer Wasserfarbe oder Tusche. Große Tonflächen können schnell mit dem Pinsel angelegt werden. Zur Aufhellung können Sie die Farbe wieder auswaschen. Um Schattenzonen dunkler zu gestalten, können Sie mehrere Farbschichten übereinander anlegen.

Probieren Sie alle nur möglichen Verbindungen verschiedener Zeichenmaterialien aus. Es ist oft günstig, mit den Tonflächen zu beginnen und die Linien später einzuzeichnen, und dann Schritt für Schritt beides zu verstärken. Es gibt aber keine vorgeschriebene Reihenfolge der Arbeitsvorgänge. Alles hängt von der Erfahrung, der Aufgabe und dem persönlichen Geschmack ab.

Stellen Sie nun eine Gruppe von Eiern und Tennisbällen zusammen und zeichnen Sie diese Gegenstände. Achten Sie auf die Unterschiede in der Linienführung und der Behandlung der Tonflächen. Konzentrieren Sie sich nur auf die dreidimensionale Form der Kugeln. Wiederholen Sie diese Übung, bis Sie mit dem Ergebnis zufrieden sind. Bei der Wiedergabe dreidimensionaler Formen wird Ihre Fähigkeit zur Selbstkritik auf eine harte Probe gestellt. Denken Sie immer daran: Aus Fehlern kann man lernen!

Benutzen Sie nun Zeichenkohle oder Contékreide für die Tonflächen Ihrer Zeichnungen, indem Sie leicht über die zu schattierenden Flächen kritzeln. Mit etwas Übung werden Sie die Striche verbinden können – manche Künstler verreiben auch die Striche mit dem Finger.

Die symmetrisch runden Gegenstände sollten nun auf freiere Formen ausgedehnt werden. Zeichnen Sie einmal eine Gruppe aus Kieselsteinen, größeren Steinen, Luftballons und Broten in Linie und Tonwerten, mit wechselnden Zeichenmitteln.

Hüten Sie sich allerdings davor, in einen manierierten Stil zu verfallen. Es ist doch zu einfach, sich mit den verriebenen Flächen, die oft ja wie gedruckt aussehen, zufriedenzugeben. Vergessen Sie nie, daß Zeichnen zuallererst mit Sehen und Umsetzen zu tun hat.

Verlassen Sie sich also nicht zu sehr auf interessante Effekte und verlieren Sie nie den Gegenstand aus den Augen. Auch die Tonwerte sollten nur dazu benutzt werden, Ihre Wahrnehmung umzusetzen.

Zeichnen ist ein Vorgang des Weglassens! Was ausgelassen wird, ist genauso wichtig wie das, was gezeichnet wird.

Zur Verwendung von Fotografien

Schwarzweiß-Fotos sind gute Hilfsmittel zur Wiedergabe von Tonwerten, Lichteffekten und Größenordnungen zwischen entfernten und nahen Gegenständen.
Doch auch Fotos haben ihre Grenzen. Eine automatische Kamera z. B. nimmt nur Informationen der stärksten Lichtquelle auf. Ein Foto einer Szene im Freien, das aus einem Innenraum hinaus gemacht wird, wird fast dunkel werden. Eine bessere Kamera kann das Licht drinnen benutzen, wird aber die Szene draußen ganz weiß erscheinen lassen. Probieren Sie ein Gleichgewicht zwischen diesen beiden Extremen zu finden! Eine Fotoserie mit unterschiedlichen Belichtungszeiten ist eine wertvolle Hilfe für Tonstudien. Die Bilder zeigen – wenn auch nicht wirklichkeitsgetreu – die verschiedenen Möglichkeiten von Tonabstufungen in einem einzigen Sujet.
Auch Farbfotos können benutzt werden, aber auch dabei müssen Sie auf die Belichtungszeit achten. Machen Sie Aufnahmen vom Hellen ins Dunkle!
Arbeiten Sie niemals direkt von Fotos! Das Auge des Künstlers ist für eine gelungene Studie das Wichtigste!

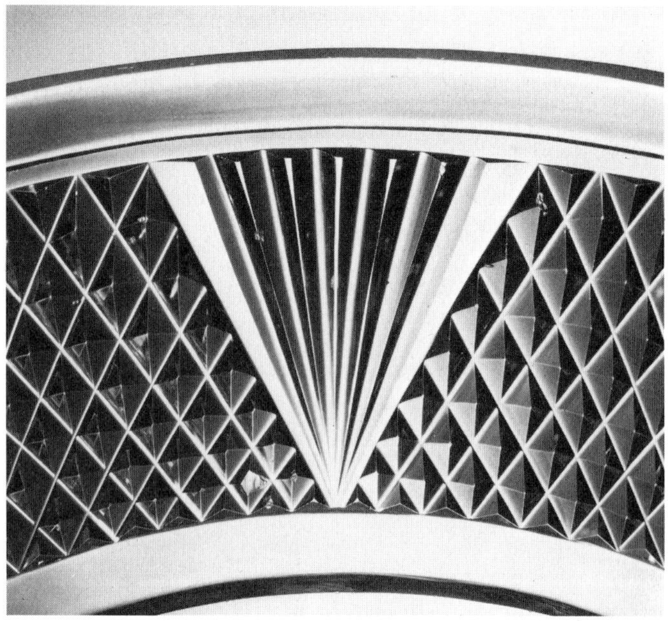

Eine Fotografie als perspektivische Studie

Ein Muster aus Blättern und ihren glänzenden Oberflächen

Mit Weiß überarbeitete Zeichnung, um den Glanz wiederzugeben

Ein Foto hilft beim Nachstellen einer komplizierten Komposition

Die erste Zeichnung von dieser Komposition

Pflanzen zeichnen

Diese Übung, das Zeichnen von Topfpflanzen, stellt Ihnen das Problem, geometrische und freie Formen innerhalb eines Sujets zu zeichnen. Eine Anzahl anderer Gegenstände könnte natürlich genausogut wie Pflanzen diese Elemente vereinen, z. B. Zweige und Äste, mit Holzblöcken oder Ziegelsteinen kombiniert.
Versuchen Sie sich in jedem Medium, aber probieren Sie auch eines aus, in dem Sie noch wenig Erfahrung haben.
Betrachten Sie zunächst die Grundformen der Pflanzen und Töpfe sowie die negativen Zwischenräume, bevor Sie sich auf die kleinteiligen Formen der Blüten, Blätter und anderer Teile der Gruppe einlassen.

Um die Tonwerte zu geben, setzen Sie die weichen Kurven der Blätter in scharfen Gegensatz zu den harten Ecken der geometrischen Formen. Wenn Sie von den großen Flächen zu den kleinen Details kommen, werden Sie vielleicht merken, daß einige Grundformen falsch angelegt sind. Gehen Sie konsequent von den kleinen Formen zu den großen Formen zurück und bemühen Sie sich um ein möglichst genaues Abbild.
Aber seien Sie auch nicht enttäuscht, wenn nicht alles am richtigen Platz steht. Machen Sie einen neuen Anlauf, bis Sie sicher sind, daß, jedenfalls zu dieser Zeit, kein besseres Bild von Ihnen kommen wird.
Schauen Sie auch ruhig einmal auf die vorhergehenden Lektionen zurück und rufen Sie sich frühere Übungen ins Gedächtnis, wie man Beziehungen zwischen den Dingen herstellt.

Schritt 1: Wenn Sie Pflanzen mit abwechslungsreichen Blumenformen und Tonwerten ausgesucht haben, stellen Sie diese unaufwendig auf den Tisch. Dann zeichnen Sie zuerst mit einem braunen Contéstift die Grundformen der Pflanzen und die Horizontlinie der hinteren Tischkante. Diese Linie soll Ihnen als Hilfe zum Abschätzen der richtigen Stellung und Größe der Gegenstände dienen. Vergessen Sie nicht die Richtigkeit der negativen Flächen um die Pflanzen herum zu überprüfen. Das wird Ihnen das richtige Zeichnen erleichtern.

Schritt 1

Schritt 2: Überlegen Sie sich den Aufbau der Zeichnung! Falls die Komposition so einfach wie uninteressant geworden ist, kann das durch Drehen der Bildfläche vom Quadrat zum Rechteck verbessert werden, so daß die Pflanzen sich überschneiden und nur seitlich gesehen werden.
Beginnen Sie mit den Tonwerten bei der Dunkelheit der Blätter und der Pflanzentöpfe, die Sie mit Contékreide und verdünnter brauner oder blauer Tusche anlegen. Tragen Sie mit dem Pinsel auch die Formen der Blätter und der Blumen im Vordergrund ein.

Schritt 3: Konzentrieren Sie sich nun auf die Details in den Blumen und benutzen Sie dafür Contékreide und auch Tusche und Feder, zusätzlich zu anderen Mitteln. Aber achten Sie darauf, daß Sie nicht zuviel Details einführen und damit die einfachen Formen überlagern und ihre Plastizität in einem See von Pinselzügen, Federstrichen und Kreidezeichen auflösen.

Schritt 2

Schritt 3

Ein Blick auf Zeichnungen

Um die drei Kunstformen Zeichnung, Aquarell und Ölbild, die in diesem Buch vorgestellt werden, zu verstehen, muß man sich mit den Eigenheiten ihrer verschiedenen technischen Verfahren und ihrer unterschiedlichen Wirkungsweise auseinandersetzen. Diese Beschäftigung beschleunigt nicht nur Ihren Fortschritt als Maler, sondern hilft Ihnen auch, das Werk anderer Künstler zu schätzen.

Zeichnungen gehören zur schöpferischen Grundlage in allen Bereichen der bildenden Künste. Auch Bildhauer verwenden sie. Daß Zeichnungen aber auch fertige Kunstwerke sein können, wird von Museumsbesuchern angesichts eines farbenfrohen, impressionistischen Bildes leider oft übersehen. Wenn Sie sich trotzdem einmal in eine Zeichnung vertiefen, werden Sie manchmal mehr Frische und Erfindungsgabe bemerken als in noch so farbigen Bildern.

Das Ziel aller Kunst ist, ein Fest für das Auge und den Verstand zu sein. Ein Künstler will ein Zwiegespräch mit dem Betrachter seines Werkes herstellen. Das müssen wir immer berücksichtigen und uns darauf einstellen. Gehen Sie nur mit wachen Sinnen in eine Galerie oder ein Museum. Dieser erste, frische Blick ohne Vorurteile ist oft zündend.

Suchen Sie sich einen ruhigen Raum aus (glücklicherweise hängen Zeichnungen meistens in kleinen Kabinetten), wo Arbeiten der großen Meister, Dürer, Rembrandt, Degas oder andere, die Sie mögen, hängen.

Schauen Sie auf die Zeichnung, ohne zuviel auf einmal sehen zu wollen. Lassen Sie das Bild langsam auf sich wirken und assoziieren Sie ruhig – eine Blume mag Sie an Ihren Garten erinnern, ein Porträt mag einem Bekannten ähneln. Spazieren Sie gemächlich durch den Raum und schauen Sie sich noch andere Bilder an. Aber kehren Sie noch einmal zur ersten Zeichnung zurück. Dann können Sie das Gebäude verlassen, wenn möglich, mit dieser Zeichnung im Kopf, bis zu einem zweiten Besuch.

Jede Kunst ist eine Angelegenheit der Auswahl, auch die Kunst des Betrachtens. Nehmen Sie sich also nicht zuviel vor! Falls bei einem anderen Besuch der Raum zu laut und voll ist, gehen Sie ruhig erst einmal in einen anderen Ausstellungsraum oder zum Buchtresen und denken für einige Zeit an etwas ganz anderes. Dann kehren Sie zu »Ihrer« Zeichnung zurück und machen eine Skizze von dem, was Sie sehen (wollen).

Wir wissen ja bereits, daß Kunst nicht in »Linie«, »Farbe« und »Komposition« aufgetrennt werden kann, da alle drei Elemente in einem Kunstwerk immer vereint vorkommen. Man kann sich aber vorstellen, wie ein Kunstwerk durch die Verbindung dieser Komponenten seine Wirkung entfaltet. Die Kunst der Wahrnehmung beruht auf dem Verstehen dieser Beziehungen.

Beginnen Sie mit der Atmosphäre des Bildes! Vielleicht haben Sie eine ruhige Landschaft oder eine unbewegte Figur ausgesucht: Die Linien der Landschaft mögen sanft und leicht gekurvt sein, die Haltung der Figur ausgeglichen, mit ruhenden Füßen und Händen. Die Grundform der Landschaft folgt dem natürlichen Vorbild, lange Linien für Felder und Hügel, ohne scharfe Brüche, kaum angedeutete Wolken – kurzum, die Stimmung eines ruhigen Sonnentages, und das in Schwarzweiß!

Die Linien der Figur stellen Ihnen auch Ruhe und Ernst vor Augen: Das Gesicht ist ohne Erregung, die Kleidung locker, so entspannt wie die Figur selbst. Schauen Sie nun auf die Tonwerte! Es gibt ganz selten starke Schwarz-Weiß-Kontraste, vielmehr weiche Kohle- oder Bleistiftstriche auf graugetöntem Papier. Die Schattenzonen gehen ineinander über, die Tonwerte verschmelzen vom Licht ins Dunkel.

Betrachten Sie jetzt die Details, kurze Linien oder lange Kurven um eine größere Fläche, eine Faltung des Kleides oder ein leichtes Lächeln im Mundwinkel.

Porträt von Minton

Sehen Sie sich vor allem die Technik der Zeichnung an, die Illusion der Tiefenwirkung und Plastizität. Eine Zeichnung muß sich auf die Eigenschaft von Linie und Tonwert verlassen, um Tiefe zu erzeugen – da gibt es keine blaue Farbe, um Ihr Auge zu weiten Hügeln zu führen.
Benutzte der Künstler einen dicken, weichen Bleistift oder eine dünne, blasse Zeichenspur? Gibt es einen Wechsel der Größenordnung? Tiefe kann manchmal durch dicke Striche im Vordergrund und dünne im Hintergrund vorgetäuscht werden.
Dann schauen Sie doch einmal auf eine benachbarte, ganz gegensätzliche Zeichnung, die voller Leben und Bewegung ist, und vergleichen diese mit der ersten.
Die Bewegung im zweiten Bild wird wahrscheinlich von einer sich schnell bewegenden Hand geschaffen sein. Die Striche sind schnell gesetzt worden, fast so, als ob der Künstler so schnell wie möglich fertig werden wollte. Oft kann man in solchen schnellen Zeichnungen Tropfspuren der Tusche sehen. Es gibt wenig deutliche Details, ein Gesicht ist ein einfacher Umriß, ein Auge ein kleiner Strich.
Lassen Sie sich genügend Zeit beim Betrachten von Bildern! Sie werden mehr von Ihrem Kunstbesuch haben, wenn Sie drei- oder viermal kurz und erfrischt vor die Bilder treten, als einen ganzen, langweiligen Nachmittag lang.
Denken Sie immer daran, daß Kunst eine Art visueller Kommunikation zwischen Künstler und Betrachter sein soll. Dazu brauchen Sie Zeit! Einige Zeichnungen werden Sie schnell wieder vergessen. Die Zeichnung eines Meisters wird Ihnen klar und deutlich im Gedächtnis bleiben, über Jahre, vielleicht für Ihr ganzes Leben.

»Salomé und Herodes« von Bauer

Aquarell aus den »Musikserien« von Richards

Lektion 2
Malen mit Wasserfarben

Die Malerei mit wasserlöslichen Farben hat eine merkwürdige Geschichte. Obwohl Mischungen aus Pigmenten, Bindemitteln und Wasser in der gesamten Geschichte der Malerei üblich waren, werden Wasserfarben heutzutage gegenüber Ölfarben oft gering eingeschätzt.

Trotz noch bestehender Zweifel glauben viele Historiker bei der Technik der Höhlenmalerei an eine Mischung von Erdfarben mit Wasser.

Die Freskotechnik war für viele vorchristliche Kulturkreise eine gängige Dekorationsform. Um die Pigmente auf dem feuchten Verputz zu binden, wurde gereinigter Kalk verwendet. Die Arbeit mußte schnell und mit sicherer Hand vorangehen, da Fehler nicht mehr verbessert werden konnten. Freskomalerei kann heute noch so frisch wie am ersten Tag aussehen, vorausgesetzt, die Malunterlage (Wand oder Decke) ist in gutem Zustand. Der transparente Effekt und die weichen Pastelltöne dieser Malerei sind typisch für viele wasserlösliche Farben. In der Antike schmückten Fresken Tempelanlagen wie auch private Gebäude. Die Technik der Wandmalerei überdauerte viele Jahrhunderte. Noch in der Renaissance waren Fresken nicht nur in Kirchen, sondern auch in öffentlichen Häusern und Privatwohnungen beliebt.

Die Guaschfarbe (aus dem französischen »Gouache« = Leim) wird aus deckenden Pigmenten hergestellt, die in Wasser aufgeschwemmt und mit Gummiarabicum, manchmal auch mit Zusatz von Honig, zur Erhöhung der Geschmeidigkeit, gebunden werden. In Guaschtechnik wurden gelegentlich die Lichthöhungen in Fresken eingesetzt.

Die Temperafarbe wurde ähnlich, nur mit Eigelb oder Harzölen gebunden, zubereitet. Guasch und Tempera waren ab dem 11. Jahrhundert allgemein bekannt. Keine andere bekannte Farbe konnte zu der Zeit mit diesen Farben in Tiefe und Sättigungsgrad standhalten. Die mittelalterlichen Handschriftenmaler schätzten besonders die Deckkraft der Guasch und Tempera, die sogar auf dem gerne verwendeten Blattgold aufgetragen werden konnten.

Zu den schönsten Arbeiten fernöstlicher Maler zählen mit Wasserfarben bemalte Seidenstoffe, die seit dem 3. Jahrhundert überliefert sind. Diese Malerei ist uns sehr gut erhalten, da sie aufgerollt und in Röhren aufbewahrt wurde. Die Kunst der chinesischen Meister kreiste um die Symbole der Meditation; ihre Pinselzüge waren frei und spontan gesetzt, sollten aber die Reflexion über andere Künste, wie Poesie und Philosophie, anregen. Die besten Künstler unter ihnen erreichten eine unglaubliche Geschicklichkeit im Umgang mit dem Pinsel und konnten mit nur wenigen Elementen die ganze Schönheit der Welt ausdrükken.

Für eine solche ausgewogene Arbeit ist das Medium der Wasserfarbe sehr gut geeignet. Einfache Lasuren

können eine sehr dichte Fläche aufbauen. Eine Tiefenwirkung ist oft das Ergebnis von mehreren Farbschichten, die im Bildhintergrund zu einem feinen Farbschimmer auslaufen.
Die Blütezeit der Malerei dauerte in China wie in Japan vom 14. bis zum 18. Jahrhundert, eine Zeitspanne, in der im westlichen Abendland die Ölmalerei ihren Siegeszug angetreten hatte und vorherrschte. Großformatige Atelierbilder wurden immer beliebter und ersetzten nach und nach die alten Fresken in Kirchen und Palästen. Die Malerei mit Wasserfarben fiel in Ungnade. Viele der Maler, die wir mit großen Meisterwerken in Öltechnik in Verbindung bringen, malten jedoch auch Aquarelle als Skizzen und Studien. Albrecht Dürer (1471–1528) malte Naturstudien in Aquarelltechnik. Auch von Peter Paul Rubens (1577–1640) und Anthonis van Dyck (1599–1641) gibt es, wie auch von anderen Malern, viele kleine Wasserfarbenskizzen, welche die Anziehungskraft und Qualität dieses Mediums beweisen.
Gegen Ende des 18. Jahrhunderts entwickelte die englische Malerei eine Reihe neuer Wasserfarbentechniken, besonders das Aquarell, der feinsten Sorte wasserlöslicher Farben. Die Landschaften dieser Malerschule zählen zu den schönsten Beispielen der Aquarelltechnik.
Fast jede Art von Stimmung läßt sich in ihren Bildern auffinden: heiße Sommertage, kalte Winternächte, Seestürme, ruhige Frühlingsmorgen – alle Jahreszeiten sind zu unserer Freude eingefangen.
Einige englische Maler, wie Thomas Gainsborough (1727–1788) und John Constable (1776–1837) benutzten Wasserfarben hauptsächlich für Studienzwekke, während andere Maler diese Technik vorzogen,

»Straße« von Vuillard

»Garten in Bromley« von Snow

um ihre Liebe zur Natur und zur Größe der malerischen Landschaft auszudrücken, wie z. B. Paul Sandby (1725–1809), John Crome (1768–1821), Thomas Girtin (1775–1802) und John Robert Cozens (1752 bis 1797).
Von besonderem Interesse ist Girtins Arbeit; er benutzte nur eine Palette von fünf Farben und schuf Tiefe und Tonwerte nur mit Hilfe dünner Lavierungen, die er jedesmal vollständig trocknen ließ, bevor er die nächste Schicht anlegte. Diesen Vorgang wiederholte er so lange, bis das Bild fertig war. Für den Malanfänger kann das eine gute Übung sein, weil er damit sein Material gründlich kennenlernt und Erfahrungen in der Anlage von Texturen und Lichthöhungen bekommt.
Joseph Mallord William Turner (1775–1851), John Sell Cotman (1782–1842) und Richard Bonington (1802–1828) sind ebenfalls hoch einzuschätzende Maler. Ihre vorimpressionistische Technik galt zu Lebzeiten als revolutionärer Stilbruch. Heute gehört ihre Malerei zu den Grundlagen der klassischen Moderne. Turners Bilder sind sogar Vorarbeiten zur Entwicklung der abstrakten Kunst.
Auch Paul Cézanne (1839–1906), ein meisterhafter Maler auf jedem Gebiet und in vielen Techniken, setzte die Aquarellfarbe in erstaunlich direkter Weise ein. Seine Stilleben- und Landschaftsaquarelle mit ihren vielen Farbschichten erscheinen wie Abwandlungen von Girtins Technik.
In den vergangenen Jahrzehnten haben Aquarellbilder an Achtung gewonnen. Wir bewundern wieder die Frische und Leichtigkeit von Blumenaquarellen, und wir erinnern uns wieder, daß vor allem Tier- und Pflanzenmaler die Aquarelltechnik immer vorzogen. Nur in dieser Technik lassen sich nämlich die feinen Abstufungen in Tonwerten und Textur, z. B. für ein Vogelgefieder, wiedergeben. Allein deswegen ist diese Technik heute für alle möglichen Themen wieder beliebt.
Auch wenn es prosaisch klingen mag, selbst die Größe unserer Wohnzimmer beeinflußt unsere Vorlieben in der Kunst. Waren viele berühmte Gemälde der Vergangenheit, selbst in Reproduktionen, zu groß für die im Wohnbereich verfügbaren Hängeflächen, so beanspruchen die zumeist kleinformatigen Aquarelle nur wenig Platz. Mit Recht erfreut sich die Kunst des Aquarells vor allem bei der wachsenden Anzahl der Freizeitmaler größter Beliebtheit.
Einfacher kann man die Spontaneität heller, frischer Farben und eine lockere Technik nicht erzielen als mit einem Kasten Aquarellfarben, einem Pinsel und einem Glas Wasser.

Von der Zeichnung zur Malerei

Moderne Wasserfarben sind oft heller und wirken »impressionistischer« als Ölfarben und werden deshalb oft von Künstlern mißachtet, die großformatig arbeiten wollen. Auf alle Fälle sind Wasserfarben geeignete und interessante Mittel, um Farbskizzen in einer spontanen und luftigen Pinseltechnik festzuhalten.

Die Begriffe »Zeichnung« und »Gemälde« werden oft unterschiedslos zur Bezeichnung von Wasserfarbenarbeiten verwendet. Der Begriff »Zeichnung« beinhaltet aber den Einsatz von Pinsel und Farbe zur Erzeugung eines Liniengebildes, während ein Gemälde breit angelegte Farbschichten und farbige Tonwerte aufweist. Viele Künstler verbinden beide Methoden, Linienzeichnung und Farblavierung, in einem Bild.

Als Anfänger zeichnen Sie vielleicht am besten die Komposition zuerst mit dünnem Bleistift vor. Aber übertreiben Sie die Vorzeichnung nicht, sonst entgehen Sie dem Spaß, mit der Farbe selbst den Gegenstand zu beschreiben.

Diese frische Skizzenhaftigkeit brachte der Aquarelltechnik den Ruf, in der Handhabung schwierig zu sein. Mit ein wenig Zeitaufwand und etwas gutem Willen kann diese Technik jedoch von jedem Malschüler erlernt werden.

Zu einer Mischung von Pigmenten und Wasser werden ein oder mehrere Bindemittel hinzugefügt, so daß nach Verdunsten des Wassers die trockene Farbe an der Oberfläche des Papiers haften bleibt. Es gibt eine große Anzahl von Bindemitteln: Gummiarabicum, verschiedene Sorten Leim, Kaseinstärke, Glyzerin, Eiweiß und sogar Honig. Heutzutage werden oft chemische Produkte als Bindemittel eingesetzt, so z. B. in den Acrylfarben. Die Übungen dieser ersten Lektion beschränken sich jedoch auf die herkömmliche Aquarelltechnik.

Das größte Problem jeder Art von wasserlöslicher Farbe ist ihre mangelnde Deckkraft. Einmal gesetzte Farbtupfen können nicht mehr deckend zugemalt oder wegradiert werden, was Anfänger oft beunruhigt.

Machen Sie einen kühnen Anfang! Malerei soll auch Spaß machen! Überlegen Sie, was Sie vorhaben, mischen Sie die gewünschten Farben aus und setzen Sie den Pinsel direkt und ungekünstelt ein. Dann werden Sie Spaß haben und gelungene Bilder malen.

»Brunnen am Trafalgar Square« von Lever

Die Bildbeispiele auf diesen Seiten zeigen die Möglichkeiten der modernen Aquarellmalerei: als Studien für andere Bilder und als fertige Arbeit. Die Skizze von Haley Lever, dem bekannten Marinemaler, wurde 1903 bei einem Besuch in London gemalt. Hauptthemen in Levers Werk waren Wasser- und Hafenszenen in New York und New England. Auch diese Skizze zeigt die Faszination des Wassers inmitten der Stadt.

Dies ist nur eine Studie für ein größeres Ölbild und deshalb für unsere Lektion gut geeignet. Die Struktur des fallenden Wassers und die Farben im Springbrunnen sind sorgfältig herausgearbeitet, die Gebäude im Hintergrund sind nur angedeutet.

Dazu im Kontrast zeigt die Abbildung auf dieser Seite eine gründlich ausgeführte Atelierarbeit in Aquarell und Acrylfarben von Michael Tilson. Die Vorzeichnung wurde entlang der geometrischen Linien mit verschiedenen Farbtönen und Texturen ausgefüllt. Jeder Teil des Bildes ist vollständig ausgemalt, wobei die deckenden Acrylfarben bewußt gegen die trockene Aquarelltechnik im Mittelfeld gesetzt sind.

Wenn Sie beide Bilder vergleichen, werden Sie feststellen, wie verschieden das Medium wasserlöslicher Farben angewandt werden kann.

Die Skizze zeigt die traditionelle Technik, hell, frisch und »offen«, obwohl sie vor 80 Jahren gemalt wurde. Das abstrakte Bild wurde in den 70er Jahren gemalt. Heute würde man vielleicht alle Teile in Acryl anlegen, auf die Gefahr hin, die transparente Wirkung zu verlieren.

Vor allem sollten wir bald die Vorstellung ablegen, Aquarell sei eine zu schwierige Technik oder, umgekehrt, nur geeignet für nette alte Damen mit Skizzenbüchern.

Legen Sie Ihren Mal- und Zeichengeräten niemals solche Einschränkungen auf, und Sie werden sie, mit einiger Phantasie, in großer Vielfalt einsetzen können.

»Abstrakt Nr. 3« von Tilson

Malmaterial

Die Qualität des Malmaterials kann Erfolg oder Mißerfolg eines Bildes bestimmen. Arbeiten Sie darum immer mit den besten Farben, Pinseln und Papieren, selbst für Studien und Skizzen. Schlechtes Papier verwischt die Wirkung Ihrer Pinselzüge und dämpft die Leuchtkraft der Farben.
Junge Pianisten lassen sich oft durch ein billiges, dünn klingendes Klavier entmutigen und finden keinen Spaß mehr an Musik. Genauso kann es Malanfängern gehen, wenn sie mit schlechtem Material arbeiten.
Machen Sie einmal ein Experiment: Kaufen Sie einen Bogen Zeichenpapier schlechter Qualität, einen billigen Fehpinsel und eine Tube blauer Aquarellfarbe von Studienqualität. Legen Sie über das Papier eine blaue Lavierung nach der Anleitung auf Seite 70.
Dann nehmen Sie ein Blatt schweres, handgeschöpftes Aquarellpapier mit rauher Oberfläche, eine kleine Tube Ultramarin in Künstlerqualität und einen großen Marderhaarpinsel in guter Qualität, und machen ebenfalls eine blaue Lavierung. Wenn Sie beide Ausführungen nach dem Trocknen vergleichen, werden Sie sofort den qualitativen Unterschied feststellen.
Sie können diesen Versuch mit verschiedenen Papieren, Pinseln und Farben wiederholen. Qualität ist natürlich nicht immer unbedingt gleichbedeutend mit Kostspieligkeit. Da aber billiges Material selten gut zu verwenden ist, werden bessere Materialien zuweilen zu überhöhten Preisen angeboten.
Sie werden schon das Material für Ihre Zwecke herausfinden, ohne zu tief in die Tasche greifen zu müssen. Kaufen Sie das beste Material, das Sie sich leisten können. Nur dann werden Sie die Wirkungen der Aquarellmalerei erzielen können!

Pinsel

Die besten Aquarellpinsel werden aus reinen Marderhaaren, die mit einer Rundzwinge zusammengehalten werden, hergestellt. Sie sind zwar teuer, aber sehr genau einsetzbar und langlebiger als jede andere, billige Ausführung. Ein Marderhaarpinsel kann ebensogut große Flächen bemalen wie kleine Details ausführen, manchmal noch genauer und schärfer als ein Bleistift, eine Kreide oder eine Zeichenfeder.
Aus dem breitgefächerten Angebot an Größen sollten Sie die Nr. 3, 5 und 7 aussuchen.
Für Lavierungen wird meistens ein großer Flachpinsel aus Marder, Feh- oder Kamelhaar benutzt, mit dem selbst große Flächen schnell und gleichmäßig angelegt werden können. Solche Pinsel sind nicht billig, lohnen aber die Ausgabe. Auch ein Malerpinsel von etwa 3 cm Breite erfüllt seinen Zweck.
Um das Malen zu erleichtern, sollten Sie immer den größtmöglichen Pinsel verwenden, da er mehr Farbe aufnehmen kann als ein kleinerer Pinsel. Lavierungen können übrigens auch mit Nylonpinsel angelegt werden. Sie können zwar nicht spitz zulaufen, sind aber für das Einfärben größerer Flächen gut geeignet. Für Details setzt man dann wieder Naturhaarpinsel ein.
Probieren Sie ruhig alle möglichen Sorten von Pinseln aus! Wenn Sie einen Zugang zum Aquarell gefunden haben, reichen Ihnen wahrscheinlich einige Pinsel aus.
Früher waren die Pinsel für Öl- wie Aquarellmalerei beträchtlich länger. Solche überlangen Pinsel werden auch heute noch von Plakat- und Schildermalern benutzt. Mit einem Pinsel dieser Art werden Sie die Pinselführung alter Meister schätzen lernen.
Lange Schweineborstenpinsel sind für große Aquarelle nützlich, und einige Maler verwenden nur solche Pinsel – die aber nicht zu verwechseln sind mit den Schweineborstenpinseln für die Ölmalerei.
Die chinesischen und japanischen Pinsel aus weichem Haar mit Bambusstiel sind ebenfalls gut zu gebrauchen. Diese Pinsel sind im Grunde als Schreibinstrumente gedacht und sollten daher wie eine Zeichenfeder aufrecht gehalten und für feine, sensible Linien eingesetzt werden.

Benutzung und Aufbewahrung

Halten Sie Ihre Pinsel immer sauber, trocken und geschützt! Nach Gebrauch müssen sie in klarem Wasser ausgewaschen, ausgeschüttelt und zu einer dünnen Spitze geformt werden. Dann werden sie in einen Krug oder Topf gestellt, die Haarspitze nach oben,

und bei Zimmertemperatur getrocknet. Pinsel werden verdorben, wenn sie mit der Spitze nach unten im Wasser stehen bleiben.

Wenn Sie draußen malen wollen, brauchen Sie ein Transportmittel zum Schutz der Pinsel. Wenn Ihnen die im Handel erhältlichen Pinselbehälter zu teuer sind, können Sie auch selbst einen Pinselhalter aus zwei starken Kartons oder Sperrholzstücken von je 5 x 25 cm herstellen. Befestigen Sie die Pinsel mit Gummibändern auf dem einen Stück Karton oder Holz oder benützen Sie das andere als Schutzdeckel, mit Gummibändern zusammengehalten.

Die Abbildung rechts zeigt gute und schlechte Beispiele des Aufbewahrens. Der schwarze Marderhaarpinsel, der gegen das Wasserglas gelehnt ist, wird in ein oder zwei Wochen aus der Form geraten sein. Ganz abgesehen von der Geldverschwendung, ist ein solcher Umgang auch schlecht für Ihre Malerei, die mit schlechten Pinseln nur unbeholfen und dilettantisch aussieht. Linien werden ungleichmäßig und ausgefranst erscheinen oder Pinselhaare werden ausfallen und in der Farbfläche liegen bleiben.

Im Gegensatz dazu wird der billigere Fehpinsel für Jahre halten, weil er sauber auf einer Unterlage befestigt ist und in der Hülle geschützt aufbewahrt oder transportiert wird.

Außerdem brauchen Sie eine Menge frischen Wassers, um die Pinsel zu säubern und die Farbe auszuwaschen. Nach jedem Wechsel der Farbe sollten Sie den Pinsel gut auswaschen, damit sich die Farben nicht ungewollt vermischen, sei es auf dem Papier oder in den Näpfen Ihres Farbkastens.

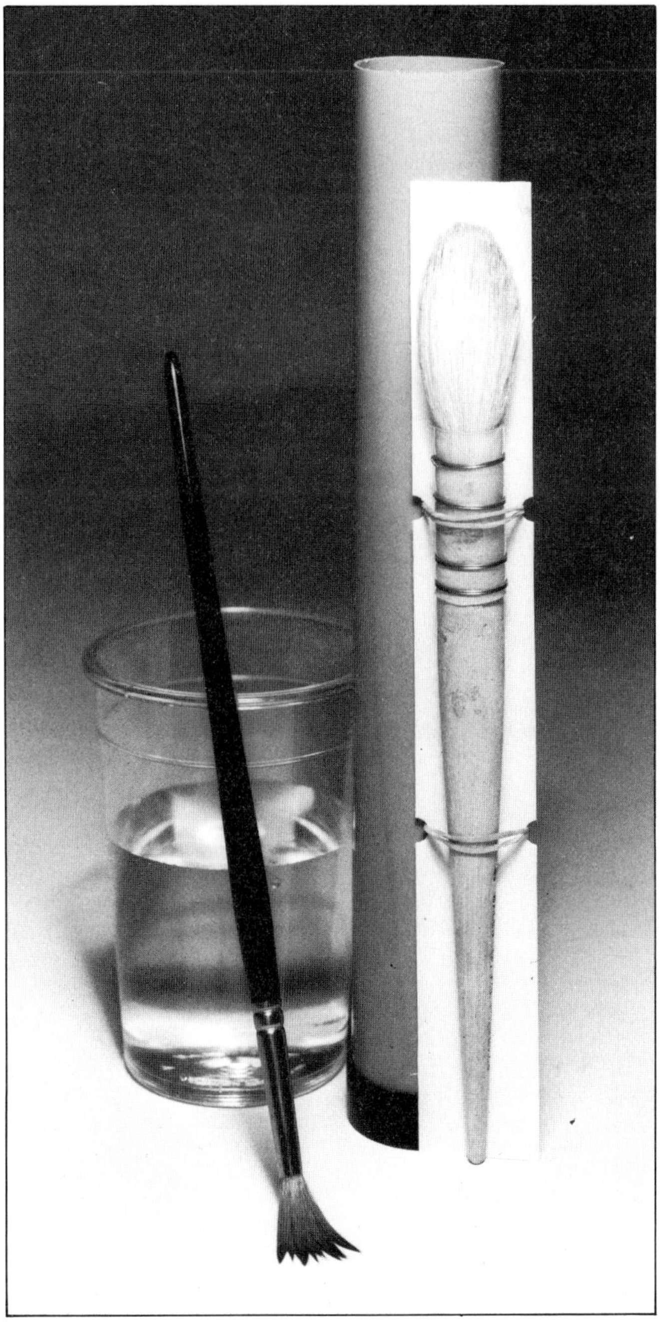

Malfarben

Näpfe und Tuben

Aquarellfarben werden gewöhnlich in Näpfchen oder Tuben geliefert. Die Näpfchen sind kleine Keramik- oder Plastikschüsseln in Metallkästen und enthalten eine Farbe in ziemlich fester Form. Die Tuben enthalten das gleiche Pigment in flüssigerer Konsistenz.
Zum Gebrauch der Näpfchen befeuchten Sie Ihren Pinsel und nehmen etwas Farbe aus dem Block, ohne zu sehr zu reiben oder kratzen. Wenn der Farbkasten geöffnet ist, sehen Sie sofort die volle Farbenpalette in der richtigen Reihenfolge. Gelb befindet sich auf der linken Seite. Das Spektrum wandert dann zum Schwarz auf der rechten Seite. Natürlich kann die Anordnung der Farben auch ganz nach Ihrem Geschmack erfolgen.
Die Farben in Tuben müssen erst auf eine Palette gedrückt werden, bevor sie benutzt werden können. Wenn sie trocken sind, lassen sie sich schwer herauspressen und sind nicht gut zu verarbeiten. Manche Maler mögen allerdings die pastose Konsistenz lieber als die Farbe aus den Näpfchen.
Sie werden bald herausfinden, welche Sorte Ihnen am ehesten liegt. Vielleicht benutzen Sie auch beide. Man kann die Tuben im Atelier benutzen und die bequemeren Näpfchen im Freien. Oder für die Arbeit im Freien jeweils ein wenig Farbe aus Tuben in Näpfchen umfüllen.

Miniaturfarbkästen

Miniaturfarbkästen zum Skizzieren sollten nicht mit Farbkästen für Kinder verwechselt werden! Klein im Format mit einer einfachen Farbenauswahl sind diese

Aquarellfarben

Kästen von guter Qualität und nicht teuer. Als Reiseausrüstung sind sie eine gute Ergänzung zu Ihrem sonstigen Material.
Der kleine Kasten und ein kleiner Block Aquarellpapier, dazu Pinsel und ein kleines Wassergefäß sind die einzig nötige Ausrüstung für eine Reise und lassen sich gut in der Rocktasche unterbringen.

Guaschfarbe und Acrylfarbe

Bisher haben wir die Wasserfarbe in der reinsten Form, der Aquarellfarbe, kennengelernt. Es gibt jedoch noch andere Farbensorten, die mit Wasser verdünnt werden können, z.B. Guaschfarbe, eine Mischung aus deckenden, auch weißen Pigmenten, die manchmal auch »Plakattempera« oder »Deckfarbe« genannt wird.
Guaschfarbe ist für einige Malzwecke sehr nützlich. Obwohl sie oft mit Aquarellfarbe gleichgesetzt wird, sind es aber doch zwei verschiedene Malverfahren. Guasch ist viel dichter als die transparente Aquarellfarbe und hat einen hohen Sättigungsgrad. Deshalb ist sie besser für deckende Malerei als für dünne Schichten geeignet. Ein großer Vorteil ist die Möglichkeit, mit einem Zusatz von Weiß jede Art von Abtönung zu erzielen und wie mit Ölfarbe deckend über andere Farbtöne zu malen, was mit reiner Aquarellfarbe unmöglich ist. Viele Künstler haben Guasch zum Höhen von Aquarellen verwendet, anstatt diese Stellen auszuwaschen. Sehr effektvoll kann weiße Guaschfarbe für Wolken eingesetzt werden, die in hellem Blaugrau untermalt sind. Dunkle, deckende Farbe kann für scharfe Details im Vordergrund benutzt werden.
Plakatfarbe ist noch dicker und deckender als Guasch oder Tempera und kann sehr gleichmäßige, feste Farbflächen erzeugen. Sie trocknet stumpf und etwas heller auf.
Auch Acrylfarben, Pigmente in Kunstharzemulsion, können mit Wasser verdünnt werden. Da das Bindemittel ein Acrylharz ist, werden die Farben nach Auftrag wasserfest. Acrylfarben werden im allgemeinen ähnlich wie Guasch oder Ölfarben benutzt, mit ähnlichem Ergebnis. Ein Vorteil dieser Farbe ist die deckende Malweise, ohne darunterliegene Schichten abzuheben – das Bindemittel in Acrylfarben ist fester als in Aquarellfarben.
Achten Sie darauf, Ihre Pinsel nach Gebrauch gut auszuwaschen, da die trockene Farbe nur schwer wieder entfernt werden kann.

Guaschfarben

Acrylfarben

Papiere

Die Papiersorte ist natürlich von großer Wichtigkeit. Als Grundlage der Malerei sollte Qualität und Sorte der Technik und dem Thema angemessen sein.

Papier wird aus einem wäßrigen Faserbrei gewonnen, der abgeschöpft wird und im Sieb eine Schicht dicht übereinanderliegender Fasern zurückläßt, die zu einem Blatt gepreßt und getrocknet wird. Als Papier-Rohstoff können Holz, Stroh, Bambus, Jute, Manilahanf, Baumwolle und andere Materialien benutzt werden.

Das fertige Blatt sollte fest und dauerhaft sein. Seine Eigenschaften und Qualitäten hängen von der Art der Faser, der Größe und den Zutaten, wie z.B. Ton, ab.

Handgeschöpfte Lumpen- oder Hadernpapiere sind teuer, aber auch das Beste, was auf dem Markt ist. Der Papiermacher schüttelt den flüssigen Papierbrei in einem feinen Drahtsieb so lange, bis sich eine gleichmäßige Papierschicht gebildet hat, die dann geformt und getrocknet wird. Der gleiche Papierbrei wird in einem ähnlichen Vorgang auch maschinell verarbeitet. Das so gewonnene Papier ist billiger und die Oberfläche glatter als das handgeschöpfte.

Lumpen- oder Hadernpapiere aus Baumwollresten sind nicht leicht zu finden, da Kleidungsreste aus reiner Baumwolle nicht immer in ausreichenden Mengen und guter Qualität zur Verfügung steht. Heute werden oft auch künstliche Fasern mit Baumwolle gemischt.

Es gibt drei Arten von Papieroberflächen:

Nicht gepreßt: rauhe und ungleichmäßige Oberfläche, zunächst schwierig zu handhaben; lohnt aber die Mühe mit einer großen Vielfalt technischer Möglichkeiten; besonders gut für große Formate geeignet.

Kaltgepreßt: ein mittlerer Texturgrad, sehr beliebt für die Aquarellmalerei.

Heißgepreßt: sehr glatt; die bessere Qualität ist fast so glatt wie eine Glasscheibe.

Im allgemeinen wird ein kleines Bild auf glattem, leichtem Papier und ein großes Bild auf rauhem, schwerem Papier gemalt. Sie können es aber auch einmal umgekehrt probieren.

Der große Unterschied in der Oberflächenwirkung zwischen nicht gepreßtem Papier (oben) und heiß gepreßtem Papier (unten)

Getönte Papiere

Getönte Papiere ergänzen die normalen weißen. Besonders grau- und blaugetönte Papiere wurden mit großem Erfolg in der Malerei benutzt. Lichthöhungen in weißer Guasch oder Kreide standen auf diesen Papieren sehr wirkungsvoll. Probieren Sie alle erhältlichen Farbtöne aus und beobachten Sie die Veränderungen der Farben, die Sie auf diese Papiere malen.

Getönte Papiere gibt es in Sepia, Grau und Blau sowie in verschiedenen Beigetönen

Das Aufziehen von Papier

Um ein Wellen des Papiers beim Trocknen der Farben zu vermeiden, müssen die meisten Papiere aufgezogen werden, was einfach und schnell geht.
Jedes Papier hat eine Vorder- und eine Rückseite. Wenn Sie das Papier gegen das Licht halten und das Wasserzeichen zu Ihnen gewandt sehen, haben Sie die Vorder- und Arbeitsseite vor sich. Falls das Papier kein Wasserzeichen hat, schauen Sie sorgfältig auf beide Seiten. Die Vorderseite hat eine regelmäßige Textur, während die Rückseite glatter wirkt. Überprüfen Sie das in Aquarellblöcken, wo die Vorderseite immer oben liegt.

1. Befeuchten Sie das Papier auf beiden Seiten mit einem Schwamm und lassen Sie das Wasser ein paar Minuten einziehen.
Legen Sie das Papier auf ein Zeichenbrett, auf eine Sperrholzplatte oder auf die glatte Seite einer Hartfaserplatte.

2. Nun befestigen Sie das Papier auf der Unterlage, indem Sie gummiertes Paketband (etwa 3 cm breit) befeuchten und an allen vier Seiten etwa 1–2 cm über das Papier kleben.
Lassen Sie das Papier bei Zimmertemperatur trocknen – aber nicht direkt neben einem Heizkörper.

3. Wenn ein Bild fertig ist, lassen Sie es noch auf dem Brett, bis es ganz trocken ist. Dann schneiden Sie das Papier mit einem scharfen Messer aus der Befestigung heraus. Es sollte nun vollständig glatt sein.
Sehr schwere Papiere benötigen kein Aufziehen, ebensowenig Aquarellpapiere im Block, die ja an allen Seiten durch eine gummierte Kante festgehalten werden.

Eine Anzahl von Farben aus Tuben und Näpfchen, über verschiedene Papiere gestrichen. Die ölige Farbe ganz rechts ist Acrylfarbe aus der Tube

Arbeitsbeginn

Bevor Sie mit schwierigen Themen anfangen, sollten Sie sich im Umgang mit Pinsel und Farben etwas einüben.
Mit Wasserfarbe zu zeichnen, ist völlig verschieden vom Zeichnen mit Feder und Tusche oder Kohle. Zunächst mag der Pinsel etwas ungewohnt in der Hand liegen. Halten Sie den Pinsel nicht zu fest, sonst können Sie keine freien Striche ziehen.
Für die ersten Übungen achten Sie nur darauf, das Handgelenk locker zu halten. Später werden Sie den Pinsel wie eine Verlängerung Ihrer Hand empfinden und in der Lage sein, sowohl leichte Tupfen wie weite Kurvenlinien auszuführen.
Benutzen Sie schwarze oder irgendeine dunkle Farbe und einen Pinsel mittlerer Größe, z. B. Nr. 7. Befeuchten Sie den Pinsel mit genügend Wasser und streichen Sie ihn auf dem Näpfchen (oder auf der Farbmenge, die Sie vorher aus der Tube herausgedrückt haben) hin und her, bis er genügend Farbe aufgenommen hat, um leicht über das Papier zu gleiten.
Ein DIN-A4-Block ist für den Anfang ein gutes Format: Machen Sie nicht den Fehler, auf zu kleinen Papieren zu malen; das ist einer der größten Fehler, die Anfänger machen können – jeder Strich sieht gequält, jeder Versuch verkrampft aus.
Es mag nach Verschwendung aussehen, aber versuchen Sie so lange ein Blatt Papier mit Farbe zu bemalen, bis Ihr Handgelenk; Ellbogen und Ihre Schulter in einem geschlossenen, angenehmen Rhythmus arbeiten.

Eine erste Skizze

Ein beliebtes Thema ist eine Gruppe von Segelbooten gegen einen blauen Himmel. Die starken Farben des Himmels und der See sind ansprechend, und die Hell-Dunkel-Wirkungen auf den Masten und Segeln der Boote schaffen viele interessante Formen.
Der Bildhauer arbeitet so lange in Holz oder Stein, bis er die Form, die er vor Augen hat, herausgeschält hat. Ein Aquarellmaler setzt Farbtöne auf weißes Papier, um aus der weißen Fläche Formen entstehen zu lassen.
Ein Grundprinzip echter Aquarellmalerei ist die Einbeziehung des weißen Papiergrundes in das Bild.
Die folgenden Übungen zeigen, wie die weißen, ausgesparten Dreiecke weiße Segel auf See werden.

Schritt 1

Schritt 2

Schritt 1: Seelandschaft mit einem Strand im Vordergrund und kleinen Booten in der Mitte: Diese Bildabsicht ist hier schon erkennbar.

Schritt 2: Jetzt ist der Himmel hinzugemalt. Die Segel sind ausgespartes, weißes Papier als heller Ton gegen den dunklen Himmel.

Schritt 3: Um das Bild abzuschließen, sind noch einige Farben für die Wolken am oberen Bildrand und Tupfen für Steine und Felsen im Vordergrund eingesetzt.

Schritt 3

Wie man eine Lavierung anlegt

Lavierungen, das sind dünne Schichten gleichmäßig verteilter Farbe, haben für die Aquarellmalerei große Bedeutung. Dieser Abschnitt zeigt einige Grundtechniken.
Zusätzlich zu den Aquarellfarben, dem Wasser und einer Palette brauchen Sie ein Blatt gutes Zeichenpapier, ein Zeichenbrett und einen 3 cm breiten Flachpinsel. Halten Sie das Brett beim Malen ganz flach!
Um eine gleichmäßige Lavierung, wie im ersten Beispiel, zu malen, nehmen Sie genügend Farbe auf und verstreichen sie am oberen Rand des Blattes in einem breiten Zug. Kippen Sie das Zeichenbrett ein klein wenig, so daß sich das Wasser am Rand des Striches sammeln kann. Dann legen Sie weitere, sich immer überlappende Pinselstriche an und lassen zugleich die Farbe das Blatt herunterfließen.
Wenn Sie fertig sind, entfernen Sie den Farbüberschuß am unteren Blattrand mit einem trockenen Pinsel.
So erzeugt man eine gleichmäßige Lavierung.
Um eine abgestufte Lavierung, wie oben rechts, zu malen, beginnen Sie mit fast reiner Farbe und fügen nach und nach so viel Wasser zu, bis Sie am unteren Rand fast reines Wasser verwenden. Sie können die reine Farbe auch in ein nasses Papier einfließen lassen, um eine abgestufte, unregelmäßige Lavierung zu erhalten.
Auch die anderen Verfahren, die unten in Beispielen zu sehen sind, bauen auf diesen Methoden auf.

Auswaschen

Das Auswaschen der Farbe erlaubt Ihnen, mit dem Weiß des Papiers als Kontrast und Lichthöhung zu arbeiten.
Besorgen Sie sich ein gutes Papier! Weiches Zeichenpapier wird zu sehr aufrauhen. Und vielleicht machen Sie dann sogar ein Loch hinein.
Legen Sie zuerst eine Lavierung in Hellblau/Grau für den Himmel an und lassen Sie alles durchtrocknen. Dann versuchen Sie, weiße Wolken zu malen. Nehmen Sie einen dünnen Marderhaarpinsel und weichen Sie mit klarem Wasser die Stellen auf dem Papier auf, die Sie wegwischen wollen. Dann entfernen Sie vorsichtig die Farbe mit einem feuchten Schwamm oder Tuch, oder auch mit einem Papiertaschentuch.

Mit einem Schwamm kann man auch feine farbliche Übergänge tupfen.
Die Techniken auf diesen Seiten können auf ganz verschiedene Art und Weise angewandt werden. Die Lavierungen sind manchmal großflächig, manchmal kleinflächig; sie können lang und dünn wie Pinselstriche oder wie kleine isolierte Flecken sein.
Nehmen Sie noch einmal frisches Wasser mit dem Pinsel auf und entfernen Sie wieder den Überschuß an Wasser und Farbe vom Papier. Wiederholen Sie das so lange, bis das Papier so weiß und klar ist, wie Sie es wünschen. Diese Methode gibt saubere, scharfe Ränder, wie z. B. die weißen Segel in den Beispielen unten.

Komposition

Eine gelungene Komposition zeigt ein Gleichgewicht von Tonwert, Farbe, Form und Textur. Das mag zunächst etwas einschüchternd wirken, ist jedoch gar nicht so schwer zu verwirklichen.
Ein Bild zu komponieren, ist im Grunde nichts anderes als Dinge zu arrangieren, wie wir es im täglichen Leben ständig tun. Wir räumen auf, stellen Dinge weg oder Bücher ins Regal und legen Kleidung in den Schrank. Ein ähnliches Verfahren liegt auch der Komposition zugrunde. Sie müssen sich nur entscheiden, was in Ihr Bild hinein soll und wo es im Bild stehen soll. Dafür benötigen Sie lediglich eine erhöhte Aufmerksamkeit für Farben und Formen.
Im Grunde sollten ein interessantes Thema und eine gute Maltechnik immer zu einem gut komponierten Bild führen. Der ebenso nötige Anteil an Intuition wird sich mit wachsender Erfahrung einstellen. Es gibt zwar kein großes Geheimnis im Verstehen, Einschätzen oder gar Schaffen eines gut komponierten Bildes, doch sind einige Grundkenntnisse in Komposition nützlich und hilfreich, bevor man beginnen will, Bilder zu malen.
Wenn wir unsere Umwelt wahrnehmen, erwarten wir für gewöhnlich, fertige Komposition vorzufinden. Das Gehirn widersetzt sich allem, was diesen Erwartungen entgegenläuft. Eine auf dem Kopf stehende Landschaft zum Beispiel sieht komisch aus. Genauso sieht ein großer, allein stehender Baum oder ein Haus auf der ganz rechten oder linken Seite oft falsch aus, da wir gewohnt sind, große Gegenstände in die Mitte unseres Sehfeldes zu nehmen. Auch ein zentraler Fluchtpunkt kann in einem Bild falsch erscheinen, etwas mehr nach links oder nach rechts verschoben, jedoch besser wirken.

Einige einfache Kompositionsskizzen

1. Im ersten Versuch (rechte Seite) steht der Baum fast mitten im Bildzentrum. Das ist nicht immer die beste Stellung, aber wenn der Baum in Form und Detail interessant genug erscheint, kann auch diese Kompositionsmöglichkeit zufriedenstellen.

2. Hier hat sich der Betrachter einige Meter vom Baum entfernt und sich leicht gedreht, so daß der Baum jetzt links steht und der Komposition mehr Offenheit verleiht. Die hinzugefügten Linien der Furchen und Hecken ergänzen das weiträumige Gefühl eines weiten Himmels und ferner Felder.

3. Das ist eine kompliziertere Komposition mit einer etwas aufdringlichen Baumgruppe und einem abgelegenen Bauernhaus. Die Proportionen sind wie in der zweiten Skizze angelegt. Das waagrechte Band der Farbtupfer im Vordergrund lenkt das Augenmerk sofort auf das Bauernhaus. Betrachten Sie einmal die Gruppe der Bäume hinter dem Haus: Mit einer einfachen Lavierung wird die ganze Komposition abgeschlossen. Das Haus wirkt einsam, der Himmel bedrohlich grau.

Zwei Ansichten von Ackerfurchen, die das Auge in verschiedene Richtungen ziehen

Beispiel 1

Beispiel 2

Beispiel 3

Wie man einen Suchrahmen herstellt

Diese einfache Übung hilft Ihnen, die wichtigsten Regeln der Komposition zu verstehen.
Suchen Sie ein von Ihnen gemaltes Bild, einen Druck oder auch ein Foto aus, z. B. mit einem Landschaftsmotiv. Schneiden Sie nun aus einem Karton ein Rechteck heraus und legen Sie diesen Rahmen über die Vorlage. Bewegen Sie nun den Rahmen über das Bild, einmal den Horizont in der Mitte, dann mehr nach oben oder nach unten, nach links und nach rechts. Prüfen und entscheiden Sie, welcher Ausschnitt dem Bild besser bekommt, in anderen Worten, welcher Ausschnitt die beste Komposition zeigt.
Wenn Sie das vorliegende Buch durchblättern, werden Sie viele senkrechte und waagrechte Linien entdecken, die einen Landschaftsausschnitt beleben können.
Die Abbildung unten zeigt drei Rahmenausschnitte verschiedener Größen und Stellung. Die meisten Maler würden wohl den mittelgroßen Ausschnitt vorziehen, da er die besten Proportionen abgibt. Das Haus ist sehr günstig in die rechte, obere Bildecke plaziert, und die breite Straße verjüngt sich in ausdrucksvoller Weise in der Kurve, die zu dem Haus führt.
Der kleinste Ausschnitt erzeugt durch die große Himmelsfläche ein Gefühl der Leichtigkeit. Der große Ausschnitt links hat kaum noch einen Fluchtpunkt. Ein solcher Blick verlangt eine feinfühlige Malerei und ein sorgfältiges Ausbalancieren des Grases im Vordergrund mit den entfernten, dunklen Heckenstreifen.

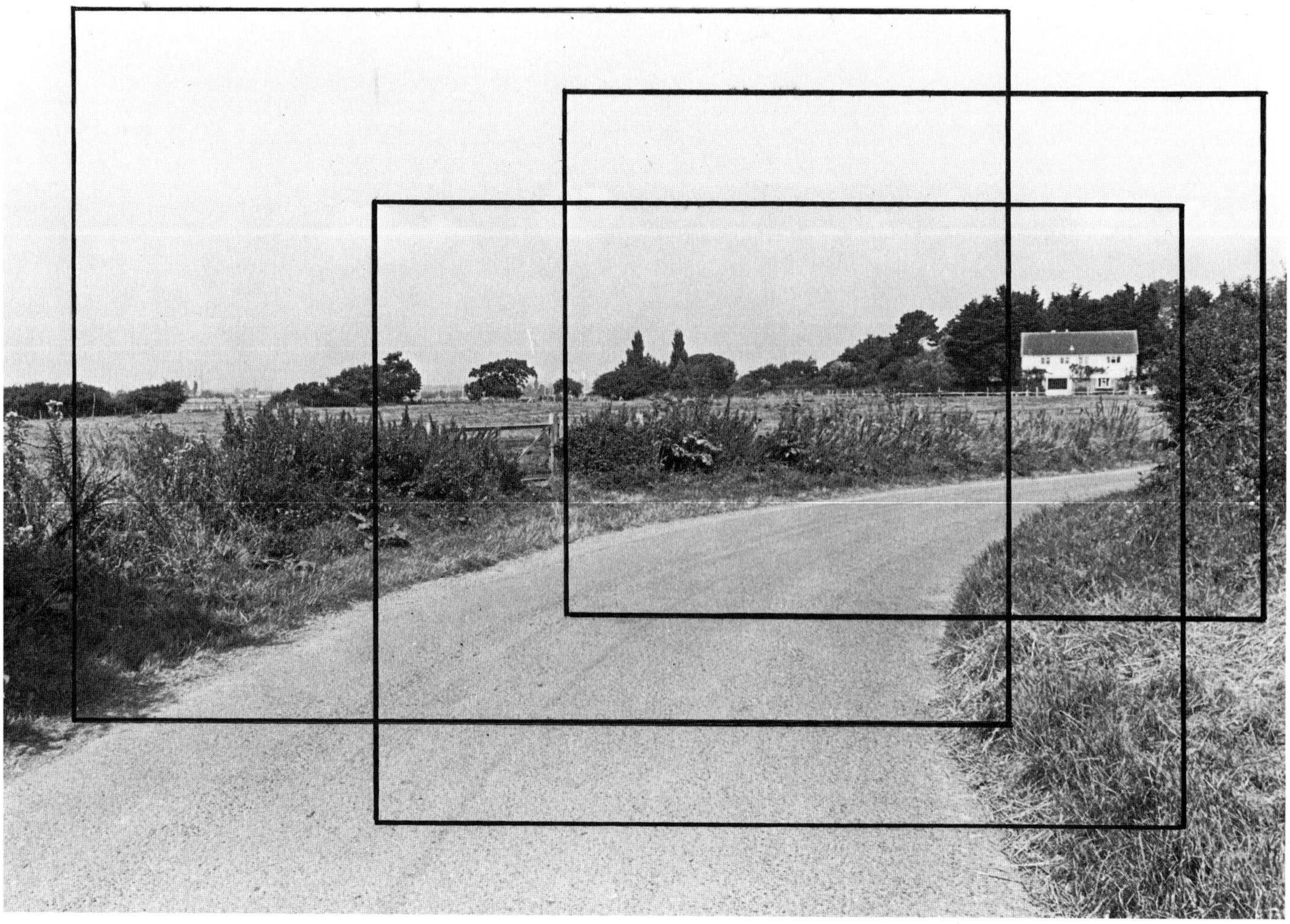

Praktische Beispiele

Die Abbildungen auf dieser Seite zeigen eine einfache Flußlandschaft. Schauen Sie sich jede gut an und überlegen Sie sich die Vorzüge jeder Komposition. Welche ist besser? Malen Sie eine eigene Version und denken Sie an diese Übungen zurück, wenn Sie Ihre Themen aussuchen.

Und diskutieren Sie ruhig Ihre Arbeit mit anderen Kollegen. Betrachten Sie bekannte Bilder und analysieren Sie die Komposition und das Gleichgewicht zwischen den vier Grundelementen Tonwert, Farbe, Form und Textur. Das wird Ihre Wahrnehmungsfähigkeit schärfen und Ihr Verständnis für die Komposition eines Bildes weiterbilden.

Zum Gebrauch von Tonwerten

Der Tonwert bezieht sich auf den Anteil von Hell-Dunkel in einem Bild, völlig unabhängig von seiner Farbigkeit. Bevor man anfängt zu malen, ist es nötig, den Gegenstand in Hell-Dunkel zu sehen, in seinen Tonwerten. Das klingt schwierig, wenn nicht sogar unmöglich, ist jedoch vergleichsweise einfach, und man kann dies üben.

Eine Möglichkeit ist die Verwendung des »Claude-Spiegels«, so genannt nach dem Maler Claude Lorrain aus dem 17. Jahrhundert. Nehmen Sie ein Stück schwarzes Glas oder reines Glas mit einer schwarz bemalten Rückseite oder ein Stück schwarzer Plastikfolie und halten Sie es vor das Motiv. Die schwarze Färbung reduziert die Reflexion des Gegenstandes auf ein fast grautoniges Bild ohne alle Farben.

In der Landschaftsmalerei ist es üblich, mit einer Folge von Tonwerten von Hell zu Dunkel eine Tiefenwirkung zu erzeugen. Diese Methode geht von der Beobachtung aus, daß entfernte Gegenstände in Farbe und Tonwert schwächer werden, während nahe Gegenstände starke Farbtöne und Tonwerte in scharfen Umrissen zeigen.

Denken Sie daran, daß Aquarelltöne von dem Anteil an Wasser abhängen. Helle Töne werden mit viel Wasser aufgetragen, dunkle haben gerade so viel Wasser, um die Farbe flüssig zu halten. Versuchen Sie nicht die Farben zu mischen, um hellere oder dunklere Tonstufen zu erhalten.

Die Techniken in dieser Lektion können in verschiedenen Kombinationen und auf jede nur denkbare Weise eingesetzt werden. Die Lavierungen können groß oder klein angelegt werden; sie können lang und dünn sein, wie Pinselstriche, oder nur als kleine Flecke auftreten.

Die Abbildung unten wurde in Grau-, Grün- und Brauntönen angelegt. In Schwarzweiß gedruckt, erkennen Sie, daß die Farbe nur zur Wiedergabe der drei Tonwerte, Hell, Mittel und Dunkel, eingesetzt wurde. Mit der Zeichenfeder wurden einige Details nachgetragen.

Mit einem Schwarzweißfilm können Sie übrigens Ihr Motiv ebenfalls in Tonwerte umsetzen. Sie werden sehen, wie selbst die kompliziertesten Bilder gewöhnlich in verwandte Tonwerte umgesetzt und somit vereinfacht werden können. Der Claude-Spiegel dient dem gleichen Zweck. Verwenden Sie ihn, bis Sie die Tonwerte ohne Hilfsmittel ausmachen können.

»Eine Waldszene« von Torone

Eine Perspektive in Tonwerten

Auch in einfachen Aquarellen können Sie die Tonwerte zur Verstärkung der Perspektive einsetzen. Die sich verjüngende Mauer in dem Beispiel auf dieser Seite wurde durch die Reihe der Pfosten noch betont.
Wenn Sie Skizzen von Ansichten mit einiger Tiefe machen, müssen Sie den Pinsel sehr sorgfältig führen. Dicke Striche scheinen für das Auge nahe zu sein, dünnere weiter weg, obwohl beide Pinselzüge auf der gleichen Fläche liegen.

Wir bereiten farbig angelegte Hintergründe vor

Wenn Sie nach und nach in die Kunst der Malerei einsteigen, müssen Sie auch lernen, eine farbige Lavierung auf großformatigem Papier anzulegen. Einige Unregelmäßigkeiten sind zwar immer verzeihbar (manchmal vielleicht sogar erwünscht), aber es gibt auch genügend Anlässe, wo ein Hintergrund sauber und gleichmäßig angelegt sein muß.

Auch wenn Sie draußen arbeiten wollen, sind derart vorbereitete Blätter sehr nützlich: eine dunkle Fläche für den Boden, eine blaue oder blaugraue Lavierung für den Himmel.

Diese Blätter können Sie in einem Arbeitsgang vorbereiten und haben dann für einige Zeit Arbeitsmaterial. Da sie vollständig getrocknet sind, dauern die zweiten und dritten Lavierungen viel kürzer als die erste Lavierung, die vom weißen Blatt ausgeht.

Arbeiten Sie mit einem flachliegenden Brett, um Tropfspuren zu vermeiden, und einem gut naßgemachten Anstreicherpinsel mit ganz wenig Farbe.

Solche Lavierungen dienen auch zur Überprüfung der Papierqualität und der Beobachtung der verschiedenen Texturen Ihrer Papiere. So lernen Sie mit dem Papier zu arbeiten und nicht dagegen. Machen Sie drei oder vier Lavierungen einer Farbe auf verschiedenem Papier und sehen Sie sich das Ergebnis an! Wie die Farbe von den verschiedenen Papierarten aufgenommen wird oder wie die Farboberfläche aussieht, wenn sie trocken geworden ist.

Experimentieren Sie auch mit unterschiedlichen Pinseln und Farben, um z. B. den Unterschied zwischen Studien- und Künstlerfarben festzustellen. Konzentrieren Sie sich auf den Rhythmus Ihrer Pinselzüge – sind sie gleichmäßig gesetzt oder in alle Richtungen gezogen, als Sie etwa versucht haben, eine Fläche gleichmäßig zu lavieren.

Sie können die fertigen Beispiele auch anheften und unter verschiedenem Licht beobachten, eine Lektion in Farbe und Reflexion.

Beobachtung ist der Schlüssel zu jeder Kunst. Aus dieser einfachen Übung können Sie mehr lernen als aus Tagen des Malens ohne richtiges Sehen.

Die ersten Aufgaben

Stellen Sie ein paar interessante Gegenstände aus Ihrer Umgebung zu einer Tischgruppe zusammen!
Die Aufgaben auf diesen Seiten sind Abwandlungen ein und derselben Übung: einen Gegenstand in drei Tonwertstufen zu malen. Die folgenden Schritte können für alle Übungen in Tonwerten als Vorlage dienen.

Schritt 1: Zeichnen Sie die Hauptformen leicht vor! Mischen Sie dann eine sehr helle Lavierung aus, etwas dunkler als das Papier, und legen sie bei den Flächen an, die dunkler als weiß sind. Im gegenüber abgebildeten Beispiel sind das fast alle Bildteile, außer dem Glas, dem Topf, dem weißen Teller und dem Umriß der Flasche. Gut trocknen lassen!

Schritt 2: Nun mischen Sie eine dunklere Lavierung im mittleren Tonwert aus, indem Sie etwas mehr Farbe zu Ihrer vorigen Lavierung hinzufügen. Suchen Sie sich einige Details im Bild aus! Im Beispiel ist auch der Hintergrund in diesem Ton angelegt. Vor allem ist das der Grundton für die Schatten der Gegenstände. Gut trocknen lassen!

Schritt 3: Zum Schluß mischen Sie einen letzten, dunkleren Ton. Er sollte dunkler als der vorige sein, aber nicht ganz schwarz! Damit legen Sie die Details im Bild an. Schauen Sie gut auf Ihr Motiv, um zu entscheiden, wo dieser Tonwert am effektivsten gesetzt werden kann.

Wiederholen Sie diese Übung mit einer ähnlichen Gruppe, aber in anderer Stellung, um zu sehen, wie das Licht die Formen und Tonwerte beeinflußt.

Schritt 1

Schritt 2

Schritt 3

Schritt 1

Schritt 2

Schritt 3

Weitere Aufgaben mit Tonabstufungen

Versuchen Sie noch andere Übungen in drei Tonwertstufen! Sie können eine graue Lavierung, schwarze Farbe, mit viel Wasser verdünnt, benutzen oder auch andere Farben.
Schauen Sie aus dem Fenster, durch einen Claude-Spiegel oder machen Sie ein Schwarzweißfoto. Legen Sie den dunkelsten, den mittleren und den hellen Tonwert fest.
Malen Sie zuerst einmal den Himmel mit einer sehr hellen Lavierung. Wenn er trocken ist, tragen Sie die mittleren Tonwerte in stärkerer Farbe ein, und zum Schluß, nachdem der mittlere Ton trocken ist, malen Sie die dunkelsten Tonwerte für die ganz nahen Gegenstände.
Versuchen Sie das noch einmal mit einem anderen Motiv, vielleicht mit einer anderen Farbe.

Eine neue Technik

Die »Naß-in-Naß«-Technik ist besonders dann sehr brauchbar, wenn eine verschwommene Wirkung erreicht werden soll. Bis zu einem gewissen Grad ist diese Technik dem Zufall offen. Probieren Sie also einige Blätter im Atelier aus, bevor Sie ein größeres Bild malen. Zunächst wird Ihnen diese Technik völlig außerhalb Ihrer Kontrolle vorkommen, aber mit der Zeit, und mit Erfahrung, werden Sie ganz exakt damit umgehen können.
Machen Sie Ihr Papier mit einem großen Pinsel sehr naß! Nach einiger Zeit wischen Sie das überschüssige Wasser mit einem Tuch oder Schwamm auf.
Malen Sie dann ganz spontan auf dieses Blatt, mit soviel Farben, wie Sie wollen. Fangen Sie zunächst mit drei Grundtönen an: Blau, Payne's Grau und Goldocker oder Braungrau. Zeichnen Sie mit dem Pinsel in die nasse Fläche und lassen Sie die Farbe so lange laufen, bis der gewünschte Effekt erreicht ist. Durch Drehen des Brettes können Sie den Lauf der Farbe steuern.

Schritt 1: Zeichnen Sie mit einem dünnen Bleistift leicht die Grundformen des Motives vor. Dann lavieren Sie die großen, hellen Flächen. Der Himmel ist die größte zu lavierende Fläche. Lassen Sie weiße, unbemalte Felder als Wolkenformen stehen. Gut trocknen lassen, damit die nächste Lavierung im mittleren Ton sich deutlich absetzen kann und nicht verläuft.

Schritt 2: Betrachten Sie genau Ihr Motiv und legen Sie die mittleren Tonwerte fest. In diesem Beispiel auf der rechten Seite sind die Bäume im Vordergrund, die Fenster des Hauses und die Schatten unter den Wolken in einem mittleren Ton gehalten. Wieder gut durchtrocknen lassen.

Schritt 3: Schließlich setzen Sie die dunkelsten Töne. In diesem Bild sind das vor allem die Bäume im Vordergrund und die Schatten unter den Wolken.
Damit schließen Sie Ihr Bild in drei Grundtonlavierungen ab.

Schritt 1

Schritt 2

Schritt 3

Ein Blick in den Garten

Ein Künstler muß auch vertraute Dinge immer wieder neu sehen können. Die Aufgabe auf diesen Seiten beschäftigt sich mit einer Gartenansicht, die leicht von oben gesehen ist. In Augenhöhe befinden sich zwei Kompositionsmerkmale, die beide Gartenwege in unterschiedlichen Winkeln zusammenlaufen lassen. Die hellen, sonnenbeschienenen Flächen geben den hellsten Tonwert an. Natürlich ist Ihr Blick auf Ihren Garten ganz anders, und diese Ansicht sollten Sie auch malen. Kopieren Sie diese Aufgabe nicht, sondern verwenden Sie lediglich die Ideen und Vorschläge für Ihre eigene Arbeit in Ihrer Umgebung!

Konzentrieren Sie sich nicht zu sehr auf Details, sonst verlieren Sie den Blick für das Weite, in mehr als einem Sinn. Das Ergebnis würde nur verkrampft und unausgewogen aussehen. Stellen Sie sich etwa ein Bild vor, in dem ein Pflasterstein sorgfältigst mit allen Schatten und Strukturen ausgeführt wurde, das angrenzende Buschwerk aber nur aus schmierigen Flekken von Grün und Braun besteht.

Wenn Sie sich am Detail schulen wollen, machen Sie ein paar eigene Studien von Kieselsteinen, einem Blatt oder einer Blüte.

Schritt 1

Schritt 1: Malen Sie den hellsten Tonwert, in diesem Fall die Umrisse der Bäume, die Linien der Wege usw. Lernen Sie die abstrakten Flächen sehen, die weißen Flächen zwischen und um die Gegenstände herum. Vielleicht probieren Sie diesen Schritt zweimal aus und heften ein Bild an die Wand Ihres Ateliers. So werden Sie anfangen zu begreifen, wie Ihre gezeichneten Linien Raum erfassen.

Schritt 2

Schritt 2: Nun fügen Sie den mittleren Tonwert hinzu, für die Formen und Büsche entlang des Weges. Arbeiten Sie zügig mit sicherer Hand! Hier arbeiten Sie mit Kurven und Kontrasten. Schauen Sie auf die Baumstämme im Vordergrund. Sie sind weiß ausgespart. Sie müssen um sie herum malen.

Schritt 3: Schließen Sie mit ein paar Details in dunklen Tonwerten ab. Halten Sie sich nie zu lange mit einer solchen Skizze auf, sondern versuchen Sie lieber drei oder mehr hintereinander: Besser mehrere unterschiedliche Darstellungen eines Motivs, als ein völlig zugemaltes, »totes« Bild. Diese Übung zeigt Ihnen ein verblüffendes, fast abstraktes Bild, das aus einiger Entfernung gesehen werden muß. Halten Sie Ihre Skizze ganz nahe vor die Augen und dann weiter weg. Die Flecken und Formen setzen sich langsam zu einem einfachen Motiv zusammen. Sie müssen lernen, Gegenstände nur als Form und Farbe zu sehen. Nur so sehen Sie wie ein Künstler und können Ihre Arbeit vereinfachen und stilisieren.

Schritt 3

Tonwert und Farbe

Die Tonwerte sind für jede Komposition wichtig. Mit Farbe kombiniert, sind sie ein wesentliches Element der Malerei. Während der Arbeit sollten Sie immer auf das Zusammenspiel von Farbe und Tonwert achten. Betrachten Sie moderne und klassische Malerei daraufhin. Stellen Sie sich ein leuchtend farbiges Bild nur in Hell-Dunkel vor!
Stellen Sie nun eine einfache Gruppe aus Haushaltsgegenständen zusammen, z. B. eine Weinflasche, einen Teller mit einigen Früchten.

Schritt 1: Zeichnen Sie mit einem harten Bleistift (2H) leicht vor, so daß Sie gerade noch die Linien erkennen.

Schritt 2: Mischen Sie sorgfältig die Farben aus, die dem Motiv am nächsten kommen. Legen Sie die farbigen Grundformen wie mit den Pastellkreiden in Lektion 1 an.

Schritt 3: Als nächstes schauen Sie sich die Farben in den Schatten und Lichtern an und malen sie ein: hinter dem Apfel, unter dem Teller, hinter der Flasche.
Achten Sie immer auf die Tonabstufungen, wenn Sie in Farbe arbeiten. Wenn Sie mit einer Farbenauswahl von Hell nach Dunkel arbeiten, haben Sie ganz automatisch auch die Tonwerte einbezogen.

Schritt 1

Schritt 2

Schritt 3

Schritt 4: Schauen Sie gut auf die Details. Einige sorgfältige Lavierungen für die weißen und kleinen dunklen Felder werden sicher nötig sein.

Schritt 4

Schritt 5: Benutzen Sie Dunkelgrün für die anderen Feinheiten, wie etwa für die Kegelform des Flaschenbodens, und auch um den Schatten unter dem Teller zu verstärken. Die Frucht braucht dunkelblaue oder braune Linien, mit der Pinselspitze gemalt, zur Verstärkung der Schatten.
Obgleich Sie mit relativ einfachen Formen gearbeitet und auch nur ein paar Tonabstufungen in den verwendeten Farben eingesetzt haben, sollten Sie schon eine sehr klare, deutliche Wiedergabe der Objekte erzielt haben.

Schritt 5

Schritt 6: Heften Sie nun Ihre Skizze an die Wand und gehen Sie etwa einen Meter zurück. Wenn nötig, tragen Sie jetzt noch letzte Details nach.

Versuchen Sie die gleiche Übung mit anderen Gegenständen in kontrastreichen Formen und Farben. Halten Sie die Formen einfach und führen Sie den Pinsel direkt und spontan. Bleiben Sie bei den Primärfarben und versuchen Sie nie, die Gegenstände zu überarbeiten. Fangen Sie lieber noch einmal auf einem neuen Blatt an.
Mit dieser Übung lernen Sie alle Grundtechniken des Aquarells. Sollten Sie später einmal Schwierigkeiten haben, gehen Sie zu dieser Übung zurück und gehen Sie noch einmal alle Schritte durch.

Schritt 6

Unser erstes Blumenbild

Jetzt haben Sie die Gelegenheit, alle Dinge, die Sie gelernt haben, in einem farbigen Blumenbild anzuwenden. Falls Sie einen Garten haben, arbeiten Sie ruhig im Freien vor Blumen, die nicht zu weit auseinanderstehen. Im Haus malen Sie vor einer Vase mit Blumen oder einem Blumentopf. Machen Sie zuerst einige Vorstudien, um die Farbtöne der Blumen auszumischen und denken Sie daran, daß Blumen feine Schattierungen haben. Arbeiten Sie also mit Lavierungen, direkt gesetzten Farben und Tonabstufungen. Benutzen Sie die Trockenzeit Ihrer Farbstudien für einige Bleistiftskizzen von Details, etwa der Kurven der Blütenblätter oder der Form eines Blattes.

Sie müssen Ihren Garten wie einen natürlichen Motivschatz betrachten. Manche Maler planen große Ausflüge und vergessen, daß eine der besten Inspirationsquellen vor ihrer Nase liegt.

Selbst der kleinste Innenhof kann zahlreiche Motive abgeben. Ausschnitte von Blüten und Blättern sind immer faszinierend. Der Vorteil von Topfpflanzen ist wiederum, daß sie ganz nach Belieben unabhängig von der Jahreszeit zusammengestellt werden können.

Falls Sie einen höheren Blickwinkel haben wollen, steigen Sie auf einen Stuhl oder eine Leiter. Sie werden überrascht sein, wie anders die Szene von dort oben aussieht. Seien Sie aber vorsichtig! Sie brauchen beide Hände zum Malen.

Diejenigen, die keinen Garten haben, können auch in Parks malen oder in der Wohnung: Eingetopfte Zwiebelpflanzen (Lilien, Hyazinthen, Narzissen) sind übrigens auch gut zu zeichnen, da sie wie natürlich gewachsen aussehen. Konzentrieren Sie sich ganz auf die Blumen! Farben und Duft bringen die nötige Atmosphäre auf.

Schritt 1: Im Vergleich zu den anderen Übungen bisher, werden Sie jetzt auf einem ziemlich großen Format arbeiten. Suchen Sie darum ein geeignetes Blatt mit rauher Oberfläche aus! Die Oberfläche ist diesmal sehr wichtig, da Sie direkt auf das Papier ohne vorbereitende Lavierung malen sollen. Das Papier muß rauh genug sein, um die Farbe zu halten, ohne daß sie zu sehr läuft. Für die nötige Freiheit in der Pinselbewegung müssen Sie jetzt auch den Arm sowie das Handgelenk einsetzen.

Zeichnen Sie die Umrisse der Blumen leicht mit dem Bleistift vor. Wenn Sie an einem komplizierten Gegenstand arbeiten, zeichnen Sie am besten auch ein paar Details vor, Sie können mit den gelben Blumen anfangen. Verdünnen Sie die Farbe mit Wasser, um den Ton aufzuhellen.

Schritt 2: Mischen Sie nun den nächst-dunkleren Farbton aus, in diesem Fall ein Violettblau, und setzen Sie ihn ein. Lassen Sie diesen Farbton etwas in das Gelb laufen! Denken Sie immer daran, daß Blumen weiche Farbübergänge haben. Deshalb versuchen Sie flache, harte Farben zu vermeiden. Die Farbschattierungen machen ja das Aquarell gerade für Blumenbilder so anziehend.

Diese beiden Schritte geben das Hell-Dunkel wieder. Schauen Sie bei den letzten Schritten die Farbgebung nach und gehen dann wieder auf diese Seite zurück, wenn Sie Tonwerte und Textur benötigen.

Schritt 1

Schritt 2

Schritt 3

Schritt 3: Malen Sie die roten Blumen dazu, mit einem starken Rot für die dunklen Blumen, und einem verdünnten für die hellen, rosa Blumen. Da Sie ja direkt auf das Blatt malen, sollten Sie die Farbtöne vorher auf einem Stück Papier ausprobieren. Nehmen Sie immer genug Wasser auf, um die Pinselführung geschmeidig zu halten, aber nicht zuviel, so daß die Farbe tropft. Schattierungen können Sie mit einer Drehung des Pinsels erzeugen, um somit mal mehr, mal weniger Farbe abzugeben.

Schritt 4: Mischen Sie eine braune Lavierung aus und streichen Sie diese zügig über den Hintergrund. Da diese Fläche unregelmäßig geformt ist, werden Sie keinen gleichmäßigen Farbauftrag erreichen. Das macht aber nichts – die Bildwirkung ist mit diesen Flecken noch besser.

Schritt 5: Fügen Sie ein paar Tupfen Dunkelgrün in den Hintergrund ein, um Blätter und Laub hinter den Blumen anzudeuten. Legen Sie noch ein paar Details für die Blumen an, wenn nötig.
Wenn das Bild trocken ist, heften Sie es an eine Wand und schauen, ob Sie die Frische und Luftigkeit des Motivs eingefangen haben. Die scharfen Umrisse und genauen Farbtöne sind für diese impressionistische Studie weniger wichtig als die Wirkung eines Gartens und lebender, wachsender Pflanzen.

Schritt 4

Schritt 5

Ein Blick auf Aquarelle

Leider lassen sich in Museen und Galerien die Qualitäten des Aquarells, seine Transparenz und Farbigkeit, nur schwer ausmachen, da Aquarelle aufgrund ihrer Empfindlichkeit meistens unter Glas und in kleinen, schwach beleuchteten Kabinetten hängen müssen. Nehmen Sie also die Mühe auf sich, eine gute Ausstellung oder eine Sammlung zu besuchen, in der die Bilder in vollem Licht ausgestellt sind.

Gehen Sie nur mit frischem Kopf an die Bilder heran. Waren Sie schon einmal in der Galerie, befassen Sie sich mit einem anderen Künstler, den Sie noch nicht kennen. Lassen Sie die Qualität der Bilder für sich sprechen und denken Sie nicht zuviel über Technik oder Perspektive nach. Genießen Sie einfach, was Sie sehen. Bilden Sie sich ein klares Urteil und gehen Sie dann für einige Zeit weg. Dann kommen Sie zurück und betrachten das Bild noch einmal, um herauszufinden und zu analysieren, was seine Wirkung eigentlich ausmacht.

Der erste Eindruck ist oft der richtige! Die meisten Aquarelle und Temperabilder sind hell und frisch, so als wenn sie gerade erst gemalt von der Staffelei genommen und an die Wand gehängt worden wären. Dieser Eindruck hängt mit der Eigenart der transparenten Farbe zusammen, aber auch mit der Maltechnik. Die Farben haben einen lebendigen Glanz durch die vielen Farbschichten, die auf dem Papier übereinander gelegt wurden.

Ein Herr und sein Landsitz, Anonym

Wenn Sie auf ein Aquarell von Dürer schauen, sind die Linien natürlich scharf und genau zu erkennen. Trotzdem haben die Farben nicht die deckende Wirkung einer Ölmalerei: Es wird Ihnen vorkommen, Sie könnten etwa durch die Blätter eines Baumes bis auf die Zweige oder den Stamm durchschauen.
Es gibt wie in der Zeichnung auch zwei Arten von Aquarellen: Arbeitsskizzen und fertige Bilder. Aber auch skizzenhafte Aquarelle werden oft als fertige Kunstwerke anerkannt. Auch hier sind die Grenzen fließend, nicht immer ist ein Bild der einen oder der anderen Kategorie eindeutig zuzuordnen.
Beide Arten des Aquarells sind faszinierend und lehrreich für Sie. Suchen Sie sich bei einem Museumsbesuch Beispiele aus und vergleichen Sie!
Schauen Sie erst eine Skizze an. Offenkundig ist meistens der sparsame Umgang mit Details. Eine Straße wird nur mit zwei hellbraunen Strichen angedeutet, eine Blume mit zwei oder drei Strichen Grün und einem Farbpunkt oben darauf. Die Pinselstriche sind leicht gesetzt und gut erkennbar, vielleicht sogar als Zickzacklinien. Trotz dieser wenigen Linien fehlt es an keinem wesentlichen Kompositionselement. Eine spontane, fast intuitive Ausführung ist das Ergebnis langer Jahre der Praxis. Wahrscheinlich finden Sie sogar eine klassische Verteilung der Formen, was Sie daran erinnern sollte, daß die Gesetze des Sehens oft ohne großes Überlegen eine Komposition ordnen. Unser Ziel ist es, das zu verwenden, was wir sehen, und nicht etwa eine erlernte Theorie der Wirklichkeit überzustülpen.
Farbe ist im Aquarell offenbar ganz wichtig. Aber schauen Sie auch nach den feinen Tonwerten aus, die in den Abstufungen jedes Farbtons zu finden sind. Aquarelle sind ideale Übungsbilder zur Wahrnehmung von Tonwerten. Die einzelnen Farbschichten sind oft noch gut unterscheidbar, wenn Sie nahe genug an das Bild herantreten. Einige Farbtöne sind durch das Übereinanderschichten von Farben entstanden, andere direkt auf der Palette gemischt worden.
Wenn die Farben sich an den Rändern überlagern, ergibt das eine weiche, neblige Wirkung. Durch Aussparen weißen Papiers erzeugt man, wie wir selbst gelernt haben, harte, scharfe Umrisse.
Betrachten Sie nun ein ausgeführtes Bild und vergleichen Sie die glattere Wirkung mit der einfachen Skizze.
Wie wurde die Textur geschaffen? Es ist ja sehr schwierig, Aquarellfarben in so kleinen, genauen Strichen wie in einer Bleistiftzeichnung anzulegen. Genauso schwierig, wenn nicht unmöglich, ist es, mit Aquarellfarben so dicke Schichten wie in der Ölmalerei zu malen. In Tempera, Guasch und Acrylmalerei ist das viel eher möglich.
Die Trockenpinseltechnik kann schöne Texturen erzeugen. Aber meistens hilft sich der Maler bei detaillierten Texturen mit einer anderen Farbe, z. B. weiße Guaschfarbe für die Lichthöhungen. Auch mit der Zeichenfeder können deutlichere Umrisse nachgezogen werden.
Vergessen Sie nicht, daß die Aquarellmalerei die schwierigste, aber oft auch die schönste Technik ist. Sie hat zwar nicht die Strenge einer Schwarzweißzeichnung oder die satte Tiefe eines Ölbildes. Auf jeden Fall ist die Aquarellmalerei aber ein leuchtender Beitrag zur Kunst.

»Strand bei Serrain« von Boudin

Lektion 3
Malen mit Ölfarben

Vor der Einführung der Ölmalerei im frühen 15. Jahrhundert war die Temperamalerei die gebräuchlichste Methode. Die auch heute manchmal noch verwendete Eitempera, die aus pulverisierten Pigmenten und frischem Eigelb gemischt wird, trocknet allerdings minutenschnell. Um Plastizität und Volumen zu geben, kann man die Farben nur in Kreuzschraffuren, ähnlich wie beim Zeichnen, anlegen, d.h. indem Farbschichten übereinander gelegt werden.

Auf der Suche nach einem Bindemittel, das langsameres und genaueres Arbeiten ermöglichte und eine vollere Farbwirkung erbrachte, entwickelte sich dann die Ölmalerei. Gleichzeitig suchte man auch ein Mittel, das in jeder Arbeitsphase Experimentieren, Ändern und Verbessern zuließ und damit größe Flexibilität für den Maler bot.

Im Laufe der Jahre wurden zwar neue Malgründe, verschiedene Pinselsorten und nicht zuletzt eine größere Auswahl an Farben in den Materialbestand des Künstlers aufgenommen, doch ist die Grundtechnik der Ölmalerei im Grunde unverändert geblieben. Selbst die Mohn- und Leinsamenöle zum Mischen der Pigmente sind seit dem 15. Jahrhundert in Verwendung.

Die Wahl der Motive hat sich natürlich aufgrund der je nach Gesellschaftsstruktur wechselnden Sehweise des Künstlers immer wieder geändert. Eine große Anzahl ganz unterschiedlicher Themen wurden in diesem Medium aufgegriffen, von den biblischen und allegorischen Bildern der Renaissance zu den Landschaften von John Constable (1776–1837) und Samuel Palmer (1805–1881). Selbst winzige Miniaturen auf Elfenbein wurden mit Ölfarben gemalt.

Die bildnerischen Themen reichen von den grausamen Satiren des Francisco de Goya (1746–1828) zu der stillen Intimität der Interieurs von Pierre Bonnard (1867–1947); von den farbverkrusteten Leinwänden Vincent van Goghs (1853–1890) bis zu den ruhigen, ernsten, abstrakten Bildern von Ben Nicholson (1894–1982).

Zum ersten Mal wurden Ölfarben um 1400 allgemein verwendet. Die Pigmente aus Pflanzen und Mineralien in Mischung mit gekochtem Leinsamenöl gaben den Malern eine neue Freiheit des Malens, vor allem an langwierigen Details. In dieser neuen Technik konnte Jan van Eyck (um 1384–1441) gegenständliche Details so naturgetreu und fein wiedergeben, daß man schon eine Lupe braucht, um ihre Genauigkeit und die Präzision der Maltechnik erkennen zu können.

Die zwei berühmten flämischen Maler Dieric Bouts (um 1415–1475) und Roger van der Weyden (1399/1400–1464) arbeiteten ebenfalls bereits in Öl auf weiß grundierten und geleimten Holztafeln.

Flämische Maler, die in Italien arbeiteten, führten dort wahrscheinlich die Öltechnik ein. Piero della Frances-

ca (1410/20–1492) führte seine Malerei sowohl in Öl- als auch in Freskotechnik aus, ohne einer Technik den Vorzug zu geben.
Da schon damals die Künstler viel reisten, breiteten sich Methoden und Stile sehr schnell aus. Die Theorien über die Perspektive von Paolo Uccello (1397–1475) waren zum Beispiel bald vielen Malern bekannt.
Venezianische Maler mögen als erste Leinwand benutzt haben, da sich Holz in Venedigs feuchter Atmosphäre zu leicht verzog. Auch für die in Italien seit dem 13. Jahrhundert geübte Freskomalerei waren die Bedingungen in Venedig nicht gerade günstig. In der feuchten Luft neigt der Verputz zum Abbröckeln. Malerei auf Leinwänden konnte dagegen im Atelier fertiggestellt werden und dann zum Bestimmungsort transportiert werden bzw., falls nötig, ebenso leicht wieder entfernt werden.
Zur Zeit der Renaissance ergründeten Leonardo da Vinci (1452–1519), Masaccio (1401–1428?), Andrea Mantegna (um 1431–1506), Raffael (1483–1520) und Tizian (um 1487/90–1576) die Ölmalerei auf ganz verschiedene Weise. Leonardo schrieb über die Ölmalerei, daß sie »glatt wie Email sein soll, ohne jede Spur der Künstlerhand. Je weiter entfernt das Werk von der ausführenden Künstlerhand ist, desto verdienstvoller ist die Arbeit.«
Tizian dagegen entwickelte eine kalligraphische Art der Malerei. Nach seinem frühen, eher konventionellen Werk entwickelte Tizians starke Persönlichkeit später sehr viel Freiheit und Direktheit in der Malerei. Die Ölfarbe war das geeignete Mittel, um die übliche Bildkomposition in Frage zu stellen. Sein Schüler Palma Giovane (1544–1628) beschrieb seine Methode:
»Tizian legte in seinen Bildern zunächst eine Farbschicht als Grundlage seiner Bildvorstellung an. Ich selber habe eine solche kräftige Untermalung in reiner roter Erde für die Halbtöne und in Bleiweiß gesehen. Mit dem gleichen Pinsel, in Rot, Schwarz oder Gelb getaucht, überarbeitete er dann die hellen Teile. Mit nur vier Strichen konnte er eine bemerkenswert feine Figur schaffen. Dann drehte er sein Bild gegen die Wand und ließ es so für Monate stehen, ohne einen Blick darauf zu werfen. Wenn er aber das Bild wieder vornahm, schaute er es so kritisch wie einen tödlichen Feind an. Fand er etwas, das ihm mißfiel, ging er wie ein Chirurg an die Arbeit. Bei den letzten Arbeitsgängen benutzte er dann statt seiner Pinsel sogar lieber die Finger.«
Zwischen diesen Gegensätzen entwickelten sich eine Vielzahl von Stilen. Die Italiener arbeiteten in der klassischen Manier und drückten bestimmte Schönheits- und Harmonie-Ideale aus. Die Franzosen richteten ihr Augenmerk auf einen naturalistischen Stil, der zunehmend realistisch wurde, ihre Arbeiten basierten auf der Beobachtung des alltäglichen Lebens und zeigten viele Porträts von lebenden Personen.
Im 16. Jahrhundert ermutigte das private Mäzenatentum reicher Kaufleute und Adeliger die Künstler, trotz der Autorität der Kirche die christliche Tradition zu verlassen und Szenen aus dem bürgerlichen Leben zu malen.
Venezianische Maler griffen ein anderes Problem der Malerei auf: die Überlagerung durchsichtiger Schichten von Ölfarben, um eine Atmosphäre aus Licht und Farbe zu erzielen. Vor allem Giovanni Bellini (um 1430–1516) beschäftigte sich am Ende seines Lebens mit diesem Problem.
Die Landschaftsmalerei entwickelte sich, ausgehend von Giorgiones Bild »Der Sturm« (um 1508), zu einer eigenen Gattung mit idyllischen und allegorischen Themen, wie sie etwa von Nicolas Poussin (1593/94–1665) und Claude Lorrain (1600–1682) im 17. Jahrhundert ausgeführt wurden.
Im gleichen Jahrhundert wurde Holland eine starke und mächtige Handelsnation mit einer aufblühenden Klasse von Kaufleuten, die als Auftraggeber und Mäzene der holländischen Genremalerei zu Ansehen verhalfen. Diese Künstler beschrieben getreu ihre Umwelt und fügten dem Themenbestand der biblischen und allegorischen Szenen noch die Seelandschaft, die Stadtlandschaft, Porträt und Interieur hinzu, Stoff, Metall, Holz, Haut und Wasser wurden genauestens beobachtet und in alltäglichen Szenen wiedergegeben, ohne Beschönigung und Idealisierung. Diese detaillierte Malerei wurde nur durch die Ölmalerei ermöglicht.
Rembrandt van Rijn (1606–1669) ging von dieser Tradition aus, kannte aber auch Tizians freie Pinselarbeit. Die breite und flüssige Anlage seiner Kompositionen auf unregelmäßigen Gründen, die Kraft seiner Zeichnung und der Einsatz von Impasto und Hell-Dunkel machen Rembrandt zu einem der größten Meister der Ölmalerei auf der Welt.
Mit Hans Holbein dem Jüngeren (1497/98–1543) kam der neue Wind in der Malerei nach England an den Hof von Heinrich dem Achten. Sir Anthonis van Dyck (1599–1641) war Hofmaler von Charles dem Ersten; zuvor war er Schüler von Peter Paul Rubens (1577–1640), dem großen flämischen Maler und Diplomaten. Holbein und van Dyck wurden wegen ihrer hervorragenden Porträtkunst gerühmt.
Auch die Genremalerei blühte weiter auf. In England beschrieb William Hogarth (1697–1764) Höhepunkte wie Tiefpunkte des Lebens im 18. Jahrhundert in einer Reihe von Ölbildern. Die Bildfolgen »The Rake's Progress« (Aus dem Leben eines Wüstlings) und »Marriage à la Mode« (Hochzeit nach der Mode) kommentieren bissig, doch mit Witz und großer Beobachtungsschärfe, den Zustand der damaligen Gesellschaft.
Jean-Baptiste Siméon Chardin (1699–1779) berichtete in Frankreich über das Leben der einfachen Leute und malte auch wunderbare Stilleben, die noch die hollän-

dischen Bilder dieses Genres übertreffen. Diese sind zwar berühmt für ihre technische Brillanz, aber sie zeigen doch zu sehr die Virtuosität des Malens als Selbstzweck. Chardins Stilleben sind dagegen von einer ruhigen, ausgeglichenen Menschlichkeit geprägt. Ihre technische Meisterschaft ist nur ein Mittel, nicht der Zweck seiner Arbeit.

Jacques Louis David (1748–1825), der offizielle Maler der französischen Revolutionsregierung, berichtete über historische Ereignisse in großartigen Kompositionen, die an Paolo Veronese (um 1528–1588) erinnern. Seine Bilder sind zwar in Öl gemalt, lassen aber in ihrer Wirkung an Freskomalerei denken.

Das frühe 19. Jahrhundert befand sich in einem Konflikt zwischen zwei Denkrichtungen. Jean Auguste Dominique Ingres (1780–1867), Schüler von David, war ein Vertreter der klassischen Kunsthaltung. Sein Gegenspieler, Eugène Delacroix (1798–1863), zog Themen der romantischen Literatur vor und kämpfte leidenschaftlich gegen die festgefahrenen Regeln der Akademie. Er widersetzte sich dem Studium klassischer Statuen und der akademischen Werkstatttradition. Vielmehr war er an dem spontanen Umgang mit Farbe interessiert. Seine Malerei sollte, ähnlich wie Musik, allein durch die Harmonie der Farbtöne Gefühle und Gedanken ausdrücken.

Delacroix bewunderte die Arbeiten des englischen Malers John Constable (1776–1837), der wie Joseph Mallord, William Turner (1775–1851) außerhalb des Ateliers, direkt vor der Natur arbeitete. Diese neue Methode der direkten Naturbeobachtung wurde in Frankreich von Théodore Rousseau (1812–1867), Jean François Millet (1814–1875) und Jean Baptiste Camille Corot (1796–1875) aufgenommen, die in der Gegend von Barbizon arbeiteten und Bauern auf dem Feld, sowie Wetter- und Lichtphänomene malten. Ihre größerformatigen Bilder entstanden freilich in ihren Ateliers.

Das späte 19. Jahrhundert war eine Zeit der schnellen Veränderung. Die Impressionisten verfolgten eine Freilichtmalerei, die Momente aus dem täglichen Leben festhielt: Ausschnitte aus Landschaften, Cafészenen, Eisenbahnstationen, Kathedralen, Ladenmädchen, das Leben in Paris und auf seinen Boulevards. Darunter gab es auch phantastische, fast spirituelle Bilder, wie die Bilder von Claude Monet (1840–1926), z. B. von den Seerosen in seinem Garten. Paul Cézanne (1839–1906) sagte über Monet: »Monet ist nur ein Auge – aber, mein Gott, was für ein Auge!«

Diese spontanen Bilder in Öl und auch in Aquarell brachten Akademien, Salons, Kritiker und Publikum in Harnisch. Wie köstlich falsch lagen sie damit doch! Kunst hatte nun keine Beschränkungen mehr. Die Nach-Impressionisten, genannt nach einer Ausstellung in London »Manet und die Nach-Impressionisten«, die von Roger Fry im Winter 1910–1911 eingerichtet worden war, entwickelten so viele neue Ideen

»Straßenszene auf dem Montmartre« von Pissarro

und Stile, daß hier unmöglich alle aufgezählt werden können. Besonders erwähnt werden sollen lediglich die Malrichtungen von van Gogh, Paul Gauguin (1848–1903) und Cézanne.

Die künstlerische Aktivität der letzten achtzig Jahre hat, angeregt durch den schnellen Fortschritt der Technologie, Fauvisten, Kubisten, Surrealisten, Dadaisten, Expressionisten und abstrakte Expressionisten (die Farbe und Form als Ausdrucksmittel ohne Bindung an die gegenständliche Welt auffassen) hervorgebracht. Trotzdem wurde die figurative Malerei nie vernachlässigt. Auch manche »abstrakte« Kunst hat eine figurative, d. h. gegenständliche Basis.

Ein Farbenkreis in Öl

Ölfarben haben mit der Entwicklung des Künstlermaterials Schritt gehalten. Heute gibt es eine große Auswahl gut sortierter Farbtöne in bester Qualität. Zugegeben, wenige Künstler erreichen heute noch die Gipfel der großen Meister der Ölmalerei. Aber auch ein Anfänger kann schon die grundlegenden Fähigkeiten, die ein Maler haben muß, erlernen: wie man das gesamte visuelle Material der Welt sehen und verstehen kann.

Schon beim aufmerksamen Betrachten von Mischungen einiger Farbtöne auf Ihrer Palette können Sie eine Menge lernen. In der Beurteilung von Farben kann man sich leicht täuschen, bis man mit den Eigenschaften der Farben völlig vertraut ist. Theoretisch kann zwar jede Farbe und jeder Farbton aus den Primärfarben gewonnen werden, doch stimmen in der Praxis die Farben oft nicht mit den Regeln überein. Vielleicht ist es sogar nötig, eine Palette mit eigens zusammengestellten Farben zu ergänzen.

Gehen Sie nach den Anweisungen auf Seite 14 vor und malen Sie einen neuen Farbenkreis allein aus den Primärfarben. Falls Sie zunächst Schwierigkeiten haben, ein Grün aus Gelb und Blau zusammenzumischen, machen Sie trotzdem weiter und beobachten Sie, was dabei herauskommt. Später können Sie, je nachdem, mit Chromoxidgrün feurig oder Phtalogrün arbeiten. Das gilt auch für Ultramarin. Einen schönen blauen Farbton, der mit vielen anderen Farben gemischt werden kann, aber nicht immer die nötigen Schattierungen ergibt. Wenn Sie das ganze Farbenspektrum kennengelernt haben, können Sie noch andere Blautöne benutzen.

Der erste Farbenkreis, den Sie gemalt haben, war eine Übung im genauen Farbenmischen. Diese neue Übung nun befaßt sich mehr mit Farbkontrasten und mit dem direkten Mischen auf der Leinwand. Unter dem Farbenkreis auf der rechten Seite sehen Sie einige Farbblöcke, um die Wirkung von kalten gegen warme Farben und umgekehrt auszuprobieren. Versuchen Sie selbst, solche Kontraste und außerdem auch die Texturen und Oberflächenreize der Farben auszuspielen.

Wenn Sie fertig sind, hängen Sie den Farbenkreis an eine Wand Ihres Arbeitszimmers, wo Sie ihn als Grundlage für Mischungen benutzen können. Dem Beispiel auf der gegenüberliegenden Seite habe ich über Monate immer wieder neue Tupfen und Blöcke zugefügt, während ich an verschiedenen Gemälden arbeitete.

Die linke Seite des Kreises ist voll mit Braun- und Malvetönen, die ich vor allem für Landschaften benutze. Betrachten Sie diese Farbtöne im Vergleich mit den klaren, grünen Tönen auf der rechten Seite.

Wenn die Leinwand ganz mit Farbe ausgefüllt ist, machen Sie besser einen neuen Farbenkreis, als daß Sie den alten noch einmal übermalen. Zum Spaß und auch zum Studium können Sie einen Farbenkreis mit verschiedenen Farbstrukturen ausfüllen, z. B. einen Keil mit roten und gelben Punken, oder Grün und Rotviolett (Malve) oder einfach in Schwarz und Weiß. Das verschafft Ihnen ein größeres Verständnis für die impressionistische Technik, die im späten 19. Jahrhundert die akademischen Malregeln revolutioniert hat.

Machen Sie diese Studie auch in Mustern – Zickzack, Streifen, Wellen, Karos oder was Ihnen sonst noch einfällt. Farbe ist ein subjektives Thema in jedem Werk. Es gibt zwar eine bestimmte Anzahl von Farben im Spektrum, aber da wir mit Auge und Gehirn zugleich sehen, werden Sie vielleicht feststellen, daß Sie immer wieder dieselben Farben vorziehen.

Jeder Künstler kann über den Gebrauch bestimmter Farben sowie über Pinselfaktur und Technik identifiziert werden. Über Picassos »Blaue Periode« spricht man, als wenn Picasso vorher oder nachher nie mehr blaue Töne benutzt hätte. Tatsächlich konzentrieren sich Künstler oft je nach ihrer Stimmungslage auf ein bestimmtes Thema oder eine bestimmte Malweise. Aber auch diese Konzentration sollte uns nicht daran hindern, auch einmal andere Themen oder andere Farben auszuprobieren. Das ist besonders für Anfänger, die noch nach einem Stil suchen, wichtig.

Betrachten Sie Ihre Arbeit einmal im Monat oder öfter mit kritischen Augen. Falls Sie eine Mappe voll mit Arbeiten in Brauntönen vorfinden, malen Sie einmal in kräftigen und leuchtenden Farben. Wenn alles in Primärfarben gemalt ist, nehmen Sie sich die Zeit und malen zumindest einige Studien in ruhigen, feinen Grau- und Beigetönen.

Wenn Sie einen bewußten Zugang zur Malerei und überhaupt zur Kunst haben wollen, sollte die Auswahl Ihrer Farben und Materialien, wie auch der Technik, mit Absicht und Bewußtsein bestimmt werden.

Material

Ein fester Arbeitsplatz, wenn es auch nur eine kleine Ecke ist, muß als erstes eingerichtet werden. Ölmalerei bringt mehr Aufwand mit sich als Zeichnen oder Aquarellieren; Malwerkzeuge sammeln sich an, vielerlei Dinge sind notwendig. Der Geruch von Ölfarbe wird lange in der Luft hängen. Es ist einfach zu umständlich, nach jeder Arbeit Staffelei, Paletten, Pinsel und Leinwände wieder wegzuräumen. Dann brauchen Sie auch einen Platz, um noch feuchte Bilder für einige Zeit zum Trocknen wegstellen zu können.
Die Grundausstattung kann sehr einfach sein; nötig ist auf jeden Fall eine Staffelei. Natürlich können Sie für den Anfang auch einen Stuhl oder einen Tisch als Unterlage benutzen, aber nur für kurze Zeit. Wenn Sie wirklich in der Malerei vorwärtskommen wollen, müssen Sie für eine vernünftige Ausrüstung etwas mehr anlegen. Im Anhang finden Sie alles Nötige in der Einkaufsliste.
Eine Atelierstaffelei hat mehrere Vorteile. Sie steht fest und kann eine Leinwand bis zu etwa 1,5 m tragen. Sie können während der Arbeit wahlweise sitzen oder stehen und die Staffelei kann hoch- oder heruntergestellt werden. Wenn Sie auch draußen arbeiten wollen und sich nur eine Staffelei leisten können, kaufen Sie am besten ein zusammenklappbares Modell. Dann müssen Sie allerdings bei der Arbeit etwas vorsichtiger mit ihr umgehen. Ölfarbe in dicken, pastosen Schichten aufzutragen, erfordert mehr Kraft und Übung, als mit Zeichenstift und Aquarell zu arbeiten.
Auf jeden Fall brauchen Sie auch einen Maltisch, um Pinsel, Terpentin, Palette und andere Sachen abzulegen. Die Größe spielt keine Rolle. Der Tisch muß aber fest und eben auf dem Boden stehen. Ein Tisch mit mehreren Schubladen, in denen Sie Ihr Material getrennt verstauen können, wäre sehr günstig.
In zwei weite Gefäße, z. B. Marmeladengläser, geben Sie Terpentin und in das andere ein Reinigungsmittel (z. B. Terpentinersatz).
Diese Gegenstände und eine Palette sind das Grundzubehör. Natürlich gibt es noch einige Hilfsmittel, die Sie dazu kaufen können (s. Einkaufsliste im Anhang).

Weitere Hilfsmittel

Mit Hilfe eines Fernglases oder einer Kamera mit Weitwinkelobjektiv können Sie Ihre Arbeit betrachten, als ob Sie in einigem Abstand ständen. Das mag an einem sehr beengten Arbeitsplatz nützlich sein, wenn Sie zu nahe am Bild oder vor dem Motiv sitzen. Sie können so den Bildaufbau, die einzelnen Formen und Farben kritischer beurteilen.
Als ein anderes »Auge« kann auch ein kleiner Spiegel dienen. Wenn Sie ein Spiegelbild Ihrer Arbeit sehen, meinen Sie auf ein anderes Bild zu schauen. Wenn Sie sehr lange an einem Bild arbeiten, sind Sie damit schon fast zu vertraut. Ein anderer, frischer Blick kann dann oft fast ein heilsamer Schock sein.
Bauen Sie nach Möglichkeit ein kleines Gestell, in dem Sie Kartons, Leinwände, fertige und unfertige, noch feuchte Bilder unterbringen. Dort können Sie auch Übungsarbeiten aufbewahren, um sie bei Gelegenheit mit neueren Bildern vergleichen zu können.
Wenn Sie mit einem Bild nicht weiterkommen, stellen Sie es erst einmal weg. Bei der Arbeit an einem anderen Bild kommen Sie vielleicht auf die Lösung.
Schutzbeläge auf dem Boden sind die einzige Möglichkeit, Spritzer von Ölfarbe auf dem Teppich oder Parkett zu vermeiden. Dann ärgern Sie sich nicht über Flecke auf dem Boden.

Zu den Lichtverhältnissen

Zweifellos ist Nordlicht das beste Arbeitslicht, da es die wenigsten Veränderungen über den Tag zeigt. Auch Blenden, Vorhänge oder Rollos können das einfallende Atelierlicht so gleichmäßig wie möglich streuen. Arbeiten Sie nie in direktem Sonnenlicht, da es mit den Farben und Tonwerten verrückt spielt.
Normale Glühlampen verstärken das Gelb in einem Gemälde. Eine Leuchtstoffröhre verstärkt die Blautöne. Tageslichtlampen oder auch Pflanzenlicht sind eher zu empfehlen. Probieren Sie einmal eine 150-Watt-Lampe und eine Leuchtstoffröhre von 1,2 m Länge, die in der Kombination etwa dem Tageslicht entsprechen. Punktstrahler sind zu hart und zu hell. Man kann eventuell ein Punktlicht für dramatische Lichtwirkungen einsetzen.

Palettmesser

Ein Palettmesser hilft beim Farbenmischen und kann auch als Malwerkzeug benutzt werden, um Farbe aufzutragen oder wegzukratzen. In erfahrenen Händen kann ein Palettmesser sehr vielseitig sein. Genauso kann es aber auch harte und manierierte Arbeiten hervorbringen.
Wenn Sie mehr Erfahrung haben, können Experimente mit einem Palettmesser sehr fruchtbar sein. Am besten werden sie jedoch mit Pinseln zusammen eingesetzt, um die technischen Möglichkeiten der Ölfarbe zu erweitern.
Oft genügt schon ein altes Küchenmesser aus dem Trödlerladen – je weicher die Klinge, desto besser für die Malerei. Die Klinge muß selbstverständlich abgeschliffen und stumpf sein.

Pinsel

Da Pinsel teuer sind, scheint es vernünftig, für den Anfang nur mit einer kleinen Auswahl zu arbeiten. Spitz zulaufende Marderhaarpinsel sind am teuersten. Sie werden benutzt, um ganz genaue Details einzusetzen. Auch für Lasuren werden sie gerne eingesetzt. Da sie widerstandsfähiger als Pinsel anderer Haarsorten sind, halten sie auch dementsprechend länger, wenn man sie sorgfältig behandelt.
Die sehr dauerhaften Schweineborstenpinsel werden für große Farbflächen und pastose Technik verwendet. Es gibt sie in diesen Grundformen: flach und rechtekkig beschnitten, flach mit abgerundeter Spitze und rund mit spitz zulaufendem Ende. Wahrscheinlich werden Sie runde Pinsel öfters als andere verwenden. Ein Pinsel guter Qualität behält seine Form, wenn man mit ihm Farbe aufnimmt.
Pinsel mit Nylonborsten können ausgezeichnet und sehr dauerhaft sein. Bei ihnen vermißt man jedoch das Gefühl eines Marderhaarpinsels. Außerdem verlieren sie sehr leicht ihre Spitze.
Auch einige billige Pinsel mit Feh- oder Kamelhaar erfüllen ihren Zweck. Eine kleine Auswahl verschiedener Größen, von 1,3–5,1 cm (Pinselgröße Nr. 4–20), genügt für die ersten Malübungen. Breite Malerpinsel sind zur Grundierung der Leinwände und Bretter wichtig.

Umgang mit Pinseln

Pinsel müssen immer nach dem Benutzen sorgfältig gereinigt werden. Nehmen Sie dafür Terpentinersatz oder Testbenzin. Reines Terpentin ist zu teuer. Lassen Sie niemals Farbe in den Pinselhaaren eintrocknen! Unter Umständen können Sie zwar die Farbreste noch mit Pinselreiniger beseitigen, aber die Pinselhaare werden bald stumpf sein und verderben.
Nach dem Säubern waschen Sie die Pinsel mit Seife und Wasser aus. Machen Sie in Ihrem Handteller ein wenig Seifenschaum und drücken Sie den Pinsel darin aus. Die Haare müssen bis zur Zwinge ganz bedeckt sein, damit alles Terpentin ausgewaschen wird. Spülen Sie zwischendurch mit kaltem Wasser nach und wiederholen Sie diesen Vorgang zwei- oder dreimal. Ganz wichtig ist es, die Zwinge sauberzuhalten. Falls sich dort Farbe absetzt, verliert der Pinsel an Elastizität.
Bewahren Sie Ihre Pinsel in einer Schublade auf oder aufrecht in einem Glas stehend. Mit einer Papierrolle um die Haare, die am Pinsel mit Tesaband befestigt ist, können Sie teure Pinsel schützen.
Richtige Pinsellagerung ist absolut wichtig. Die Form eines Pinsels, der mit der Spitze nach unten in einem Glas stand, ist für immer ruiniert. Das gilt besonders für wertvolle, teure Pinsel.

Palettmesser

Pinsel Rechts ein Anstreicherpinsel

Artists'
Oil Colour
Cadmium
Yellow
222 SL Series 4
Jaune de Cadmium

Eine Zusammenstellung verschiedener Leinwandstrukturen, die alle das Farbverhalten beeinflussen

Bildträger

Eine Anzahl Bildträger, von fein zu grob

Im Fachhandel erhalten Sie vorbereitete Bildträger von Ölskizzenblocks bis zu relativ billigen, aufgezogenen Leinwänden. Da jedoch die ersten Übungen vorwiegend experimentell sind, wird es zunächst sinnvoll sein, eigene Bildträger herzustellen. Im folgenden sind ausgezeichnete Bildträger zu geringen Kosten aufgeführt.

Karton und Preßpappe sind billig und geben nach einer guten Grundierung brauchbare Bildträger ab.

In Baustoffgeschäften und Holzhandlungen bekommen Sie billige Reste von Hartfaserplatten, die Sie sehr gut für Studien verwenden können. Platten über 121 × 92 cm müssen allerdings mit Leisten auf der Rückseite verstärkt werden. Die Oberfläche der Platte muß mit Sandpapier aufgerauht werden, damit das Grundiermittel besseren Halt bekommt.

Auch Sperrholz ist ziemlich billig, muß aber, wie Hartfaserplatten, bei größeren Formaten mit Leisten verstärkt werden.

Als Bildgründe können verschiedene Materialien verwendet werden: Bettücher, Baumwollhemden, kleine Leinwandreste. Ein Schlußverkauf von Ladenhütern hat mich einmal für einige Zeit mit Material versorgt …

Benutzen Sie nie synthetisches Material, außer es ist speziell für die Malerei hergerichtet. Das Öl in den Farben löst nämlich manche Synthetiks auf und frißt Löcher in Ihre Lieblingsbilder.

Alle Bildträger, besonders Leinwand, müssen vor Gebrauch grundiert werden. Sonst verdirbt das Öl Ihr Material.

Wie man Bildtafeln und Leinwand grundiert

Am besten verwenden Sie ein fertig zu kaufendes Grundiermittel, das billig und überall erhältlich ist. Achten Sie aber auf ein für Ihre Maltechnik geeignetes Grundiermittel. Ein stark ölhaltiges Grundiermittel ist nicht für Acrylmalerei (da nur mit Wasser verdünnbar) geeignet.

Sie können Ihren Bildträger mit einer Leimlösung aus tierischen Leimen, in Wasser angesetzt, vorbereiten. Bei den heute üblichen Grundiermitteln ist das aber kaum noch nötig. Mit Leimlösung können Sie aber Bildgründe versiegeln oder auch firnissen. Auf den Bildträger legen Sie dann zwei bis drei dünne Schichten Grundierweiß. Wenn Sie mit einer strukturierten Oberfläche arbeiten wollen, legen Sie die Schichten dicker an und verstreichen sie nicht gleichmäßig.

Wenn Sie auf Gewebe malen wollen, können Sie auch Stoff, wie etwa Musselin oder Nessel, auf Holztafeln aufziehen. Lassen Sie einen Rand überstehen, kleben Sie auf die Rückseite der Tafel ein großes Blatt starkes Papier, um ein Werfen der Tafel zu verhindern. Dann gründlich grundieren!

Um einen Grund für Acrylmalerei vorzubereiten, streichen Sie den Bildträger mit einer verdünnten Acrylfarbe (1 Teil Acrylfarbe + 5–10 Teile Wasser) entweder in Weiß oder einer von Ihnen gewählten Farbe. Dann können Sie diesen Grund noch mit PVA Medium versiegeln. Noch am gleichen Tag ist dieser Grund gebrauchsfertig und bemalbar. Wenn Sie ein fertiges Grundiermittel für Acrylmalerei verwenden, kaufen Sie eine Kunststoffemulsion, die für alle Malarten brauchbar ist.

Grundierausrüstung

Ungrundierte Leinwand

Grundierte Leinwand

Ölfarben

Die Auswahl des Ölfarbensortiments im Farbengeschäft ist besonders für den Anfänger verwirrend und vielleicht sogar lähmend. Lassen Sie sich nicht durch die breite Palette der Farben in Versuchung bringen, sondern suchen Sie nur fünf Farben aus: Weiß, Gelb, Rot, Blau und Schwarz. Daraus können Sie fast alle nötigen Farbtöne mischen. Andere Farben können Sie später hinzunehmen, wenn Sie schon ein Stück weiter sind und genau wissen, welche Töne sich nicht so gut mischen lassen.

Künstlerölfarben sind teuer. Wenn Sie sparen müssen, fangen Sie mit den Studien-Ölfarben an. Sie sind nicht so fein gemahlen und haben eine Menge Zusatzstoffe. Aber für unsere Anfangsübungen sind sie gut geeignet. Erst später werden Sie sich vielleicht Künstlerfarben zulegen.

Vergleichen Sie beide Farbsorten, indem Sie den gleichen Farbton in jeder Sorte in kleinen Rechtecken auftragen. Manche Farbtöne sind nur in der Künstlerqualität zufriedenstellend.

Nehmen Sie folgende Farben: Titanweiß, Kadmiumgelb, Kadmiumrot, Ultramarinblau und Schwarz.

Aus Rot, Gelb und Blau erhalten Sie Braun- und Grautöne. Rot und Blau gibt Violett und aus Gelb und Blau entsteht, wie alle wissen, Grün. Tiefe und Intensität dieser Sekundärfarben hängt von den Mischungsverhältnissen ab.

Ölfarben können mit Terpentin verdünnt werden und dann wie Wasserfarben in Lavierungen angelegt werden. Sie können aber auch ganz unverdünnt aufgetragen werden.

Verdünnte Farbe für Lavierung

Malmittel und Verdünnungen

Die meisten im Handel erhältlichen Ölfarben sind bereits mit einem Öl, wie Leinöl oder Mohnöl, vermischt und können mit Terpentin verdünnt und gestreckt werden. Verwenden Sie nur reines Terpentin! Terpentinersatz enthält Verunreinigungen und sollte nur zum Pinselauswaschen benutzt werden.

Leinöl kann ebenfalls zum Verdünnen der Farbe verwendet werden, aber nur in kleinen Mengen. Leinöl verzögert den Trocknungsprozeß, verfärbt hellere Töne leicht gelblich und kann sogar die trocknenden Farbschichten zur Runzelbildung veranlassen. Brauchbar ist Leinöl jedoch bei einer Stelle, die schon trocken ist, aber noch weiter bearbeitet werden soll. Streichen Sie das Öl über die Stelle und tupfen Sie den Überschuß mit einem weichen Lappen ab. Nicht reiben, da sonst die Malschicht verwischt werden könnte!

Diese Behandlung mit Leinöl weicht die Farbe wieder auf und macht sie in wenigen Minuten weiter bearbeitbar. Außerdem kann das Öl eingeschlagene Farben wieder auffrischen.

Eine andere Möglichkeit zum Auffrischen der Farben ist die Anwendung eines Retuschierfirnisses, der zwischen den einzelnen Arbeitsgängen aufgetragen wird. Die Malschichten müssen jedesmal gut durchgetrocknet sein.

Sie können auch Farben mit Retuschierfirnis, Leinöl oder Terpentin vor dem Malen vermischen, um die Farben frisch und leuchtend zu halten. Probieren Sie einmal diese Mischungen in einer Ecke Ihres Bildes aus, im Vergleich mit unverdünnter Farbe.

Malmittel, die den Trockenvorgang zum Teil beschleunigen, gibt es in allen Fachgeschäften. Sie sind nicht unbedingt nötig, aber ganz nützlich für Freilichtmalerei. Oder auch für ungeduldige Freizeitmaler ...

Farbe aus der Tube, mit wenig Terpentin verdünnt

Wir beginnen mit der Arbeit

Die Wirkung des anpassungsfähigsten und vielseitigsten Malmittels, der Ölfarbe, hängt ganz von ihrem Bildgrund ab. Als Bildträger wurden in der Malerei Papier, Holz, Glas, Metall, Gips, Leder, Leinwand und alle möglichen synthetischen Gewebe benutzt. Jeder Bildträger hat einen charakteristischen Einfluß auf die Wirkung der Malerei.

In der Ölmalerei haben sich zwei Grundmethoden parallel entwickelt: die Lasurmethode und die »Alla prima«-Technik.

Die erste Methode besteht aus der Anlage mehrerer Farbschichten, eine über die andere, um Tonwert und Farbton zu verschmelzen. Jede Schicht muß völlig durchgetrocknet sein, bevor die nächste aufgetragen wird. »Dünne« Schichten werden zuerst aufgestrichen, als letzte die »dicken« Schichten. »Fett auf mager« lautet diese Malerfaustregel. Umgekehrt würden die Farbschichten reißen.

»Alla prima« heißt, daß nasse Farbe direkt in nasse Farbe eingearbeitet wird. Das Bild muß innerhalb der Trockenzeit der Farben beendet sein. Diese Technik ist freier und spontaner als die Lasurmethode. Zum Auftragen der Farbe kann man alle möglichen Gegenstände und Werkzeuge benutzen: Tücher, Lumpen, Messer, Finger und Hände, Spritzpistolen und was immer gefunden wird. Natürlich kann »alla prima« auch ganz sorgfältig für feine Details eingesetzt werden.

Alla prima

Traditionelle Lasurtechnik

Moderne Lasurtechnik

Impasto: eine besondere Ölmaltechnik

Um eine richtig dicke Malschicht aufzutragen, verwenden Sie ein Palettmesser und dazu die Farbe direkt aus der Tube. Das wird Impasto genannt. Sie können die Farbe noch dicker und trockener machen, wenn Sie das Öl von einem Stück Löschpapier auf der Palette heraussaugen lassen.

Sie können die Farbe auch mit Firnismittel vermischen, um sie flüssiger zu machen, und dann Sand, Gips oder Sägespäne zugeben, damit die Farbschicht »Körper« und eine interessante Textur erhält.

Eine besonders strukturierte Oberfläche kann erzielt werden, wenn Sie eine solche angedickte Farbe auf die Leinwand auftragen und dann mit einem Messer oder Tuch wieder abziehen. Die übrige Farbe sollten Sie ruhig in einem Gefäß aufbewahren, um eine allzugroße Verschwendung der teuren Farbe zu vermeiden.

Das sind nur einige wenige Methoden für den Umgang mit Ölfarben. Ständig werden die Möglichkeiten der Ölmalerei weiter erforscht und erweitert. Es gibt ja viele zu berücksichtigende Faktoren, wie Pinsel, Farben, Leinwand, so daß Sie sicher einige Zeit brauchen werden, um sich mit der Ölmalerei vertraut zu machen und Ihre spezielle Technik herauszufinden. Geben Sie sich aber nicht nur mit einer Technik zufrieden! Das wird Sie nur behindern und Ihre Entwicklung aufhalten. Probieren und forschen Sie immer weiter, auch wenn der eine oder andere Versuch einmal danebengehen sollte. Ihre eigene persönliche Technik und Ihren Stil werden Sie besser und gründlicher durch andauerndes Probieren, auch mit Fehlschlägen entdecken und entwickeln, als durch Befolgen einer vorschriftsmäßigen Malschule.

Vor allem seien Sie möglichst kritisch sich selbst gegenüber. Aber vergessen Sie dabei nie die Malerei! Eines Tages werden Sie merken, daß Auslassen genauso eine Kunst ist wie Einfügen.

Der ganze Vorgang des Sehenlernens, der Auswahl und der Entscheidungen in der Kompositionsarbeit ist doch faszinierend! Und verstecken Sie Ihre Bemühungen nicht schamvoll. Stellen Sie Ihre Übungen auf ein Bord und studieren Sie Ihre Malversuche gründlich, wie steif und unerfahren sie Ihnen auch vorkommen mögen. Diese Vergleiche helfen Ihnen beim Verständnis Ihrer Fehler und auch Ihrer Erfolge und ermöglichen Ihnen, die ersteren zu vermeiden und die letzteren weiterzuentwickeln.

Eine Übung mit verschiedenen Bildgründen

Wir fangen mit dem Grundieren der Bildträger an. Sie brauchen einige Hartfaser- oder Sperrholzplatten von der gleichen Größe. Ziehen Sie Nesselstoff auf, verkleben Sie die überstehenden Ränder auf der Rückseite und ziehen Sie kräftiges Papier auf die Rückseite auf.
Grundieren Sie dann die Tafeln mit einem fertigen Grundiermittel. Dann legen Sie auf eine Hälfte jeder Tafel eine dickere Schicht Grundierweiß. Lassen Sie alles gut durchtrocknen und stellen Sie währenddessen eine einfache Gruppe von Gegenständen zusammen.

1. Auf der ersten Tafel malen Sie die Gruppe sehr rasch auf beide Bildgründe. Nehmen Sie eine begrenzte Farbenauswahl, z. B. Weiß, Ultramarin und Kadmiumrot, und verdünnen Sie die Farben mit Terpentin. Arbeiten Sie mit einem breiten Pinsel.

Beispiel 1

2. Auf einer zweiten Tafel legen Sie einen farbigen Grund mit Umbra natur an und decken ihn zur Hälfte mit Weiß ab. Gut durchtrocknen lassen! Auf diesem zweifarbigen Grund malen Sie die gleiche Gruppe noch einmal.

Probieren Sie verschiedene Arten der Pinselführung aus. Auch die Pinselgrößen entscheiden über die Art der Malweise.
Um große, gleichmäßige Farbflächen zu erzielen, verdünnen Sie die Farbe mit sehr viel Terpentin und tragen Sie sie wie eine Lavierung auf. Versuchen Sie dabei auch, weiche Übergänge von einer Farbfläche zur anderen herzustellen. Probieren Sie dann auch einmal die Farbe zu stupfen, um eine Art optische Mischung zu schaffen.
Diese Übungen sollen Ihnen ein Gefühl für verschieden bearbeitete Bildgründe und ihre Verwendungsmöglichkeiten vermitteln.

Beispiel 2

Andere Bildgründe

Ölfarben haben eine besondere Tiefenwirkung. Mit wenigen Pinselstrichen können Sie Ihren Bildern in Ölfarben eine Tiefendimension geben.
Das dreifach unterteilte Bild unten zeigt, wie drei verschiedene Farbbereiche auf der gleichen weißen Leinwand wirken. Vergleichen Sie jeweils gleiche Partien, also entweder den Vordergrund, den mittleren Bildbereich, oder Horizont und Himmel; decken Sie die anderen Bildteile mit zwei Papieren zu.
Das Bild gibt zunächst einmal ein gutes Beispiel für die vielen Möglichkeiten der Pinselarbeit, selbst im glattesten Malstil.
Die drei Abschnitte demonstrieren außerdem den unterschiedlichen Einsatz von Tonwerten. Der erste Teil ist nur in Tonwerten gehalten, von Dunkel nach Hell. Der zweite Abschnitt zeigt vor allem kühle Farbtöne, grüne und blaue Farben. Der dritte Teil enthält die volle Palette an Tonwerten und Farbtönen, ausgehend von den sonnigen Goldtönen im Vordergrund bis zu dem bleichen Himmel mit Wolken und Schatten.

Gegenüberliegende Seite: Stellen Sie sich eine Sammlung verschiedener Bildträger (Gewebe) von glatt bis sehr rauh zusammen

Vorzeichnung in der Ölmalerei

Es gibt zwei Grundmöglichkeiten für eine Vorzeichnung in einem Ölbild.
Welche Methode Sie auch benutzen, eine Vorzeichnung ist für die Komposition eines Bildes immer wichtig. Eine scharfe Beobachtungsgabe und ein geschicktes Handhaben der Farben sind wertlos, wenn die Komposition dürftig ist. Das gilt für Anfänger wie für technisch versierte Maler.
Zunächst sollte man Vorzeichnungen auf Papier machen. Das hilft Ihnen, sich für eine Komposition zu entscheiden, bevor Sie ans Bild gehen. Gut ist es auch, eine ganze Serie von Studien zu machen, um verschiedene Vorgehensweisen zu vergleichen. Wenn Sie sich für eine Studie entschieden haben, suchen Sie mit dem Rahmensucher die beste Komposition aus.
Die zweite Methode ist das direkte Zeichnen auf dem Bildträger. Am besten ist dafür Holzkohle geeignet, denn sie kann bei Fehlern leicht mit einem Lappen weggewischt werden. Wenn Sie mit dem Malen beginnen, entfernen Sie sorgfältig die Kohlereste mit dem Lappen, besonders natürlich an Stellen, wo helle Farben eingeplant sind.
Sie können für eine Vorzeichnung aber auch einen harten Bleistift oder Wasserfarbe verwenden.

Ein Ölstudie für das Bild auf Seite 245

Bevor Sie dann mit dem Malen beginnen, verstärken Sie die Hauptlinien der Vorzeichnung mit einer Untermalung. Nehmen Sie eine stark verdünnte Ölfarbe, etwa Umbra natur und einen mittelgroßen Pinsel. Denken Sie daran, daß Sie die Farbe mit einem Lappen wieder wegwischen können. Das ist ein Vorteil der Ölfarbe. Sie können die Formen so lange ändern, bis Ihnen die Komposition in allen Teilen gefällt.
Nun haben Sie die Wahl! Wenn Sie draußen malen, ziehen Sie wahrscheinlich Studien auf Papier vor. Hin und wieder sollten Sie aber direkt nach Ihrer Beobachtung auf den Bildträger zeichnen. Jedenfalls: Entscheiden Sie sich für die Art der Vorzeichnung, die Ihnen liegt, die dem Bild oder auch den Umständen angemessen ist.

Ganz einfache Vorzeichnung in verdünnter Ölfarbe

Kompliziertere Vorzeichnung in Kohle und Farbtönen

Eine erste Übung

In dieser Übung sollen Sie sich auf flache Formen und Umrisse konzentrieren. Achten Sie besonders auf die Tonwerte und die Wirkung der Textur – die Farbe sollte möglichst dick aufgetragen werden, aber nicht aufdringlich wirken.
Arrangieren Sie einige Pflanzen oder Küchengegenstände auf einem weißen Tisch oder ein weißes Tischtuch, vor eine weiße Wand. Die Komposition sollte einfach, aber in den Formen abwechslungsreich sein, so daß sich auch abwechslungsreiche Negativformen ergeben.

Schritt 1: Nehmen Sie Zeichenkohle zum Vorzeichnen der Komposition. Machen Sie sich keine Sorgen um die Sauberkeit der Zeichnung, Sie soll nur einfache Umrisse festhalten und anzeigen, wo die Gegenstände stehen.
Wenn Sie mit der Zeichnung fertig sind, suchen Sie sich die Farben aus und mischen Sie sie mit ein wenig Terpentin oder Leinöl auf der Palette aus.
Die Mischung sollte ziemlich dünn sein, damit Sie Ihre Pinselstriche leicht und spontan setzen können.

Schritt 1

Schritt 2: Nun füllen Sie die Formen ganz flach aus, ohne jede Modellierung. Benutzen Sie dazu einen Borstenpinsel Nr. 6 oder Nr. 8 und wischen Sie fehlgegangene Pinselstriche sofort mit einem Lappen weg. Mit einem Borstenpinsel Nr. 2 oder einem Marderhaarpinsel Nr. 4 zeichnen Sie dann die Umrisse der Gegenstände nach.

Tragen Sie die Farbe nicht zu glatt auf. Jeder Pinselstrich ist ein charakteristisches Zeichen des Malers und gibt selbst der kleinsten Skizze eine persönliche Handschrift.

Von Zeit zu Zeit legen Sie eine Pause ein und betrachten Ihre Arbeit aus einigen Schritten Entfernung. Studieren Sie vor allem die Pinselstriche. Denken Sie daran, daß Vereinfachen nicht Gleichmachen heißt. Im Gegenteil sollte eine Vereinfachung der Formen ihre Beziehungen zueinander und im Raum besser aufzeigen lassen.

Versuchen Sie auch einmal, Ihr Stilleben aus verschiedenen Blickwinkeln im Sitzen oder im Stehen zu malen. Rufen Sie sich die Lektion 1 über Perspektive ins Gedächtnis zurück.

Eine Komposition muß mit der Größe des Bildträgers übereinstimmen. Ein langes Format ist gut für eine weite Landschaft geeignet, ein kurzes besser für eine kleine Stillebengruppe. Für diese Übung nehmen Sie am besten ein Format von 40 × 50 cm.

Schritt 2

Elemente der Komposition

In vielen Bildern baut sich die Komposition aus mehreren Elementen auf: Perspektive, Tonwert, Farben und Texturmustern.
Alle diese Elemente sind entweder gleich wichtig oder eines von ihnen dominiert.
Bevor Sie mit dem Malen anfangen, müssen Sie über das Zusammenspiel und die Gewichtung dieser Elemente in Ihrer Komposition im klaren sein. Besonders für den Anfänger ist es frustrierend, während des Malens einige schwere Fehler in dieser Richtung zu erkennen, die von einem sorgfältigen Detail ablenken: Statt das Bild mit Details anreichern und abschließen zu können, muß es vielleicht im grundsätzlichen korrigiert werden.
Analysieren Sie diese Kompositionselemente auch in anderen Bildern bekannter Maler.
Achten Sie vor allem auf die Zeichnung, die dem Bild zugrundeliegt. Sie ist gerade für die Ölmalerei von großer Wichtigkeit, denn auf ihr bauen sich die folgenden Arbeitsgänge auf.
Mit Skizzen können Sie die verschiedenen Kompositionselemente am besten ausarbeiten, verschiedene Blickwinkel, Perspektive, Farbtöne und Tonwerte.
Ein Maler, der ernsthaft über Malerei nachdenkt, wird immer ein Skizzenbuch, Bleistift, Filzstift oder Kohle bei sich tragen. In den Skizzen führen Sie alle Einzelheiten auf, die später in Ihrem Bild zusammengefaßt werden sollen.
Und natürlich die Farbe! Schwarzweißskizzen sind im Ausdruck eingeschränkt; deshalb sollten Sie ein paar Stichworte über das Kolorit, die einzelnen Farben gleich auf den Skizzenblock schreiben. Sie können Ihrem Gedächtnis helfen, wenn Sie zu Hause das Motiv noch einmal in Farbe nacharbeiten.
Um Tiefenwirkung zu erzeugen, gibt es viele Techniken. Schlagen Sie noch einmal die Lektion 1 über Perspektive auf und studieren Sie auch Ihre Übungen dazu.

Linearperspektive zur Übung

»Hinterhof in London« von Ginner. Eine Komposition in Perspektive, Linie und Tonwert

Diese Ölskizzen gehen von den ersten Farbtönen zu einem erkennbaren Stilleben

Perspektive und Farbe

Auch mit Farbe können Sie die Wirkung einer Perspektive ähnlich wie mit den schwarzen und weißen Streifen, die Sie vorher gezeichnet haben, erzeugen.
Machen Sie eine Tabelle in den Farben Gelb, Rot und Blau und mischen Sie diese Farben stufenweise immer mehr mit Weiß. Die dunklen, reinen Farben werden Ihnen näher erscheinen als die hellen Quadrate, die mit sehr viel Weiß gemischt sind.
Machen Sie eine andere Tabelle, in der Sie verschiedenfarbige Quadrate übereinander setzen, ein kleines in ein größeres. Beobachten Sie, wie sich die Farben in Größe und Farbton beeinflussen.
Auch mit Hilfe der Tonwerte kann man mit Farbe Tiefenwirkung und Plastizität schaffen.
Schauen Sie sich noch einmal die Zeichnungen von Kreisen und Zylindern in der Lektion 1 an. Suchen Sie sich eine runde Frucht aus – ein Apfel wäre wegen seiner Farbigkeit ideal. Legen Sie den Apfel auf einen Tisch und zeichnen Sie ihn perspektivisch wie in der Mitte der Abbildung unten. Nur in Schwarz und Weiß tragen Sie Schatten und Lichter ein. Dann lassen Sie die Tonwerte ineinander übergehen, wie im Beispiel unten links, um eine glatte Kugel darzustellen.
Betrachten Sie wieder den Apfel, diesmal auf seine vielen farbigen Flecken hin. Zeichnen Sie die Form mit dunkler Farbe vor und malen Sie dann den Apfel in seinen Farben. Jetzt wird der Apfel fest und natürlich aussehen, in den Farbtönen der frischen Frucht, selbst in dieser vereinfachten Skizze.

Mit einer Kiste Äpfel können Sie eine Reihe von Problemen angehen, von einer ersten Skizze bis zu einer dreidimensionalen Darstellung mit verschiedenen Farben, unregelmäßigen Formen und unter verschiedenen Blickwinkeln. Wählen Sie dafür nach Möglichkeit unterschiedliche Apfelsorten mit sehr abwechslungsreichen Farben, Formen und glatten wie rauhen Schalen.

Wie man Tonwerte in Kompositionen einsetzt

Eine Tonwertskala beruht auf den Abstufungen von Hell zu Dunkel, ähnlich wie in der Schwarzweißfotografie. In der Komposition eines Bildes ist der Tonwert die Helligkeit oder Dunkelheit einer Fläche im Vergleich zu anderen Bildteilen. Je nach der allgemeinen Tonalität, ob in Hell oder in Dunkel gehalten, kann man ein Bild auch in »hohen« oder »tiefen Lagen« beschreiben.

Da dunkle Tonwerte immer vor hellen zu liegen scheinen, wird eine gute Komposition auch noch andere Mittel zur Tiefenwirkung einsetzen. Tonwerte können das Gewicht einer Komposition betonen oder bestimmte Stellen dramatisch hervorheben. Sie geben den Formen Plastizität und Volumen.

Was ein Tonwert ist, versteht man leicht, ihn aber richtig einzusetzen, erfordert viel Übung.

Ein Ölbild in Tonwerten zu sehen, kann schwierig sein, da die Farben den Blick anziehen. Aus diesem Grund ist es wichtig, die Anlage von Tonwerten zu üben, bevor man sich ernsthaft mit Farben beschäftigt.

Wenn Sie Gegenstände vergleichen, werden Sie feststellen, daß die hellste Farbe nicht immer auch die stärkste ist.

Eine Polaroidkamera zeigt Ihnen den Unterschied sofort. Aber das müssen Sie auch mit bloßem Auge sehen lernen.

Übungen mit Tonwerten

Malen Sie mit einem Borstenpinsel Nr. 6 oder 8 zehn Abstufungen von Weiß nach Schwarz auf eine Tafel oder Leinwand. Beginnen Sie mit reinem Weiß und mischen Sie allmählich immer mehr Schwarz bis zum reinen Schwarz hinzu.
Die dunkelsten Töne scheinen vor den zunehmend heller werdenden Tönen zu liegen.
Malen Sie nun ein einfaches Bild, in dem Sie die gleichen Abstufungen von Schwarz nach Weiß benutzen, um eine Tiefenwirkung von den dunklen Gegenständen im Vordergrund zu den hellen im Hintergrund zu erhalten. Wählen Sie ein Motiv mit einer weiten Perspektive aus, etwa das Ende eines Zimmers oder der Blick aus dem Fenster, die Straße hinunter.
Diese Übung zeigt, wie Tonwerte Tiefe erzeugen können, die in der Realität nicht immer offensichtlich ist. Wenn Sie das Malen mit Schwarz und Weiß langweilt, nehmen Sie statt dessen Rot und Blau, mit Weiß gemischt.

Farbe und Licht

Farben antworten sehr deutlich auf Lichtveränderungen. Eine rote Schachtel sieht in vollem Sonnenlicht anders aus als im Halbschatten oder ganz im Schatten. Dieses Phänomen dient ebenfalls dazu, aus der Farbe Tiefe zu erzeugen.

Teilen Sie eine quadratische Leinwand in waagrechte Felder auf und malen Sie in das obere Feld die Primärfarben. Denken Sie sich die Felder wie Stufen!

Tragen Sie in das nächste Feld die gleichen Farben ein, nur in einem dunkleren Ton (mit Schwarz gemischt). Die einzelnen Farbtöne sollten scharf begrenzt sein.

Nun stellen Sie sich helles Sonnenlicht vor, das auf das nächste Feld oder die nächste Stufe fällt, und fügen Sie sehr viel Weiß zu Ihren Primärfarben. Darunter malen Sie wieder ein dunkleres Feld.

Machen Sie so weiter, immer abwechselnd helle und dunkle Farbfelder, und Sie werden Tiefe, Licht und Schatten in einer einfachen Studie sehen.

Achten Sie darauf, Ihre Pinsel nach jeder Farbe gut zu säubern, sonst verschmieren die Farben und verwischen die scharfen Kanten der Stufen.

Schauen Sie wieder auf den Farbenkreis auf Seite 99 und betrachten Sie dort die Farbabstufungen in den Kontrasten.

Wenn alle Felder ausgefüllt sind, haben Sie ein anschauliches Beispiel für Farbveränderungen in wech-

selndem Licht. In diesem Beispiel habe ich die unteren Felder in Farben wie unter elektrischem Licht gemalt.
Das Blau ist sehr dunkel und violettstichig, das Rot ist fast tieforange, das Grün gleicht einem tiefen Tannengrün, das Weiß ist leicht grau und das Gelb geht nach Goldorange.
Die Farben werden heller und klarer, sobald sie in das natürliche Licht weiterwandern. Das Blau ist nun ein Himmelsblau, das Rot viel kühler, das Grün neigt zu Blaugrün, und das Weiß und das Gelb sind nahe an ihren Spektraltönen.

Schauen Sie sich nun die beiden Studien einer sitzenden Frau an. Die Haltung ist fast in beiden Bildern gleich. Aber zwei unterschiedliche Farbbereiche wurden mit einem auffälligen Ergebnis eingesetzt. Links zeigt eine Gruppe von Rot- und Gelbtönen ein warmes Farbenspiel. Einige Pinselstriche in Rosa- und Gelbtönen ergänzen das Gefühl eines sonnigen Tages.
Die zweite Studie wurde am späten Nachmittag angefertigt. Die Haltung ist aus einem etwas verschobenen Blickwinkel gezeichnet. Nun sind Blau- und Türkistöne vorherrschend, die einen kalten Eindruck hinterlassen.
Beobachten Sie die Veränderungen der Farben im natürlichen Licht oder spannen Sie farbige Plastikfolien über Ihre Lampen, um die verschiedenen Farbeffekte zu studieren.

Einige Gedanken zur Malerei

Bisher haben wir uns recht ausführlich über die Kunst der Malerei unterhalten, über Materialkunde, Maltechniken und Kompositionsmöglichkeiten.
Jetzt müssen Sie sich mit dem von Ihnen benützten Material und seiner Technik gründlich vertraut machen. Prüfen Sie die Qualität der Farben, ihre Eigenschaften und Anwendungsmöglichkeiten, kommen Sie also sozusagen in einen Dialog mit dem Material.
Gerade Ölfarben laden aufgrund ihrer Materialität, die zugleich einschüchternd wie ermutigend sein kann, zu ausgedehnten Experimenten ein. Die gekaufte Tubenfarbe ist ja bereits eine Mischung aus Pigmenten und einem oder mehreren Bindemitteln. Interessanter wäre es doch, eigene Farben herzustellen.
Wie in früheren Kapiteln bereits erwähnt, sind alle Farben von guter Qualität aus reinen Pigmenten zubereitet, die von verschiedenen Grundstoffen abstammen: Tonerden, Kreiden, Mineralien und auch chemische Substanzen werden zur Farbenherstellung herangezogen. Zwar gibt es noch nicht das »ideale Pigment«, das unter jedem nur denkbaren Einfluß beständig bleibt, sei es unter extremen Temperaturschwankungen, starkem Lichteinfall oder unter Säuren- und Alkalieneinwirkung, aber doch eine ganze Reihe sehr haltbarer und lichtechter Pigmente.
Kaufen Sie doch einmal pulverisierte Pigmente ein, zum Beispiel Erdfarben, und probieren Sie einige Bindemittel wie Lein-, Mohn- oder Sonnenblumenöl aus. Sie können diese Öle unbehandelt, kaltgepreßt oder heißgepreßt erhalten. Jede Sorte zeigt nach dem Trocknen eine andere Färbung und eine andere Textur. Künstlich hergestellte Öle haben sich in der Praxis noch nicht bewährt.
Streuen Sie ein wenig Pigmentpuder auf ein Stück Glas, träufeln Sie Öl darauf und mischen Sie alles mit einem Palettmesser gut durch. Mit einem Glasstößel läßt sich die Mischung ganz homogen durchkneten.
Vermischen Sie das gleiche Farbpulver mit verschiedenen Ölen und beobachten Sie, wie die Farbe reagiert und wie sie nach dem Trocknen aufträgt. Diese Veränderungen sind abhängig von dem Bildgrund, dem Bindemittelanteil und dem Verdünnungsmittel, aber auch von den Bestandteilen des Farbpulvers, ja sogar vom Wetter. Nur durch Erfahrung lernen Sie, welche Farben in den Bildträger einschlagen, welche Farben sich beim Trocknen verändern und welche Farben ihre Frische und ihren Glanz bewahren. Mit den unterschiedlichen Tiefenwirkungen und Sättigungsgraden der Farbtöne werden auch verschiedene Malqualitäten verbunden.
Einige Künstler stellen ihre Farben auch heute noch selbst her. Vielleicht steigert die eigene Farbenherstellung auch Ihr Verständnis für das Medium Ölfarbe. Sicher ist es genauso spannend, eigene Farben anzumischen wie eigene Bilder zu malen, und nicht beides, Farben wie Bilder, nur einzukaufen. Viele ausübende Künstler vertrauen jedoch mehr den fabriktechnisch hergestellten Produkten und opfern gerne einen Teil ihrer handwerklichen Fähigkeiten für die bequeme Handlichkeit fertiger Tubenfarben. Das betrifft vor allem den Freilichtmaler, da die selbstgeriebenen Farben schwierig aufzubewahren und zu transportieren sind.
Probieren Sie nun Ihre selbst hergestellten Farben auf einer (vielleicht ebenfalls selbst) grundierten Leinwand aus. Verstreichen Sie die Farben mit einem Palettmesser, um festzustellen, ob übriggebliebene Pigmentkörner Streifen oder Flecke verursachen und die Farbe nachgerieben werden muß. Fassen Sie bei dieser Arbeit das Palettmesser so leicht wie möglich an und versuchen Sie die Farbe zu fühlen. Wechseln Sie auch öfters die Richtung des Farbauftrages mit einem kleinen Dreh Ihres Handgelenks und machen Sie Kurven und Kreise.
Es gibt nur sehr wenige Bewegungen des Körpers, die wirklich in Winkeln verlaufen. Üben Sie ganz natürliche Bewegungen, wobei Ellbogen und Arm ganz leicht zusammenspielen. Gehen Sie beim Malen vor und zurück und bewegen Sie Ihren Arm so flüssig wie beim Schwimmen.
Nehmen Sie einige gekaufte Farben und führen Sie die gleichen Bewegungen mit diesen Farben aus. Halten Sie Ihr Palettmesser so leicht wie nur möglich und versuchen Sie den Unterschied in der Farbdichte und Textur zu den selbst hergestellten Farben zu spüren.
Machen Sie nun diese Übungen mit einem sehr großen Pinsel. Ein wichtiger Aspekt der Ölmalerei ist nämlich die Wirkung ganz einfach und zügig gesetzter Pinselstriche. Im Unterschied zu den feinen Linien eines Bleistifts oder eines Aquarellpinsels, tragen die großen Pinselspuren in der Öltechnik zu einem freien, spontanen Stil bei.
Um das Ergebnis Ihrer Übungen beurteilen zu können, müssen Sie von der Leinwand einige Schritte zurücktreten, dann wieder vortreten, einige Striche hinzufügen, wieder zurücktreten usw.
Versuchen Sie auch einmal mit Acrylfarben zu malen und konzentrieren Sie sich auf das Gefühl der Farbe beim Auftrag mit dem Palettmesser oder auch Spachtel.
Das Gefühl für den Farbauftrag ist einer der wesentlichsten Unterschiede zwischen einem Kunstmaler und einem Anstreicher. Kinder spielen gerne mit Schlamm und Wasser und merken bald, wie sinnlich reizvoll es ist, mit den Händen zu kneten und zu formen. Köche halten Kneten und Mischen für eine Art

Entspannungstherapie, und Töpfer bearbeiten den Ton mit einem besonderen Gefühl für den inneren Körperrhythmus. Das gilt auch für die Ölmalerei: Der Rhythmus des Pinsels, die Schwünge und Kreise, die schleppenden Bewegungen wie auch die weit ausgeholten Wischer und Fahrer bilden eine Summe von Körpererfahrungen, die für den Einsatz des Malers beim Malen typisch sind.

So wie Sie mit verschiedenen Malwerkzeugen arbeiten, sollten Sie auch verschiedene Farbmischungen, Bindemittel und Verdünnungen ausprobieren, um ein Gefühl für die Farbe, ihren Bewegungswiderstand und ihre Geschmeidigkeit auf der Malfläche zu bekommen. Wenn Sie einen kleinen Rest von Farben haben, können Sie diese mit etwas Öl vermischen und die unterschiedliche Saugfähigkeit der Pigmente vergleichen. Sie werden feststellen, wie die unterschiedlichen Farben jeweils eine andere Menge Öl aufsaugen, und Sie werden anfangen zu verstehen, daß Farbe nicht nur über den optischen, sondern auch über den taktilen Sinn wirkt.

Wir können gar nicht genug betonen, daß diese Übungen das ganze Jahr über, tagaus und tagein, gemacht werden sollten. Nur so lernen Sie die Farbe und ihre vielfältigen Eigenschaften und Wirkungen verstehen und stellen schließlich ein enges Zwiegespräch zwischen Auge, Hand und Malmittel her.

Im gleichen Maße, wie Ihr Wissen über die Malerei wächst, steigen auch Ihre Erwartungen. Zunächst wird Ihnen alles, was dem Motiv einigermaßen ähnelt, gefallen. Später werden Sie sicher anspruchsvoller und haben Schwierigkeiten, genau das auszudrücken, was Sie in Ihrem Motiv erkennen und wiedergeben wollen.

Lassen Sie sich jedoch nie von der Kluft zwischen Anspruch und Ergebnis entmutigen. Jeder Versuch ist eine Herausforderung und führt Sie weiter in Ihrer künstlerischen Entwicklung.

Viele Kunststudenten wundern sich manchmal, daß ihre Lehrer ähnliche Probleme der bildnerischen Umsetzung haben. Aber von der ersten Idee bis zum fertigen Bild ist oft eine lange Reise!

Oft werden Sie enttäuscht sein, daß Ihr Bild nicht genau das ausdrückt, was Sie sich vorgestellt haben, sondern eine unbeabsichtigte Eigenständigkeit entwickelt hat. Geben Sie nicht auf! Alle Künstler hoffen, eines Tages den richtigen Ausdruck in ihrer Malerei zu treffen. Auch wenn Ihnen das nicht immer gelingen sollte, ist es doch weiter nicht schlimm. Einige Bilder drükken bereits in der Machart etwas von dem aus, was der Maler bewußt oder auch unbewußt zeigen wollte.

Vergessen Sie aber auch nicht, daß Sie Ihr strengster Kritiker sein sollten. Seien Sie dabei aber nicht zu destruktiv! Es wird immer wieder Fehlschläge in Ihrer Entwicklung zum Maler geben. Sie müssen nur verstehen lernen, daß man aus Fehlern manchmal noch besser als aus Erfolgen lernen kann.

Lassen Sie sich ruhig auch einmal gehen! Wenn Ihnen ein Bild einmal gar nicht gelingen will, stellen Sie es weg oder übermalen Sie es einfach. Allein der Vorgang des Malens ist mehr wert als alles, was Sie je aus einem Buch lernen können.

Natürlich sollen Sie nun nicht dieses Buch weglegen. Diese Malschule soll Ihnen ja für den Anfang Führung und Hilfe sein. Außerdem gibt es sicher noch viele andere Bücher, die Ihnen neue Malrichtungen und Techniken zeigen können. Bücher und Bilder sind Nahrung für Auge wie Geist!

Wenn Sie über die Malerei eines Künstlers etwas lesen, versuchen Sie herauszufinden, welche Technik er für sein bestimmtes Vorhaben verwendet hat. Machen Sie Skizzen in verschiedenen Stilrichtungen, in Op-art-Mustern, abstrakt oder gegenständlich, wo Sie nur bestimmte Licht- und Schatten-Wirkungen ausprobieren. Falls Sie nicht in großem Stil borgen, machen Sie noch keine ausgesprochenen Kopien, sondern schaffen sich Verständnishilfen für bildnerische Probleme, die andere Künstler gesehen und manchmal auch gelöst haben. Besonders Ölfarben, die schnell den gewünschten Effekt ergeben, sind für diese Skizzen sehr geeignet.

Denken Sie immer darüber nach, was Sie tun und wie Sie es tun! Beobachten Sie Ihre Umgebung sehr genau und sammeln Sie neue Eindrücke für Ihre Kompositionen. Lernen Sie in Begriffen der Malerei zu denken! Wenn Sie etwas über die Technik der Zeichenkohle lesen, stellen Sie sich gleich die Wirkung im Geiste vor – nicht einfach nur Schwarz, sondern als Grau in allen Schattierungen. Wenn Sie Musik hören, versuchen Sie dazu Farben und Tonwerte zu assoziieren. Stellen Sie sich vor, Sie müßten eine Plattenhülle für diese Musik entwerfen. Wie würde sie aussehen? Welche Farben würden der Musik entsprechen?

Lesen Sie Gedichte um ihrer selbst willen, und dann einmal mit der Vorstellung eines Bildes, das einer ähnlichen Gefühlslage entspricht. Wenn Sie, einmal angenommen, das Gedicht »Rosa Hortensie« von Rilke lesen, mögen Sie vielleicht zunächst einmal nur den Klang dieser Worte in sich aufnehmen. Nach und nach könnte sich aber das Bild dieser Blumen einstellen und eine malerische Herbststimmung in Ihnen wecken, die Sie in ein Blumenbild bannen möchten.

Wenn Sie eine Lieblingsgeschichte im Kopf haben, denken Sie doch einmal darüber nach, wie Sie diese Erzählung illustrieren würden, in welche Farben, in welches Licht und welche Atmosphäre Sie diesen Inhalt kleiden würden. Viele Schriftsteller malen mit Worten; warum also nicht Worte in Malerei verwandeln?

Glauben Sie nicht, Kunst entstehe im Elfenbeinturm. Kunst erwächst aus dem gelebten Leben und lebt weiter durch Ihre Augen, Ihren Kopf und Ihre Hände. Je besser Sie alle drei zusammenarbeiten lassen, desto sicherer werden Sie sich als Maler entwickeln.

Noch eine Farbstudie

Eine Studie nur in einer Farbe zeigt Ihnen die vielen, feinen Abstufungen, die innerhalb eines engen Farbbereichs möglich sind.

Suchen Sie sich eine Primärfarbe aus – ich habe hier ein leuchtendes Rot gewählt – und stellen Sie eine Gruppe von Gegenständen in ähnlichen Farben zusammen, z.B. eine rote Pfefferschote, eine rote Schachtel, einen roten Apfel, eine Orange, ein Bund Blumen in roten und gelben Farben, was sich bei Ihnen eben finden läßt.

Vielleicht brauchen Sie noch einen scharfen Kontrast, um die Bildwirkung zu steigern. Ich habe in meiner Küche eine weiße Bürste mit einem roten Griff ausgesucht.

Zuerst legen Sie eine Untermalung im Mittelton Ihrer Farbe an, und zwar möglichst gleichmäßig, um nachher zügig weitermalen zu können.

Während die Untermalung trocknete, habe ich meine Gegenstände ausgesucht und einige Arrangements ausprobiert.

Testen Sie dann einige Farbtöne am Rand Ihrer Leinwand mit kurzen Pinselstrichen. Rücken Sie die Farbaufstriche eng zusammen, um interessante Kontraste zu bekommen bzw. ausprobieren zu können. Schließlich skizzieren Sie alle Gegenstände in roten oder anderen Tönen einer Farbe. Nehmen Sie ganz wenig Schwarz, um die Farben abzudunkeln, und Gelb, um den Orangeton aufzuhellen und Lichter einzusetzen. Mit ein paar weißen Tupfen zeigen Sie die hellsten Stellen im Licht an.

Ich habe übrigens ein wenig gemogelt und für die Wandfarbe auch etwas Blau zum Rot gemischt …

Sind Sie damit fertig, malen Sie einen Gegenstand in einer einzigen Farbe, aber mit allen Schattierungen und Texturen.

Machen Sie noch andere Studien, vielleicht in Grün und Blau, und hängen Sie alle Skizzen nebeneinander an eine Wand, um die Ergebnisse (auch zu unterschiedlichen Tageszeiten) zu vergleichen. Das Verständnis einer Farbe und der vielen möglichen Farbabstufungen läßt sich auf alle anderen Farben des Spektrums übertragen und verhilft Ihnen zur Meisterschaft im Umgang mit Farben.

Wir betrachten ein Ölbild

Die Ölskizze auf Papier »Frau beim Fenster sitzend« von Edgar Degas ist in ihrer Einfachheit atemberaubend: ein wundervolles Beispiel kontrollierter Zurückhaltung, ausgewogener Farbgebung und ökonomischen Einsetzens der Mittel. Die Frau ist im Dreiviertel-Profil gesehen und nur als Silhouette gegeben. Sie scheint fast mit dem Hintergrund zu verschmelzen, nur Kopf und Hände sind als tonale Kontraste deutlich abgehoben.

Farbtonbereich und Tonwertskala sind begrenzt; Weiß und Erdrot (Venezianisch Rot) decken die hellen und mittelhellen Bereiche ab; das gleiche Rot, mit Blau gemischt, vielleicht noch mit Schwarz vertieft, ist für die dunklen Stellen eingesetzt. Die Zeichnung ist genau ausgeführt, und doch ist die ganze Stimmung des Bildes sehr atmosphärisch gehalten.

Die Formgebung zeigt eine leichte, aber sichere Hand. Details wie Hände, Nase, Lichter sind mit geschickten Farbtupfen eingesetzt.

Vergessen Sie nun für einen Moment die figurative Darstellung und betrachten Sie das Bild mit anderen Augen. Analysieren Sie die lineare Struktur, die Komposition und die Verwendung von Mustern und Texturen – die zentralen Elemente in der Malerei. Achten Sie besonders auf die Flächenbehandlung, die ohne Tiefe auskommt, um Harmonie und Spannung zu geben.

Alles in diesem Bild ist abgedunkelt und als Flächenform gezeigt. Der Stuhl, der nur als Umriß in der linken, unteren Ecke zu sehen ist, nimmt die Waagrechte des Fensterrahmens wieder auf. Die vertikale Begrenzung des Fensters ist aus der Mitte gerückt und schneidet die diagonale Linienanlage der Figur. Aus diesen Linien besteht die Hauptstruktur des Bildes. In der oberen Hälfte des Bildes betont die Horizontlinie die Nasenwölbung und die Stirn der Frau, während ihre linke Hand und ihr linkes Knie den Akzent in der unteren Bildhälfte bilden.

Das Kleid der Frau ist in einer verdünnten Lavierung angelegt, die am Rocksaum ausläuft. Dazu im völligen Kontrast ist der Himmel mit markanten Pinselspuren ziemlich pastos gemalt. Aus diesen unterschiedlichen Texturen gewinnt das Bild seine Spannung gegenüber den ruhigen, harmonischen Flächenaufteilungen der Wände. Die Einfachheit der Formen, ihre Stellung auf der Leinwand und die Vielfältigkeit der Farbbehandlung innerhalb der sich überschneidenden Flächen ergeben eine perfekte Komposition.

Von diesem kleinen Bild können Sie mehr lernen als aus einem ganzen Bildersaal im Museum. Diese wunderbare kleine Skizze regt die Einbildungskraft an und fordert zur Beschäftigung heraus. Über die Arbeitsweise des Künstlers gibt es einige historische Hinweise. Degas interessierte sich sehr für klassische Malerei und für japanische Holzschnitte. Das ist immer wieder in seinen Bildern an den Tonwertkontrasten und der Einfachheit der Formbehandlung festzustellen. Über den Anteil der Vorzeichnung in einem Bild war sich Degas, als guter Zeichner, ganz bewußt. Selbst in den kleinsten Skizzen überließ er nichts dem Zufall.

Anfänger neigen dazu, alles vor ihren Augen zu zeichnen und zu malen. Künstlerische Wahrnehmung heißt aber, aus dem Sehangebot das auszuwählen, was im Bild die einfachste, aber größtmögliche Information bietet.

In diesem Bild »Frau beim Fenster sitzend« sind als die wichtigsten Kompositionselemente die Vereinfachung der Formsprache und die bewußt auferlegten Grenzen der Bildstruktur zu erkennen. Schauen Sie sich noch einmal die Farbbehandlung in diesem Bild an und vergleichen Sie Degas' Technik mit Bildern anderer Maler. Allein aus dem Betrachten von Bildern und dem Nachdenken über Bilder werden Sie viel lernen! Gerade Degas hatte einen Ideenreichtum und ein begnadetes Auge, die für den Kunststudenten wertvolle Anregungen bieten können.

Teil II
Der Künstler bei der Arbeit

Die ersten drei Lektionen über Malmaterial sollten Ihnen zeigen und Ihr Verständnis dafür schärfen, daß Kunst aus der überlegten Anwendung eines genauen Konzeptes im jeweiligen Medium entsteht. Wir wollen nun noch einmal genauer die Grundlagen der Malerei betrachten, die Sie hoffentlich während der letzten Monate fleißig geübt haben.

Der Schlüssel zu jeder Kunst ist, sehen zu lernen, und das, was Sie sehen, bildnerisch umzusetzen. In der Praxis bedeutet das, die dreidimensionale Welt in Zeichen und Formen auf eine zweidimensionale Fläche zu übertragen, ob Sie nun vor der Natur arbeiten oder aus dem Gedächtnis, ob Sie ein reales Bild wiedergeben oder ein aus Ihrer Fantasie geschaffenes, ob Sie emotional aufgewühlt sind oder in Momenten großer Ruhe malen. Wie Sie wahrnehmen, beeinflußt die empfangene Botschaft. Deshalb baten wir Sie, genau zu schauen, zu denken, zu beobachten, immer wieder, in jeder Lektion. Denken Sie während der Arbeit daran – und vergessen Sie es nicht, so oft Sie zeichnen und malen, denn nur so werden Sie sich künstlerisch weiterentwickeln!

Von Anfängern wird oft ein Hauptproblem erwähnt, wenn sie einen Natureindruck wiedergeben sollen. Sie denken, daß sie »nur« kopieren, während doch der wirkliche Künstler seine tiefen Gefühle ausdrückt, ohne auf die Richtigkeit seiner Darstellung zu achten. Das ist aber eine unnötige Sorge. Denn auch wenn Sie »realistisch« malen, malen Sie mit Ihren Augen, Ihren Gefühlen. Selbst in der kleinsten Skizze ist Ihre Persönlichkeit erkennbar.

Diese Lektionen werden Ihr Auge genauso trainieren, wie ein Lehrer Ihrer Zunge eine neue Sprache beibringt. Ein Kind, das sprechen lernt, lauscht erst den Geräuschen, die die Eltern machen. Auch die ersten Leseübungen werden nach diesen Erfahrungen beurteilt. In der Kunst ist es ähnlich: Die Realität ist immer der beste Maßstab Ihrer künstlerischen Leistungen. Welche Kunstrichtung Sie später auch bevorzugen, denken Sie immer daran, von Ihren maltechnischen Fähigkeiten auszugehen. Es gibt so viele Stile und Kunstformen, wie es Künstler gibt, und eines Tages werden Sie sich vielleicht für einen Stil entschieden haben. Ein »Vokabular«, das Sie erlernt haben, ist jedoch immer nötig. Kunst ist eine visuelle Sprache aus Zeichen, Formen, Farben und Tonwerten, die Sie, wie jede andere Sprache, auch »schreiben« und anwenden lernen müssen.

Mit wachsender Geschicklichkeit und größerem Vokabular werden Sie immer kompliziertere Konzepte ausdrücken können. Sie allein bestimmen dann die Vorgehensweise, angeregt durch Ihre Wahrnehmungsschärfe.

»La cheminée« von Vuillard

Lektion 4
Stillebenmalerei

Die ersten Höhlenmalereien zeigten Tiere und Jäger, und die frühchristlichen Maler beschäftigten sich in ihren Heiligenbildern mit der menschlichen Figur. Die Muster auf Töpferware und Stoffe vorzeitlicher Stämme sind jedoch aus der Natur abgeleitet: Weinlaub, Blätter, Blumen und Früchte.
In der chinesischen und japanischen Kunst wurden einzelne Gegenstände, wie ein Zweig oder eine Blume, zu einem Symbol mit philosophischem Inhalt, sie schlossen jeweils eine reiche Bedeutungswelt ein.
Auch die keltischen und wikingischen Kunsthandwerker machten bei der Natur Anleihen, formten aber die Naturvorbilder zu abstrakten Streifenmustern um, die zum Hauptthema ihrer Metallarbeiten wurden. Diese linearen Muster wurden dann wieder von den mittelalterlichen Illuministen für die Initialen ihrer Manuskripte aufgenommen, die oft innerhalb der ornamental verzierten Buchstaben eine Blume oder eine Frucht zeigen. Solche natürlichen Gegenstände waren gelegentlich auch Attribute der Heiligen Dreifaltigkeit, der Heiligen Familie oder einzelner Heiliger, so z.B. eine Lilie, eine Rose, ein Apfel, ein Stück Brot.
Im Mittleren Osten ging der Symbolismus einen eigenen Weg. Da Heiligenporträts verboten waren, wurden statt dessen ihre Symbole gemalt. Gemälde und Teppiche wurden mit üppigen Mustern stilisierter Blumen und Früchte verziert, zuweilen nur an den Rändern, zuweilen aber auch auf der ganzen Fläche.

Stilleben, wie wir sie kennen, tauchten zuerst in den Niederlanden und in Deutschland auf, als Künstler Früchte und Blumen als Teil der Komposition für große Bilder benutzten. Ein Tisch neben einer Figur trug dann eine Schale mit Früchten und einen Krug mit Wein. Eine Komposition des »Letzten Abendmahls« kam seitdem nicht mehr ohne Brot und Wein aus.
Das schöne Bild von Peter Paul Rubens (1577–1640) auf der nächsten Seite zeigt Maria und das Christuskind mit einer Rosenranke auf der einen Seite, einem blumengemusterten persischen Teppich auf dem Tisch und Schalen mit Früchten und Blumen. Das illuminierte Manuskript mit dem blumenverzierten Rand, in dem Maria liest, wurde vielleicht nur wenige Jahrhunderte früher gemalt, als etwa auch der Teppich gewebt wurde. Die kleine Landschaft im Hintergrund kann aus fast jedem Gemälde von Rubens stammen.
Kompositionsstudien für solche Bilder wurden in Contékreide, Pastellkreiden, Kohle und natürlich in Aquarell und Öl gemacht.
Zunächst wurden diese Skizzen nur von anderen Künstlern bewundert. Aber allmählich begannen auch die Auftraggeber die geschickte Technik der Stillebenmalerei zu bewundern. Profanbauten wurden immer mehr mit diesen Themen geschmückt.
Von den zeitgenössischen Kritikern wurden diese Bilder zunächst noch nicht zur »Hohen Kunst« gerechnet. Heute werden aber Studien, wie die Aquarelle

»Maria mit Kind« von Rubens

von Wildblumen und Gräsern von Albrecht Dürer (1471–1528), als zeitlose Meisterwerke anerkannt.
Es entwickelten sich zwei verschiedene Richtungen der Blumenmalerei: Botanische Illustrationen, Dürers Skizzen ähnlich, verzierten viele botanische und medizinische Abhandlungen; beeindruckende Blumenstudien bestanden aus großen Schalen oder Vasen mit blühenden Blumen in satten Farben, manchmal mit Früchten kombiniert in der Art von Rubens' Bildern. Obwohl die Komposition zwanglos sein mochte, wurden die Blumen sorgfältig ausgewählt und jeder Tautropfen bewußt hinzugefügt, um einen glanzvollen Effekt zu erzeugen.
Jan van Huysum (1682–1749) ist einer der bekanntesten holländischen Maler des Stillebens dieser Art. In einigen seiner großartigen Blumensträuße sind auch Schmetterlinge und Bienen zu sehen.
Der Franzose Jean-Baptiste Siméon Chardin (1699–1779) revolutionierte dann das Konzept des Stillebens. Er übertrug die Techniken und Fertigkeiten großer Kompositionen auf die Stillebenmalerei, auf einfachere, alltägliche Sujets. Seine Begeisterung für Lichtwirkungen setzte er für atmosphärische Effekte und sanfte Farbabstufungen ein, die später von den Impressionisten für ihre Zwecke aufgegriffen wurden.
Chardin machte es gewissermaßen den Impressionisten vor: Er führte sein sinnliches Vergnügen an sehr irdischen Dingen vor, und die Impressionisten fanden deshalb nichts dabei, einen schlichten Holztisch zu malen, ein Stück Brot, ein Stück Käse.
So wurde diese »informelle« Stillebenmalerei zu einem wichtigen Thema in der Kunst. Ein wesentlicher Grund mag sein, daß die notwendigen Gegenstände immer schnell zur Hand waren und auch zu ungewöhnlichen Kompositionen leicht zusammengestellt werden konnten.
Paul Cézanne (1839–1906) ist wahrscheinlich der bekannteste Vertreter der Stillebenmalerei. Aber er war in Paris, im späten 19. Jahrhundert und frühen 20. Jahrhundert, nur einer in einer Gruppe von Malern, die sich unter anderem dem Stilleben widmeten.
Als die Impressionisten sich mehr mit der Freilichtmalerei beschäftigten, in der Nachfolge von Eugène Boudin (1824–1898) und seinem Freund und Schüler Claude Monet (1840–1926), verlor die Stillebenmalerei ein wenig an Boden und erschien nur noch vereinzelt als Teil größerer Kompositionen. Die Kubisten, vor allem Georges Braque (1882–1963) und Pablo Picasso (1881–1973), belebten diese Kunstform wieder, fasziniert von den formalen Möglichkeiten, die in einer einfachen Orange oder einem Apfel stecken. Nach vielen Experimenten fanden sie, ausgehend von den Formen der Teller und Früchte, ein Bildmuster, das die Gegenstände in komplizierte Formteile zerlegte, worin aber ihr Ursprung noch erkenntlich blieb.
Henri Matisse (1869–1954) widmete besonders in seinen letzten Bildern seine ganze Malkunst den Farben und Formen der Blumen.

Stilleben von Cézanne

Eigentlich war Blumenmalerei immer beliebt, vielleicht weil unsere Liebe und unser Interesse alle wechselnden Kunststile überdauert. Blumenbilder sind nicht nur für jedes Heim dekorativ, sondern bringen auch den Galerien und Museen eine ganz besondere Art von künstlerischer Schönheit.

Die feinen Amateuraquarelle viktorianischer Ladies erfreuten alle Betrachter, ob sie nun professionell malten oder nicht. Die sauber gemalten Blumen inspirierten sogar einige moderne Maler, auch solche, deren Hauptwerk auf anderem Gebiet liegt. Viele der klaren, hellen Farben von Blumen wurden jedoch lieber für dekorative Zwecke und Stoffentwürfe als für Malerei verwendet.

Mit Ausnahme der Blumen sind Stilleben heute anders angeordnet als in vergangener Zeit. Ein Stilleben kann heute eine Gitarre, einen Schal, eine Puppe oder ein Plakat beinhalten. Die genaue Beobachtung der Gegenstände führte zu sehr realistischen Studien; aber auch ungewöhnliche Zusammenstellungen sind häufiger anzutreffen als der tote Fasan und die Schale mit Früchten, die so viele viktorianische Eßzimmer geschmückt haben.

Für moderne Maler kann selbst das prosaischste Stillleben, mit Charme und unerwarteten Farben gemalt, zu einem erfreulichen Kunstwerk werden, das genauso auch eine Aussage über die Art und Weise unseres Lebens sein kann.

»Pfingstrosen« von Houston

Wir beginnen mit der Arbeit

Bisher haben wir Zeichnung, Aquarell und Ölmalerei getrennt behandelt, um die Grundtechniken jedes Mediums zu erklären. In der Praxis ist es jedoch schwierig und auch unlogisch, diese Trennung aufrechtzuerhalten. Selbst die sogenannte »reine Malerei« schließt Zeichnung ein, denn auch die Bestimmung der Farbflächen ist ein zeichnerischer Vorgang, wenn auch mit Farbe. Obwohl es wichtige Unterschiede zwischen Aquarell und Ölmalerei gibt, liegen beiden Techniken doch die gleichen Prinzipien der Auswahl und Umsetzung des Sehbildes in Farbe und Form zugrunde.

Von jetzt an hat jede Lektion in diesem Buch ein Thema, ein Motiv, und Zeichnen und Malen werden zusammen angewandt. Die Probleme jeder Technik werden zwar getrennt aufgeführt und im Detail studiert, doch wird großer Wert auf die Tatsache gelegt, daß Malen und Zeichnen im Grunde derselben Aktivität entspringen.

»Stilleben« ist der Name für eine Gruppe von Gegenständen, die auf einem Tisch oder einer anderen flachen Unterlage aufgestellt sind. Formen und Farben können in allen möglichen Variationen verwendet werden. Die nötigen Gegenstände sind leicht zugänglich und können auch vom Betrachter umgehend verstanden und wiedererkannt werden. Die Wahl der Farben, der Komposition, der Beleuchtung und der Gegenstände liegt ganz in der Hand des Malers.

Ein Stilleben ist vom Wetter unabhängig und braucht keinen besonderen Platz, noch ist sonst jemand beteiligt. Der Künstler stellt einfach eine Gruppe von Objekten in einem Raum zusammen und beginnt zu arbeiten. Ein Stilleben kann trotzdem von starker emotionaler Ausdruckskraft sein. Drei einfache Äpfel etwa können eine ganze Lebensphilosophie zusammenfassen. Auf einem weißen Teller, der auf einem Holztisch liegt, können sie die Würde und Einfachheit des Landlebens symbolisieren; auf einem vom Schein des Kerzenleuchters glimmernden Silbertablett verkörpern sie den Luxus eines ausschweifenden Banketts.

Auswahl

Auch die Stillebenmalerei schließt, wie Porträt- und Figurenmalerei, die Vorzeichnung, die Anlage von Raum und Licht und die richtige Farbenmischung ein. Die folgenden Übungen sollen Ihnen die elementaren Grundlagen nahebringen.

Die großen Meister der Stillebenmalerei waren darauf aus, die Schönheit von Licht und Farbe in den glänzenden Fruchthäuten, den glitzernden Tautropfen oder schimmernden Gläsern einzufangen. Versuchen Sie diese Begeisterung selbst in Ihren ersten Versuchen aufzugreifen und darzustellen, auch wenn Sie Ihre neu erworbenen Fähigkeiten damit auf eine harte Probe stellen. Schauen Sie sich zu Hause um und suchen Sie Gegenstände aus, die Ihnen wichtig sind und eine anregende Form haben. Die Begeisterung, die Sie für die Gegenstände spüren, wird sich vielleicht auf den Betrachter übertragen. Denn Sie malen sicher mit weniger Überzeugung, wenn Sie etwas Uninteressantes und Langweiliges wiedergeben. Denken Sie daran, daß der wahre Künstler auch von so profanen Dingen wie Schrauben und Muttern angezogen werden kann.

Stellen Sie für Ihr erstes Stilleben Gegenstände verschiedener Form, Farbe und Oberflächenbeschaffenheit zusammen: Apfel und Orange etwa, dazu zum Beispiel Tasse, Untersetzer und Teller, eine dunkelgrüne Weinflasche auf einem weißen Tischtuch. Suchen Sie noch einen eher technischen Gegenstand aus, einen Schneebesen, einen Fleischwolf oder eine Schere, damit Sie später die Genauigkeit Ihrer Zeichnung überprüfen können. Nehmen Sie aber nicht zu viele Gegenstände und Farben in eine Gruppe. Eine Frucht auf einem Teller oder einige Blumen in der Vase sind anziehender als eine große Ansammlung von Farben und Texturen.

Zu viele Gegenstände; wählen Sie nur drei oder vier aus

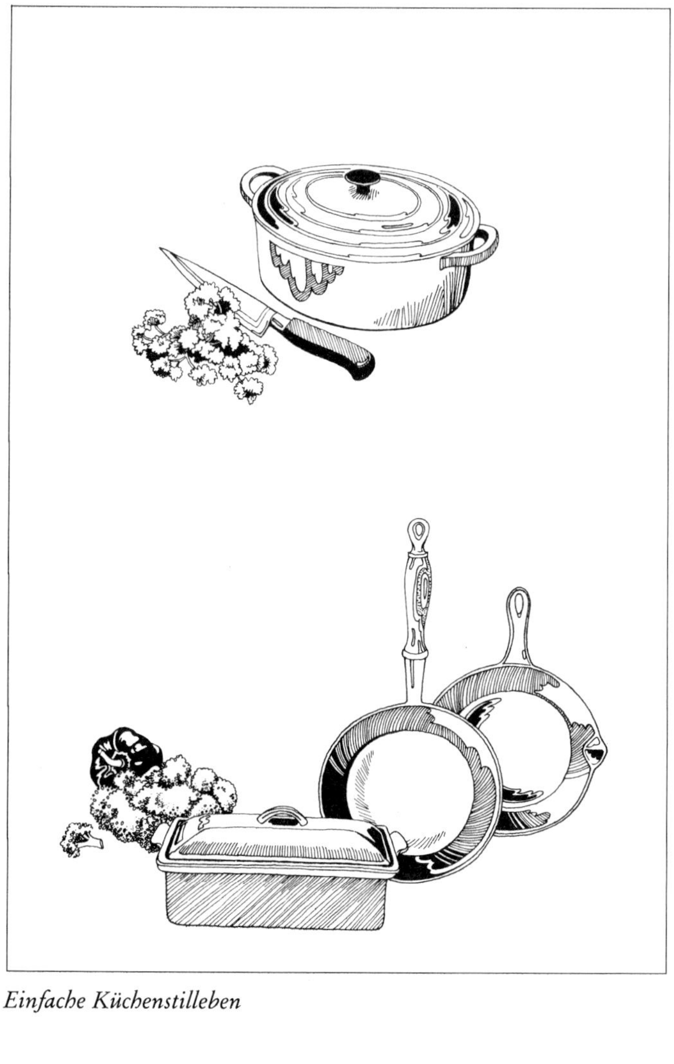

Einfache Küchenstilleben

Eine ganz einfache Blumenstudie

Wie man ein Stilleben aufbaut

Suchen Sie einen Platz, wo Ihre Stillebengruppe lange Zeit ungestört stehen bleiben kann. Die Ecke eines Zimmers wäre ideal. Dann können Sie die Winkel der Wände als Hilfslinien nehmen. Als Alternative können Sie auch einen Winkel aus Karton einrichten.

Stellen Sie die Gegenstände (und zwei Kartonstücke über Eck) auf einen kleinen Tisch, eine Kiste oder ein Brett: Von Ihrem Sitzplatz aus sollten Sie leicht von oben auf Ihr Stilleben schauen. Stellen Sie die Gegenstände eng zusammen oder lassen Sie einige sich überschneiden. Markieren Sie den Platz jedes Gegenstandes, so daß Sie ihn wieder richtig zurückstellen können, wenn Sie ihn aus irgendwelchen Gründen wegnehmen mußten. Den Raum um die Gruppe herum sollten Sie möglichst einschränken. Nehmen Sie also als Hintergrund eine Wand oder einen Karton.

Falls möglich, sollte das Licht von oben kommen, damit nicht zu viele Schatten oder starke Lichteffekte entstehen.

Für diese erste Übung wäre es nicht sinnvoll, zuviel Zeit mit dem Aufstellen der Gegenstände zu verbringen. Nehmen Sie sich dafür Zeit zum Malen. Eine gute Komposition allein macht noch keine gute Zeichnung oder gute Malerei. Probieren Sie drei oder vier verschiedene Zeichnungen aus veränderten Blickwinkeln aus, um die beste Arbeitsposition zu finden.

Eine Apfel-Vorstudie in Aquarell

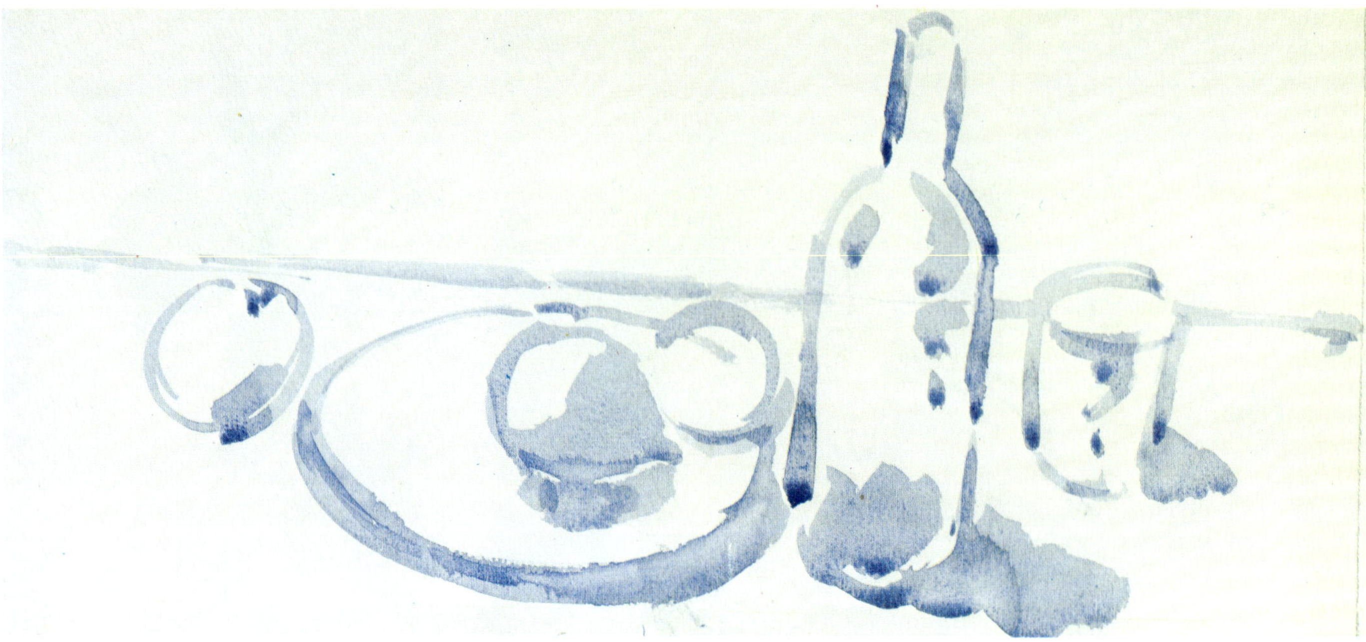

Eine beliebte Zusammenstellung

Schließlich müssen Sie noch den Standort Ihrer Staffelei bestimmen und auch Ihren Sitzplatz in Beziehung zum Arrangement und zur Staffelei. Jedes Zeichnen und Malen geschieht aus dem Gedächtnis, selbst wenn die Gegenstände sich direkt vor Ihnen befinden. Es ist unmöglich, zugleich zu schauen und zu malen. Das visuelle Gedächtnis vieler Leute ist leider ziemlich schlecht. Machen Sie die Probe und betrachten Sie eine einfache Vase und versuchen Sie, sie zu zeichnen: Achten Sie darauf, wie oft Sie auf die Vase schauen und von da zu Ihrem Zeichenblock – und wie ungenau Ihre Zeichnung dennoch wird. Sie werden dann verstehen, wie schwierig es ist, selbst eine so einfache Information im Gedächtnis zu speichern.

Stellen Sie deshalb die Staffelei so auf, daß Sie möglichst schnell den Blick vom Stilleben zu Ihrer Arbeit wechseln können. Der Winkel zwischen Staffelei (oder dem Aquarellblock auf dem Tisch vor Ihnen) sollte nicht zu groß sein. Ob Sie die Gegenstände rechts oder links vom Malblock arrangieren, bleibt Ihnen überlassen.

Wie Sie sich auch entscheiden: Es ist wichtig, einen bequemen Blickwinkel zu wählen, damit Sie schnell und leicht den Blick hin und her wechseln können.

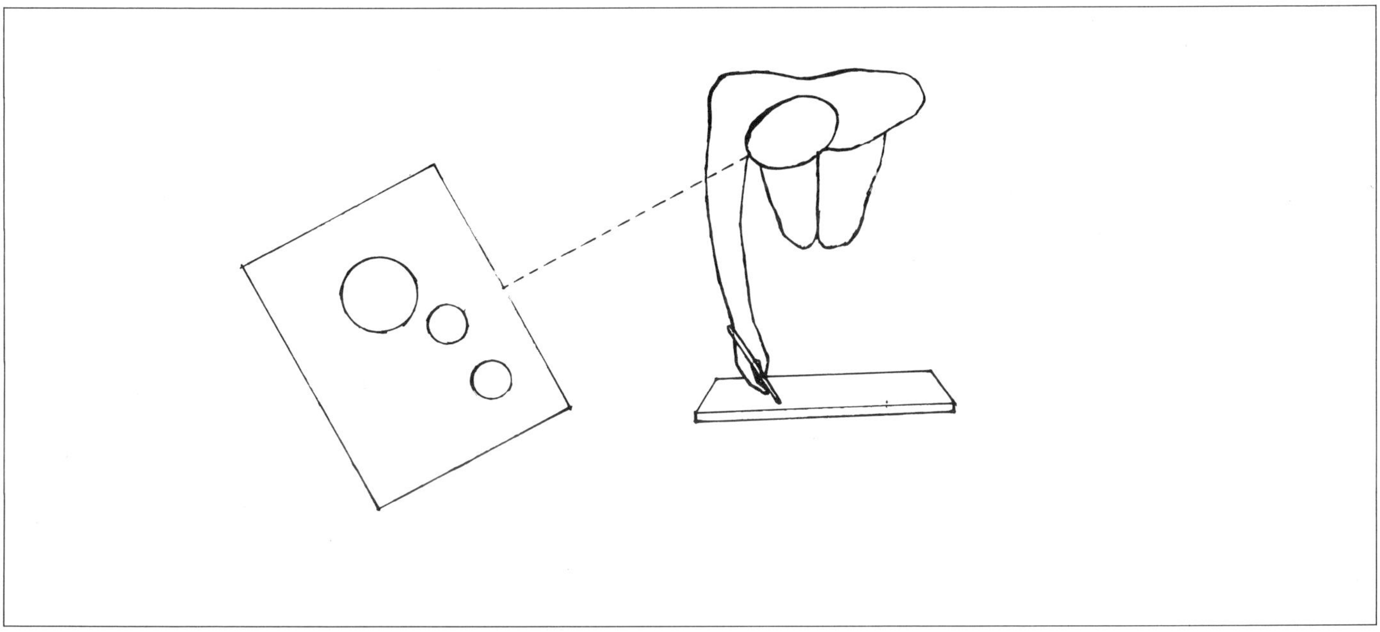

Schlechte Körperhaltung

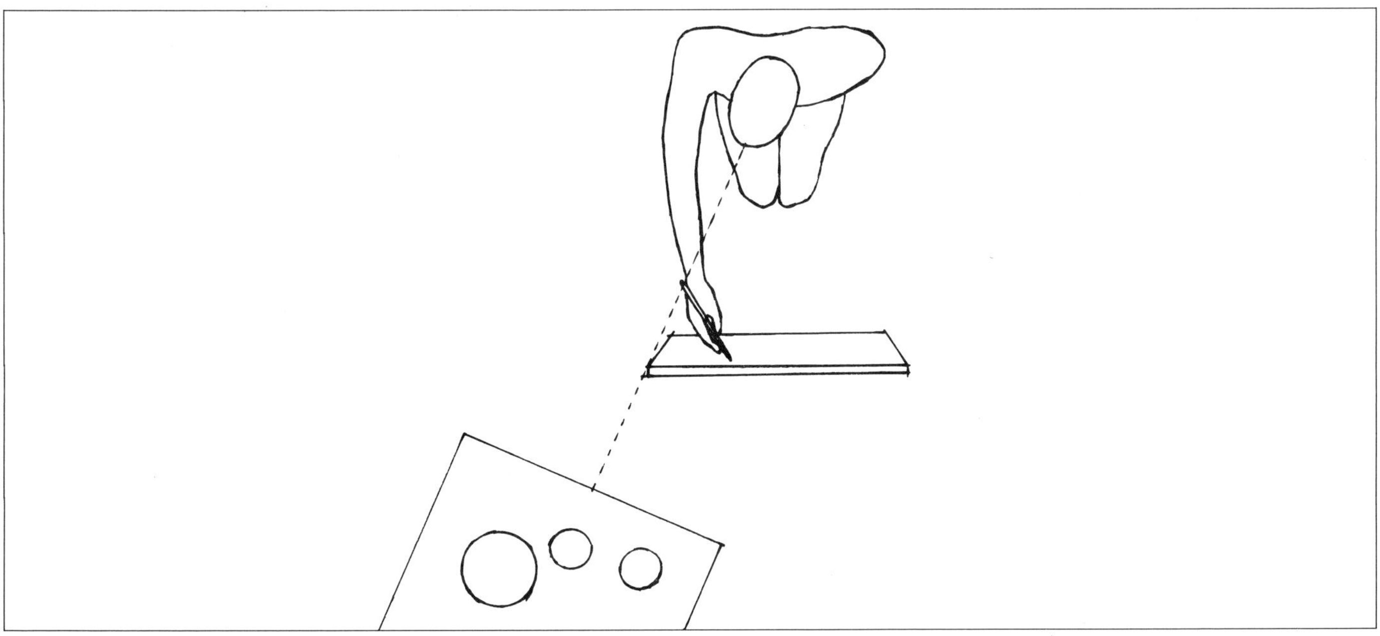

Gute Körperhaltung

Eine Übung mit Töpfen und Pfannen

Rufen Sie alles, was Sie über positive und negative Formen gelernt haben, ins Gedächtnis zurück. Denken Sie auch daran, vertikale Linien – Vorhänge, Tapeten, Wandecken – als Hilfslinien zu benützen. Nun stellen Sie Ihre erste Gruppe aus Töpfen, Pfannen und anderen Küchengeräten zusammen.

Die Zeichenübung am Ende der ersten Lektion zeigte, wie man verschiedene Zeichenmittel kombinieren kann, um den Umrißzeichnungen Volumen zu geben. Schauen Sie Ihre Gruppe an und entscheiden Sie sich für ein Zeichenmaterial: entweder nur Kohle und Conté oder zwei und mehr Mittel zusammen, Tinte und Lavierung, oder Kohle, Bleistift, Contékreide und Lavierung. Nehmen Sie nicht nur den Bleistift, da Ihnen das Schattieren mit dem Bleistift Schwierigkeiten bereiten könnte.

Legen Sie Ihre Studien von Rechtecken und Zylindern in Sichtweite, damit Sie Ihr Gedächtnis auffrischen können. Diese Formen bilden die Grundstruktur vieler Gegenstände.

Denken Sie daran, daß Zeichnen nicht gleichbedeutend mit Kopieren ist, sondern daß die Formen und Volumen der Dinge analysiert und mit Hilfe von Umrißlinie und Tonwerten wiedergegeben werden müssen.

Schritt 1: Skizzieren Sie mit einem Kohlestift leicht die horizontalen Linien, mit denen Vorderseite und Rückseite des Tisches markiert werden. Zeichnen Sie die verschiedenen Standpunkte der Gegenstände an. Achten Sie dabei sorgfältig auf die Zwischenräume.

Schritt 2: Um den Gegenständen Form zu geben und die Ebene des Tisches anzudeuten, machen Sie ein Lavierung in einem mittleren Tonwert. Betrachten Sie die dunkelsten Teile und tragen Sie diese zuerst ein. Achten Sie besonders auf die Ellipsen des Topfes, der Pfanne und des Pfannendeckels.

Schritt 3: Schauen Sie genau auf die Licht- und Schattenflächen und füllen Sie diese Formen mit einer leichten Lavierung aus. Wo es nötig ist, vertiefen Sie den Tonwert für die dunkleren Stellen. Mit einem dikken Strich betonen Sie die Umrisse. Überprüfen Sie die Beziehung von Pfannendeckel zu Pfanne. Sind die Schneiden der Schere scharf genug gezeichnet?

Schritt 4: Überprüfen Sie während der Arbeit immer wieder die Beziehungen zwischen den Gegenständen, ihre richtigen Proportionen und ihre Tonwerte. Achten Sie auch auf die mechanische Konstruktion der Gegenstände, z. B. die Art und Weise, wie der Griff an dem Pfannendeckel befestigt ist. Mit einem festen Bleistiftstrich und einer leichten Lavierung tragen Sie das Volumen der Gegenstände und ihre Standflächen auf dem Tisch ein.

Schritt 1

Schritt 2

Schritt 3

Schritt 4

Ein Stilleben mit Früchten und Vase

Da der Hintergrund dieses Stillebens große blaue und blaugrüne Felder zeigte, beschloß ich, das Stilleben auf dunkelblauem Papier anzulegen. Natürlich beeinflußt ein Papier dieser Färbung den Farbton der Pastellfarben, gibt ihnen aber dafür eine schöne Textur.

Bevor Sie anfangen, studieren Sie Ihre Stillebengruppe und wählen Sie eine vorherrschende Farbe aus der Gruppe ebenfalls für den Farbton Ihres Papiers. Versuchen Sie also die Farbe des Papiers zu Ihrem Vorteil zu nutzen, entweder für die Lichthöhungen oder für die Schattierungen. Schauen Sie sich auch die Textur der Gegenstände an – sind sie eher glatt oder in der Mehrzahl rauh? Auch das können Sie mit Hilfe des Papiers nachempfinden. Denken Sie z.B. daran, wie einfach es sein kann, die Schale einer Orange darzustellen, indem Sie Papier mit rauher, körniger Oberfläche nehmen.

Halten Sie den Zeichenvorgang immer als Ganzes im Auge und konzentrieren Sie sich nicht zu sehr auf Details. Erfahrene Maler können ihr Bild zwar von einem Teil her aufbauen, den sie fertig malen und dann zum nächsten übergehen. Für Anfänger ist diese Vorgehensweise aber mit der Gefahr verbunden, die Beziehungen zwischen den einzelnen Teilen letztendlich aus den Augen zu verlieren.

Schritt 1

Schritt 1: Skizzieren Sie zunächst die Umrisse des Stillebens mit einem dem Papier nahen Farbton. Nehmen Sie ein Papier, das ungefähr der Größe des Stillebens entspricht, und achten Sie auf die richtigen Proportionen.

Schritt 2: Tragen Sie nun die Hauptfarben der Gruppe als einfache Farbflächen ein. Füllen Sie die Skizze aber nicht nur aus, sondern arbeiten Sie mit den Farben, um den Formen Ausdruck zu geben.

Schritt 3: Jetzt suchen Sie einige interessante Muster und Texturen aus, so wie das gestreifte Tuch auf der grünen Tischdecke. Malen Sie die Formen weiter aus und arbeiten Sie die Standflächen und Beziehungen der Gegenstände genau heraus. Versuchen Sie der Skizze Tiefenwirkung zu geben, z.B. durch Betonung der Tischkante.

Schritt 2

Schritt 3

Schritt 4: Wenden Sie sich schließlich den Details zu, die der Darstellung Realität verleihen, wie etwa den Lichtreflexen auf der Glasvase. Ahmen Sie die Schalen der Früchte nach, indem Sie zum Beispiel auf die Banane braune Tupfen verteilen. Mit hellen Farbtönen setzen Sie den Früchten Lichter auf. Mischtöne, die den Früchten Glanz und Leben geben, können Sie durch Überlagern und Verwischen der Pastellfarben erzielen. Auch das grüne Tuch ähnelt durch das weiche Verreiben mit den Fingerspitzen einem Samtstoff.

Achten Sie während der Arbeit darauf, die Pastellstifte nur mit den Fingerspitzen zu halten und die Hand nicht auf das Papier zu legen. Nur so vermeiden Sie es, das Blatt zu verschmieren.

Eine Zeichnung kann für sich stehen oder als Studie dienen. Mit ihrer Hilfe lassen sich am schnellsten Beobachtungen festhalten und Bildideen ausprobieren. Durch eine Reihe von Studien erfahren Sie zum Beispiel die ideale Komposition für eine Stillebengruppe. Die Verteilung von Licht und Schatten kann dabei untersucht und möglicherweise verändert werden.

Sie können natürlich auch Ihr Stilleben abmalen und Ihre Erfahrungen beim Zeichnen für die Aquarell- und Ölmalübungen anwenden. Stilleben sind gute Motive für jedes Malmedium, um daran die Probleme des Sehens und Umsetzens zu lernen und zu bewältigen. So erfahren Sie schließlich auch, welche Motive Ihrer individuellen Arbeitsweise am ehesten entgegenkommen.

Schritt 4

Erste Übung Weiß in Weiß

Bevor Sie weitere, schwierigere Studien malen, sollten Sie noch ein paar kleine Übungen ausführen.
Auf dieser Seite sehen Sie ein Beispiel dafür, wie man eine weiße Tasse auf einem weißen Tischtuch malt. Oder: wie man weißes Licht auf eine weiße Form setzt. Geben Sie die Grundform mit hellem Beige, mit leichtem Grau oder stark verdünntem Blau an und lassen Sie den Lichtreflex auf der Tasse einfach frei.
Machen Sie noch mehr solcher Tonwert-Übungen. Reduzieren Sie die Gegenstände auf drei Tonwerte von Grau, die Sie festlegen, bevor Sie zu malen beginnen. Sie werden sehen, daß in den Weißmischungen verblüffend viel Farbe zu entdecken ist, auch wenn die Skala auf wenige warme gelbgraue oder kalte blaugraue Farbtöne beschränkt bleibt.

Foto zur Tonwertbestimmung

Beispiel 1

Beispiel 2

Zweite Übung Weiß in Weiß

Wenn Sie mit der ersten Übung in Aquarell oder anderen Wasserfarben fertig sind, versuchen Sie einmal eine schwierigere Übung in Öl auszuführen. Die Probleme stellen sich hier anders, da Sie Ihre Studie immer wieder überarbeiten können, bis der richtige, das heißt gewünschte Zustand erreicht ist.
Nehmen Sie eine Malunterlage, einen Malkarton zum Beispiel, und befestigen Sie auf ihm Stoffetzen, zerknülltes Papier, Karton – eben alles, was weiß ist.
Wenn Sie mit der Arbeit anfangen, werden Sie bald merken, daß Weiß selten nur Weiß ist, und am Ende haben Sie vielleicht ein Bild vor sich, das mehr Farben in sich trägt als Ihre sonstigen Studien.

Malen Sie nun dieses Weiß-in-Weiß-Bild.
Legen Sie zunächst in raschen Zügen einen Hintergrund von Umbra an, und darauf eine Schicht abgetöntes Grau, um die Gegenstände des Stillebens besser festlegen zu können. Zeichnen Sie nun die Grundformen mit reinem Weiß ein.
Mischen Sie jeweils ein leichtes Blau-, Grau- oder Grünweiß aus (je nach den herrschenden Lichtverhältnissen) und tragen Sie Schatten und Texturen ein. Benutzen Sie für die Umrisse einen Flachpinsel mittlerer Größe und für die Tonwerte einen Rundpinsel.

Malerei einer Weiß-in-Weiß-Collage; beachten Sie die vielen Weißtöne

Eine Grundübung in Aquarell

Ein Maler muß seine Gegenstände von allen Seiten betrachten, um die beste und dynamischste Ansicht herauszufinden. Geben Sie sich deshalb nicht zu schnell mit einer Ansicht zufrieden, sondern probieren Sie viele Blickwinkel aus. Schauen Sie sich auch Bilder anderer Künstler an. Vincent van Gogh kehrte immer wieder zu einem Motiv zurück; anfangs, noch als Student, malte er oft eine Schüssel mit Kartoffeln. Bekannter aus seinem späteren Werk ist eine Vase mit Sonnenblumen. Er malte sie in allen möglichen Variationen.

Stellen Sie Ihre Gegenstände immer wieder um, suchen Sie neue, überraschende Ansichten und wechseln Sie auch die Malmittel. Betonen Sie einmal mehr die Formen, ein andermal mehr die Textur der Objekte.

Vorskizze

Zeichnen Sie die Gruppe leicht mit dem Pinsel vor. Beobachten Sie genau die Stellung der Gegenstände und ihre Tonwerte. Einige Früchte sind dunkel, andere mittel und ein oder zwei werden besonders hell im Licht liegen.

Schritt 1: Schränken Sie Ihre Palette auf drei Farben ein. Schauen Sie genau hin und zeichnen Sie die Gegenstände mit der neutralsten Farbe Ihrer Palette ab. Konzentrieren Sie sich auf die Formen selbst und auf die Zwischenräume. Tragen Sie Schatten ein.

Schritt 2: Mit den anderen Farben legen Sie die größeren Flächen an. Lassen Sie weiße Stellen als Lichthöhungen stehen. Schauen Sie sich noch einmal Ihre erste Tonskizze an: Versuchen Sie die Farben nur als Verstärkung dieser Tonwerte zu sehen und nicht als Mittel zur genauen Wiedergabe der Objekte. Machen Sie auf einem Stück Papier einige Versuche mit den Farben, um den hellsten und dunkelsten Farbton zu ermitteln.

Schritt 3: Die Übung in Tonwerten ist beendet, wenn Sie die Details mit den dunkelsten Farbtönen zugefügt haben. Mit Wasserfarben erreichen Sie dunkle Farbtöne durch Mischen der Farben oder durch sehr wenig Wasserzusatz zu einer Grundfarbe. Jetzt überprüfen Sie noch einmal Ihre erste Skizze. Haben Sie die Tonwerte richtig gesetzt? Stellen Sie sich die hellen und dunklen Tonwerte umgekehrt vor. Das Bild würde sein Gleichgewicht verlieren. Dieses ständige Überprüfen der Arbeit ist ein ganz wichtiger Teil der kreativen Arbeit.

Schritt 1

Schritt 2

Schritt 3

Eine Variante mit Weinflasche und Früchten

In dieser Übung wenden Sie Ihre Kenntnisse aus der Lektion 2 an: Anlegen von Lavierungen und Auslassen weißer Stellen.
Für dieses Aquarell sollten Sie die speziellen Qualitäten des Mediums nutzen. Achten Sie auf die Leichtigkeit der Komposition, lassen Sie viel Luft um die Gegenstände und legen Sie dünne Schichten Farbe übereinander, um damit Farben zu verdichten.
Die Gegenstände mögen Ihnen einfach vorkommen, aber sie zu malen, ist keine akademische Übung. Versuchen Sie die Gegenstände als Formen zu sehen, die Licht aufnehmen und reflektieren, Schatten werfen, eben als Formen innerhalb des komplizierten Zusammenspiels der visuellen Welt.
Ihr Ziel als Maler muß sein, ihre Formen, Tonwerte und Farben möglichst genau wiederzugeben. Sie müssen dabei auf Lichter und Schatten in jedem einzelnen Gegenstand aufmerksam achten, die jedes Stilleben beleben.
Gehen Sie ungehemmt an die Arbeit. Begeisterung für die Sache ist ebenso wichtig wie die technischen Fähigkeiten, die Sie anzuwenden lernen.

Schritt 1

Schritt 1: Nehmen Sie eine Reihe von Gegenständen, ähnlich denen in der vorigen Übung, und stellen Sie sie neu zusammen. Lassen Sie ein anderes Licht darauf fallen und stellen Sie Ihre Staffelei in einem anderen Winkel auf. Studieren Sie nun die Gruppe und vergleichen Sie sie mit früheren Arbeiten. Sie werden bemerken, daß unterschiedliche Blickwinkel die Formen der Gegenstände verändern. Eine andere Lichtquelle verändert die Tonwerte. Machen Sie eine schnelle Aquarellskizze in Tonwerten von nur einer Farbe.

Schritt 2: Schauen Sie nun auf die Tasse, den Untersetzer und den Teller. Da sie weiß sind und keine andere Farbe zeigen, müssen Sie die Schatten malen, die sie werfen. Hier ist die Genauigkeit der Tonwerte von großer Bedeutung. Die Tonwerte der Farben, die Sie auf Ihrem Blatt einsetzen, sollten nicht zu dunkel sein.

Schritt 3: Jetzt haben Sie eine einfache Zeichnung in drei Tonwerten. Benutzen Sie nun verschiedene andere Farbtöne oder Tusche-Lavierungen, um die mittleren Tonwerte einzutragen und die Übergänge zwischen den Formen zu gestalten. Lassen Sie die Skizze nach jedem Arbeitsvorgang gut trocknen und benutzen Sie nicht zuviel Wasser.

Schritt 2

Schritt 3

Noch eine Variante

Schritt 1

Schritt 1: Nehmen Sie ein sauberes Blatt Papier mit nicht zu rauher Textur und malen Sie die Grundformen der Gegenstände. Fangen Sie mit einer grünen Lavierung an, die alle Grundtöne der Weinflasche abdeckt, und malen Sie die Flasche in der richtigen Position.

Schritt 2

Schritt 2: Die Grundfarben und -tonwerte haben Sie nun eingetragen. Lassen Sie das Blatt gut trocknen und überlegen Sie, was Sie als nächsten Schritt tun. Vielleicht fehlen nur noch wenige Ergänzungen, wie z. B. einige andere Lavierungen für wichtige Farbtöne und Tonwerte.

Schritt 3

Schritt 3: Einige Stellen der Früchte befinden sich im Schatten. Achten Sie auf die Verbindung dieser Teile zu den Grundtonwerten der Früchte. Den Schatten können Sie in kalten Farbtönen, mit etwas Blau gemischt, anlegen.
Schauen Sie nun auf den Teller, die Tasse und den Untersetzer und versuchen Sie die verschiedenen Weißtöne nachzuahmen, indem Sie die Schattenzonen in ihrer Dunkelheit abstufen. Wenn Sie Ihr Bild überarbeiten, denken Sie daran, alles vorher gründlich trocknen zu lassen, sonst erhalten Sie eine große Schmiererei.

Schritt 4: Legen Sie nun den Hintergrund und die Schattenflächen an. Schauen Sie noch einmal in Ihren vorhergehenden Studien nach, wie diese Bildteile auf den Grundfarbton der Früchte bezogen werden müssen. Als Schattenfarbe können Sie einen etwas dunkleren Farbton der Grundlavierung nehmen, vielleicht kälter, mit etwas Blau.

Schritt 5: Zum Schluß zeichnen Sie noch dunkle Linien ein, um einige Details herauszubringen, zum Beispiel den Apfelstiel oder die Standfläche der Flasche. Nehmen Sie dafür einen Pinsel der Größe Nr. 6 und machen Sie einfache, kurze Striche, um die Farbschichten nicht wieder aufzuweichen. Üben Sie am besten diese Technik auf einem Stück Papier, bevor Sie damit an Ihr fertiges Bild herangehen.
Legen Sie dann Ihr Aquarell beiseite, lassen es trocknen und stellen Sie es dann auf eine Staffelei oder einen Stuhl, um es in Ruhe betrachten zu können.

Schritt 4

Schritt 5

Ungewöhnliche Stilleben

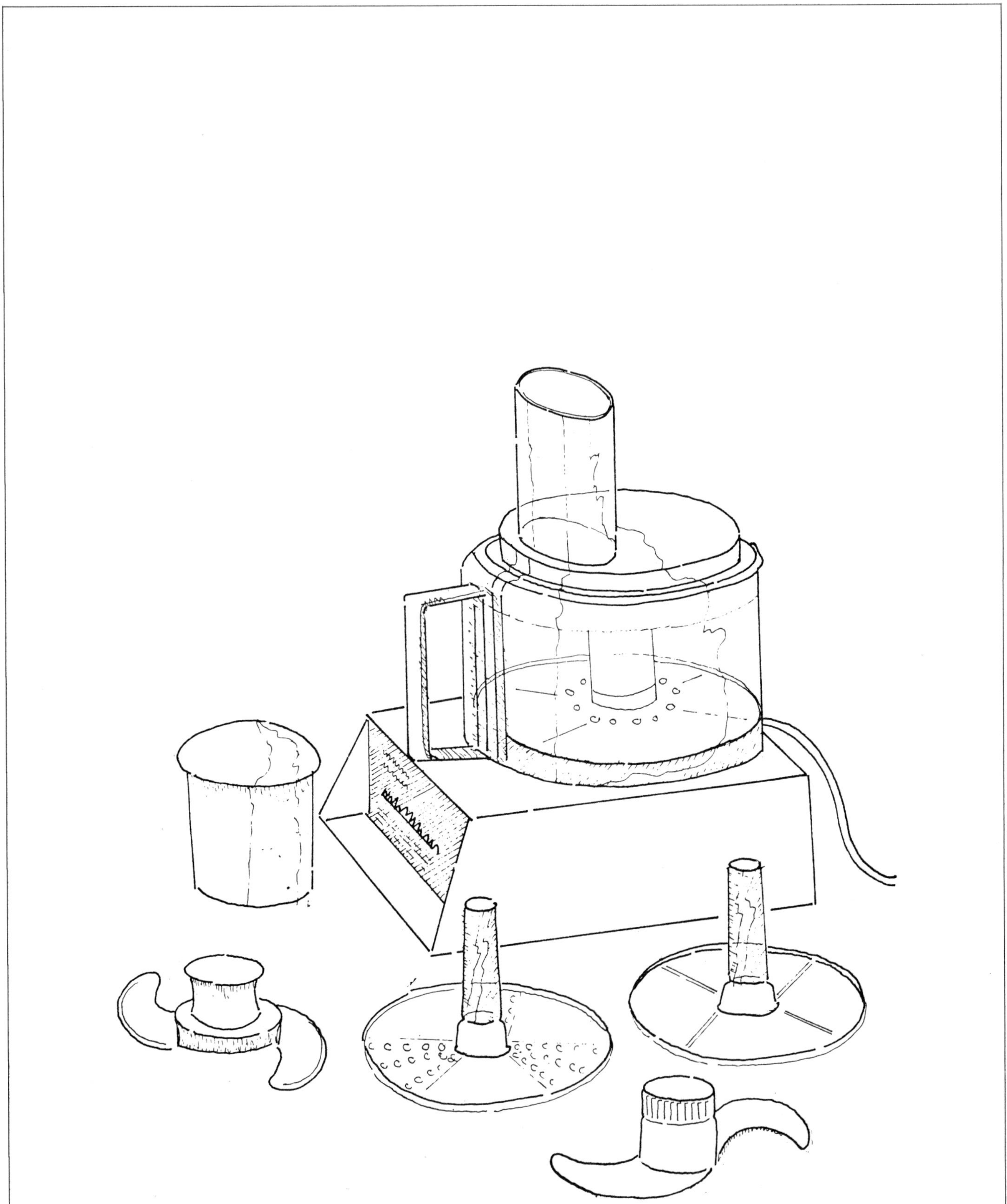

Harte, mechanische Zeichnung; eine gute Übung in Perspektive und Grundformen

Abstraktes Bild in Schwarz auf Schwarz, anstatt Weiß auf Weiß; Vorlage waren Schachteln

Eine leichte Kohlenskizze von Marktäpfeln; wenn Sie draußen arbeiten, müssen Sie schnell und leicht zeichnen

Wir studieren Formen

Die kräftigen Farben der Stilleben haben immer wieder Ölmaler angezogen. Fast jedes viktorianische Eßzimmer schmückte einst ein Stilleben mit Wildvögeln, während in den Fluren und Eingangshallen oft Bilder von riesigen Blumensträußen zu sehen waren.
Wir zeigen Ihnen auf der rechten Seite eine ganz bescheidene Studie von grünen Äpfeln in einer flachen Schale, die aber trotzdem für das Malerauge genauso reizvoll und spannend sein kann wie ein großes Bild von einem Buffet mit exotischen Leckerbissen.
Stilleben sind für Anfänger in der Ölmalerei eine gute Übung. Wenn Sie eine ruhige Ecke zum Malen und Aufstellen des Stillebens gefunden haben, können Sie Ihr Bild so oft überarbeiten, wie Sie wollen und bis Sie mit dem Ergebnis zufrieden sind.
Ein Stilleben können Sie auch bei künstlichem Licht malen oder die Veränderungen bei wechselnden Lichtverhältnissen beobachten. Außerdem können Sie dann zu jeder Tageszeit an die Arbeit gehen.
Sehen Sie sich die vielen Grüntöne der Äpfel genau an. Von fast reinem Gelbgrün bis zu dunklem Braungrün ist jede Abstufung vorhanden. Machen Sie einige Studien in nur drei Tonwerten, Hellgrün, Mittelgrün und Dunkelgrün, und dann eine Übung in allen erkennbaren Schattierungen, die Sie in Ihrem Apfel-Arrangement vorfinden.
Kümmern Sie sich nicht so sehr um die exakte Wiedergabe der runden Form der Äpfel, sondern konzentrieren Sie sich auf die Farbtöne, die Schatten und die vielen kleinen Flecken. Gehen Sie mutig an die Arbeit!
Sehen Sie nun auf die Schale, eine einfache Form, die die Äpfel zusammenhält. Aber wieviel farbiges Leben steckt in ihr! Sie ist von der Seite beleuchtet, so daß der Rand weiß und blau leuchtet. Auf dem Boden der Schale spielen faszinierende Schatten sowie rosa und grüne Reflexe.
Den letzten Schliff geben Sie mit der Kurve in Gelb-Ocker, die den Rand der Schale bezeichnet und die Rundungen der Äpfel aufnimmt.
Machen Sie andere Übungen mit ähnlichen Früchten, vielleicht auch mit Birnen, und legen Sie die Früchte in eine Schale mit einfachem Muster.
Der Vorteil der Ölmalerei ist die Möglichkeit des andauernden Überarbeitens: Sie können die Farben immer wieder übermalen und verändern, so lange, bis die Formen Sie zufriedenstellen.
Während die Farben trocknen, können Sie die Zeit ausnutzen, um interessante Gegenstände zu finden und neue Stillebengruppen zu planen, die Ihrer wachsenden Aufmerksamkeit für Form und Struktur, für Farbe und Tonwert entgegenkommen.
Machen Sie viele Studien von einer Gruppe, um die darin enthaltenen bildnerischen Probleme zu erkennen. Achten Sie in jedem Fall darauf, daß der Hintergrund möglichst ruhig ist, denn er sollte nicht vom Aufbau und von den Farben des eigentlichen Motivs ablenken.
Die Studie wurde noch einmal in kleinerer Größe reproduziert, damit Sie sehen, was Ihnen entgeht, wenn Sie zu ängstlich sind und an kleinen Formaten hängen. Sie können dann längst nicht so viele Details anlegen – oder Sie müssen umgekehrt viel zu fein arbeiten, damit die Details zur Geltung kommen.

Pflanzen und Blumen

Skizze für das Bild auf S. 163; Sie sollten eine ähnliche Vorstudie machen, um sicherzugehen, daß Ihr Motiv die Bildfläche ausfüllt

Pflanzen zeichnen

Es gibt verschiedene Möglichkeiten, die Formen von Pflanzen und Blumen wiederzugeben. Mit freien, leichten Gesten können Sie die Formen darstellen, in die Sie mit kurzen Pinselstrichen Tonwerte und Farben einsetzen. Mit einer genauen Zeichnung dagegen können Sie den Aufbau der Blüten, Blätter und Stengel erkunden.
Für Ihre ersten Versuche sollten Sie eine Blume oder Pflanze mit einer einfachen Struktur aussuchen, mit großen Blättern und je einer Blüte.
Stellen Sie einige ausgewählte Blumen ins Wasser und halten Sie direktes Sonnenlicht fern.
Mit einem mittelharten Bleistift zeichnen Sie zunächst die groben Umrisse der Blätter, Stiele und Blüten. Sehen Sie sich genau an, wie die einzelnen Teile zusammengesetzt sind, wie die Blätter an den Stielen sitzen und die Blütenblätter sich überlappen. Betrachten Sie die Beschaffenheit der Blätter: Sind sie glatt oder rauh strukturiert, gibt es eine Hauptrippe oder ist das Geflecht der Adern federnartig oder symmetrisch?
Zeichnen Sie, was Sie sehen, in fließenden Linien, nicht in kleinen, abgesetzten Strichen.
Zum Schluß ergänzen Sie noch kleine Details, wie gezackte Blätter oder Haare und Dornen an den Stielen.

1. Beispiel (Abbildung auf der nächsten Seite links)
Stellen Sie einige blühende Blumen in einen einfachen Krug, z. B. Gartenwicken oder Mohn in bunten Farben. Halten Sie die Komposition möglichst einfach, um die Wirkung der Farben voll zur Geltung kommen zu lassen. Suchen Sie einen geeigneten Behälter und einen neutralen Hintergrund aus: Ich fand einen weißen Krug und stellte ihn auf ein weißes Tuch vor eine helle Wand. Gehen Sie noch einmal zu Ihren Weiß-in-Weiß-Übungen zurück und wenden Sie Ihre Kenntnisse über farbiges Weiß an, um dem Krug und dem Tuch Volumen und Schatten zu geben.
Tragen Sie einen hellen Hintergrund auf, in diesem Fall benutzte ich ein Blaugrau. Malen Sie über die ganze Bildfläche, da sich die farbigen Blüten gut abheben. Malen Sie dann zuerst die Blüten und danach die Stiele, damit es ganz natürlich aussieht. Ich mischte das rote Pigment mit ein wenig Weiß und einer Spur Gelb für die obenliegenden Blütenblätter. Die unteren erhielten das reine Rot. Skizzieren Sie die Stiele sehr schnell, damit der Strich nicht zittert.
Ich ließ auf dem Krug einige Pinselstriche stehen, um die Textur anzudeuten. Das Grün sollte sehr frisch sein. Fügen Sie ein wenig Weiß und Gelb hinzu und geben Sie den Knospen und Blättern eine dunklere Färbung.
Nun malen Sie die Schatten unter dem Krug und stellen das Bild dann beiseite. Dieses leichte, sommerliche Gefühl würde durch zu viele Details und eine zu feste Hand nur verdorben werden.

2. Beispiel (Abbildung nächste Seite rechts)
Nehmen Sie einen anderen, dunklen Behälter, ein paar Blumen mehr und versuchen Sie die gleiche Gruppe in einer anderen Farbenskala. Malen Sie den Grund mit einer dunkelbraunen Farbe zu oder gleichen Sie ihn dem Krug an. In diesem Fall ist der Krug etwas komplizierter: Das Braun des glasierten oberen Teils ist von dem Braun der Tonbasis verschieden.
Wenn der Hintergrund, der Krug und das Tuch fertig gemalt und trocken sind, setzen Sie die roten Blumen ein. Sie werden sofort merken, daß das Braun durch die Blätter dringt und mehr Volumen und Substanz als in der ersten Studie gibt. Nehmen Sie für die Wildblumen ein scharfes Violett, ebenso für die Lichthöhungen auf dem glasierten Teil des Kruges.
Dann malen Sie die grünen Stiele und Blätter in recht verdünnter Farbe, so daß der braune Grund die Blätter ohne viel Detail schattiert.
Stellen Sie beide Bilder nebeneinander. Trotz verschiedener Wirkung sollte ihnen der Eindruck einfacher Landblumen mit all ihrer Frische gemeinsam sein.
Benutzen Sie für beide Bilder einen mittelgroßen Pinsel für den Hintergrund, einen kleinen Rundpinsel aber für die Blüten und Stiele. Führen Sie den Pinsel möglichst leicht! Falls die Stiele zu steif und zittrig wirken, liegt das an Ihrer steifen Pinselführung. Üben Sie eine leichte und schnelle Pinselführung vorher auf einem alten Malkarton. Versuchen Sie Gräser in der gleichen Art zu malen, um den leichten Strich zu üben.

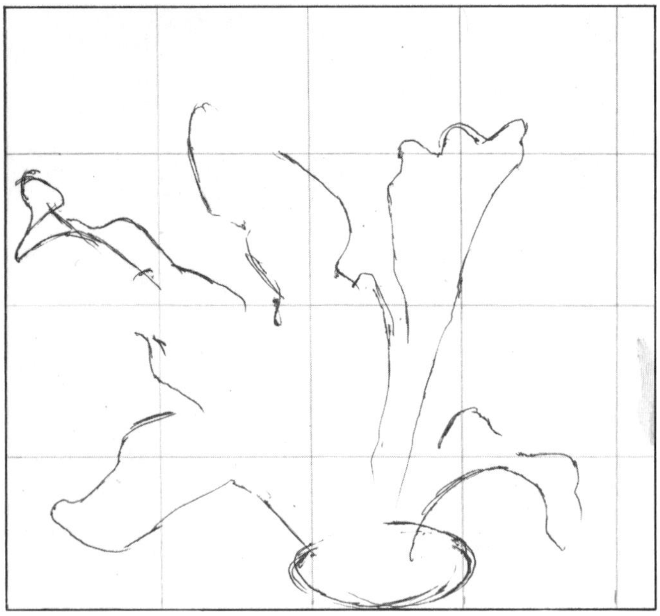

Beispiel 1

Blumen können Teil eines Stillebens sein oder auch Einzelthemen. Diese Übung zeigt Ihnen eine Art visuelles Steno, mit der Sie einen Strauß Blumen wiedergeben können. Diese Kürzel werden Sie auch in anderen Bildern erkennen. Einige Künstler fassen kleine Blüten in festen Farbblöcken zusammen oder kombinieren verschiedene Texturen und Pinselstriche, um die Wirkung detaillierter Blumen zu erzeugen.

Versuchen Sie eine Vase mit Blumen zu zeichnen, um ein Gefühl für die Kurven der Stiele, die Umrisse der Blütenblätter oder Blütenköpfe zu bekommen. Sie können auch ein Maßgitter benutzen, um jede Form einzeln einzutragen.

Blumen und Pflanzen verändern sich je nach Temperatur, Tageszeit und Feuchtigkeit. Deshalb ist es notwendig, schnell zu arbeiten.

Beispiel 2

Zu den Abbildungen:

1. Eine Topfpflanze wurde ausgesucht, um die Kurven und Windungen von Blättern zu studieren. Ein Maßgitter von 5 × 5 cm pro Rechteck gibt Ihnen Richtlinien für die Kurven.

2. Eine Lavierung von verdünnter schwarzer Tusche wurde rasch darüber gelegt, um Schatten anzudeuten und die Linien der Feder auszufüllen.

3. Hier wurde eine verdünnte Tuschelavierung benutzt, um eine impressionistische Studie einer Geranie anzufertigen.

4. Diese Kohlestudie der gleichen Blume ist etwas genauer und zeigt, wie die Blütenblätter und Stielblätter ansetzen.

Verwenden Sie alle möglichen Techniken und Malmittel für Ihre Blumenstudien, um die Umsetzung des Motivs zu schulen.

Beispiel 3

Beispiel 4

Ein Stilleben in Öl

Bevor Sie anfangen, stellen Sie die Pflanze auf einen Hocker oder einen kleinen Tisch vor einen einfachen Hintergrund. Decken Sie eine Tischdecke auf, um der Komposition eine zusätzliche Struktur und Farbe zu geben. Das Licht soll nur aus einer Richtung kommen – in diesem Fall aus dem Fenster rechts. Die Staffelei sollte etwa 1,5 m vom Motiv entfernt sein.

Schritt 1: Mit einem Schweineborstenpinsel Nr. 6 und einer Mischung aus Ultramarin und Gebrannter Siena, mit Terpentin verdünnt, skizzieren Sie die Grundformen, so daß das Motiv fast die ganze Bildfläche einnimmt.

Schritt 1

Schritt 2: Beginnen Sie mit den Hauptfarben des Motivs und des Hintergrundes. Arbeiten Sie über die ganze Fläche der Leinwand und vermeiden Sie Detailarbeit. Erst dann konzentrieren Sie sich auf Details in Form und Farbe. Der Zweck dieses Bildes war, weiße Blumen vor einem dunklen Hintergrund zu malen. In der Malerei gibt es kaum ein reines Weiß, sondern eher ein Weiß, in dem die umgebenden Farben ihre Reflexe werfen, und diese müssen dann durch Farbtöne angedeutet werden. Deshalb sind die an sich weißen Blumen leicht mit Kobaltblau, Umbra natur und Lichtem Ocker gefärbt.

Schritt 2

Ein Stilleben mit Patchworkdecke

Wenn Sie eine größere und schwierigere Arbeit angehen wollen, wählen Sie ein abwechslungsreiches und interessantes Motiv aus.

In unserem Beispiel sind viele Formen aus vorhergegangenen Übungen zusammengestellt: die runden Orangen und Äpfel, die Banane und eine weiße Tasse. Dazu kommen noch eine Ananas für eine kontrastierende Textur, ein komplizierter Krug zum Studium von Kurven und Schatten, eine große Platte und als Attraktion eine gesteppte Patchworkdecke, die an der Wand befestigt ist und ein schönes Muster aus einfachen Formen abgibt sowie die Gruppe mit einer Pyramide abschließt.

Setzen Sie die ganze Gruppe ganz eng in Ihr Bildfeld. So bekommen Sie den besten Eindruck eines großen Bildes.

Schritt 1: Stellen Sie Ihre Staffelei direkt vor den Tisch, so daß Sie leicht auf die Gruppe herunterschauen können. Legen Sie eine neutrale Untermalung auf der Leinwand an. Während der Trocknungszeit können Sie die Gruppe noch umstellen oder ein paar Vorskizzen machen. Wenn Sie mit den Proportionen nicht zurechtkommen, können Sie wieder ein Maßgitter hinter dem Stilleben anbringen.

Schritt 1

Schritt 2: Skizzieren Sie nun die Gruppe mit brauner Farbe (Umbra natur) und einem harten Pinsel. Achten Sie auf die richtige Stellung der Früchte. Dann malen Sie mit verdünnter blauer Farbe den Rand der Platte und der Schüssel. Mit demselben Blau können Sie noch einige Umrisse betonen, so z. B. die zwei vertikalen Linien, die das Auge nach oben führen und einen guten Rahmen abgeben. Mischen Sie einige einfache Lavierungen in den Farben der Früchte aus und malen Sie die Formen damit aus. Arbeiten Sie zunächst nur mit drei Tonwerten. Die Fruchtblätter der Ananas sollten Sie ganz leicht andeuten. Den Rand der Schüssel malen Sie mit einem leichten Grün aus.

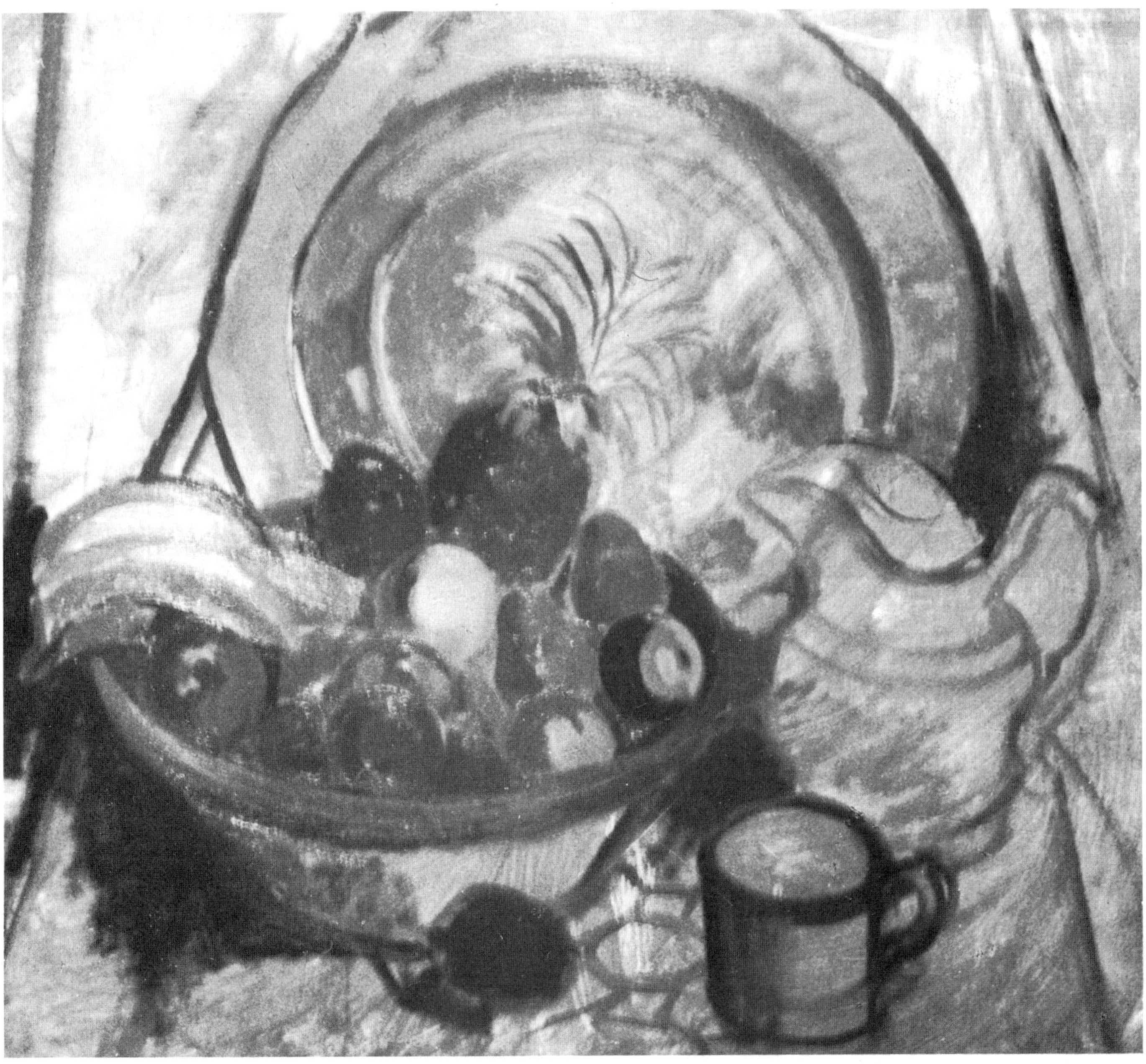

Schritt 2

Schritt 3: Mit verdünnter grauer Farbe lavieren Sie die Platte. Mit kreisenden Armbewegungen sollten Sie gleichzeitig die runde Form nachvollziehen. Für das Muster auf dem Krug nehmen Sie ein gebrochenes Rosa, für den Krug selbst ein Beige.
Die weiße Tasse kann mit ganz einfachen Schatten gemalt werden, um Tiefe und Plastizität anzuzeigen.
Die verschiedenen Schatten unter der Schüssel und auf der einen Seite des Kruges müssen vertieft werden.
Dann fangen Sie mit der Steppdecke an und legen rote und rosa Farbtöne an.
Füllen Sie nun auch die Ananasblätter vor der Platte aus.

Machen Sie für einen Moment eine Pause und treten Sie ein wenig zurück, um die Gruppe und Ihr Bild anzuschauen. Das ist immer ein spannender Moment, erst recht, wenn Sie so nahe am Motiv arbeiten.

Schritt 3

Schritt 4: Nun können Sie die Früchte modellieren, das heißt Licht und Schatten zugeben, um ihr Volumen anzuzeigen.
Füllen Sie den Rest der Deckenmuster aus. Die Platte können Sie mit einer braunen Lasurschicht (in Umbra) beleben, dazu kommen noch die Lichter in Weiß. Die Schatten links unter der Schüssel müssen noch dunkler gemalt werden. Achten Sie gut auf die Veränderung der oktogonalen Formen, sobald die Decke auf dem Tisch zu liegen kommt.
Geben Sie noch Lichter auf die Birnen und Orangen und einen Tupfen Weiß extra auf die Standfläche der Schüssel.
Zeichnen Sie den Henkel des Kruges und der Tasse mit dunklem Blau nach. Wenn Sie die gebogenen Henkel nicht schaffen sollten, benutzen Sie das Maßgitter.
Vergewissern Sie sich, daß die Schatten unter der Platte dunkler sind, ohne aber Schwarz zu benutzen.
Lassen Sie das Bild gut durchtrocknen und legen Sie dann einen Firnis darüber, um die Farben frisch zu halten. Hängen Sie das Bild ruhig auf. Sie brauchen auch einmal eine Arbeit, an der Sie Ihren weiteren Erfolg messen können.

Schritt 4

Noch einige Vorschläge

In der Lektion 1 wurden die Anwendungsmöglichkeiten der Perspektive beschrieben. In den hier abgebildeten Arbeiten wurden diese Regeln mißachtet, damit ganz besondere Wirkungen erzielt werden konnten.

Im späten 19. Jahrhundert entwickelten viele Künstler gerade anhand von Stillebenmalerei ihre Theorien über Malerei. Auch ohne die konventionelle Perspektive wollten sie eine Welt der Festigkeit und Tiefe zeigen. Um eine ausgewogene Komposition von Formen vorzuführen, zerlegten sie die gegenständlichen Motive, oft ganz einfache Stilleben, in kleinere, facettenartige Teile, die auf der Bildfläche ineinandergeschachtelt gemalt wurden. Nur mittels raffiniertem Einsatz der Tonwerte gelang es ihnen, die Illusion der Tiefe zu geben.

Diese Gruppe, unter ihnen Picasso und Braque, wurde etwas irreführend Kubisten genannt. Ihr Grundgedanke war, daß die Malerei eine eigene Realität erschaffen sollte, anstatt die äußere Wirklichkeit zu kopieren.

Hier sind noch zwei Vorschläge für Übungen, die alltägliche Gegenstände in abstrakte Muster und unrealistische Farben überführen. Schauen Sie sich genau einfache Werkzeuge und Möbel an, um die zugrundeliegende Struktur zu finden. Zeichnen Sie diese mehrmals und übertragen Sie die Zeichnungen in andere Techniken. Versuchen Sie jetzt von einem dreidimensionalen Effekt abzusehen, sondern verwenden Sie die Struktur der Muster und Formen. Das ist eine ganz andere Art der Wahrnehmung, aber eine gute Übung, die Dinge einmal anders zu sehen.

»Stilleben im Gartenschuppen« von Minton

»Vase mit Blumen« von Kremaigne

Blumenstudie in Öl von einem unbekannten französischen Maler des 18. Jahrhunderts

Porzellanhund, Aquarell von Fred Cuming

Lektion 5
Innenräume

Bilder von Innenräumen haben eine merkwürdige Stellung in der Welt der Kunst.
In vor- und frühgeschichtlicher Zeit war die Kunst fast ausschließlich religiösen Zwecken gewidmet. Sie hatte Götter, Geister oder abstrakte Symbole von Naturkräften abzubilden. In Ägypten und Rom wurden allerdings oft auch Alltagsszenen auf Fresken, Schnitzereien, Grabdenkmälern oder Möbelstücken dargestellt. Kleidung, Werkzeug und Umgebung auf diesen Bildern geben uns einen ungefähren Einblick in das Leben jener Zeit; sie waren aber nicht unbedingt realistisch abgebildet, sondern weitgehend stilisiert, da sich der Künstler auf die Darstellung von Menschen und der Symbole ihrer Tätigkeit konzentrierte.
Mit dem Erstarken des Christentums wurde die Kirche der einzige wichtige Auftraggeber in der westlichen Kunst. Fast alle großen mittelalterlichen Kunstwerke zeigen religiöse Motive und Themen.
Dankbar können wir dabei den flämischen Illuministen sein, die in ihren bebilderten Manuskripten das Leben der Heiligen mit wunderbaren Details von Möbeln, Vorhängen, Büchern, Schmuck und aller nur denkbaren persönlichen Habe ausgestattet haben.
Es ist deshalb nicht weiter verwunderlich, daß innerhalb dieser Tradition die ersten echten Interieurszenen aus den Niederlanden stammen. Künstler wie Jan Vermeer (1632–1675) und Pieter de Hooch (1629–nach 1684) malten Szenen aus dem Alltag gewöhnlicher Leute, in denen das Individuum lediglich Teil einer Gesamtkomposition war, etwa als Kartenspieler oder Trinker in einer Gaststätte. Auch einzelne Figuren wurden anonym dargestellt, z. B. eine Frau beim Lesen oder Weben.
In diesen Bildern ist vielleicht zum ersten Mal in der Geschichte der Kunst der Innenraum das eigentliche

»Stehende Virginalspielerin« von Vermeer

Thema des Bildes, und zwar nicht die klassischen Säulen der Architekturphantasien früherer Kirchenbilder, sondern der zeitgenössische Wohnraum mit seinen Fenstern, Fensterläden, kahlen Wänden und einfachen Möbeln.

Die Verwendung von Interieurmotiven wurde allmählich immer verbreiteter, obwohl die Figurenmalerei nie ihre Vorrangstellung verlor. Viele Porträtszenen vom 15. Jahrhundert an sind jedoch vorwiegend als Interieur zu verstehen: Die Objekte im Raum dominieren und sind reich an Details ausgeführt, die Figuren sind eher untergeordnet.

Diese Art von sozialem Porträt fand ihren Höhepunkt in den französischen Radierungen des 18. Jahrhunderts, die derart vollgestopft mit Draperien, Borten, Stühlen, Kleidungsstücken, brennenden Kerzen, Rüschen, Röcken und gemusterten Teppichen waren, daß die menschliche Figur fast darunter verschwand.

Ein Wort muß noch zu den professionellen Architekturzeichnungen gesagt werden. Viele Architekten und Gestalter malten Aquarelle von den Bauplänen und geben uns einen Einblick in Stil, Umfang und Bauweise von Außenansichten wie von Innenräumen. Die Bilder von John Carter von 1788 z. B. zeigen uns deutlich den Einrichtungsgeschmack von Horace Walpole für sein »Gotisches Haus« in Strawberry Hill. Außerdem fassen sie einen ganzen Zeitstil in Kunst und Literatur zusammen, der später von den Präraffaeliten, die gotische Motive in ihre Bilder einbauten, wiederbelebt wurde.

Dann folgte die viktorianische Malerei mit ihrer Moral, die im Aussehen eines Zimmers und in stilisierten Figuren, wie einer weinenden Mutter, einem leidenden Kind oder einem arroganten Soldaten, ausgedrückt war.

Räume zu zeichnen, waren bevorzugte Sujets französischer und englischer Ladies im Zeichenunterricht. Mit dem Aufkommen der Künstlerpersönlichkeit und der persönlichen Weltanschauung im späten 19. und im 20. Jahrhundert wurden dann allerdings schließlich leere oder fast leere Innenräume fester Bestandteil der bildnerischen Themen.

Ein einfacher Schlafraum mit Lampe und Stuhl konnte eine ganze Welt symbolisieren. Das Zimmer in Arles, von Vincent van Gogh (1853–1890) gemalt, vibriert förmlich vor Energie.

Ein einsames Motelzimmer von Edward Hopper (1882–1967) verkörpert die Einsamkeit des Menschen. Auf eine ganz andere Weise spiegelte Aubrey Beardsley (1872–1898) den Geist der Jahrhundertwende in seinen Karikaturen von 1890 für die Literaturmagazine »Yellow Book« und »Savoy«, wider. Die Zeichnung auf der gegenüberliegenden Seite, für den Umschlag einer Nummer von »Savoy«, zeigt die Figuren fast verschmolzen mit dem übrigen Inventar des Zimmers.

»Bar« von Beckmann

Viele Maler Anfang des 20. Jahrhunderts suchten sich öffentliche Räume als Themen aus, aber das Bild »Bar« von Max Beckmann (1884–1950) hat eine ganz besondere Atmosphäre. Gemalt wurde es in Paris um 1939, als der Zweite Weltkrieg begann.

Eine interessante Richtung der modernen Malerei hat sich aus der Schule der Hyperrealisten entwickelt, die vor etwa dreißig Jahren mit dem jungen Maler John Bratby (geb. 1928) bekannt wurde. Arbeitsplätze, Gartenschuppen, Fabriken, vollgestopfte Schränke und Spülbecken voll mit Töpfen und Pfannen wurden wichtige bildnerische Themen. Zwar ist dieser Stil heute längst bekannt, doch bleibt daran zu erinnern, daß Interieurs nicht immer nur aufgeräumte, geputzte Wohnzimmer bedeutet.

Heute werden Interieurs weniger formalistisch, wie in der viktorianischen Malerei, aber gleichermaßen faszinierend, oft als Hintergrund für Figuren und Porträts eingesetzt.

Gerade noch unerfahrene Maler sollten sich solche Bilder gut anschauen. Sie zeigen, wieviel von der Atmosphäre eines bestimmten Ortes durch sorgfältige Beobachtung und künstlerische Interpretation kleiner, scheinbar nebensächlicher Dinge wie einem Kamin, Fenstern und persönlichem Besitz eingefangen werden kann.

AUBREY BEARDSL

Wir beginnen mit der Arbeit

Von Anfängern, die davon träumen, exotische Landschaften oder ferne Städte zu malen, werden einfache, alltägliche Innenräume gerne übersehen. Gerade aber Ihre unmittelbare Umgebung bietet Ihnen eine fast unerschöpfliche Menge von Themen. Es ist ein Zeichen Ihrer neuen Einstellung als Maler, wenn Sie beginnen, Ihre nähere Umgebung bewußt als Inspirationsquelle für bildnerische Themen wahrzunehmen.

Die vorhergehenden Lektionen konzentrierten sich auf kleine Gegenstände, Haushaltsdinge, eine Tischplatte, ein Regal, einen Kaminsims. Nun wird sich der Raum vor Ihren Augen ausdehnen und Sie müssen sich an den neuen Blick, wie in einem fremden Land, erst gewöhnen.

Für den Malanfänger bietet sich zunächst ein von ihm bevorzugtes Zimmer an. Es ist jederzeit zugänglich und kann, unabhängig von der Tageszeit, immer gut beleuchtet werden.

Nach dem relativ einfachen Aufbau der Stilleben werden sich jetzt etwas kompliziertere Kompositionen von Stühlen, Sofas, Vorhängen und Blenden, Teppichen und Dielen ergeben. Spätestens jetzt müssen Sie lernen, auszulassen. Wenn künstlerische Wahrnehmung sehen lernen bedeutet, dann bedeutet es erst recht zu lernen, was man auslassen muß, um eine sinnvolle Komposition zu gestalten.

Diese Lektion ist in vielerlei Hinsicht eine Fortführung anderer Studien. Die Gesetze des Sehens lassen sich genauso auf eine kleine Gruppe von Gegenständen innerhalb eines begrenzten Sehfeldes wie auf eine große Menge von Gegenständen in einem weiteren Feld beziehen.

Linie, Tonwert, Farbe und Komposition haben schon an sich einen Ausdruckswert. Die Darstellung und Interpretation des Themas wird, wie immer, von Ihnen abhängen.

Nach dieser Lektion werden Sie in der Lage sein, die besondere Atmosphäre Ihres Raummotivs auszudrükken.

Komposition

Als Sie Stilleben zusammenstellten, lernten Sie, eine interessante Komposition aufzubauen. Nun müssen Sie das gleiche mit den Gegenständen eines Zimmers lernen.

Zu Beginn wollen wir uns den technischen Problemen beim Zeichnen eines großen Raumes widmen. Das Ende eines Zimmers ist natürlich viel weiter weg als irgendein Motiv, das Sie vorher gemalt haben. Es gibt zwar einige perspektivische Regeln, die Sie benutzen könnten, die beste Regel ist jedoch immer noch, genau und ausdauernd zu schauen, was vor Ihnen ist, und danach zu zeichnen. Denken Sie daran, daß unser Auge nur ein begrenztes Sehfeld hat. Nur was genau vor Ihnen liegt, können Sie ganz genau und scharf sehen.

Ihre kleine Stillebengruppe ist nun ein großes, weites Zimmer geworden, und das Auge stellt sich nur auf einen kleinen Teil davon scharf ein. Deshalb ist eine gute Komposition jetzt noch wichtiger. In Stilleben ergibt sich fast immer eine ausgewogene Komposition durch die Konzentration auf eine Gruppe von Gegenständen, wie eine Schale mit Blumen und Früchten oder auf ein einzelnes Glas. In einem großen Zimmer müssen Sie die Grenzen des Komposition ziehen.

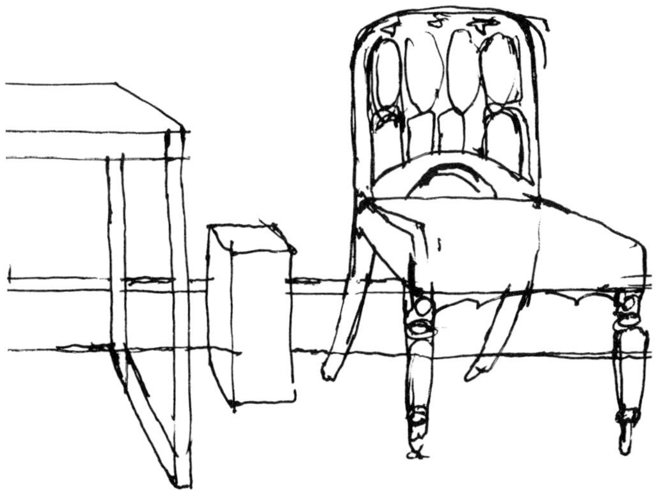

Ungünstig gestellte Möbelgruppe vor einer Wand

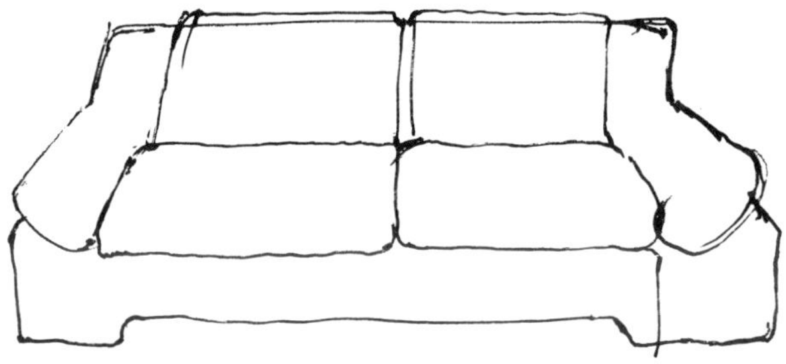

Zu isoliert stehendes Möbelstück

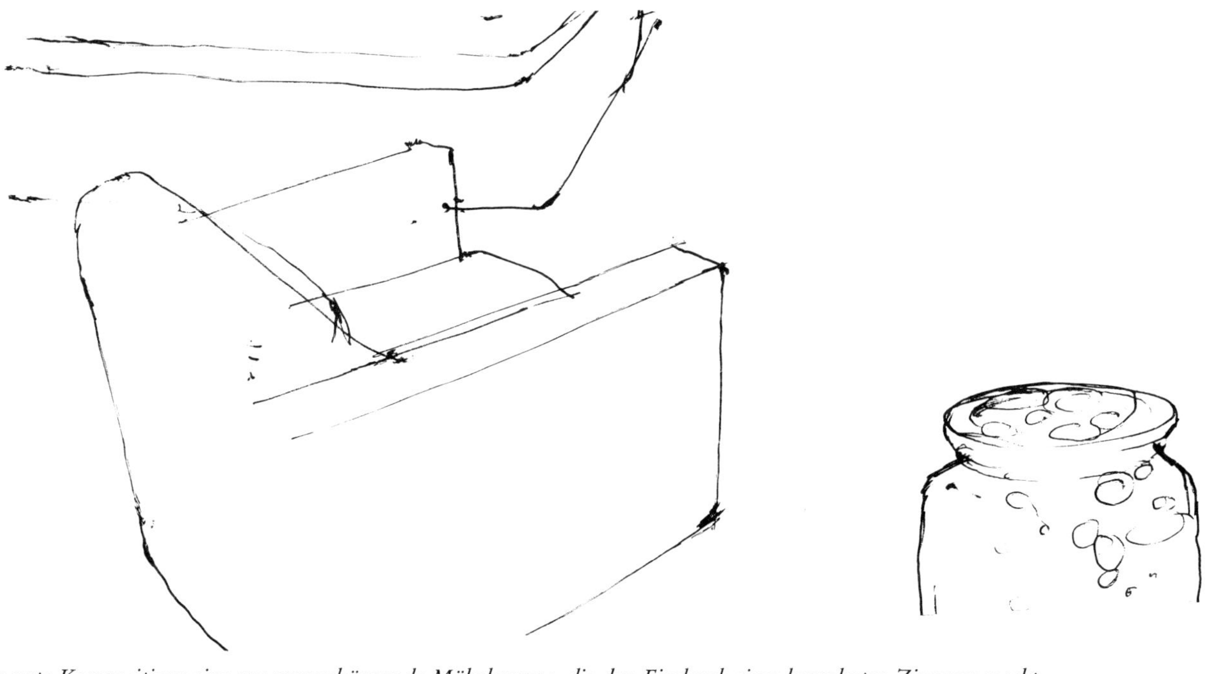

Eine gute Komposition: eine zusammenhängende Möbelgruppe, die den Eindruck eines bewohnten Zimmers macht

Ein Zimmer in richtiger Perspektive

Ein Zimmer ist ein klar definierter Raum aus Länge, Höhe und Breite.
Die folgende Übung beschäftigt sich mit einem neuen Aspekt der Zeichnung: dem Problem der perspektivisch richtigen Wiedergabe von Wänden, Fenstern, Tischen und Regalen.
Suchen Sie sich eine Ecke mit Regalen, einem Kaminsims oder anderen Möbelstücken in der Nähe aus. Machen Sie davon eine lineare Zeichnung mit Tinte oder Kugelschreiber oder Filzstift. Wenn Sie glauben, einen Fehler gemacht zu haben, zeichnen Sie die Linie noch einmal.
Schauen Sie von einer Seite, aus einem rechten Winkel auf die Ecke. Dadurch haben Sie die Möglichkeit, ein Problem der Perspektive anzugehen wie auch ein Mittel, Volumen und Raumwirkung zu schaffen.
Seien Sie von Ihren ersten Versuchen nicht entmutigt. Es wäre schon sehr unüblich, wenn Sie die richtigen Winkel auf Anhieb zeichnen könnten.
In alten Häusern, wo sich die Wände leicht neigen, kann ein Senkblei von Nutzen sein. Ansonsten sollten die natürlichen Linien der Ecke ausreichen, sie im richtigen Verhältnis zu den übrigen Winkeln und Linien zu zeichnen.

Die Hauptlinien der Regale und des Kaminsimses wurden durch Vergleich mit der linken, senkrechten Kante des Kaminsimses gefunden. Das Diagramm zeigt, wie sich die parallelen Fluchtlinien in einem Punkt etwa in Augenhöhe treffen, in diesem Fall etwas unterhalb des kleinen Regals vor dem Kaminsims

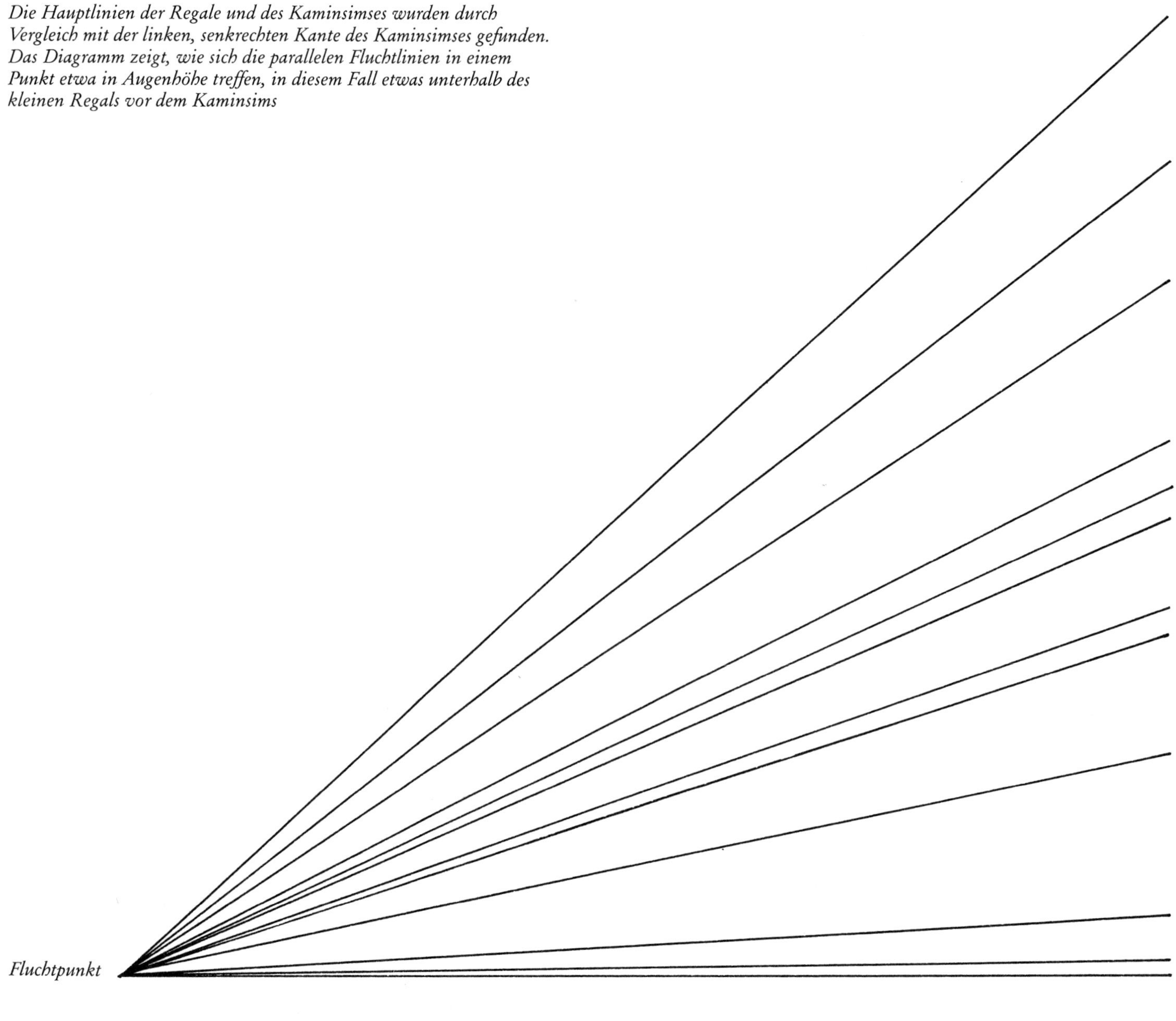

Texturen und Stoffe

Oberflächenstrukturen, Texturen genannt, und Stoffarten sind wichtige, tragende Elemente jeder Interieurkomposition. Auf dem Boden können Zottelteppiche oder stark gemusterte Flickenteppiche liegen. Die Fenster können mit Samtvorhängen oder leichter Spitze versehen sein. Dann gibt es die Oberflächenbeschaffenheit der Möbel: Tischplatten aus Glas oder Holz, Stühle mit Chromrahmen, Sesselbezüge aus Leder usw. Alle diese verschiedenen Texturen müssen in Ihrer Zeichnung ausgedrückt werden. Machen Sie am besten mehrere Studien.

Die Studien auf dieser Seite zeigen verschiedene Kleidungsstücke in den halboffenen Schubladen einer Kommode.

Um die Tiefenwirkung zu verstärken, zeichnete ich die Gegenstände auf der Kommode ein. Auch die Unterschiede in der Textur des Holzes zu den Stoffen versuchte ich zu betonen.

Indem ich die Pastellfarben mit dem Finger verrieb, konnte ich den weichen und duftigen Charakter des Stoffes nachahmen. Die Spitze der schwarzen Spitzenunterwäsche ist dagegen in festem Strich eingezeichnet. Die blauen und weißen Stoffe sind ganz einfach gemustert. Die Struktur des Holzes wurde mit Siena gebrannt und Ocker über der Grundfarbe angelegt.

Beispiel 1

1. Da der orangegelbe Farbton der Kommode die vorherrschende Farbe war, wurde er für die Hauptumrisse benutzt.

2. Dann wurden die Hauptfarben der Schubladen und der Stoffe eingetragen und die Formen genauer definiert. Die Abdeckung der Kommode wurde eingezeichnet, um der Zeichnung Tiefe zu geben.

3. Zum Schluß konzentrierte ich mich auf das Ausmischen der Farben für die Stoffe und die Schubladen, indem ich die Pastellfarben so lange überlagerte, bis der gewünschte Farbton erreicht war.

Beispiel 2

Beispiel 3

Wenn Sie das gleiche Motiv auf verschiedene Art und Weise wiedergeben, verbessern Sie damit Ihre Technik und Ihre Beobachtungsschärfe.

4. In dieser Zeichnung beschränkte ich die Kommode auf ihre Umrisse und die Stoffe auf reine Farbflächen.

Beispiel 4

5. Die Betonung liegt hier auf den Holzschubladen, deren Holztöne zum Hintergrund kontrastieren. Wegen der weichen Übergänge der Pastellkreiden hat diese Zeichnung eine sehr atmosphärische Wirkung.

6. Wenn man die Pastellfarben nicht verreibt, trägt die Farbe des Papiers zu den Texturen und Farbtönen der Kommode bei.

7. Hier wurden zwar die Grundformen richtig eingezeichnet, aber die Farben zu sehr verrieben und vermischt, so daß in der Textur zu wenig Leben ist.

Beispiel 5

Beispiel 6

Beispiel 7

Eine Stuhlskizze in Contékreide

In einer Zeichnung läßt sich eine Raumwirkung durch die richtigen Proportionen zwischen den Gegenständen und durch Tonwertkontraste wiedergeben. Wenn Sie nur mit der Linie arbeiten, erscheint die am stärksten gezogene Linie am nächsten. Das gleiche gilt auch für die Tonwerte. Deshalb sollten die stärksten Linien und dunkelsten Tonwerte nur für Gegenstände im Vordergrund eingesetzt werden.

Auch der Kontrast zwischen Hell und Dunkel schafft eine Raumwirkung. Mit einiger Erfahrung läßt sich ein heller Gegenstand im Vordergrund gegen einen dunklen Hintergrund absetzen.

Stellen Sie einen Stuhl oder ein anderes Möbelstück vor eine Wand, so weit entfernt von Ihrem Zeichenblatt, daß Sie ihn vollständig erfassen können. Legen Sie dann eine Jacke oder ein anderes Kleidungsstück über die Stuhllehne.

Beginnen Sie mit einer Zeichnung in Linie und Tonwert. Halten Sie sich immer die Grundform des Stuhls vor Augen, auch den Teil unter dem Kleidungsstück, damit Sie die richtigen Proportionen treffen.

Zum Abschluß tragen Sie die Details, wie die Falten und Knicke des Kleidungsstückes, in einer Verbindung von linearen und tonalen Zeichenmitteln ein.

Machen Sie mehrere Zeichnungen aus verschiedenen Winkeln.

Schritt 1: Machen Sie Ihre Vorskizze sehr bedachtsam. Sie ist das Grundgerüst für Ihr endgültiges Bild. Beachten Sie die Verbesserungen an der Struktur des Stuhls, um die richtigen Proportionen und Winkel zu treffen. Stellen Sie sich den Gegenstand transparent vor. Das kann bei der Überprüfung der Perspektive und Proportionen helfen.

Schritt 1

Schritt 2: Tragen Sie nach und nach alle Details ein, wie etwa das Gitterwerk in der Rückenlehne, das Binsengeflecht des Sitzes und die Falten des hängenden Kleidungsstückes. Die letzten Linien müssen sehr sicher sitzen. Denken Sie daran, daß dunkle, kräftige Linien den Blick nach vorne ziehen. Übriggebliebene, ausgebesserte Linien können Sie mit weißer Contékreide verdecken.

Schritt 2

Wir zeichnen einen Raumausschnitt

Für einen Maler ist das Zeichnen von Perspektiven in mittlerer Entfernung eines der intensivsten Probleme. Auf diese Entfernung fällt es überraschend schwer, die Tiefe eines Raumes richtig wiederzugeben. Während Sie draußen als äußerste Motivbegrenzung den fernen Horizont zu Hilfe nehmen können, haben Sie in einem Zimmer nur kurze Begrenzungslinien vor sich.
Stellen Sie einige Möbelstücke wie in der Zeichnung zusammen, zwei vor die Wand und eines davor in den Raum gerückt. Lassen Sie dazwischen genügend Bewegungsspielraum und nehmen Sie selbst Ihre Position einige Meter vor dem Möbelstück im Vordergrund ein. Studieren Sie zunächst die Proportionen, Winkel und die sich überschneidenden Hilfslinien, dann die Tonwerte: Wo befinden sich die hellsten, wo die dunkelsten?
In dieser Zeichnung wurde das Prinzip der Tonwertkontraste für eine günstige Raumwirkung verwendet. Die dunkle Wand und die Möbel davor sind viel dunkler als der Vordergrund, einschließlich des Fußbodens, gehalten. Da dunkle Tonwerte nach vorne dringen und helle zurückweichen, erscheint der Raum verkürzt. Die diagonalen Winkel des Tisches führen den Blick leicht in die Tiefe.

Schritt 1: Beschränken Sie Ihr Zeichenmaterial auf Tusche, Feder und rote, braune und weiße Contékreide. Tragen Sie damit die Hauptformen der Möbel ein. Markieren Sie die Wandecke und den Boden mit brauner Contékreide. Die Gegenstände sollten Sie wie transparent vorzeichnen, so daß Sie die Winkel und Perspektivenkonstruktion gut einsehen können. Beobachten Sie, wo sich Linien überschneiden. Das hilft Ihnen bei der richtigen Stellung der Möbel.

Schritt 1

Schritt 2: Entwickeln Sie Ihren Sinn für Raumtiefe, indem Sie durchgängig die Tonwertveränderungen einzeichnen: Beschäftigen Sie sich nicht zu sehr mit Details, sondern jeweils mit dem ganzen Raum, damit das Bild ausgewogen wird.
Mit der roten Contékreide können Sie Linien betonen, welche die Tiefenwirkung unterstreichen, wie z. B. den Rand des Tisches. Auch das zieht die Linien stark in den Vordergrund.

Schritt 2

Schritt 3: Mit der schwarzen Tusche holen Sie die Details in den dunkelsten Bildteilen heraus und betonen die Formen der kleinen Gegenstände, wie z. B. beim Telefon und der Vase mit Blumen. Die Lichter können Sie mit weißer Contékreide aufsetzen.

Schritt 3

Schritt 4: Wie immer zum Abschluß einer Studie, überarbeiten Sie noch einmal alle Details und Formen der Zeichnung. Überflüssige Linien können Sie mit weißer Contékreide verdecken. Versuchen Sie die meisten Feinheiten im Vordergrund zu sammeln, damit der Abstand zwischen hinten und vorne noch deutlicher wird.

Stehen Sie von Ihrem Arbeitsplatz auf und gehen Sie um die Möbelstücke herum und dann wieder zu Ihrer Zeichnung zurück. Wenn Sie bei einem Blick auf Ihre Zeichnung das Gefühl haben, zwischen den Möbeln gehen zu können, ist Ihnen eine schöne Arbeit gelungen. Wenn nicht, fragen Sie sich, warum nicht? Liegt es an den Tonwerten oder an den falschen Winkeln? Nur durch dauerndes Fragen und Schauen können Sie hinter das Problem einer zweidimensionalen Darstellung von dreidimensionalen Dingen kommen.
Diese Übung wurde in Braun und Schwarz aufgegeben, um zu zeigen, daß mit der Farbe allein noch keine guten Texturen und Details dargestellt werden können. Schauen Sie einmal auf die feinen Umrißlinien des Stuhls und der Tischkante im Vordergrund oder auf den Strauß Blumen. Das wurde nur mit schwarzer Tusche erreicht.
Seien Sie von der Beschränkung des Materials nicht enttäuscht. Sie können alle Übungen des Buches nur mit Feder, Tusche, Bleistift und einigen Farben nachvollziehen und haben doch eine ausreichende Grundausrüstung für eine produktive Arbeit.

Schritt 4

Wie man Raum in einem Zimmer darstellt

Das Gemälde eines Innenraumes ist nicht einfach eine Zeichnung mit hinzugefügter Farbe. Die abgeschlossene Umgebung eines Zimmers ist voll mit leuchtenden Tönen und zahlreichen atmosphärischen Lichteffekten, die perspektivische Begrenzungen zu einem gewissen Teil verschleiern können.

Die Darstellung eines Zimmers kann ein sehr schwieriges Thema sein. Beginnen Sie am besten zuerst mit der Entscheidung über die Komposition: Welche Gegenstände wollen Sie ins Bild bringen? Schon hier sind Sie vor keine leichte Wahl gestellt. Eine einfache Wand kann womöglich interessanter sein als eine Tür, ein einfacher Tisch mit Stuhl lohnender als eine vollgestellte Sitzgruppe. Vielleicht entscheiden Sie sich auch, gar keine Gegenstände zu malen, sondern nur die Veränderungen von Farbe und Licht an den Wänden, der Decke und dem Boden.

Machen Sie kleine Perspektivstudien und Tonwertlavierungen aus verschiedenen Blickwinkeln, um die beste Komposition herauszufinden.

Analysieren Sie die Farben um sich herum. Sie mögen Ihnen im Vergleich zu Landschaften eher gedämpft vorkommen, besonders wenn das Tageslicht nicht sehr intensiv ist. Manche Ecken liegen vollständig im Dunkeln, vor allem dann, wenn das Licht nur durch ein Fenster in den Raum gelangt.

Das bedeutet aber trotzdem nicht, daß diese Stellen langweilig sein müssen. Im Gegenteil! Wenn Sie ganz genau auf die Schatten und dunklen Stellen im Zimmer schauen, werden Sie eine ganze Menge satter Farben entdecken.

Versuchen Sie bei Ihrem ersten Bild die hellen und dunklen Bildteile gut auszubalancieren. Die Farben der Wand und der Gegenstände werden im Licht wohl sehr hell erscheinen, während die Zimmerecken oder Gegenstände in dunkleren Teilen des Zimmers eher schmutzig-grau aussehen können. Versuchen Sie aber die Leuchtkraft Ihrer Farben in allen Teilen der Komposition zu bewahren. Halten Sie darum Ausschau nach warmen Brauntönen, tiefen, satten Rottönen und kühlen, starken Blautönen, die selbst noch in den dunkelsten Schattenzonen aufzuspüren sind. Vor allem sollten Sie Schwarz und Dunkelgrau in Ihrer Farbgebung vermeiden, dann wird Ihre Arbeit sehr an Qualität gewinnen.

Zwei Ansichten eines Zimmers in ähnlichen Tonwerten. Vergleichen Sie die Wirkung eines einfachen Farbwechsels mit den Skizzen auf Seite 248

Helle, leuchtende Farben

Dunkle, satte Farben

Eine Stuhlstudie in Aquarell

Schritt 1: Zeichnen Sie zunächst die Umrisse des Stuhls auf ein Aquarellpapier. Suchen Sie dann die Tonwerte für das Spiel von Licht und Schatten auf dem Stuhl aus, aber nehmen Sie nicht mehr als drei aus der großen Anzahl der für Sie sichtbaren Töne. Schließlich entscheiden Sie sich für die Grundfarben des Stuhls und des Hintergrundes; in diesem Fall benutzte ich Umbra natur mit Lichthöhungen in Gelb.
Mischen Sie die Tonwerte und Farben aus und probieren Sie die Lavierungen vorher auf einem Stück Papier aus. Dann tragen Sie die Tonwerte und Grundfarben ein.
Beobachten Sie die Glanzlichter auf dem lackierten Holz. Sie befinden sich normalerweise auf den runden Teilen, die Ihnen am nächsten liegen. Das beste Resultat erzielen Sie gewöhnlich, wenn Sie für diese Stellen das weiße Papier aussparen. Herauskratzen oder Auswaschen der (inzwischen trockenen) Farbe sind weniger zufriedenstellende Alternativen.

Schritt 2: Sobald die erste Lavierung ganz trocken ist, überlegen Sie, wie Sie die zweite Lavierung für den Hintergrund anlegen wollen. Sie wird dunkler als die erste sein und eine andere Farbe haben. Denken Sie ruhig eine Weile über die richtige Farbe nach, ob sie warm oder kalt wirken soll.
Probieren Sie einige Schichten oder Lavierungen von Farbe auf dem Stück Papier aus, das Sie schon vorhin benutzt haben. Die zweiten Farbschichten erscheinen immer dunkler, wenn sie über die ersten gelegt werden. Malen Sie gleichmäßig und zügig. Überschüssige Farbe können Sie mit einem trockenen Pinsel oder mit einem nassen Schwamm aufnehmen.

Schritt 1

Schritt 2

Schritt 3

Schritt 3: Lassen Sie die zweite Schicht gut trocknen und legen Sie dann die dunkelste Lavierung an. Falls Sie davon nur wenig für Details oder kleine Teile brauchen, zeichnen Sie diese Stellen mit einem Pinsel Nr. 4 ein. Mit einer gleichmäßigen Lavierung decken Sie nochmals größere Flächen ab.

Schritt 4: Schließlich müssen Sie sehen, ob Sie vielleicht doch noch dunklere Töne für die Schatten brauchen, welche die Beine des Stuhls oder die Rückenlehne werfen.

Schritt 4

Wir malen ein ganzes Zimmer

Wenn Künstler einen Raum malen sollen, nehmen sie oft einen sehr weiten Blickwinkel; das Interieur erinnert dann an eine Fotografie, die mit einem extremen Weitwinkelobjektiv aufgenommen wurde. Das kann ganz interessant aussehen, gibt allerdings die Winkel unnatürlich übertrieben wieder. Es ist zwar verständlich, daß man mehr malen möchte, als man von einem Punkt aus sieht. Man sollte sich aber dabei der Verzerrungen bewußt sein.

Stellen Sie Ihre Staffelei in eine Ecke des Zimmers, von wo Sie einen Großteil des Zimmers mit allen Möbeln übersehen können. Zeichnen Sie mit einem harten Bleistift die Komposition vor. Korrigieren Sie unter Umständen die Positionen einiger Möbel im Raum und in Ihrem Bild, wenn sich daraus eine bessere Komposition ergibt.

Folgen Sie nun den Anleitungen zur Stuhlübung und legen Sie die drei Haupttonwerte und Grundfarben an, bis hin zu den Schatten, die von den Möbeln geworfen werden.

Bevor Sie an größere Übungen herangehen, sollten Sie einige Studien und Skizzen Ihrer näheren Umgebung machen. Skizzieren Sie soviel Aspekte zu wechselnden Tages- und Abendzeiten wie möglich! Je näher sich ein Objekt vor Ihnen befindet und je mehr Zeit Sie haben, desto detailreicher werden Sie skizzieren. Halten Sie sich jedoch nie zu lange mit kleinen Details auf. Ständige Übung ist besser als ein ganzer, langer Tag vor Details, über denen schließlich die Konzentration verloren geht.

Schritt 1: Teilen Sie das Papier in die Grundflächen für die Decke, die Wände und den Boden auf. Markieren Sie den Platz der Fenster und Türen. Studieren Sie dann die Tonwerte, mit dem hellsten beginnend. Ganz helle Teile, wie eine im Sonnenlicht liegende Tür, sollten Sie weiß aussparen. Tragen Sie alle Tonwerte nacheinander ein.

Schritt 2: Legen Sie auf die erste Lavierung noch einen dunkleren Ton, um die Ecke des Zimmers anzudeuten. Arbeiten Sie um die hellen Teile der Tür und Fenster herum!

Schritt 1

Schritt 2

Schritt 4: Das Zimmer dient als Rahmen für die darin befindlichen Gegenstände. Wenn dieser Rahmen erst einmal aufgebaut ist, beginnen Sie mit den anderen Teilen, also den Möbeln. Arbeiten Sie wieder vom Hellen ins Dunkle, skizzieren Sie die Formen mit Bleistift und legen Sie dann die Farben an.

Schritt 3: Führen Sie jetzt die zweite Farbe ein. Vorher sollten Sie nach Stellen schauen, die im Tonwert an die erste Lavierung herankommen. Hier wurde die Decke in Blau hinzugefügt, im gleichen Tonwert wie die beigefarbigen Wände (was die Schwarzweiß-Wiedergabe deutlich belegt). Lassen Sie die Lavierungen nicht zu sehr ineinanderlaufen, obwohl das auch ein Mittel sein kann, Schattenzonen anzudeuten.

Schritt 5: Gehen Sie nun zu den nächsten hellen Tönen über, wie dem Teppich auf dem Boden, und legen Sie diese Teile als lavierte Farbflächen an. Wenn diese Stufe trocken ist, fügen Sie noch dunklere Töne hinzu (wenn nötig), und lassen alles gut durchtrocknen. Jetzt sollte Ihr Bild schon langsam Form annehmen.

Schritt 3

Schritt 4

Schritt 5

Schritt 6: Mit den bisher verwendeten dunklen Farbtönen legen Sie schattige Teile an, wie z.B. die Schatten der Möbel auf Wänden und Boden oder die Fältelung des Tischtuches, welche die Tischkante anzeigt. Tragen Sie diese Schattierungen sehr sorgfältig ein, da sie dem Zimmer Tiefe und Raum verleihen und die Gegenstände formen.

Schritt 7: Schatten geben Sie durch eine langsame Abstufung von Hell nach Dunkel, die den Farbtonlavierungen angepaßt sein sollte.

Schritt 8: Zum Schluß setzen Sie noch helle Farbtupfen als Lichter ein und holen Details mit einem dunklen Farbton heraus.

Diese Methode mag Ihnen sehr langwierig vorkommen. Es ist aber sehr wichtig, die richtige Anlage der Tonwerte von Hell nach Dunkel zu lernen. Wenn diese Stufen ausgelassen werden, kann die fertige Farbenkomposition leicht sehr verwirrend aussehen.

Vielleicht hatten Sie bei der Kontrolle so vieler Tonwerte, Farben und Malschichten Schwierigkeiten. Aber seien Sie nicht entmutigt, sondern fragen Sie sich zunächst immer, was falschgelaufen ist. War die Komposition zu schwierig angeordnet? Gab es zu viele Farben und Tonwerte? Oder gab es zu wenig Tonwerte, so daß Ihr Bild langweilig und grau wirkte? Wenn Sie den Fehler gefunden haben, machen Sie eine neue Studie aus einem anderen Blickwinkel und hängen beide Bilder später nebeneinander an die Wand, um die Unterschiede zu studieren. Sie können auch Ihr Motiv in einer anderen Tonwertfolge, heller oder dunkler, oder einmal in ausgefallenen Farben malen.

Diese Übungen sollen Ihnen die vielen möglichen Vorgehensweisen unter Einbeziehung von Farbe, Tonwert und Tonlage (heller oder dunkler »gestimmt«) für jede Art von Aquarell vermitteln.

Schritt 6

Schritt 7

Schritt 8

Die Küche als Bildmotiv

Die Küche ist für den »hausgebundenen« Maler ein wirklich vortreffliches Atelier. Hier findet er eine große Anzahl von Motiven in Form von Pfannen, Töpfen, Tellern, Tischen und Schränken vor, ganz abgesehen von den vielen Küchengeräten, den Vorratsgefäßen und nicht zuletzt den Lebensmitteln und Gemüsen, die man wirkungsvoll drapieren kann.

Die Holländer waren Meister in der Darstellung der besonderen Atmosphäre dieses Hausmittelpunktes, oft noch gewürzt mit ein wenig Moral zur Sparsamkeit oder Verschwendungssucht. Diese Radierung aus dem 17. Jahrhundert (unten) weist alle nötigen Zutaten auf: ein wunderschönes, bleiverglastes Fenster, Zinngeschirr und Zinnkrüge auf dem Wandsims sowie auf dem Tisch verstreute Küchengeräte. Die zwei Frauen bilden vor dem qualmenden Feuer eine eigene, rhythmisch modulierte und sehr interessant im Wechsel von Licht und Schatten herausgearbeitete Gruppe.

Niederländische Radierung aus dem 17. Jahrhundert

Jede moderne Küche kann ein genauso interessantes Bild abgeben. Eine Ecke des Zimmers, der Kochbereich oder der Eßtisch, aufsteigender Dampf aus einer Pfanne mit Gemüsen, Teller und Schüsseln – all das ergibt eine Collage von Formen und Mustern, vielleicht noch von einem Fenster, einem Kerzenleuchter oder einer einfachen Küchenlampe beleuchtet. Man wird nicht gleich mit sehr komplizierten räumlichen Darstellungen beginnen, sondern vielleicht erst an die Stilleben der vorigen Lektion anschließen und nach und nach den Blickwinkel erweitern, bis man einen Großteil des Raumes überblickt.

Auch der Frühstückstisch ist ein beliebtes Hausthema, der schon für Skizzen eine faszinierende Ansammlung von Gegenständen und zufälligen Kompositionsmustern abgibt.

Die unten wiedergegebene Skizze eines »Familienzimmers« wurde eigentlich auf dem Balkon gezeichnet. Die Brüstung können Sie noch im Vordergrund erkennen. Das Frühstück ist fast vorbei, und der Tisch sieht aus wie ein zu volles Stilleben mit Flaschen, Tassen, Tellern usw.

Die Linien der Fußbodenplanken geben eine strenge Struktur ab, die noch von den parallelen Seiten des Tisches und der aus Brettern gefügten Tischplatte unterstützt wird. Betrachten Sie auch die Landhausstühle: Nur zwei gekreuzte Linien und einige parallele Striche deuten an, daß es sich um Rohrgeflecht handelt. Nach hinten bildet ein ungewöhnlicher Zweisitzer einen abschließenden Blickfang.

Zwei Figuren wurden leicht eingezeichnet, sind aber für die Komposition nicht weiter von Bedeutung.

Nahe und ferne Formen

In dieser Übung wollen wir das Problem von Tiefe, Volumen und Detailformen noch weiter angehen.

Beispiele 1 und 2: Achten Sie darauf, wie Ihr Abstand zum Stuhl seine Größe und die des Fensters vorschreibt. Außerdem verändert sich Ihre Wahrnehmung der Farben und Muster der Stoffe.

Erinnern Sie sich daran, daß Licht ein wichtiges Element in der Malerei ist. In den beiden schnellen Ölskizzen ist das Licht ein genauso wichtiger Teil der Komposition wie der Stuhl oder die Tücher.

In Naheinstellung herrschen die Stoffe vor und geben zusammen mit den flachen Strukturen des Stuhles ein fast abstraktes Bild ab.

Vom anderen Ende des Zimmers aus gesehen, wird die Gruppe ein schimmerndes Wunder mit völlig anderer Bildwirkung.

Beispiel 3: Eine Gruppe von Studenten wurde aufgefordert, Ateliergegenstände, wie Staffeleien, Stühle und Maltische, nur in den Umrissen mittels einfachen Farbflächen wiederzugeben. Da ihr Motiv sehr vereinfacht war, konzentrierten sie sich ganz auf den dekorativen Kontrast der unterschiedlichen Formen. Und trotzdem waren die Ergebnisse erstaunlich plastisch anzuschauen. Die Studien hatten durchweg Volumen und Tiefe. Die Gegenstände schienen auf einem festen Boden in einem richtigen Atelier zu stehen.

Wenn Sie also die Aufgabenstellung auf wenige bildnerische Elemente beschränken, bedeutet das noch nicht, daß Sie die gewünschte Wirkung nicht erzielen könnten. Ob Sie nahe an Ihr Motiv herangehen oder weit zurückgehen, jede Einstellung zeigt neue Probleme, die Sie mit einem anderen technischen Einsatz lösen müssen.

Beispiel 1

Beispiel 2

Beispiel 3

Details an Gegenständen

Innenräume sind voll mit detailreichen Gegenständen, die Sie einmal in Ruhe in vielen Skizzen festhalten können. Das sind nicht nur nützliche Zeichenübungen, sondern auch Studien, die Sie für andere Bilder wieder verwerten können.

Die Komposition eines Porträts benötigt z. B. oft einen informativen Hintergrund. Das abgebildete Beispiel (die Farbwiedergabe finden Sie auf Seite 493) zeigt eine Kommode, eine Tischplatte mit Büchern und Heften und einen kleinen Spiegel, die, zusammengenommen, dem Zimmer des jungen Mädchens eine angenehme und anziehende Atmosphäre verleihen.

Ein Bild an der Wand fügt sich gut in die Szene ein. Bild und Tischplatte sind in diesem Beispiel nur zur Hälfte sichtbar (was zur Ausdehnung des Raumes in der Wahrnehmung beiträgt).

Schauen Sie einmal auf verschiedene Porträts und versuchen Sie etwas aus der Plazierung von kleinen Gegenständen um die Hauptfigur zu lernen.

Die viktorianischen Genrebilder waren oft mit Krimskrams überfüllt, die wenig Beziehung zum Hauptmotiv zu haben schienen, aber trotzdem dem Betrachter davon einiges vermitteln konnten.

Machen Sie Studien von einzelnen Möbelstücken, von Stoffmustern und Vorhangteilen. Wenn Sie in kleinen Bildern und Skizzen ganz genau arbeiten, erleichtert das sicher Ihr Verständnis für die zugrundeliegenden Komponenten von Struktur und Tonwert. Bei der Arbeit an einem Detail in einem größeren Bild genügen dann später einige Pinselstriche, um den gewünschten Effekt zu erzielen.

Zimmer enthalten oft Dutzende kleiner Gegenstände, die Sie womöglich bei Ihrer Auswahl verwirren. Stellen Sie sich das Zimmer einmal ganz leer vor. Zeichnen Sie die Wände und Ecken ein, auch die Fußbodenbretter unter dem Teppich. Überlegen Sie, wie das Licht sich ändern würde, wenn es sich nicht an Stoff oder Holz brechen könnte. Falls Sie eine Abstellkammer oder einen Speicher, oder irgendein ganz leeres oder auch nur spärlich möbliertes Zimmer haben, malen Sie diese Räume zuerst. Stellen Sie dann einen Stuhl oder einen Tisch, einige dekorative Gegenstände in diesen Raum hinein und legen Sie vielleicht auch noch eine Filzmatte oder einen alten Teppich über den Boden. Malen Sie dann den gleichen Raum noch einmal. Achten Sie aber auf die verschiedenen Abstufungen im Hell-Dunkel und in den Farbtönen, welche

von den Reflexionen und Absorptionen des Lichts geschaffen werden.
Wenn Sie Spaß am Malen von Innenräumen finden, gibt es genug Vorbilder und Motive dafür. Sie brauchen nur die vielen Zeitschriften für Innenarchitektur und Möbeldesign durchzublättern, und Sie werden viele neue Bildideen finden. Schauen Sie natürlich auch bei sich zu Hause oder bei Ihren Freunden die Zimmer gründlich an. Da lassen sich zahlreiche Studienmöglichkeiten finden, wie man eine sehr persönliche Atmosphäre aufbauen kann, ohne eine einzige Figur malen zu müssen.
Die zwei Skizzen von dem Tisch (unten) sollen Sie an die Bedeutung von Linie und Tonwert in der Zeichnung erinnern. Die Federzeichnung (rechts) zeigt sehr deutlich die Proportionen des Tisches, seine Form und die Textur des Bambus, aus dem er gemacht ist. Die Kohleskizze (links) gibt den Tisch in seinen Tonwerten wieder und zeigt, daß er in hellem Sonnenlicht steht. Diese Zeichnung ist sehr atmosphärisch. Die Aufmerksamkeit, die auf die Blumen und Pflanzen auf dem Tisch gerichtet ist, läßt auch den Tisch fast übergewichtig erscheinen. Aber schauen Sie dann einmal auf das Bild von Seite 245, wo der Tisch, aus einer weiteren Entfernung gesehen, ein ziemlich unbedeutender Teil des Ganzen geworden ist.
Ohne die Linien- und Tonwertstudien des Tisches würde es Ihnen sicher schwererfallen, den Tisch später in der großen Komposition richtig einzubauen.

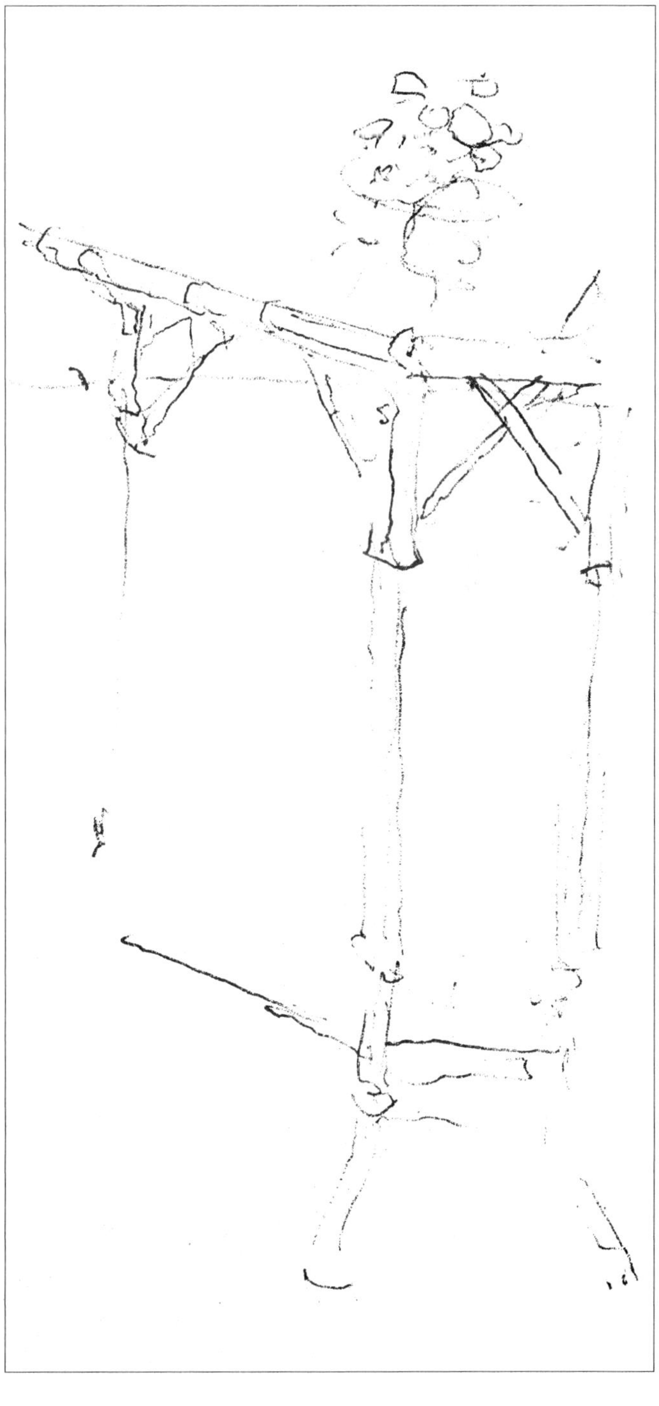

Ölstudie eines Tisches vor einer Wand

Ein Zimmer kann sehr oft für Übungen in der Wiedergabe von Wänden und Winkeln benutzt werden. Es erlaubt aber auch eine kurze Wiederholung der Probleme größerer Stilleben.
Rücken Sie einen Tisch vor die Wand und decken Sie ihn mit einer einfachen Decke. Lassen Sie die Decke leicht verschoben liegen, damit Sie ein paar interessante Falten malen können. Achten Sie auf gutes Licht und probieren Sie einige zusätzliche Lichtquellen aus.

Schritt 1: Zeichnen Sie direkt mit weißer Farbe auf eine Untermalung in Siena und führen Sie die Form des Tisches und die Linien der Wand aus. Die Decke bedeckt nicht den ganzen Tisch. Der freiliegende Teil ähnelt der dahinter liegenden Wand.
Es ist sehr wichtig, die Falten des Tischtuches richtig zu malen. Versuchen Sie einen klaren, aber fließenden Übergang in der Farbe und einen Wechsel der Pinselfaktur.
Skizzieren Sie dann den Apfel, die Schachtel, die Vase mit den Blumen. Ich begann noch andere Früchte zu malen, ließ sie aber unfertig.

Schritt 1

Schritt 2

Schritt 2: Die Blumen dienten als natürlicher Blickfang für das ganze Bild. Für gewöhnlich erhält man durch einen zentralen Blickpunkt nur eine schwache Komposition. Hier sorgt aber die Fortsetzung des Tisches hinter der Vase und die andere Laufrichtung der Wand für ein gutes Gleichgewicht.
Suchen Sie in allen diesen Übungen einen bestimmten Aspekt der Malerei, den Sie üben wollen. Sie brauchen viel Erfahrung in der Handhabung des Pinsels. Der größte Fehler eines Malanfängers ist, alles und zu jeder Zeit perfekt malen zu wollen.
Wenn Sie so weit gekommen sind, lassen Sie das Bild einfach stehen und fangen ein neues an, vielleicht dasselbe Stilleben aus einem anderen Blickwinkel, wie die Abbildung rechts zeigt.

Wahrnehmung von Tiefe

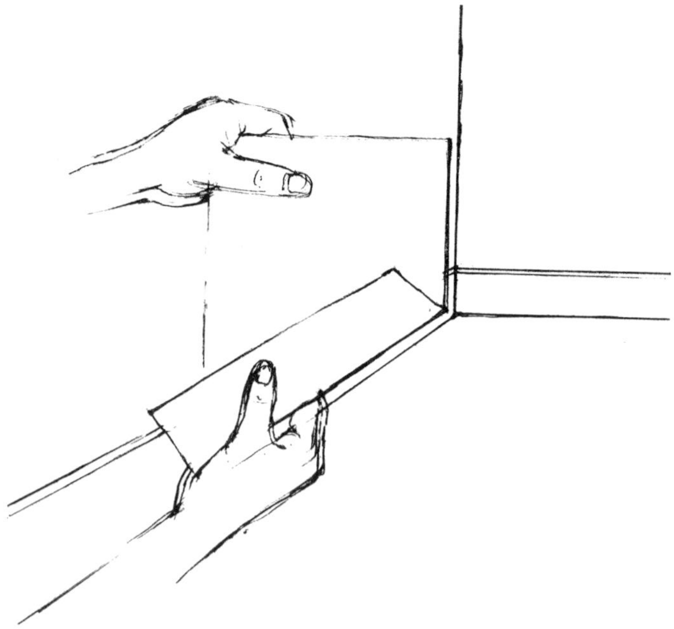

Die Gesetze des Sehens gelten nicht nur für kleine Gruppen von Gegenständen, sondern auch für die neuen Wahrnehmungssituationen, die wir in den großräumigen Zimmermotiven kennengelernt haben.
Gehen Sie mit einem Skizzenbuch in ein Zimmer, das Sie nicht so oft betreten, wie ein Gästeschlafzimmer, eine Garage oder einfach einen Flur, der als Durchgang dient.
Falls kein Stuhl vorhanden ist, bringen Sie sich selbst einen mit und setzen Sie sich an eine ungewöhnliche Stelle, vielleicht mit dem Rücken zur Tür oder genau vor eine Zimmerecke. Sie müssen einen großen Teil des Zimmers überblicken können, wenn möglich von einem ganz neuen Blickwinkel aus.
Immer wenn Sie ein neues Thema anfangen, tun Sie gut daran, auf Ihre Grundkenntnisse zurückzukommen. Betrachten Sie die Ecken und Wände, suchen Sie sich Winkel und Linien aus. Mit zwei Stück Karton können Sie, wie rechts aufgezeigt, versuchen, Ihrer Skizze noch mehr Räumlichkeit zu geben.
Der Torbogen auf der Abbildung rechts unten ist ein Beispiel für ein »Rahmenmotiv«, wie Sie es später noch genauer kennenlernen werden. Hier gibt der Bogen einen wunderbaren Rahmen für den Treppenaufgang ab. Dieses Motiv wäre auch eine gute Übung für die Perspektive. Die Stufen müssen wirklich nach oben führen, und die Auftritte sollten mit wechselnder Perspektive immer schmaler werden.
Ein besonders wichtiger Beobachtungspunkt sind die kleinen, vorstehenden Ränder der Treppenauftritte. Beobachten Sie ganz genau Ihre eigene Treppe und versuchen Sie die wichtigen Einzelheiten zu erkennen und für Ihre Komposition auszuwählen.
Auch das Geländer ist wichtig, da es als Führungslinie für das Auge dient. Beobachten Sie einmal, wie schnell es Sie die Treppe hinaufzieht, nach links abbiegt und Sie die nächsten Stufen weiterleitet. Das wirkliche Ziel einer guten Zeichnung sollte die Anregung der Einbildungskraft sein.

Manchmal genügen wirklich nur einige wenige Details, um das Gefühl von Tiefe im Bild zu erzeugen. In der Zeichnung unten bewirkt das der Einsatz eines einfachen, im Hintergrund sitzenden Schattens. Versuchen Sie einmal den Schatten mit der Hand oder einem Stück Papier zuzudecken. Sofort werden Sie merken, wie die gesamte Zeichnung an Tiefe und Volumen verliert.

Das ist nur eine Vorskizze für ein Ölbild. Ich ging im ganzen Zimmer umher, bis ich den richtigen Platz mit der entsprechenden Stimmung für die sitzende Person und ihre Umgebung gefunden hatte.

Machen Sie sich keine Sorgen um die Zeit, die Sie für solche Skizzen brauchen. Sie geben Ihnen die Entscheidungskraft für Ihr Bildmotiv, das Sie dann ausführen.

Um einmal ganz deutlich zu sehen, wie der wechselnde Standpunkt das Motiv ändert, können Sie einmal um eine Stillebengruppe vor einem Fenster oder einer kleinen Sitzgruppe eine Kurve markieren, auf der Sie jeweils in Abständen von etwa einem Meter eine Skizze des vor Ihnen liegenden Motivs machen. Heften Sie alle Skizzen an eine Wand, und Sie haben eine Reihe von »Schnappschüssen« Ihres Motivs, immer aus einem anderen Blickwinkel dargestellt.

Eine Malübung mit Mustern

Dieser Abschnitt beschäftigt sich mit Mustern, Strukturen und den Oberflächenunterschieden von Stoffen, Tüchern, Holz, Metall, Porzellan und Glas.
Genaue Beobachtung kann sich ganz verschieden äußern, von den glatten, perfekten Stillebenbildern aus den Niederlanden im 17. Jahrhundert, wo jeder Tautropfen funkelte, bis zu den vereinfachten Farbflächen in den Bildern von Cézanne.
Legen Sie einige bedruckte Kleider oder Tücher auf einen Tisch oder ein Bett und malen Sie alles nur in Mustern. Betonen Sie den dekorativen Aspekt der Komposition durch Kontraste in Farbe, Textur und Mustern in einfachen Farbflächen.
Arbeiten Sie großzügig und frei. Machen Sie Zeichen, Punkte und Linien auf ganz verschiedene Art. Legen Sie die Farben an einigen Stellen sehr dick an, andere sollten transparenter erscheinen. Wechseln Sie auch die Richtung des Pinselduktus, einmal horizontal, dann wieder vertikal oder diagonal. Setzen Sie glatte Flächen gegen strukturierte ein und bauen Sie so viele Kontraste wie nur möglich im Bild auf.
Stellen Sie nun eine Gruppe von gemusterten Gegenständen, einen Polstersessel und einen Tisch mit Decke zusammen.
Beachten Sie einmal die Tonwerte und Farbtonbereiche nicht, sondern schauen Sie nur auf die Muster und die sich ändernden Formen. Sobald sich die Form unter dem Muster ändert, z.B. ein Schal, der verknotet wird, ändert sich auch das Muster. Ein kariertes Tischtuch über einem Stuhl sieht aus verschiedenen Winkeln immer anders aus.
Machen Sie mehrere Studien und probieren Sie verschiedene Möglichkeiten, Muster zu malen, aus. Arbeiten Sie erst in Hell-Dunkel, dann in Farbe.

Verschiedene gemusterte Schals auf einem Stuhl

Eine Gartenansicht

Oben sehen Sie ein wunderbares Beispiel an Mustern und Texturen, sehr frei wiedergegeben, aber als Motiv noch erkennbar. Es zeigt auch, wie einfach es ist, interessante, ja aufregende Motive in nächster Umgebung zu finden. Schauen Sie doch einmal auf den Speicher oder in den Keller Ihres Hauses, oder nehmen Sie sich Ihren Gartenschuppen vor.

Ausschnitt aus »Der Stall« von McCubbin

Einfache Formen in einem leicht abstrakten Stil

Links wurde ein altes Schindeldach als kontrastreiches Motiv genommen. Die Farbe wurde so dünn angelegt, daß die Leinwandstruktur durchscheint und als Textur mitwirkt, um bröckeligen Putz oder verwittertes Holz darzustellen.

Ganz präzise Detailarbeit fällt Anfängern noch schwer. Darum versuchen Sie zunächst die atmosphärischen Effekte einzufangen, die für ein Kunstwerk so wichtig sind. Natürlich macht es gelegentlich sicher auch Spaß, sehr klein und sehr genau zu malen. Überarbeiten Sie doch einmal einen Teil Ihres »Stillebens mit Patchworkdecke« in Richtung kleiner, abstrakter Muster (das Beispiel ist auf Seite 171 abgebildet).

Noch ein paar Übungsvorschläge

Einer der größten Vorteile bei der Arbeit drinnen im Haus ist die große Anzahl von Motiven, die Sie in Ihrem Heim finden können. Das mag vielleicht dem Hobbymaler ungewöhnlich vorkommen, nicht aber dem ernsthaften Künstler, der einfach alles malt: einen einzelnen Stuhl, ein paar Schrauben und Muttern, ein Stück Fleisch.

Lernen Sie alles in einem neuen Licht zu sehen. Der Glanz frisch eingekauften Fisches ist doch verlockend, diese Silber-, Violett- und Rosagrautöne! Vergessen Sie aber nicht, den Fisch nach getaner Arbeit schnell aufzuessen – der Geruch faulenden Fisches bekommt selbst dem größten Künstler nicht, kann auch ein weitläufiges Haus höchst unangenehm füllen.

Auch Möbel sind ein schönes Motiv, vor allem, wenn sie als Kompositionselemente einer großen Arbeit dienen.

Unten sehen Sie eine Zeichnung von zwei alten Nähmaschinen, die als Vorlage für das Ölbild auf der rechten Seite dienten. In der Zeichnung sind die klaren Formen betont, während im Ölbild nur das Metall hier und da aufblinkt. Die beiden Maschinen sind auf einem Tisch plaziert und mit einem Paravent umgeben. Über diesem Wandschirm hängt ein bedruckter Schal; er gibt einen sehr wichtigen Farbakzent ab.

Schauen Sie sich in Ihrer eigenen Wohnung einmal richtig um! Versuchen Sie alle Formen neu zu sehen, indem Sie die Dinge nicht direkt betrachten, sondern seitenverkehrt, also mittels eines Spiegels, mit dem Sie auf Möbel und Zimmerecken schauen und meinen, eine andere Welt zu sehen. Betrachten Sie so die abgenutzten Oberflächen neu, erzeugt durch den jahrelangen Gebrauch, studieren Sie den Faltenwurf des Vorhangs oder wie das Muster des Sesselbezugs im Winkel zwischen Sitz und Lehne unterbrochen wird und neu ansetzt.

Falls Sie Balken in Ihrer Wohnung haben, betrachten Sie sie als Hilfslinien für ein abstraktes Muster. Knien Sie auf den Fußboden und malen Sie ein Stück des Teppichs ab oder der Steinfliesen. Auch Kleiderbügel auf einer Kleiderstange lassen sich in ein faszinierendes Muster von Draht und Schatten umwandeln.

Licht kann eine sehr wichtige Hilfe sein – bewegen Sie die Lampe, so daß das Licht aus verschiedenen Winkeln fällt und neue Schatten wirft. Wenn Sie einmal einige Nachmittage auf diese Weise verbracht haben, werden Sie Ihr Zuhause auf eine ganz andere Art und Weise wahrnehmen.

Lektion 6
Von drinnen nach draußen

Während das Interieur ein ziemlich neues bildnerisches Thema darstellt, hat der Blick aus dem Fenster oder aus der Tür eine viel ältere Geschichte. Als eines der ältesten Themen wurde der Blick aus dem Innenraum schon in religiösen Bildern verwendet, in denen die Heiligen von Fenstern oder Türen eingerahmt waren, durch die der Betrachter einen Blick ins Paradies werfen konnte.

In diesem Motiv sah man ein Symbol zukünftiger Freiheit. Auch der Aspekt von Erwartung und Spannung spielte mit hinein. Wenn ein geschlossener Raum die Szenerie für ein zu beginnendes Spiel abgab, so zeigten ein offenes Fenster oder eine offene Tür an, daß jeden Moment irgend etwas Wichtiges passieren konnte.

In der alten Malerei wurde dieser Aspekt, wie schon gesagt, als Versprechen des ewigen Lebens, als Abglanz von Eden gedeutet. In dem schönen Bild »Die Barmherzigkeit des hlg. Franziskus« von Stefano Gassetta, einem Künstler aus dem späten 14. Jahrhundert, träumt der schlafende Heilige (auf einem kunstvoll ausgeführten Bett liegend) vom himmlischen Jerusalem, das draußen vor seinem Fenster in der Luft schwebt. Viele Bilder der »Verkündigung« zeigten weite Landschaften mit Engeln in offenen Durchgängen. Auch die mittelalterlichen, illuminierten Manuskripte bildeten oft solche Durchgänge und Türöffnungen ab, durch die Leute kamen und gingen.

Im Laufe der Zeit wurden die profanen Aspekte dieses Motivs deutlicher, das damit zu einem Hilfsmittel wurde, das Auge weniger auf den himmlischen Pfad als ganz allgemein in die Ferne zu führen.

Solche Ausblicke dienten natürlich auch einem künstlerischen Eigenzweck. Der Künstler konnte damit seine Virtuosität in der Darstellung von Tiefenwirkung und Raumgefühl unter Beweis stellen. Der holländische Maler Jan Vermeer (1632–1675) etwa versetzte durch seine meisterhafte Detailarbeit den Betrachter mitten in den von mildem Licht erfüllten Bildraum (siehe Seite 177).

Tür- und Fensteröffnungen verleihen dem Bild größere Realität. Luft strömt herein, und man sieht einige Zweige oder den Himmel, und vor allem hat man den Eindruck von Licht.

Ganz anders wurden Fenster- und Türenausblicke in japanischen Drucken besonders des 18. Jahrhunderts eingesetzt, in denen sie Teil eines komplizierten Musters sind.

In der westlichen Malerei des 18. Jahrhunderts, der Zeit romantischer Landschaften und antiker Bildmotive, fielen Interieurszenen in Ungnade und kamen nur noch in Skizzen und Studien vor.

Bald wurde aber wieder eine erzählende Malerei beliebt. Die viktorianischen Maler liebten Genreszenen, und Auftraggeber wie Publikum kauften Varianten fast jeden nur denkbaren Themas, wie in der Einführung zu Lektion 5 (Seite 177–178) beschrieben wurde. Viele Interieurs konnten durch den Einsatz von Licht und Schatten wesentlich interessanter gestaltet werden. Das offene Fenster oder die offene Tür wurde ein geläufiges Motiv in der Genremalerei.

In dem Beispiel unten von William Henry Hunt (1790–1864) gibt es mindestens drei Anziehungspunkte für den Betrachter.

Da ist zunächst einmal das Interieur selbst: ein ländlicher Lagerraum oder eine Spülküche, mit einem Heuhaufen, zerbrochenen Möbeln, Töpfen und Pfannen, alten Balken und Ziegelsteinen, alles mit beachtlicher Technik und Sorgfalt abgebildet.

Zweitens sieht man ein junges Mädchen, das fast als Porträt gelten kann, so deutlich sind ihre Züge gemalt. Die Arbeitshaltung während des Äpfelschälens soll wohl Spontaneität und Frische ausdrücken.

Der dritte und für uns im Moment interessanteste Aspekt ist das Licht, das durch das offene Fenster fällt, und die Waldlandschaft draußen. Diesen Aspekt wollte der Maler auch mit dem Titel des Bildes »Die Magd und die Elster« betonen.

Eine genauere Geschichte wird in dem Bild »Nicht zu Hause« von dem amerikanischen Künstler Jonathan Eastman Johnson (1824–1906) erzählt. Die Dame des Hauses schreitet gemessen die Treppe hinauf, während man gleichzeitig durch einen gewölbten Durchgang in ihren Salon blickt, der von einem Licht, das aus einer sich außerhalb des Bildmotivs befindlichen Türöffnung fällt, durchflutet wird.

Dieses Bild wurde um 1870 gemalt. Eine relativ unbekannte Arbeit von Pierre Bonnard (1867–1947), »Interieur« aus dem Jahr 1898, zeigte den gleichen wirkungsvollen Kontrast. Im Vordergrund sieht man

»Die Magd und die Elster« von Hunt

eine ruhige Eingangshalle in Sepia- und Brauntönen, durch die hindurch man im Speisezimmer ein Gewühl von Dienern vor hellen Tapetenmustern wahrnimmt. Bonnard, Maurice de Vlaminck (1876–1958) und Édouard Vuillard (1868–1940) malten Interieurs. Bonnard beschäftigte sich jedoch am intensivsten mit dem Problem des Bildes im Bild. Viele seiner Bilder zeigen offene Fenster oder Türen.

Edgar Degas (1834–1917) war von der Welt des Balletts fasziniert. Einige seiner lebendigsten und schönsten Zeichnungen geben schnelle Eindrücke hinter der Bühne wieder, die die Abbildung unten zeigt. Der Spiegel an der Wand reflektiert eine sich zurechtmachende Tänzerin im Nebenzimmer, während das Mädchen vorne links ihr Haar ordnet. Die Verwendung eines gespiegelten Gegenstandes kommt immer wieder in der Kunst vor. Man kann damit einen Sinn für das Geheimnisvolle, für das Leben, das sich außerhalb der Bildgrenzen abspielt, ausdrücken.

Ende des 19. Jahrhunderts waren die Impressionisten von den Lichtwirkungen auf Gegenständen begeistert. Sie begannen ihre Motive im Freilicht zu malen, was bedeutete, daß für eine Weile Interieurszenen vernachlässigt wurden.

In vielen Bildern von Henri Matisse (1869–1954) werden Fensterrahmen und Türöffnungen rein dekorativ eingesetzt, um die lineare Struktur auf einer flachen Bildebene zu unterstützen. Dementsprechend sind auch die Lichtverhältnisse zwischen innen und außen zugunsten einer einheitlichen Bildwirkung angeglichen.

Ein ähnliches Bildmuster bemerkte man auch in der Arbeit von Aubrey Beardsley (1872–1898). Beardsley bevorzugte angeschnittene Kompositionen von Ausblicken. Viele seiner Drucke und Zeichnungen zeigen offene Fenster und Türen (siehe Seite 179).

In den 20er und 30er Jahren unseres Jahrhunderts schufen neue Künstler bemerkenswert stimmungsvolle Bilder. Die Aufmerksamkeit wird auf Figuren in ruhigen Stellungen gelenkt, die sich jedoch in Zimmern von großer Ausstrahlung und Individualität befinden. Manche wirken warm und häuslich eingerichtet, andere wieder unheimlich und beängstigend wie unter einem Alptraum.

Paul Nash (1889–1946) entwickelte in den 30er Jahren sein eigenes Thema von innen und außen, indem er leere Fensterrahmen und Scheiben in surrealistische und phantastische Landschaften setzte.

Auch im Kubismus gab es einige Bilder mit der Innen-Außen-Thematik. Die abstrakte Kunst beschäftigte sich dann mit anderen Themen.

Die Pop-art der letzten Jahre interessierte sich für Symbole aus der Werbung und der Welt der Verbraucher. Die Bilder dieses Malstils haben uns wieder die Augen für unsere Umwelt geöffnet. Das Porträt »Mr. und Mrs. Clark und Percy« von David Hockney (geb. 1937) konzentriert den Blick auf eine stille Terrasse, durch die Blenden eines Fensters gesehen. Peter Blake (geb. 1932) verwendet geschlossene Türen und Fenster, die verborgene Ansichten auf eine sehr suggestive Weise ausdrücken.

Die Welt außerhalb unserer Behausung im engeren Sinn ist für den Künstler also anscheinend ein sehr anregendes und produktives Thema.

»Hinter der Bühne« von Degas

Wir beginnen mit der Arbeit

Diese Lektion zeigt Ihnen, wie Sie einen Innenraum zusammen mit einem Fenster- oder Türausblick malen und zeichnen können. Gleichzeitig werden Sie auch in die Landschaftsmalerei eingeführt, die später noch genauer behandelt wird. Sie werden etwas über den Bildaufbau von Vorder-, Mittel- und Hintergrund erfahren sowie die Perspektive, Tonwertschritte und Farbwechsel anwenden. Sie werden Verbindungen zwischen Innen- und Außenräumen, wie auch die Hervorhebung von Unterschieden zwischen innen und außen malen lernen. In einem Bild können Sie natürliches und künstliches Licht verbinden. Außerdem werden Sie dann feststellen, daß die Geometrie des Innenraumes die Struktur der äußeren Welt wiederholen kann.

Bis jetzt haben Sie drinnen unter kontrollierten Lichtverhältnissen gearbeitet. Sobald Sie nun mit natürlichem Licht malen, ändert sich auch die Qualität der Arbeit. Versuchen Sie diesen Unterschied in Skizzen aufzuzeigen.

Üben Sie sich in der Beobachtung Ihrer Umgebung, selbst wenn Sie nicht malen. Tragen Sie immer ein Skizzenbuch bei sich und halten Sie vor allem auffällige Farbkontraste fest.

Arbeiten Sie ganz frei und locker. Mit der Zeit werden Sie Ihre eigene Arbeitsmethode herausfinden.

Achten Sie bei Ihren Bildern auf Teile, die aus dem Zusammenhang zu fallen scheinen, z. B. eine Türöffnung, die für eine Abendstimmung zu gelb erscheint, oder ein zu helles Grün in einer regenverhangenen Aussicht. Wegen des Wechsels der Lichtverhältnisse von drinnen nach draußen können solche Farbfehler leicht auftreten.

Wir suchen ein Motiv

Zwei verwandte, aber unterschiedliche Probleme tauchen zunächst auf: Wieviel vom Interieur sollte ins Bild kommen, und wieviel von der Außenansicht sollte einbezogen werden?

Beginnen Sie mit der Festlegung des Fensterausschnitts. Zuviel oder zuwenig Fenster kann die Komposition aus dem Gleichgewicht bringen und die gewünschte Wirkung des Ausblicks vereiteln.

Dann bestimmen Sie Ihre Entfernung zum Fenster. Stellen Sie sich soweit wie möglich vom Fenster entfernt, mit dem Rücken zur gegenüberliegenden Wand. Jetzt ist Ihre Sicht nach draußen noch relativ begrenzt. Gehen Sie nun langsam auf die Mitte des Zimmers zu und beobachten Sie, wie Ihr Blickwinkel sich erweitert. Dann stellen Sie sich ganz nah ans Fenster und haben damit einen unnatürlichen Weitwinkelblick.

Für eine gute Komposition müssen diese beiden Bildelemente, Fensterausschnitt und Entfernung vom Fenster, sorgfältig in ein Gleichgewicht gebracht werden.

Bevor Sie größere Zeichnungen und Bilder anfertigen, machen Sie einige schnelle Skizzen aus verschiedenen Standorten, ohne daß Sie scheinbar langweilige Motive auslassen. Auch ein gerader Blick durch eine kleine Öffnung kann interessant gestaltet werden. Das Fenster kann in einzelne Fensterscheiben aufgeteilt sein und als geometrische Struktur dienen. Ein Fensterbrett mag als augenfällige Unterlage für eine Vase gut sein.

Arbeiten Sie bequem auf einem Stuhl. Das Studium neuer Probleme kann, vor allem in den ersten Sitzungen, viel Zeit in Anspruch nehmen.

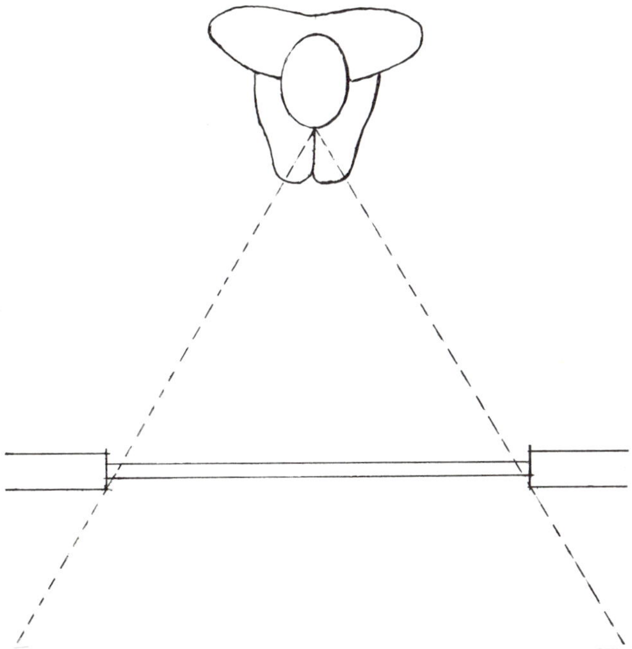

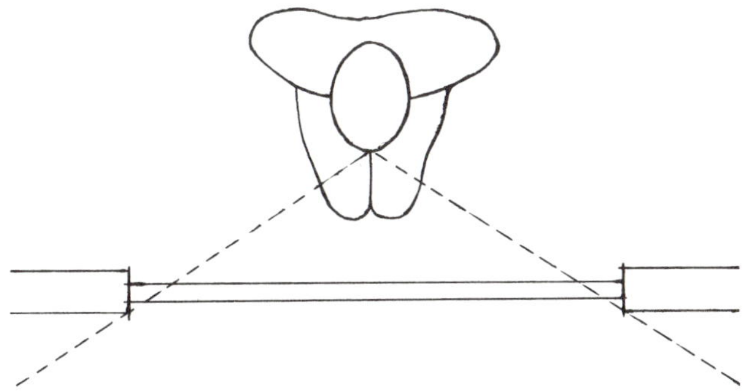

Diese zwei Skizzen ganz oben zeigen, was passiert, wenn Sie Ihre Staffelei einmal vom Fenster weg- und dann heranrücken.
Stellen Sie eigene Versuche an und beobachten Sie, was Sie jeweils sehen können. Denken Sie daran, daß Ihre Staffelei oder Ihr Zeichenbrett noch etwas von Ihrem Blickpunkt entfernt ist.

Größenordnung

Im Gegensatz zu früheren Studien werden viele Gegenstände weiter weg liegen und damit ein Problem der Größenordnung aufgeben. Wichtig ist, das zu malen und zu zeichnen, was Sie sehen, und nicht das, was Sie denken.

Stellen Sie sich mitten in Ihr Zimmer, von wo aus Sie Innen- und Außenraum gleich gut sehen, und schauen Sie aus dem Fenster. Im Vergleich zum rahmenden Fenster sind die Bäume, Häuser und Gebäude ziemlich groß. Deswegen werden Sie versucht sein, diese Dinge auch sehr groß zu malen. Wenn Sie jedoch auf dieser Größenordnung arbeiten, werden die Bäume und andere Elemente so groß, daß sie nicht mehr in Ihren Fensterrahmen passen.

Eine Polaroidaufnahme zeigt Ihnen, was wirklich da ist. Sie müssen verstehen lernen, daß ein scheinbar großes Fenster kleine Abbilder von noch größeren Gegenständen einrahmt.

Wegen dieser Größenunterschiede wird sich Ihr Blickfeld bei starken Kopfbewegungen sehr verändern. Halten Sie Ihren Kopf deshalb sehr still. Wenn Sie ihn nur um einige Zentimeter bewegen, scheinen sich die Dinge in der Entfernung schon um einige Meter zu verschieben.

Schauen Sie fast gerade aus dem Fenster

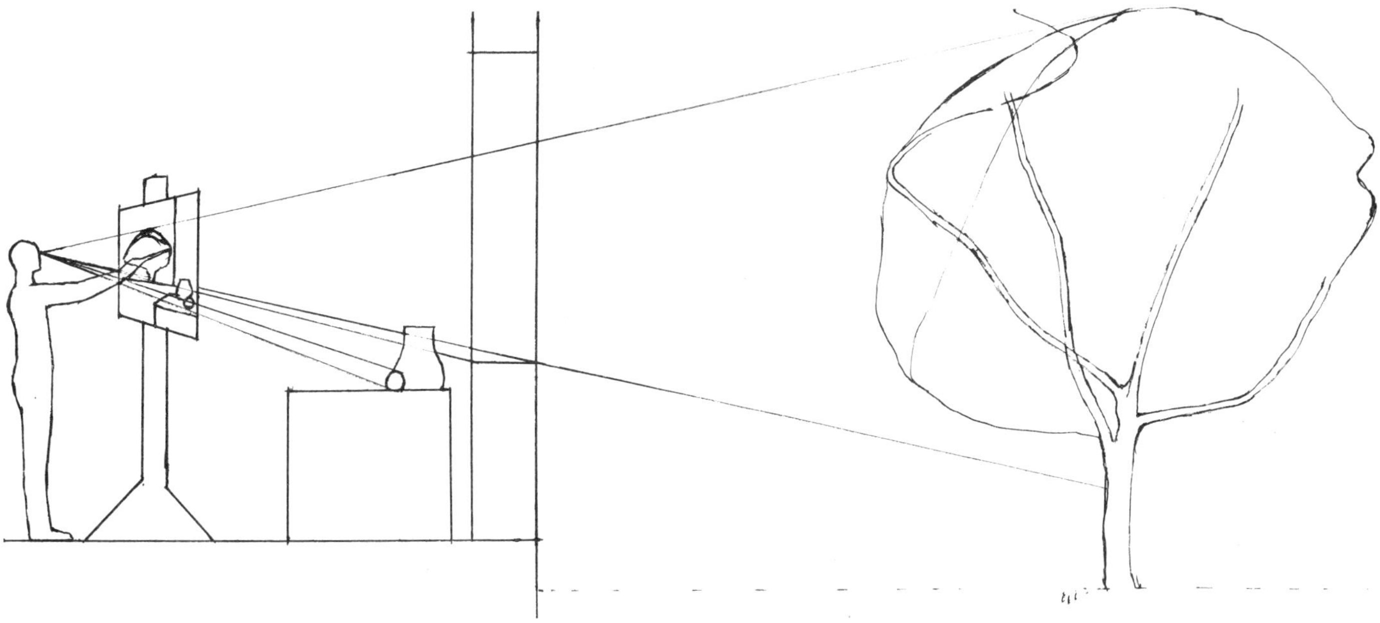

Ein großer Baum und eine kleine Vase auf dem Tisch sollten in der richtigen Proportion zueinander stehen

Gehen Sie etwas zurück und drehen Sie sich nach links. Das Tor unterhalb des Baumes steht jetzt fast in der Mitte des Fensterrahmens. Auf der Fensterbank können Sie jetzt auch die kleinste Pflanze erkennen

Tiefenwirkung

Ein künstlerisches Hauptziel in jeder Zeichnung und jedem Bild sollte die genaue Darstellung der Raumverhältnisse zwischen den einzelnen Figuren oder Gegenständen sein. Der Erfolg hängt dabei von der Beobachtungskraft und dem Verständnis des Künstlers für die Perspektive ab.

Zur Verstärkung der Tiefenwirkung kann der Künstler auch die Farb- und die Tonwertperspektive einsetzen. In dem Beispiel unten wurde die Tonwertperspektive benutzt, um den Unterschied in der Entfernung von innen nach außen deutlich zu machen. Da dunkle Tonwerte näher erscheinen als helle, sind die Vorhänge und die Wand schwarz bzw. dunkelgrau. Der Blick aus dem Fenster ist in viel helleren Tönen gehalten. Das mag zwar nicht unbedingt mit der Realität übereinstimmen. Ein Künstler muß aber seine verschiedenen bildnerischen Mittel so einsetzen, daß sein Motiv in Malerei umgesetzt werden kann.

Ein anderer optischer Trick ist die Farbperspektive: Warme Farben treten hervor, während kalte Farben zurückweichen. Im Beispiel auf der gegenüberliegenden Seite ist der gleiche Ausblick in lebhaften Pastellfarben gezeichnet. Achten Sie darauf, wie die warmen Farben, Gelb- und Orangetöne, für den Vordergrund verwendet wurden und der Fensterausblick in Blau- und Grüntönen angelegt wurde.

Eine Tiefenwirkung läßt sich also mit verschiedenen Arten von Perspektiven erzielen.

Eine Nachtszene

Bei Nacht zu zeichnen und zu malen, ist einmal ein ganz unüblicher Ansatz, um den Kontrast zwischen innen und außen und das Problem stimmiger Tonwerte zu studieren und durch Übung mehr darüber zu lernen.

Bei nachlassendem Tageslicht herrscht zwischen dem Inneren eines Zimmers und der Szene draußen nur noch ein geringer Tonwertunterschied, was dem Maler einige interessante Probleme aufgibt.

Zuerst müssen Sie sich für das zum Malen nötige Licht entscheiden. Zuviel Licht bedeutet, daß Sie draußen nichts mehr erkennen können. Zuwenig Licht behindert Sie beim richtigen Farbenmischen. Probieren Sie über mehrere Tage die entsprechenden Lichtverhältnisse aus.

Dann werden im Vergleich mit den Tonwerten bei hellem Tageslicht die Tonwerte bei Nacht sehr dunkel sein. Sie müssen entscheiden, ob Sie ein sehr dunkles Bild malen wollen oder die dunklen Tonwerte in normale Farbtöne umsetzen wollen.

Schritt 1: Mit der Längskante eines Holzkohlestiftes streichen Sie Ihr Papier in einem mittelgrauen Ton zu. In diesen Grund werden dann später die Hauptformen eingesetzt. Ein weicher Radiergummi wischt helle Stellen heraus. Die Kohle zeichnet die dunklen Linien ein. Skizzieren Sie dann die Grundlinien des Fensters, der Gebäude und Straßen im Fenster.

Schritt 2: Nun legen Sie die hellen Flächen an, indem Sie mit dem Radiergummi die entsprechenden Teile herausradieren. Zugleich sollten Sie auch die dunkleren Tonwerte bearbeiten, den Himmel, die Zaunlatten und die Gebäude. So behandeln Sie die Zeichnung als ein Ganzes, anstatt sich in Details zu verlieren.

Schritt 3: Um die Zeichnung abzuschließen, radieren Sie mit einem harten Gummi die hellsten Stellen heraus. In diesem Beispiel sind die Lichthöhungen auf dem Zaun am deutlichsten zu sehen und geben gleichzeitig der Komposition Tiefe, indem sie das Auge vom Fenster weg, um die Ecke des Gebäudes und in den Hintergrund links in der Zeichnung weiterführen.

Schritt 1

Schritt 2

Schritt 3

Eine Ansicht von oben

Eine von oben gesehene Straße in der Stadt ist für den Maler ein fesselndes Motiv. Es hat schon etwas von Romantik, wenn man, losgelöst vom Lärm der Stadt, auf den Rest der Welt hinunterblickt. Eine solche Sicht aus der Vogelperspektive wäre vor einem Jahrhundert als häßlich abgetan worden. Doch heute ist dieses Motiv für den modernen Maler eine echte Herausforderung an Winkeln und Flächen, obwohl traditionelle Elemente der Ästhetik, wie Gärten und Parks, in einem solchen Motiv ganz fehlen.
Um schnell arbeiten zu können, wurden schwarze, weiße und braune Contékreiden zusammen mit Kohle verwendet.

Schritt 1: Aus einem hoch gelegenen Blickwinkel erscheinen Straßen, Häuser und andere architektonische Elemente als einfache Formen. Fangen Sie die Zeichnung mit den Hauptlinien der Gebäude in Kohle an und vereinfachen Sie die Linienstruktur so weit wie möglich.

Schritt 2: Mit schwarzer und weißer Contékreide tragen Sie die dunkelsten und hellsten Töne ein. Da Sie die Zeichnung mit schwarzer Kreide überarbeiten sollen, betonen Sie mit der braunen Contékreide die wichtigsten Kurven und Flächen.

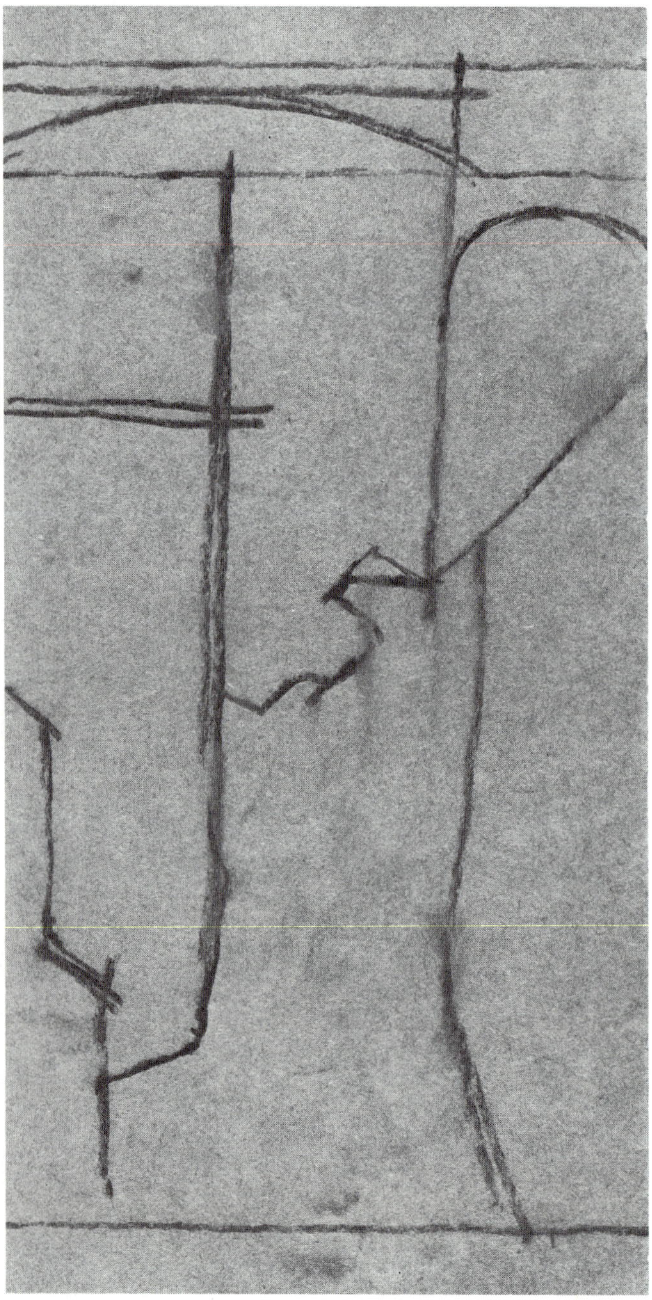

Schritt 1

Schritt 2

Schritt 3: Nun arbeiten Sie die Mitteltöne heraus und setzen Details ein, wie die dunklen Fenster, die Dachfirste und andere Strukturen. Arbeiten Sie mit Linie und Tonwerten und versuchen Sie, Ihrer Zeichnung genügend Tiefe zu geben.

Schritt 4: Vervollständigen Sie die Zeichnung, indem Sie die Tonwertkontraste verstärken und weitere lineare Details eintragen. Versuchen Sie schnell zu arbeiten, ohne die genaue Formgebung zu vernachlässigen. Deuten Sie mit der braunen Contékreide rote Ziegeldächer an.
Denken Sie daran, daß in einer solchen Ansicht die Formen der Häuser die wesentlichen Anziehungspunkte für die Wahrnehmung sind. Die wenigen Details sollen dem Betrachter nur vermitteln, daß es sich um eine Straßenszene handelt.

Schritt 3

Schritt 4

Tonwert-Variationen

Eine Zeichnung in Tonwerten kann die Illusion von Tiefe und Raum schaffen und ebenso Licht-und-Schatten-Muster wiedergeben. Eine Schwarzweißfotografie ist eine gute Erinnerungsstütze für Tonwerte. Aber weder das eine noch das andere kann natürlich mit der visuellen Realität gleichziehen. Auch die Farben der Palette können nicht den Reichtum der Hell-Dunkel-Töne wiedergeben. Man braucht also schon ein gutes Urteilsvermögen, um innerhalb dieser Beschränkungen die reale Welt mit den gegebenen Mitteln richtig und sicher darzustellen.

Ergänzend zu den Tonwerten kann man die Linearperspektive einsetzen, die in Lektion 1 besprochen wurde. Perspektive bedeutet, wie Sie sich noch erinnern können, daß parallele Linien, die vom Betrachter ausgehen, in einem Fluchtpunkt zusammentreffen. Ausgehend von diesen Linien, können die relativen Größen der Gegenstände berechnet werden.

Tonwertabstufungen in Bleistift

Tiefenwirkung in einer Bleistiftskizze durch Tonwerte und Linearperspektive

Machen Sie für jede Farbe eine Tonwertskala und legen Sie diese Skala als Vergleichsmöglichkeit an Ihr Motiv an. Vergleichen Sie zum Beispiel einen dunklen Ton in Ihrem Motiv mit dem dunkelsten Tonwert Ihrer Skala, einen hellen mit dem hellsten Tonwert.
Um Tonwerte festzustellen, schließen Sie halb Ihre Augen, so daß Details verschwinden und alle Farben ihre Intensität verlieren. Dann werden Sie in der Lage sein, angrenzende Flächen ohne Rücksicht auf ihre Farbigkeit nur in Tonwerten zu sehen.
Je mehr Erfahrung Sie gewonnen haben, desto größer wird Ihre Auswahl an Tonwerten sein. Für den Anfänger genügen zunächst drei Tonwerte, dunkel, mittel und hell. Je länger Sie malen, desto mehr Zwischentöne werden Sie brauchen.

Tonwertabstufungen in Kohle

Tiefenwirkung in einer Kohleskizze durch Tonwerte

Kontraste in Farbe und Tonwert für drinnen und draußen

In jeder Komposition spielt die Dichte von Farbe und Tonwert eine wichtige Rolle. Selbst in einem einfachen Fensterausblick überrascht die Reichweite der Kontraste.

Der Kontrast in der Dichte zwischen Innenraum und Außenraum kann stark oder schwach dargestellt werden. Das richtige Gleichgewicht ist entscheidend und wahrscheinlich für dieses Thema das schwierigste Malproblem. Der größte Unterschied im Tonwert besteht sicher zwischen dem dunklen Fensterrahmen und der Landschaftsszene im hellen Tageslicht draußen.

Schließen Sie halb Ihre Augen und schauen Sie das Fenster auf die stärksten Kontraste hin an. Mit weit geöffneten Augen werden Sie weniger Kontraste erkennen.

Auch der Stand der Sonne wird Ihre Arbeit beeinflussen: die Farben, Tonwerte und sogar Formen. Im Sommer fällt das Licht aus einem steilen Winkel und wirft kurze, harte Schatten. Die Wintersonne steht tief am Horizont und überflutet ein Zimmer mit Licht. Die Schatten sind lang und voller Farben.

Gebäude oder Bäume, die gegen direktes Sonnenlicht gesehen werden, erscheinen nur als Silhouetten.

Die Farben können hell oder dunkel sein, ein Grundfarbton im Zimmer kalt und im Freien warm oder umgekehrt. Die formale Strenge und Dichte, eben der Kontrast zwischen innen und außen, entscheidet über eine gelungene Komposition.

Innen kalte, außen warme Farben

Reflektierte Töne

Auch der Tonwert kann vom reflektierten Licht beeinflußt werden. Wenn Sie farbige Gegenstände mit glatten Oberflächen vor einen weißen Karton stellen, können Sie farbige Reflexe sehen. Genauso »färben« leuchtend farbige Gegenstände einen weißen Fensterrahmen.

Die meisten Fensterrahmen sind weiß und werden gegen das Licht gesehen, das von draußen wie von drinnen farbige Reflexe aussendet.

Durch bewußte Übersteigerung oder Verringerung von Farbe und Tonwert lassen sich besondere Wirkungen erzielen. Zunächst sollten Sie jedoch genaue Tonwert- und Farbstudien machen. Das wird Ihnen helfen, die Kontraste der Realität zu erkennen und zu verstehen.

Innen warme, außen kalte Farben

Wir malen eine offene Tür

Ein Blick durch eine offene Tür gibt einen spannungsvollen Kompositionsrahmen ab.

Schritt 1: Stellen Sie Ihre Staffelei so auf, daß Sie genug von der Tür und der Innenwand, aber auch von der Szene vor der Tür sehen können. Zeichnen Sie leicht die Hauptlinien ein. Teilen Sie die großen Flächen in Felder ähnlicher Grau- und Weißtöne auf. In diesem Beispiel ist die Wand mittelblau gehalten. Die blaue Lavierung wurde auch für den Rest der Komposition verwendet.
Fangen Sie mit einer einfachen Tonwertstruktur, wie in früheren Studien mit Tuschelavierung, an. Sie können diese Studien an Ihre Atelierwand heften, um noch einmal den Arbeitsvorgang nachzuvollziehen.

Schritt 2: Tragen Sie die Begrenzung des Türblatts mit einer Lavierung von Hellgrau ein. Für die Formen vor der Tür verwenden Sie ein sehr helles Grün, das Sie in einfachen Farbflächen anlegen. Lassen Sie die hellsten Stellen ungemalt, damit das Weiß des Papiers Lichthöhungen abgeben kann. Wenn Sie die hellen Felder festgelegt haben, tragen Sie die Lavierung für die Zwischentöne auf.

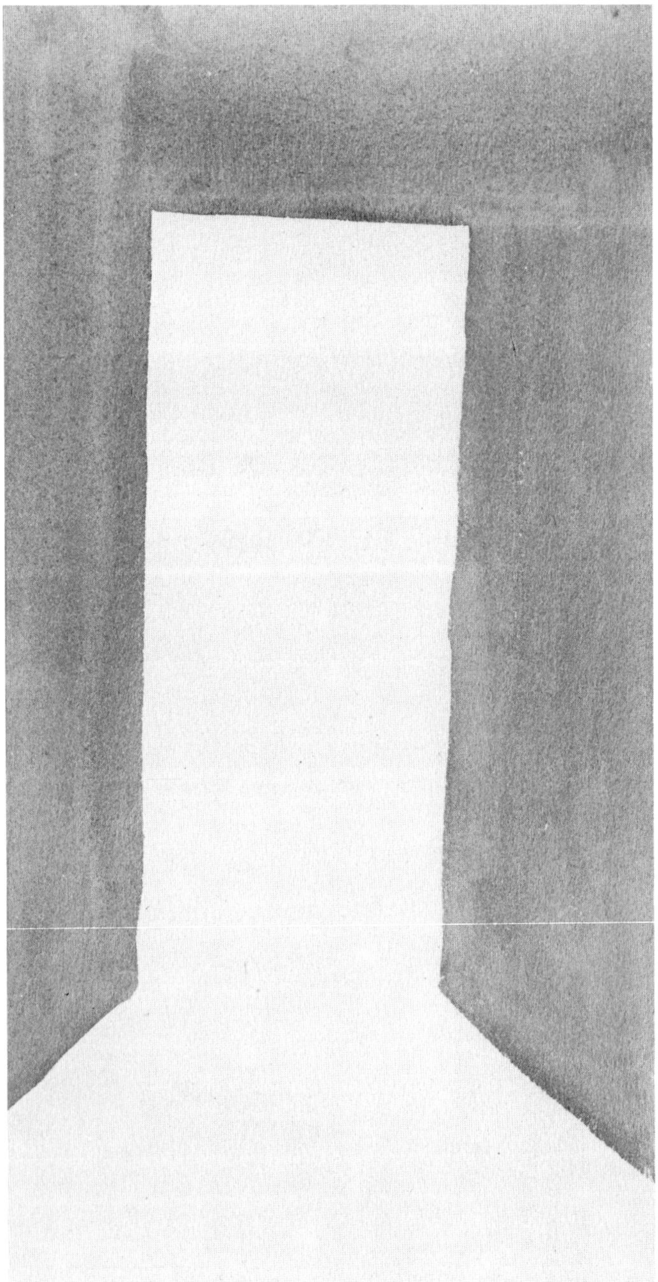

Schritt 1

Schritt 2

Schritt 3: Legen Sie eine zweite Lavierung über die Rahmung und die Innenwand. Zeichnen Sie Details für die Außenszene ein. Für die Bäume mischen Sie ein warmes Grün aus Gelb und Chromoxidgrün feurig. Für das Gras mischen Sie ein helleres Grün aus, das im Ton zwar heller als das Grün der Bäume ist, aber von der gleichen Intensität wie das Blau für den Innenraum.

Schritt 4: Viele der Probleme, die bei der Verbindung von Innen- und Außenräumen auftauchen, entstehen auch bei anderen Motiven: Kontraste in Tonwerten, Textur und Formen; einfache Farbflächen gegen komplexe Formen; Hell gegen Dunkel. Betrachten Sie Ihr Motiv sehr kritisch und entscheiden Sie sich dann über die beste Vorgehensweise. Versuchen Sie das Interieur und den Ausblick durch eine Reihe von Bindegliedern zusammenzuführen. Der Boden oder die Wand können nach draußen führen. Der eingerahmte Innenraum kann auch als Folie für die größere Tiefe der Außenansicht dienen.

Schritt 3

Schritt 4

Schritt 5: Je weiter weg der Boden von Ihrem Ausgangspunkt führt, desto heller wird er erscheinen. In unserem Beispiel wurde dieser allmähliche Übergang von Hell zu Dunkel mit einer hellroten Lavierung erzielt, die immer stärker mit Wasser ausgewaschen wurde, bis nur noch das weiße Papier an der Schwelle der Tür übrigblieb. Vielleicht fällt Ihnen dieser Arbeitsvorgang leichter, wenn Sie das Papier umdrehen und vom Hellen ins Dunkle arbeiten.
Gehen Sie immer sicher, daß das Papier völlig trocken ist, bevor Sie weiterarbeiten. Größere Lavierungen können ruhig etwas zusammenfließen. Details müssen dagegen gestochen scharf herauskommen.

Schritt 6: Nun setzen Sie einige Details ein, die dem Bild Atmosphäre und Textur geben sollen. Zeichnen Sie die Türfüllung ein und arbeiten Sie die Schatten und Formen der Bäume heraus. Lassen Sie weiße Flächen stehen, um den Himmel anzudeuten. Schatten auf beiden Seiten der Wand und ein Tisch mit Blumen in einer Vase unterstreichen die Stimmung des Innenraums.

Schritt 7: Zwischen innen und außen sollte ein ausreichend großer Kontrast in den Tonwerten entstanden sein. Betrachten Sie Ihr Motiv noch einmal ganz genau und fügen Sie dann feine Details mit der Spitze des Pinsels oder mit kleinen Farbtupfen ein. Das Bodenmuster, die Steinquadern draußen, die Blätter der Bäume und die zusätzliche Pinselzeichnung geben Ihrem Bild eine deutliche Bewegung in die Tiefe des Raumes.

Schritt 5

Schritt 6

Schritt 7

Asymmetrische und symmetrische Einrahmung

Einer der interessantesten Aspekte unseres Innen-Außen-Themas ist die Rahmung des Motivs durch Tür- oder Fensteröffnungen. Die Idee der Rahmung kann sich aber auch auf Motive beziehen, die ganz im Freien zu sehen sind. Scheinbar zieht eine solche Komposition unseren Blick an, da eine Rahmung das Bild als Ganzes harmonisch abschließt.

Beispiel 1: Die symmetrische Rahmung ist ein sehr alter und vielseitig angewandter Trick des Menschen. Dieser frühe Holzschnitt aus dem Mittleren Osten ist fast ganz symmetrisch aufgebaut, umrahmt von zwei sich ähnelnden Standarten. Auch die zwei fauchenden Tiere befinden sich in fast identischer Haltung.

Beispiel 2: Auf dem persischen Siegel ist ein komplizierteres Bildmuster zu sehen. Die Palmen auf beiden Seiten sind fast identisch, aber nicht gleich groß. Über dem Hauptmotiv schwebt genau in der Mitte ein fast symmetrischer Vogel-Gott.

Beispiel 1

Beispiel 2

Beispiel 3

Beispiel 3: In der westlichen Malerei haben wir fast jede Variante des gerahmten Bildes kennengelernt. Die Skizze von Piranesi zeigt, wie die Wiederholung von relativ einfach gebauten Säulen und Bögen den Eindruck architektonischer Größe vermitteln kann.

Beispiel 4: Die kleine Skizze der in einer Küche arbeitenden Frau zeigt, wie eine dominante Figur der Bildkomposition Halt und Struktur geben kann.
Die außerhalb des Zentrums liegende, senkrechte Linie auf einer Bildseite wurde zusammen mit einer betonten, waagrechten Linie (hier gebildet von der Stuhllehne und der Oberkante des Tuchsiebs) eine beliebte Kompositionsmethode seit dem 19. Jahrhundert. Dagegen verlor das klassische, rein symmetrische Muster an Bedeutung.
Trotzdem haben Sie gesehen, daß jede Art von Rahmung dem Auge behilflich ist, die Bildteile »zusammenzuziehen« und ein angenehmes, zufriedenstellendes Bild zu zeigen.

Beispiel 4

Eine Übung zur Einheit in der Farbgebung

Am einfachsten versteht man die Einheit der Farbgebung, das Vorherrschen warmer oder kalter Farben in einem Bild, durch Vergleiche.

Malen Sie drei einfache Studien desselben Motivs unter verschiedenen Bedingungen. Nun vergleichen Sie die drei Skizzen, und Sie werden sofort die unterschiedliche Farbgebung, zu der Sie die wechselnden Tageszeiten und die sich ändernden Lichtverhältnisse geführt haben, feststellen.

In diesen Arbeitsskizzen sollten Sie sich nicht auf Details konzentrieren, sondern vielmehr auf die Kompositionsanlage aus großen Farbflächen und in einer begrenzten Farbenskala. Das Ziel dieser Übung ist, zu empfinden, was in einem Motiv wichtig ist. Je einfacher und direkter der Zugang zum Motiv ist, desto überzeugender wird die Gesamtwirkung ausfallen.

Gehen Sie bei dieser Arbeit nach zwei Grundregeln vor: 1. Halten Sie Ihr Bild so einfach wie möglich. Ein kompliziertes Bild aus einem schwierigen Motiv zu machen, führt nur zu einem Wirrwarr.

2. Arbeiten Sie nicht zu lange an einem Bild. Da sich das Licht dauernd ändert, müßten Sie andauernd Bildteile übermalen und damit die Harmonie der Komposition zerstören. Arbeiten Sie jeweils nur für einen kurzen Zeitraum, jeden Tag zur selben Zeit, um Ihr Motiv unter wechselnden Bedingungen zu sehen.

Blick aus einem Fenster bei Nacht

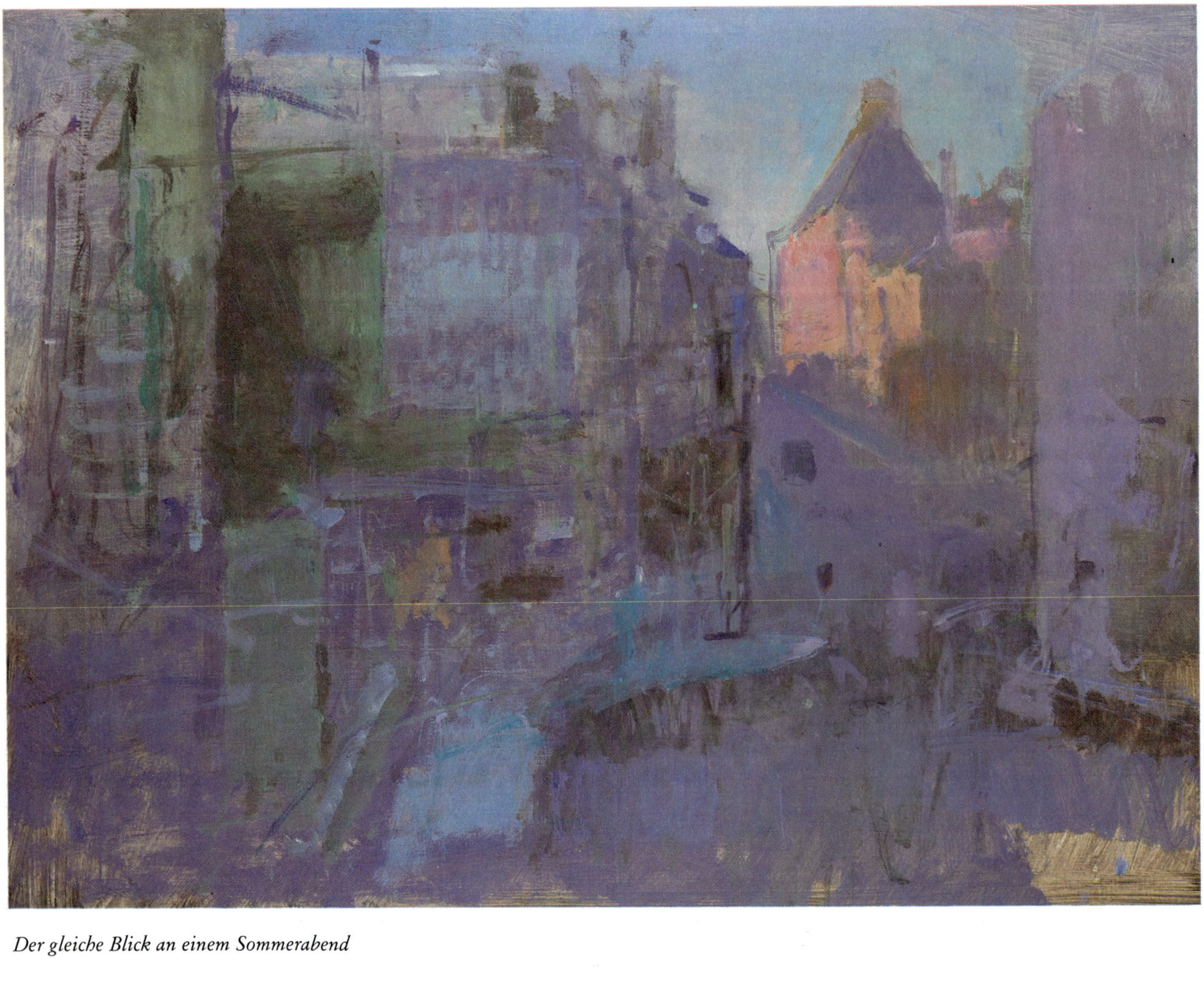

Der gleiche Blick an einem Sommerabend

Diesmal früh am Morgen gemalt

Persönlichen Stil in der Ölmalerei entwickeln

Spätestens jetzt werden Sie wohl festgestellt haben, daß meine Arbeit von der meiner Kollegen sehr verschieden ist.

Dieser Stil hat sich bereits nach wenigen Jahren konsequenter Arbeit in den verschiedenen Medien entwikkelt. Ich erwähne das hier, weil Sie diese Übung als eine erste längere Ölstudie angehen sollen. Ich brauchte über einen Monat, um dieses Bild von der ersten Idee bis zu der Version auf den nächsten Seiten auszuarbeiten, und ich werde sicher noch die nächsten zwei Jahre daran weiterarbeiten. Ölmalerei würde ich ungeduldigen Schülern nicht leichten Herzens empfehlen.

Auch Ihr Stil wird sich ähnlich langsam entwickeln und wird über die Jahre auch Schwankungen unterlegen sein. Ein eigener Malstil hat an sich weniger mit technischen Fertigkeiten als mit einem größeren Verständnis und künstlerischer Sensitivität zu tun.

Über den ganzen Kurs leiten wir Sie an, verschiedene Motive, Malmittel und auch Stile auszuprobieren. Deshalb haben wir auch Beispiele anderer Künstler in das Buch aufgenommen. Einmal auch auf andere Stimmen zu hören, kann für einen am Anfang stehenden Maler von großem Nutzen sein.

Die Übung

Der Ausblick durch die Tür meines Ateliers auf den Balkon bot den Sommer über ein unwiderstehliches Bild. Drinnen ist alles gedämpft und farbenreich, draußen ist Sonne, Luft, ein Gefühl der Freiheit.

Ich verwendete dieses Motiv sehr oft, so daß ich genau wußte, wo ich meine Staffelei hinzustellen hatte. Nur der Tisch als Ergänzung machte Probleme.

Auf Seite 207 habe ich den Tisch in verschiedenen Techniken gezeichnet. Der Bambustisch gab der Komposition den richtigen Akzent, aber ich war noch unsicher, wie er im Bild wirken würde. Die ersten Skizzen machte ich nur in linearen Umrissen und in den Tonwerten. Die nächste Skizze (rechts) zeigt den Tisch am richtigen Platz vor dem Fenster. Mit Kohle betonte ich die von Licht und Schatten erzeugten Muster.

In der Abbildung auf der rechten Seite begann ich direkt auf die Leinwand zu malen. Als Untermalung nahm ich eine Mischung aus Siena natur und Umbra. Darüber lavierte ich die Zimmerwände in schnellen, großen Pinselzügen mit verdünnter brauner Farbe, um die gerahmte Tür und das Seitenfenster herauszuholen.

Auf Kunstschulen kann man mit den Kollegen und Lehrern über die Entwicklung der Arbeit sprechen und Erfahrungen sammeln. Wenn man dagegen zu Hause arbeitet, kann die Einschätzung der eigenen Arbeit oft Schwierigkeiten bereiten. Aus diesem Grund haben wir Ihnen auch empfohlen, Kunstgalerien und Museen zu besuchen. Wenn Sie gelernt haben, mit den Bildern in einen Dialog zu treten, wird für Sie jede Skizze eine Erfahrung sein und jede große Studie eine Fundgrube des Wissens um Malerei.

Trotzdem bleibt das Problem, daß Sie mit anderen Malern so schnell nicht ins Gespräch kommen werden. Wir haben natürlich versucht, möglichst alle auftretenden praktischen Fragen zu berücksichtigen und passende Antworten anzubieten. Auch aus diesem Grund haben in diesem Buch drei Lehrer ihre Meinungen zu den technischen Problemen der Malerei und ihre angebotenen Lösungen zusammengestellt.

Während der letzten sechs Lektionen haben Sie Ihre Umwelt betrachtet und, wie wir hoffen, in Bewegung, Zeichnung und Malerei umgesetzt und schließlich über Ihre Arbeit nachgedacht.

Wenn Sie sich selbst gegenüber ehrlich und kritisch genug waren, wird das viele Ihrer Fragen beantworten, auch ohne daß Sie sich mit anderen austauschen konnten.

Nach dem Trocknen der ersten Lavierung arbeitete ich an den Bäumen und dem Balkon (siehe unten).

Als die Sonne hereinschien, malte ich die Farben auf dem Waldstück, dem Balkonboden und dem Geländer in helleren Tönen, indem ich Weiß und Gelb zufügte. Als vertikale Linie betonte ich die Dachstütze anstatt den Baum. (In der Skizze ist das besser zu erkennen.)

Die Dachstütze und das Geländer gaben eine angenehme geometrische Form inmitten der unregelmäßigen Pinselstriche ab. In dem fertigen Bild auf der rechten Seite hat die Innenwand einen grauen Farbton angenommen und zeigt auch sonst wenig Details.

Nach und nach zeichnete ich dann die Bäume ein, erst die groben Formen in Grün, dann die Blätter mit feineren Strichen in Hellgrün. Ich kann nicht oft genug wiederholen, daß man immer wieder einige Schritte von seinem Ölbild wegtreten muß, um die Wirkung auch noch der kleinsten Pinselstriche zu kontrollieren.

Schließlich setzte ich die letzten Striche für den Schatten des Geländers und die lebhaften Farben der Blumen.

Zum Vergleich mit einer ganz anderen Vorgehensweise an ein ähnliches Ausblickmotiv schauen Sie sich noch einmal das Bild auf Seite 216 an. Dieses Bild malte ich vor zwanzig Jahren. Obwohl die Technik akademischer ist, hoffe ich doch, daß Sie die Beschäftigung des jungen Künstlers mit Licht und Textur erkennen. Auf der Truhe liegt mein damaliges Lieblingsstück für Stilleben – der Schädel eines Schafes.

In einem Geschäft

Der Blick nach draußen muß für den Künstler nicht bei Fenstern und Türen enden. Versuchen Sie einmal andere, ungewöhnliche Motive und Blickpunkte zu finden.

Ein echter Abenteurer könnte aus einem Fesselballon heraus die Landschaft unter sich durch die Halteseile malen. Ein anderer Maler könnte aus einer Höhle herausschauen und die Grasbüschel, Farne und Sträucher draußen zum Motiv erklären. Der seßhafte Maler wird jedoch genauso viele, frische Einfälle sammeln, wenn er ganz bequem in einem Laden sitzt und durch das Schaufenster die Außenwelt betrachtet.

In den beiden Beispielen auf diesen Seiten bilden die Regalstützen im Schaufenster einen zusätzlichen geometrischen Rahmen für die Straßenszene. Einige Figuren, die in den Laden hineinschauen und die Vasen und Schalen betrachten, sind mitgezeichnet worden.

Die Verwendung ungewöhnlicher Blickpunkte ergibt oft ein starkes, künstlerisches Ergebnis. Aus diesen Arbeitsskizzen lassen sich später ohne weiteres große Bilder ableiten.

Das Licht drinnen und draußen

Schon in früheren Übungen haben Sie bemerkt, wie sehr das Wetter die Lichtverhältnisse in einem Arbeitsraum beeinflussen und Ihre Malerei verändern kann. Wenn Sie aus dem Fenster schauen, ist dieses Phänomen noch deutlicher.

Im ersten Beispiel rechts oben fällt Mondlicht in das Atelier und läßt gerade noch einige Möbelstücke erkennen. Der geisterhafte Eindruck wird noch durch die senkrechten Linien, die Höhe andeuten und sehr geheimnisvoll aussehen, verstärkt. Sie können in ähnlicher Weise auch versuchen Ihre Zimmer zu ändern und die Lichteinwirkung mit ein wenig künstlerischer Freiheit einsetzen.

Im mittleren Beispiel fällt Sonnenlicht durch ein großes Fenster, beleuchtet die ganze Ecke, schafft dunkle Schatten unter der Fensterschwelle und läßt sogar die satten Grüntöne im Garten zu einem fahlen Gelb verblassen.

Darunter sehen Sie zwei Studien eines Zimmers, eine in Rosa, die andere in Blau. Beide Abbildungen sind eigentlich nur Farbübungen, und doch werden Sie sofort den emotionellen Unterschied im Farbwechsel bemerken. Das Zimmer in Rosa scheint von einem hellen Morgenlicht durchflutet zu sein, und die Details heben sich klar und deutlich ab.

Das blaue Zimmer sieht dagegen dunkel und schattig aus. Der Tisch in der Ecke ist fast nur noch ein Schemen. Es scheint später Abend zu sein, während der Garten im Freien noch hell beleuchtet ist.

Hier auf dieser Seite sehen Sie noch zwei Bilder mit ganz unterschiedlicher Lichteinwirkung. Es scheinen völlig voneinander unabhängige Bilder zu sein, und in der Tat sind es diesmal auch zwei ganz verschiedene Bilder.

Die kleinere Abbildung zeigt die erste Skizze in Grün- und Weißtönen über der Untermalung mit Umbra natur. Der Stuhl ist nur einskizziert und sein Schatten in Blau und Violett schnell angelegt. Die größere Abbildung stellt eine ausgearbeitete Skizze dar. Da ich abends daran arbeitete, verblaßten die Grüntöne zu Malve, und die Wände bleichten zu kühlen Weiß- und Grautönen aus.

Versuchen Sie ein Motiv am Morgen, am Nachmittag und am Abend zu malen oder zum Beispiel an einem schönen Sommertag, an einem wolkigen, verhangenen Tag und bei Regenwetter zu malen. Beschränken Sie sich auf die Hauptformen und machen Sie sich Tabellen mit den Komplementärfarben, um das Gleichgewicht der Farbgebung zu überprüfen. Ganz nützlich sind auch schnelle Notizen von wechselnden Lichtverhältnissen in Ihrem Skizzenbuch. Ein graues, verhangenes Wetter beeinflußt das farbige Gleichgewicht Ihres Motivs sehr deutlich, Grau-, Blau- und Malvetöne werden, sogar im Haus, verstärkt.

Blick aus einem Gewächshaus

Ein Raum mit mehr als einer Lichtquelle zeigt ein interessantes Zusammenspiel von Farbe und Tonwert. Die Wand, in die das Fenster eingelassen ist, kann von innen beleuchtet sein, vielleicht sogar von einem anderen Fenster. Der untere Teil eines Fensters kann im Licht liegen, so daß der Ausblick halb im Licht, halb im Schatten ist.

Auch Gewächshäuser bieten ähnliche Licht-und-Schatten-Wirkungen. Aufgrund ihrer Lage in einer Landschaft oder einem Garten sind Treib- und Gewächshäuser dankbare Motive für das Innen-Außen-Thema, mit zahllosen Problemen für Licht, Farbe und Tonwert.

Eine Veranda- oder Glastür, die sich auf einen Garten oder ein Gewächshaus öffnet, ist natürlich eine bessere Verbindung von innen und außen als ein Fenster.

Schritt 1

Schritt 1: Zeichnen Sie die Umrisse des Gewächshauses leicht mit Bleistift vor. Mit Kohle skizzieren Sie die Pflanzen im Vordergrund. Der Unterschied in der Strichstärke gibt der Zeichnung sofort Tiefe.

Schritt 2: Mit einer mittelgrauen Lavierung aus verdünnter schwarzer Tusche tragen Sie das Dach des Gewächshauses und die Fensterrahmen ein. Dieser Tonwert soll den mittleren Abstand anzeigen und muß deshalb heller als der Tonwert für die Pflanzen sein.

Schritt 3: Nun arbeiten Sie mit dem Bleistift an der Szene, die man durch die Gewächshausfenster sieht. Halten Sie den Strich ganz leicht und heller als die Lavierungen. Fügen Sie noch einige Details für die Pflanzen im Vordergrund zu.

Schritt 2

Schritt 3

Schritt 4: Zum Abschluß arbeiten Sie noch etwas weiter an den Details im Hintergrund, zeichnen Figuren und Texturen für Bäume und andere Dinge ein. Denken Sie daran, daß die Pflanzen im Vordergrund den größten Detailreichtum benötigen. Schatten und Lichthöhungen ergänzen die Skizze. Das Größenverhältnis zwischen Vorder- und Hintergrund wird hier allein von dem Kontrast zwischen linearer Zeichnung und Tonwertlavierung bestimmt.

Schritt 4

Heller Innenraum und dunkler Außenraum

Diese Übung zeigt Ihnen die Umsetzung eines beleuchteten Innenraums vor einem nachtdunklen Außenraum. Solche Arbeitsbedingungen geben uns Gelegenheit, gewohnte Gegenstände auf ungewöhnliche Weise wiederzugeben, als Silhouetten oder Schatten zum Beispiel. Hell beleuchtete Kanten genügen dann schon, um die Form eines Stuhls oder einer Schale anzugeben. Der deutliche Unterschied in Helligkeit und Dunkelheit bietet auch aufregende Farbkontraste an: Künstliches Licht beleuchtet einen Innenraum in warmen Gelb-, Rot- und Brauntönen, während draußen kühle Violett-, Blau- und Indigotöne vorherrschen.
Die hier abgebildeten Zeichnungen übertragen diese Atmosphäre in Pastelltöne. Das Zimmer und der Ausblick sind auf wenige Grundformen und Grundfarben beschränkt. Durch die Verwendung des schwarzen Papiers sind die dunkelsten Stellen schnell eingesetzt. Der Tonwert aller anderen Farben bezieht sich außerdem auf diesen schwarzen Untergrund.

Schritt 1: Zeichnen Sie zunächst die wichtigsten waagrechten und senkrechten Linien als Gitter für die richtige Stellung der Gegenstände ein. Die Komposition ist nicht ganz symmetrisch.

Nun zeichnen Sie die Gegenstände in einfachen Formen ein und verwenden Sie die Negativformen zur Überprüfung der richtigen Proportionen.

Schritt 2: Entwickeln Sie die Farben im Innenraum. In dieser Zeichnung wurde die Fensterwand in Gelb gehalten. Legen Sie zugleich die hellsten Stellen fest, z. B. der Lampenschirm und die Gegenstände direkt an der Lichtquelle. Arbeiten Sie an dem Fensterausblick und den komplizierten Details, wie dem Brotkorb.

Schritt 3: Alle Farbtöne wurden in Beziehung zur Dunkelheit draußen gebracht. Die Details sind ausgearbeitet und der Blick aus dem Fenster durch einige helle Stellen angedeutet. Reflexe und Lichter auf den Tassen, Tellern und der Tischplatte verstärken den Eindruck eines nächtlichen Ausblicks aus einem warmen, beleuchteten Innenraum.

Schritt 1

Schritt 2

Schritt 3

Weitere Übungsvorschläge

Sicher werden Ihnen noch viele andere Bildideen mit einer Rahmenkomposition einfallen. Wir machen Ihnen noch drei Vorschläge in verschiedenen Techniken und Malmitteln.

Ein Selbstbildnis im Spiegel ist zwar eine einfache und traditionelle Malübung, aber trotzdem sehr wirkungsvoll. Diese Bild-im-Bild-Komposition erinnert an viele bekannte Bilder mit dem Thema Künstler und Modell. Aber auch für Sie ist dieses Thema geeignet. Nehmen Sie Ihr Skizzenbuch und setzen Sie sich vor einen hochformatigen Wandspiegel. Falls der Spiegel leicht geneigt ist, haben Sie noch eine bessere Übersicht über das gespiegelte Zimmer.

Achten Sie darauf, daß die Lichtreflexionen im Spiegel Ihre Sicht nicht behindern. Versuchen Sie einmal eine leicht geneigte Kopfhaltung, wobei Sie nicht direkt in den Spiegel schauen, sondern leicht unter den Augenbrauen hervor.

Die hier wiedergegebene Skizze wurde mit Feder und Tusche gezeichnet. Die Tonwerte sind schraffiert. Wenn Sie lieber ein anderes Medium benutzen wollen, versuchen Sie Contékreide oder einen sehr feinen Aquarellpinsel und Aquarellfarben, aber nicht Kohle. Damit werden Sie Schwierigkeiten bei der Wiedergabe der Reflexionen haben.

Wenn Sie mit dieser Skizze fertig sind, machen Sie einmal eine Version in Kohle oder Tuschelavierung, die ganz anders ausfallen wird. Schauen Sie sich dazu die beiden Zeichnungen auf den Seiten 230–231 an, um Ihre Kenntnisse über Tonwertvariationen wieder aufzufrischen.

Dieses ruhige Bild eines Innenhofes ist die Arbeit eines unbekannten spanischen Malers aus dem frühen 20. Jahrhundert. Der Bogen im Hintergrund überspannt die gesamte Komposition und gibt ihr einen Ausdruck von Geborgenheit und Intimität.

Das ist ein Beispiel für einen realistischen Stil, ähnlich Ihrer Stilleben-Übung mit der Patchworkdecke, der sich natürlich erheblich von den mehr impressionistischen Skizzen im Buch unterscheidet. Solche Skizzen sollten Ihnen nur zeigen, daß ein Malstil auch eine Frage des persönlichen Engagements ist. Was Sie malen, ist unwichtig. Allein wie Sie malen, nämlich sorgfältig und ausdauernd, fördert Ihre Entwicklung als Maler.

Das Gefühl für Tiefe, Textur und Plastizität im Bild erlernen Sie nur durch eigenes Sehen, aber bitte nicht durch den Sucher Ihres Fotoapparates. Das soll nicht die Bedeutung der Fotografie herunterspielen. Aber die Fotografie ist ein ganz anderes Medium mit eigenen Gesetzen, Problemen und Lösungen, die sich nicht so leicht auf die Malerei übertragen lassen, Ihnen also nicht so sehr viel helfen.

Wenn Sie das erste Mal draußen arbeiten, werden Sie vielleicht in Versuchung kommen, den auftretenden Schwierigkeiten aus dem Weg zu gehen. Aber geben Sie nicht auf und gehen Sie alle Probleme mutig an! Das Ergebnis wird sich in der Qualität und Individualität Ihrer Arbeiten zeigen.

Immer wieder müssen wir auch vor Kopien der Abbildungen und Fotos in diesem Buch warnen. Sie dienen nur als Vorschläge, Beispiele, Ideenangebote, zur Inspiration und als Erinnerungsstütze. Sie sollen Ihnen nur behilflich sein, das sehen zu lernen, was Sie eines Tages ohne Hilfsmittel sehen werden. Natürlich können Sie später auch Fotos und Collagen benutzen, um ungewöhnliche Motive festzuhalten, z.B. fremde Landschaften, Trachten oder eine orientalische Stadt. Ganz wesentlich bleibt aber das Studium der dreidimensionalen Gegenstände vor Ihren Augen.

»La Grenouillère« von Monet

Lektion 7
Wir arbeiten im Freien

Diese hauptsächlich praktisch ausgerichtete Lektion führt in das Zeichnen und Malen im Freien ein. Ausblicke aus Fenstern können aufregende Bilder abgeben. Wenn Sie sich aber nur auf den bequemen Blick aus der Wohnung heraus beschränken, wird Ihre Themenwahl doch sehr eng ausfallen.
Viele Menschen haben dazu das Bedürfnis, die freie Natur zu malen, die ja schon durch einen Sonnenuntergang hinter Bäumen intensive, visuelle und emotionelle Erlebnisse auslösen kann. Wenn Sie nicht direkt vor der Natur arbeiten, werden Sie diese Empfindungen nicht umsetzen können. Da unser visuelles Gedächtnis sehr schlecht ist, müssen wir unser Bild ständig mit dem Motiv vergleichen können. Erinnern Sie sich doch einmal, wie schwer es Ihnen (in der Lektion 4) fiel, selbst ein kleines Stilleben aus dem Kopf zu malen.
Bei der Arbeit im Freien sind Sie natürlich den Launen des Wetters genauso ausgesetzt wie den Blicken der Passanten. Sie mögen in Ihr Bild und Ihr Motiv völlig versunken sein, und plötzlich bemerken Sie, daß Sie im Mittelpunkt der Aufmerksamkeit neugieriger Leute stehen, von denen einige vielleicht sogar gutgemeinte Ratschläge erteilen. Auch wenn Sie zunächst Lob wie Tadel überhören, wird Ihnen doch nach einiger Zeit die unbeholfene Frage gestellt, was Sie da eigentlich malen und warum Ihr Bild nicht so aussieht wie »das richtige Ding«.
All das kann natürlich einen Anfänger irritieren und bei der Arbeit stören. Versuchen Sie ruhig und höflich zu bleiben. Denken Sie daran, daß Sie vielleicht eines Tages Ihre Bilder verkaufen wollen und das um Sie gescharte Publikum Ihre Käufer sein könnten!
Auch neugierige Tiere können einen Maler gleichermaßen aus der Ruhe bringen. Hunde und Kühe stellen zwar keine Fragen, schnüffeln aber um Ihre Materialien herum und stören Ihre Arbeit, so daß Sie gezwungen sind, Ihren Standort zu verändern – oder daß Sie gar nur in der Lage sind, lediglich ein paar schnelle Skizzen zu machen und an einem anderen Tag zurückzukehren.
Wegen dieser fast unvermeidbaren Störungen werden Landschaften und Straßenszenen oft nach Studien und Skizzen im Atelier gemalt. Wenn Sie jedoch Constables Skizzen, die er im Freien gemalt hat, mit seinen im Atelier gemalten Bildern vergleichen, werden Sie feststellen, daß man die Spontaneität der Skizzen im Freien im Atelier nicht nachvollziehen kann. Auch wenn Sie vielleicht in der Lage sind, die Komposition, den Bildaufbau, einigermaßen richtig nachzuvollziehen. Missen Sie darum nicht die wertvolle Erfahrung, ein Bild auch im Freien zu vollenden.
Monet schuf sich seine eigene Landschaft, indem er einen grandiosen Garten anlegte, und malte darin seine berühmte Seerosenserie. Doch nicht jeder besitzt einen Garten, und wer einen besitzt, wird ihn nicht ge-

rade zu dem Zweck anlegen, ein besonders geeignetes Motiv für die Malerei jederzeit verfügbar zu haben. Sie können in Ruhe von Ihrem Auto oder Caravan aus malen, müssen aber dann wieder mit einer beschränkten Aussicht rechnen, denn Sie können ja nicht überall parken – selten da, wo Blick in einen Park oder Garten besonders schön ist. Am besten, Sie lernen, sich von unerwünschten Störungen nicht von Ihrer Arbeit ablenken zu lassen.

Die Arbeit im Freien wird Ihren bildnerischen Horizont erheblich erweitern. Einzelne Themen wie Landschaft, Stadtbilder und Seestücke werden später noch genauer besprochen. Alle diese Themen haben ihre speziellen Vor- und Nachteile der Arbeit vor Ort.

Das erste Problem ist so offensichtlich, daß es leicht übersehen wird. Bisher waren unsere Übungen mit Themen beschäftigt, die eine genau definierte Rahmenstruktur hatten: Stilleben, Innenräume, ein Blick durchs Fenster.

Wo fangen Sie aber an, wenn Sie draußen arbeiten? Eine Szene im Freien kann schön und interessant aussehen, plötzlich aber verschwimmen die Grenzen, und Sie wissen nicht mehr, wie Sie diese Szene in ein Bild fassen können.

Die Vorstellung, daß es noch andere, noch malerischere und anziehendere Ansichten geben könnte, ist doch zu verlockend, als daß man ihr widerstehen könnte. Das ist die künstlerische Version des bekannten Sprichworts: Das Gras beim Nachbarn ist immer noch grüner. Am besten, Sie fangen gleich dort an, wo Sie stehen. Machen Sie zunächst einige schnelle Skizzen und verwenden Sie Ihren Bildsucher für die Komposition.

Sie werden bald herausfinden, daß auch scheinbar uninteressante und gewöhnliche Motive ein gutes Bild abgeben können. Es kommt gar nicht so sehr auf das Motiv an, sondern viel mehr darauf, wie ernsthaft Sie sich mit ihm beschäftigen, und auf das, was Sie daraus machen. Eine simple Ecke in einem Garten oder einem Hof, ein Baum und eine Bank – auch daraus können schöne und aufregende Bilder entstehen.

Um eine geeignete Komposition auszumachen, kann es auch hilfreich sein, durch den Sucher eines Fotoapparates zu schauen. Der konzentrierte Blick auf das eingerahmte Motiv kann sehr hilfreich und überzeugend wirken.

Ein ähnliches Problem ist es, einen geeigneten Vordergrund zu finden. Sobald Sie einmal Ihre Staffelei draußen aufgestellt haben, wird Ihnen alles in einiger Entfernung vorkommen. Und wenn Sie an einen Gegenstand herangehen, scheint er Ihnen die Sicht zu versperren, ein Phänomen, das wir später noch besprechen werden.

In den ersten Übungen waren Ihre Bildgegenstände klar definiert und sauber voneinander getrennt. Auch das wird sich ändern. Die Linien in einer Landschaft neigen dazu, besonders in der Ferne, zu verschwimmen. Außerdem ist die Form einer Pflanze oder eines Baumes manchmal wesentlich schwieriger zu zeichnen als ein Krug oder ein Stuhl. Sie müssen sich noch mehr um die Form und Struktur bemühen.

Motive im Freien haben auch kaum ganz deutlich unterscheidbare Farben. Einige Ansichten scheinen nur aus Grüntönen zu bestehen. Sie werden Kontraste aus den Tonwerten und den warmen und kalten Bereichen einer einzigen Farbe herstellen müssen.

Das Licht wird sich andauernd ändern und schwer zu fassen sein. Dunst in der Ferne kann Ihnen das Ausarbeiten klarer Umrisse erschweren; mal ist das Sonnenlicht klar und hart, in der nächsten Minute kann eine dünne Wolke alles weicher beleuchtet erscheinen lassen. Schatten wandern weiter, und Wolken werden vom Wind weggeblasen.

Sie sehen, die Arbeit im Freien wirft viele neue Probleme auf, bringt aber auch viel mehr Spaß, vorausgesetzt Sie sind in der Lage, sich den neuen Umständen anzupassen. Das heißt zunächst schon, daß Sie sich physisch anpassen können – denn Sie sind ja dem Wetter direkt ausgesetzt. Aber auch psychisch kann Ihre Standfestigkeit geprüft werden.

Eine besondere Ausrüstung

Einige Maler nehmen nur Bleistifte und Skizzenblock ins Freie mit, andere benötigen ein Auto, um die gesamte Atelierausrüstung zu transportieren. Für die ersten Übungen sollten Sie sich nicht zu weit vom Haus entfernen. Für den Anfang reicht Ihr eigener Garten oder ein nahe gelegener Park aus. Wenn Sie auf dem Land leben, gehen Sie auf das nächste Feld oder auf einen Bauernhof. Planen Sie alles gut vor und nehmen Sie Ihre Sachen in einer leichten Tragetasche mit.
Eine zusammenklappbare Feldstaffelei ist für die Arbeit im Freien sehr praktisch. Es gibt davon viele Sorten in Metall oder Holz und komplizierte Ausführungen mit Ablagen und Halterungen für Palette und Malkasten. Suchen Sie sich eine leichte, aber gut verarbeitete Staffelei aus. Sie soll einfach zu zerlegen und zu tragen, aber auch so robust sein, daß nicht schon ein kleiner Windstoß sie umwerfen kann. Es ist immer ratsam, einen schweren Gegenstand, wie Ihre Tragetasche z. B., mit einer starken Kordel unter der Staffelei aufzuhängen, um sie standfester zu machen. Auch mit Metallpflöcken können Sie Ihre Staffelei befestigen (siehe S. 283).
Ebenso brauchen Sie einen leichten, aber stabilen Malschemel. Falls Sie im Stehen malen wollen, können Sie auf diesen Schemel Ihre Malsachen ablegen.
Das nötige Wasser für Aquarell- oder Acrylmalerei transportieren Sie in einem verschraubbaren Glas oder einem Kanister. Sie sollten genügend Vorrat mitnehmen, damit Sie das Malwasser gelegentlich erneuern oder die Pinsel gründlicher auswaschen können. Achten Sie darauf, daß die Transportgefäße ganz sauber sind. Irgendwelche Rückstände im Wasser verderben Ihre Pinsel und Papiere.
Tragevorrichtungen für nasse Ölbilder sind im Fachhandel erhältlich, können aber auch selbst hergestellt werden. Stecken Sie an den Ecken Ihres Bildes Korken mit Nadeln fest. Wenn Sie Holz als Malgrund benutzen, bohren Sie zu Hause kleine Löcher durch die Ecken. Die Korken dienen als Stützen für ein Stück Karton in der Größe Ihres Bildes, das zum Schutz darübergelegt und mit dem Bild zusammengebunden wird.
Viele sonst gut ausgerüstete Anfänger marschieren in die Landschaft, als gingen sie zum Sonnenbaden. Unterschätzen Sie es nicht, was es heißt, stundenlang in der Sonne zu stehen und zu malen (und dabei, wenigstens am Anfang, eine weiße Leinwand, ein weißes Papier vor Augen zu haben). Denken Sie an einen Sonnenschirm – der vor allem auch auf Ihre Staffelei Schatten werfen soll! Wenn es draußen so warm und sonnig ist, daß man in der Sonne liegen kann, brauchen Sie sich natürlich nicht für einen Regensturm anzuziehen. Aber auch sonniges Wetter kann sich schnell ändern, und Sie sind vielleicht den ganzen Tag im Freien. Noch dazu sitzen oder stehen Sie und sind dabei dem Wetter mehr ausgesetzt, als wenn Sie in der Wiese liegen.
Nehmen Sie also für alle Fälle eine wetterfeste Jacke und einen warmen Pullover mit. Ein Problem wird erst der Herbst oder gar der Winter. Wenn Sie dann unbedingt draußen malen wollen, sollten Sie warme weite Kleidung anziehen. Dann sind allerdings auch Handschuhe notwendig für die Zeit, wenn Sie ein Motiv suchen oder Ihr Bild nachher überprüfen.
Wie immer das Wetter auch wird, ist es auf jeden Fall vernünftig, etwas zu essen und zu trinken mitzunehmen. Sonst könnte es Ihnen passieren, daß Sie eine spannende Arbeit im Stich lassen müssen, weil nagender Hunger oder heftiger Durst Sie überfällt.
Vielleicht kommen Ihnen diese Überlegungen witzig oder überflüssig vor. Doch schon viele Möchtegern-Künstler haben erfahren, daß ein Ausflug ins Freie ohne sorgfältige Planung zu einem bitteren Härtetest ausarten kann.

Wir beginnen mit der Arbeit

Jedes Motiv kann subjektiv oder objektiv betrachtet werden. Sie allein entscheiden, ob Sie das, was Sie sehen, ganz genau wiedergeben wollen, oder ob Sie mit Ihrem Motiv bestimmte Gefühle oder eine Atmosphäre vermitteln wollen. Diese Frage stellt sich besonders dringlich, wenn Sie draußen innerhalb einer begrenzten Zeitspanne arbeiten.
Sie müssen sich auch überlegen, ob Sie vorerst nur Skizzen und Farbnotizen machen wollen oder ob Sie eine abgeschlossene Arbeit nach Hause mitnehmen. Ihre Vorgehensweise wird auch Ihr Ergebnis bestimmen. Deshalb sollten Sie schon vorher im klaren sein, was Sie tun wollen und warum.
Aquarellmaler, die draußen arbeiten, versuchen meistens vollständige Bilder zu malen oder zumindest interessante, ausgearbeitete Skizzen fertigzustellen. Das ist wohl auch der beste Weg, um die Frische und den Charakter des Motivs festzuhalten. Natürlich ist das nicht immer so einfach, wie es scheint. Selbst erfahrene Künstler mögen den ganzen Tag arbeiten und stellen trotzdem fest, daß sie nicht das gewünschte Ergebnis erreicht haben.

Beispiel 1: Die erste Studie wurde in Bleistift angefangen und mit farbigen Stiften und Kohle weiter ausgearbeitet. Zum Schluß wurde schwarze Tusche benutzt, um die Kiesel am Strand und die gekräuselte Wasseroberfläche wiederzugeben.

Beispiel 2: Hier wurde mit verdünnter brauner Tusche und einem dicken Pinsel eine Tonwertstudie gemacht. Lineare Eigenschaften und Texturen wurden vernachlässigt, um die ganze Aufmerksamkeit auf die Licht- und Schattenflächen sowie auf den Kontrast zwischen der Formenvielfalt im Vordergrund und der Formenschlichtheit im Hintergrund zu lenken.

Beispiel 3: Diese Studie sammelt die in den vorigen Skizzen gewonnenen Informationen und ergänzt sie durch Beobachtungen der Farbe. Mit blauen und graubraunen Lavierungen wurde die Farbdichte der See und des Strandes abgebildet.

In der Skizze auf dieser Seite unten wurden Linien, Tonwerte und Farben zu einem sehr detailreichen Bild verknüpft. Boote am Horizont, Personen in mittlerer Entfernung am Strand und die Reflexionen des Lichts auf dem Wasser schließen sich zu einer vollständigen, visuellen Information zusammen.

Beispiel 1

Beispiel 2

Beispiel 3

Erste Vorskizzen

Genaugenommen, ist eine Skizze ein Grundplan für ein großes Gemälde, und eine Studie ist die Zeichnung oder Malerei eines Details für ein späteres Bild.

Wenn erfahrene Künstler draußen arbeiten, benutzen sie oft eine Art Stenographie, um visuelle Details möglichst schnell aufzuzeichnen. Sie können zum Beispiel die verschiedenen Zeichenfelder numerieren, um die Tonwerte anzuzeigen – der hellste Tonwert erhält die Ziffer 1, der nächsthelle die Ziffer 2 usw. Die Farben einer Landschaft können auf der Zeichnung benannt werden und zusätzlich mit Farbproben versehen werden. Ein solches Beispiel zeigt die Tonwertstudie unten, in die Notizen zur Farbe in die entsprechenden Flächen eingetragen sind.

Versuchen Sie alles, was Sie sehen, zu vereinfachen und denken Sie immer an den Gesamteffekt. Wieviel Platz nimmt der Himmel im Bild ein? Ist der allgemeine Tonwert dunkel oder hell? Von wo kommt das Licht? In welche Richtung werden Schatten geworfen? Welcher ist der dunkelste und welcher der hellste Gegenstand?

Notieren Sie solche Fragen neben Ihren Skizzen. Lernen Sie, nicht zu viel Zeit für ein Problem aufzubringen, sondern gehen Sie schnell und leicht über die gesamte Skizze.

Um die draußen skizzierten Formen und Details im Atelier auf Ihr Bild zu übertragen, gibt es vor allem drei Möglichkeiten. Sind Skizze und geplantes Bild gleich groß, können die Linien leicht abgepaust werden. Dafür kann man auch ein Schnittmusterrad nehmen.

Im allgemeinen sind jedoch die Zeichnungen, die man draußen gemacht hat, kleiner als das gewünschte Bild. Dann teilt man am besten die Zeichnung in Quadrate auf und überträgt sie auf größere Quadrate der Arbeitsunterlage.

Bei dieser Methode ist es natürlich schwierig, die Spontaneität der Vorlage zu erhalten. Das fertige Bild kann leblos und steif aussehen. Tragen Sie deshalb nur die Grundformen ein und arbeiten Sie dann nach anderen Skizzen weiter. So können Sie ein Bild vermeiden, das aussieht, als wäre es aus einer Serie »Malen nach Zahlen« …

Einfache Tonwert- und Farbnotizen

Maßgitter zur Übertragung

Die übertragenen Umrisse können weiter bemalt werden

Skizzen umsetzen

Für Farbskizzen sind besonders Pastellkreiden gut geeignet, da sie leicht zu den vielen Tönen gemischt werden können, die in einer Landschaft vorkommen. Beschränken Sie sich auf die Farben, die Sie an die Atmosphäre und auch an das Aussehen des Platzes erinnern, an dem Sie skizziert haben. Kümmern Sie sich noch nicht um Details, aber machen Sie kleine Studien von Wolkenformen, Texturen und anderen Dingen, die für Ihr Motiv und die spätere Umsetzung wichtig sind.

Lassen Sie in diesen Skizzen niemals weiße Stellen zwischen den Farben stehen, selbst nicht für Lichthöhungen. Sie könnten später fälschlicherweise annehmen, daß die Farben richtig kontrastiert sind, während tatsächlich nur die weißen Felder diese Wirkung ergeben. Wenn Sie im Atelier nach diesen Skizzen arbeiten, hat das fertige Bild womöglich nicht das richtige Gleichgewicht in der Farbgebung.

Beispiel 1: Pastellskizzen sind ausgezeichnete Mittel, um die Farben einer Landschaft zu notieren. Die Szene wurde mit halb geschlossenen Augen angeschaut und in breiten Farbflächen angelegt. Dann wurden die Umrisse der Formen leicht mit Bleistift nachgezogen und die Farbgebung ergänzt.

Beispiel 1

Beispiel 2: Dieses Bild wurde im Atelier nach einigen, draußen gemachten Skizzen fertiggestellt. Gemalt wurde es mit Acrylfarben auf schwerem, weißem Papier. Eine gerasterte Skizze (siehe Seite 263) wurde zur Übertragung der Komposition benutzt. Die Tonwertstudie und die Pastellskizze vermittelten die Informationen zur Farbe. Das Bild wurde schnell ausgeführt, um die Frische und den ursprünglichen Eindruck der Landschaft wiederzugeben.

Für Skizzen vor Ort sind die schnell trocknenden Acrylfarben sehr nützlich. Im Atelier mag es jedoch schwierig sein, die Farbwirkungen der Acrylfarben in ein anderes Malmittel zu übertragen. Wenn Sie sich nicht dauernd kontrollieren, werden Sie auch eher die Farben Ihrer Skizze als die Farben der Natur übertragen. Sehen Sie Ihre Skizzen und Farbstudien immer nur als ein möglichst vollständiges Notizbuch für die Detailarbeit an.

Beispiel 2

Wir halten Tonwerte fest

In der visuellen Wahrnehmung spielen Schwarz-Weiß-Abstufungen eine große Rolle. Wenn Sie draußen arbeiten, müssen Sie zuerst die Haupttonwerte der Ansicht festhalten und dann erst das Bild aufbauen.

Im Grunde reichen drei Tonwerte plus Schwarz in einem Bild aus. Wenn Sie sich darauf beschränken, wird Ihnen die Trennung der Tonwerte viel leichterfallen, egal, um welches Motiv es sich handelt.

Die beste Methode zur Wahrnehmung von Tonwerten ist der Blick auf das Motiv durch halb geschlossene Augen. Studieren Sie die Szene, lassen Sie Details weg und entscheiden Sie sich für die dunkelste und die hellste Fläche. Dann schauen Sie nach den mittleren Tonwerten.

Mischen Sie die richtigen Lavierungen für die Dichte dieser Tonwerte aus. Eines Tages wird Ihnen diese Betrachtungsweise ganz natürlich vorkommen. Der richtige Einsatz der Tonwerte wird Ihnen dann ganz leicht und fast unbewußt von der Hand gehen.

Schritt 1: Legen Sie die dunkelste Fläche Ihres Motives fest und mischen Sie eine passende Lavierung aus, indem Sie schwarze Aquarellfarbe mit Wasser verdünnen.

Denken Sie daran, daß Sie später noch mit Schwarz die Details einzeichnen. Machen Sie darum diese Lavierung nicht zu dunkel. Lavierte Töne können beim Trocknen aber auch heller werden. Berücksichtigen Sie auch das bei Ihrer Mischung.

Legen Sie die wesentlichen, dunklen Flächen an. Auf dieser Stufe wird das Bild sehr einfach aussehen. Tragen Sie aber noch keine Details ein, sondern warten Sie damit bis zum Abschluß Ihrer Arbeit.

Schritt 1

Schritt 2: Bereiten Sie einen Mittelton vor, indem Sie etwas Wasser zu dem bereits gemischten Ton zufügen. Betrachten Sie das Motiv genau und tragen Sie dann den mittleren Tonwert ein. In Landschaften sind das meistens der Himmel und die Teile des Vordergrundes.

Schritt 2

Schritt 3: Tragen Sie nun Details wie die Schatten und andere Dinge, z.B. Fenster, ein. Vielleicht nehmen Sie dazu die dunkle Lavierung.

Schritt 3

Schritt 4: Nun zeichnen Sie mit einem kleinen Pinsel und einer dunklen Lavierung, jedoch nicht reinem Schwarz, Details wie Äste und Zweige ein.

Schritt 4

Schritt 5: Das Bild sollte nun fast fertig sein und das Motiv vor Ihnen gut wiedergeben.
Tragen Sie jetzt die dunkelsten Stellen ein, die Ihrem Bild Tiefe und Charakter geben. Mischen Sie ein wenig schwarze Aquarellfarbe mit gerade so viel Wasser, daß die Farbe flüssig wird. Sie können auch die Farbe direkt aus der Tube oder aus dem Näpfchen nehmen, wenn Sie den Pinsel vorher naß gemacht haben.
Benutzen Sie den Pinsel wieder als Bleistift und zeichnen Sie die letzten Akzente ein, um ein verschwommenes Bild ganz scharf einzustellen.

Schritt 5

Aquarellskizzen

Aquarellfarben sind wie geschaffen für schnelle, eindrucksvolle Skizzen im Freien. Wählen Sie für Ihren ersten Versuch ein starkes Motiv aus, etwa eine prachtvolle Baum- oder Felsgruppe, einen deutlich geformten Hügel oder einen gut angelegten Garten.
Der Himmel verändert sich ständig und ist voller Bewegung. Das bereitet der Arbeit im Freien besondere Probleme. Auch Wolkenformationen ändern sich immer wieder, Schatten wandern weiter, und was zuerst hell vor dunkel war, ist bald dunkel vor hell.
Zum Glück sind Aquarellfarben ein relativ schnelles Mittel, um Eindrücke und Ideen festzuhalten. Üben Sie so lange, bis Sie so schnell malen können, daß Sie die obengenannten Schwierigkeiten umgehen können.

Schritt 1: Haben Sie sich für ein Motiv entschieden, so probieren Sie die Wirkung der Szene in kleinen Tonwertskizzen in Blau und Grün aus.

Schritt 2: Machen Sie dann noch einige Skizzen, um die flüchtigen Effekte der Natur einzufangen. Legen Sie die vorherrschende Farbe und ihren Tonwert fest. Vielleicht ist es das helle Grün einer Frühlingswiese oder der goldbraune Ton von Herbsthecken. Die Wolken mögen dunkel vor einem hellen Hintergrund oder hell vor einem dunklen Hintergrund sein. Vielleicht gibt es auch Wolkenformationen, die, wie so oft, zugleich hell und dunkel sind.

Schritt 3: Versuchen Sie die Frische und Spontaneität Ihres ersten Eindruckes beizubehalten. Klammern Sie sich nicht zu sehr an Details! Sobald Sie meinen, daß Ihr Bild etwas von der Stimmung Ihres Motives eingefangen hat, hören Sie auf und betrachten Ihr Werk. Wenn Ihnen das Bild soweit als gute Erinnerung an die Landschaftsszene ausreicht, stellen Sie es beiseite und fangen ein neues an.

Schritt 1

Schritt 2

Schritt 3

Schnelle monochrome Skizzen

Probieren Sie auch schnelle einfarbige Lavierungen in ein oder zwei Tonwerten aus und tragen Sie die Details in Tusche und Feder nach. Versuchen Sie auch hellere Lavierungen auf grauem oder beigefarbigem Papier. Für die Lichthöhungen können Sie Temperaweiß benutzen.

Beispiel 1: Graue Lavierung in einem Ton. Die Tuschedetails wurden eingesetzt, während das Blatt noch feucht war.

Beispiel 2: Graue Lavierung in einem Tonwert. Die Details wurden nach dem Trocknen des Blattes eingesetzt.

Beispiel 3: Graue Lavierung in zwei Tonwerten mit Details in Tusche.

Beispiel 4: Hellere Lavierung auf grauem Papier.

Beispiel 5: Sehr helle Lavierung auf beigefarbigem Papier. Die Lichthöhungen wurden in Temperaweiß gesetzt.

Beispiel 1

Beispiel 2

Beispiel 3

Beispiel 4

Beispiel 5

Vorbereitete Lavierungen

Sie sparen Zeit, wenn Sie im Atelier eine hellblaue oder graue Lavierung vorbereiten. Sie können sich sogar eine Sammlung von lavierten Blättern anlegen, die Sie draußen weiterverwenden. Einige dieser Blätter sollten nur zur Hälfte in Hellblau laviert sein, damit Sie den Boden vor Ort malen können.
Im Freien beginnen Sie dann damit, einige dunklere Farben und Schatten auf die vorlavierten Papiere anzulegen. Der Himmel ist dann fast schon fertig; Sie müssen nicht warten, bis er trocknet, und können sich deshalb gleich auf die weiteren Einzelheiten Ihres Motivs konzentrieren.

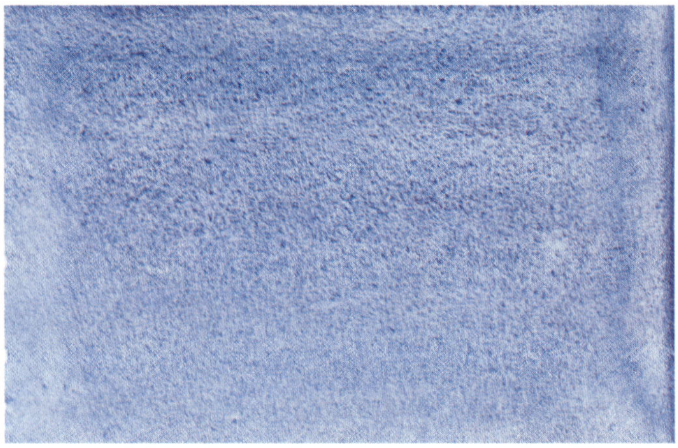

Weiße Wolken können mit weißer Tempera, Guasch oder Acrylfarbe angelegt werden. Sie können auch die Auswaschtechnik einsetzen, indem Sie mit einem feuchten Schwamm etwas Farbe aus der blauen Lavierung herausreiben, bis das weiße Papier erscheint.
Mit Hilfe dieser Auswaschtechnik setzen Sie Glanzlichter auf eine Wasserfläche oder auf andere Flächen und Objekte. Es ist nur von Nutzen, wenn Sie diese Technik intensiv üben.
Mit wachsender Erfahrung werden Sie bald lernen, welche Lavierungen und getönten Papiere Sie für Ihre Zwecke brauchen.

Falls Sie jeden Arbeitsgang draußen vor dem Motiv machen wollen, müssen Sie jede Malschicht völlig trocknen lassen, bevor Sie weitermalen können, es sei denn, Sie wollen »naß in naß« malen. Geduld ist besonders für die Aquarellmalerei eine erste Tugend. Manche Künstler arbeiten aus Gründen der Zeitersparnis an mehreren Bildern gleichzeitig.

Hier auf dieser Seite sehen Sie eine Auswahl von Lavierungen, die Sie zu Hause vorbereiten können und auf Ihre Exkursionen später mitnehmen. Schauen Sie gut auf die Farben in Ihrer landschaftlichen Umgebung, um Ihre Lavierungen dementsprechend vorzubereiten.

Im Winter arbeiten

Aquarelle brauchen auch bei warmem Wetter einige Zeit zum Trocknen. An einem feuchten, kalten Tag trocknen sie womöglich nie ganz vollständig. Wenn Sie also diese Winterstudien machen, arbeiten Sie so schnell wie möglich.

Für die erste Studie sollten Sie einen mittelgroßen Pinsel und eine dunkle Lavierung nehmen, für die zweite Studie schwarze Tusche und eine Feder mittlerer Größe. Auch wenn Sie nur in Schwarz und Weiß arbeiten, werden Ihre Studien spannungsreich sein. Achten Sie nur darauf, die Formen zügig und exakt zu setzen.

Setzen Sie sich nicht zu lang der Kälte aus! Bevor Sie das Haus verlassen, füllen Sie schon Ihre Feder. Achten Sie darauf, daß Ihre Wasser- und Farbenbehälter verschlossen sind.

Beispiel 1: Eine Winterlandschaft läßt sich gut mit scharfen Tonwertkontrasten wiedergeben. Nur mit schwarzer Tusche und einem kleinen Pinsel können Sie einige schnelle Studien machen. Ein Pinsel ist bei kaltem Wetter auch viel angenehmer zu halten als ein Bleistift.

Beispiel 2: Wenn Sie draußen arbeiten, müssen Sie auf die Grundformen achten und diese schnell aufzeichnen. Arbeiten Sie entschieden und halten Sie die Formen scharf begrenzt. Versuchen Sie nicht eine Zeichnung mit vielen Details zu machen, sondern konzentrieren Sie sich auf die Stimmung und Ihren ersten Eindruck der Szene.

Beispiel 1

Beispiel 2

Beispiel 1: Eine Stadtszene im Winter bietet noch viel mehr Kontraste als eine Landschaft. Da gibt es Texturen von Glas, Beton und Stein, Pfützen geschmolzenen Schnees mitten auf der Straße, dazu ist die Hektik des Verkehrs zu berücksichtigen.
Legen Sie zuerst wieder die Grundformen fest, aber schließen Sie auch die wichtigsten Details mit ein, die Gebäude, Straßen, Automobile usw. kennzeichnen sollen. Benutzen Sie dafür eine erweiterte Tonwertskala. Einen Winterhimmel können Sie mit einer kleinen Menge dunkler Lavierung und einem fast trockenem Pinsel andeuten.

Beispiel 2: Machen Sie solche Skizzen zu verschiedenen Tageszeiten. Dieses Beispiel wurde gegen Abend skizziert, als die Schatten länger wurden und die Tonwerte weniger deutlich hervortraten.
Mit verdünnten Lavierungen von Blau und Violett wurden die schattenartigen Formen der Menschen auf der Straße vor den hell erleuchteten Schaufenstern gemalt. Mit einer mittelgrauen Lavierung wurde der bleierne Himmel wiedergegeben.
Die Tonwertskala einer Stadtszene im Winter ist, um es noch einmal zu sagen, wesentlich größer als in einer Winterlandschaft. Darin liegt auch der Unterschied in der Stimmung begründet. Die klare Frische der schneebedeckten, offenen Felder steht in einem großen Gegensatz zu der Trübnis einer verhangenen, dunklen Winterstraße in der Stadt.

Beispiel 1

Beispiel 2

Zur Richtung des Lichteinfalls

Wie das Sonnen- oder Tageslicht auf die Gegenstände fällt, beeinflußt auch stark das Aussehen des Motivs. Wenn Sie zur Lichtquelle hinschauen, liegen die Gegenstände im Schatten, und die Farbe ist im allgemeinen kühl. Wenn Sie mit dem Rücken zur Lichtquelle stehen, scheinen die Gegenstände näher zu sein, und der Grundfarbton ist warm. Lichteinfall von der Seite ergibt Seitenschatten, vergrößert die Textur und betont Details. Gebäude und Berge mit Seitenbeleuchtung haben eine außerordentlich plastische Form. Licht von oben macht das Bild meistens sehr flach. Licht von hinten, bei Sonnenuntergang z.B., gibt eine Schattenrißwirkung, manchmal noch mit einem Strahlenkranz entlang der Umrisse versehen.
Betrachten Sie auch die Arbeiten anderer Künstler auf den Lichteinfall und seine Wirkung im Bild hin.
Nehmen Sie auch wieder einmal das Medium Fotografie zu Hilfe, um Ihre Wahrnehmung zu verbessern. Fotografieren Sie das gleiche Motiv aus vier verschiedenen Richtungen: zur Sonne hin, mit der Sonne dahinter, mit der Sonne von links und von rechts. Bauen Sie Ihre Kamera auf einem Stativ hinter einem Ihrer Fenster auf, von dem aus Sie nicht nur Landschaft, sondern auch Gebäude sehen können. Drücken Sie nun zu unterschiedlichen Tageszeiten auf den Auslöser und lassen Sie die Kamera ein paar Tage stehen, damit Sie auch einen dunstigen Tag, einen dichten Wolkenhimmel über dem Motiv ebenso festhalten wie einen Sonnentag mit wechselndem Lichteinfall von Stunde zu Stunde. Heften Sie die Fotos an eine Wand Ihres Ateliers und studieren Sie die Unterschiede eingehend. Entscheiden Sie sich für die geeignetste Beleuchtung Ihres Motivs.
Wenn Sie draußen arbeiten, sind Sie diesen Lichtwechseln über den Tag ausgesetzt. An einem schattigen Platz finden Sie jedoch fast die Bedingungen wie im Atelier. Setzen Sie sich also in den Schatten eines Baumes, eines Gebäudes oder sogar ins Auto.

Starkes Sonnenlicht, scharfe Schatten

Kühles Sonnenlicht, graue Schatten

Von oben fallendes Sonnenlicht

Von der Seite beschienen

Von hinten beschienen

Draußen zeichnen

Skizzen, Zeichnungen und Farbnotizen von der Malerei im Freien dienen als Grundlage für die spätere Arbeit im Atelier. Diese Methode war zwar früher noch beliebter, ist aber auch heute noch gültig geblieben. Die meisten Freilichtmotive sind sicher auch draußen gemalt worden. Wir alle kennen das Bild des völlig in seine Arbeit vertieften Künstlers, der ungeachtet des um ihn herumschwirrenden Alltagslebens sein Motiv im Auge behält. Aber viele zeitgenössische Bilder in Galerien und Ausstellungen sind im Atelier nach Skizzen im Freien entstanden (oft zusätzlich von der Fotografie unterstützt).

Das Einsammeln von Wahrnehmungsnotizen hat mehrere Vorteile. Wenn Sie Ihre Studien im Atelier sichten und feststellen, daß Sie einige wichtige Einzelheiten übersehen haben, werden Sie das nächste Mal genauer hinschauen und somit Ihre Wahrnehmung schärfen. Diese Erfahrung wird Ihnen zeigen, daß Arbeitszeichnungen sehr verschieden von einfachen Skizzen im Freien sind.

Das Notizbuch eines Malers sollte Tonwerteindrücke, Farbnotizen, Formen und Texturen beinhalten. Solche Erinnerungsstützen können Sie als handschriftliche Notizen oder als kleine Zeichnungen, Farbskizzen und Lavierungen eintragen.

Wenn Sie Stadtansichten malen wollen, sammeln Sie alle die kleinen Dinge ein, die uns sonst in der alltäglichen Wahrnehmung leicht entgehen: Telefonzellen, Wasserhydranten, Autos und Busse. Einfacher geht es natürlich mit einem Fotoapparat und einem Farbfilm, mit dem Sie auch die kleinsten Tonwertabstufungen festhalten können.

Vielleicht fällt Ihnen trotz sorgfältigen Aufzeichnens Ihrer Umgebung die Erinnerung an die gesamte Szenerie schwer. Versuchen Sie Ihre Skizzen mit der ursprünglichen Ansicht wieder zu verbinden, indem Sie die Notizen mit halb geschlossenen Augen anschauen und sich die näheren Umstände der Ansicht, wie z. B. Vogelgesang oder Autohupe, auch den Geruch frisch gemähten Grases oder von Rauch ins Gedächtnis zurückrufen. Alle diese Reize haben Ihre Wahrnehmung beeinflußt und helfen Ihnen später dabei, die Inspiration des Motives wachzuhalten und in einem Bild noch einmal lebendig werden zu lassen.

Tonwertskizze in Aquarell: »Toter Fuchs« von Measures

Zwar ist die Wetterunabhängigkeit ein großer Vorteil bei der Arbeit im Atelier, aber vielleicht werden Sie die Lichtunterschiede, von natürlichem zu künstlichem Licht, etwas störend empfinden. Versuchen Sie einmal mit »Tageslicht«-Lampen zu arbeiten oder sogar getönte Birnen einzusetzen. Die feinen Farbnuancen bei Tageslicht werden Sie wohl nicht mehr herzaubern können, aber vielleicht lehrt Sie dieser Wechsel in der Lichtqualität, um so besser auf Ihre Motive im Freien zu schauen.
Jede Kunstform gründet auf genauer Beobachtung, und diese müssen Sie immer mehr schulen. Achten Sie genau darauf, was Sie anschauen und warum Sie es tun. Zeichnen Sie es auf und vergleichen Sie die Skizze mit dem Motiv. Finden Sie heraus, was Sie ausgelassen haben.

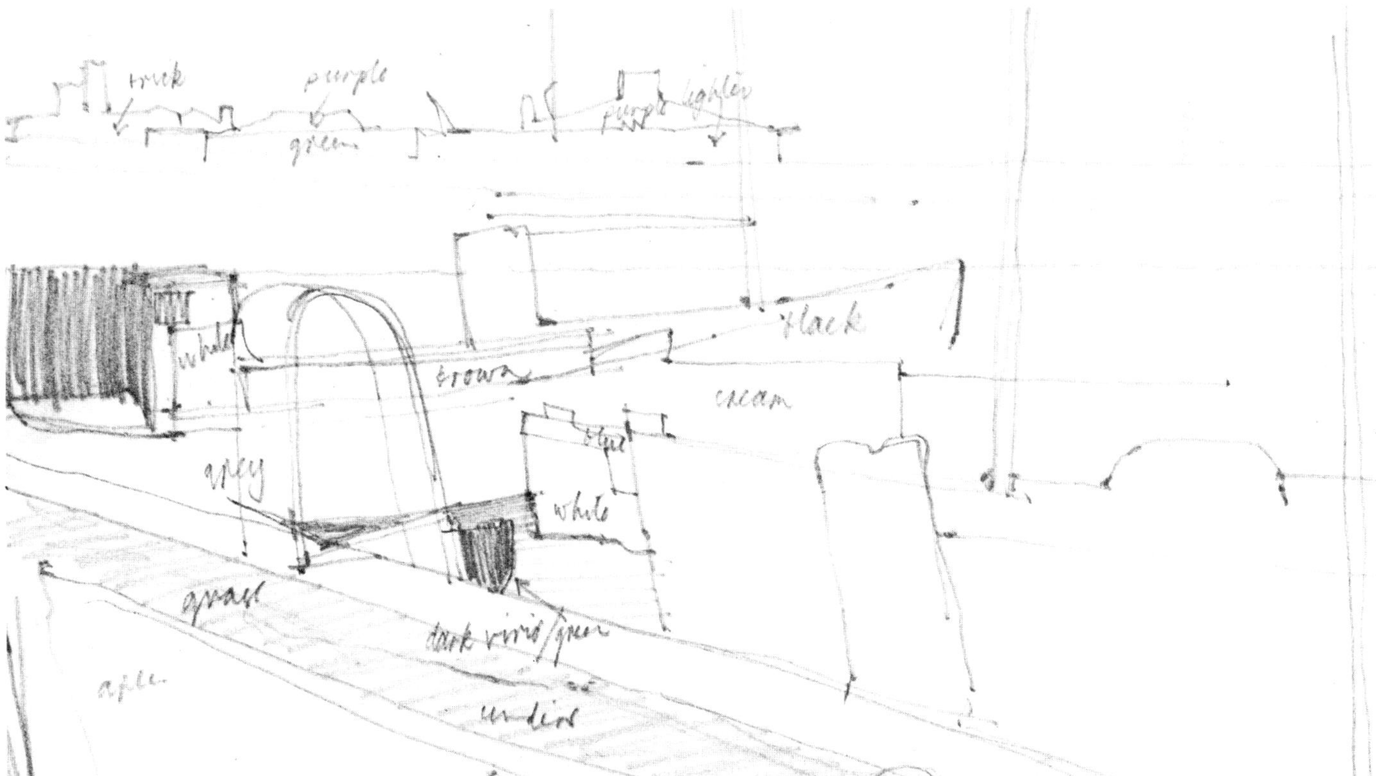

Farbnotizen mit Bleistift von Simpson

Farben der Jahreszeiten

Zeichenmittel und Pastellfarben

Bei der Arbeit im Freien werden Sie vielleicht feststellen, daß Ihre Auswahl an Farbkreiden nicht ausreicht. Die Farben einer Landschaft sind eben ganz verschieden von den bisher benützten Farben für ein Stilleben. Außerdem wollen Sie sicher beim Mischen der Farben im Freien Zeit sparen und sich nicht zu lange mit dem langwierigen Fixieren der Pastellfarben aufhalten. Sie sollten sich allerdings vor einer ein für allemal festgelegten Farbauswahl hüten! Ihre Bilder und Zeichnungen werden nur gut werden, wenn Sie auf jedes neue Motiv mit frischen Augen schauen und auf die jeweils verschiedenen Formen und Farben achten.
Die Grundfarbe einer Landschaft ist grün, und das Hauptproblem wird das Ausmischen der vielen Abstufungen und Farbtöne im kalten und warmen Bereich des Grüns sein. Halten Sie darum verschiedene Grüntöne sowie Gelb-, Blau- und Brauntöne bereit.
Probieren Sie zu Hause eine Reihe von Grüntönen aus, legen Sie aber nicht schon im voraus alle Grüntöne fest, die Sie in der Landschaft zu finden glauben. Mischen Sie einmal Schwarz mit verschiedenen Gelbtönen oder Blau und Braun, und Sie werden einen satten, dunklen Farbton erhalten. Mit Gelb als Grundfarbe versuchen Sie einmal helle Grüntöne auszumischen, ohne die zugrundeliegenden Farbwerte totzumischen.
Betrachten Sie die Beispiele auf diesen Seiten und machen Sie eigene Farbproben. Sie erleichtern sich damit die Arbeit vor dem Motiv, indem zumindest Farbprobleme vorher gelöst oder vereinfacht werden.

Frühling

Die Frühlingslandschaft hat lebhafte, klare Grün- und Gelbtöne. Der Himmel ist gewöhnlich von einem kalten Blau mit Grau gefärbt. Ziegelmauern sehen, besonders nach Regenfällen, leuchtend rot aus. Rufen Sie sich Ihre Erinnerungen an den Frühling ins Gedächtnis zurück und versuchen Sie die entsprechenden Farben zu finden. Entweder in fertigen Farben oder durch Ausmischen (allerdings einem Minimum an Mischen).

Sommer

Diese Jahreszeit zeigt die größte Farbenpracht, weil auch noch Frühlings- und am Ende des Sommers schon Herbstfarben auftauchen können. Warme Braun- und Ockertöne treten auf, wenn die Grüntöne ihre Frische zu verlieren beginnen. Im Spätsommer wird das Licht schwächer, und die Farben verlieren ihren Tonwertkontrast. Mit warmen Braun- und Orangetönen, alle ähnlich im Tonwert, geben Sie Ihren Spätsommerlandschaften einen letzten, goldenen Schimmer.

Herbst

Zu dieser Jahreszeit verblaßt das Grün, und Farbtöne von Braun bis Ocker mit einem leichten Rotstich herrschen vor. Diese Farben sind tiefer und gestättigter als die Sommerfarben. Nehmen Sie noch ein warmes und ein kaltes Grau für Ihre Palette, da der Himmel jetzt der hellste Teil des Bildes werden wird und die Atmosphäre des Motivs mitbestimmt.

Winter

Im Winter, besonders bei Schnee, sollten Sie eine Reihe von kalten Grautönen bis zu reinem Weiß verwenden. In den Strukturen kahler Äste und offener Felder finden Sie ein Farbspektrum von dunkelgrünen Olivtönen über warme Sienabrauntöne bis zum Tiefviolett. Mit Violett und Kobaltblau sollten Sie in der Lage sein, auch den Winterfrost wiederzugeben.
Wir können Ihnen diese Farbenvorschläge nur ganz allgemein für jede Jahreszeit geben. Der beste Ratschlag ist immer, genau das Licht zu den verschiedenen Tages- und Jahreszeiten zu beobachten und die Wirkung auf den Gegenständen mit Ihrer Palette darzustellen.

Probleme mit dem Wetter

Der im Freien arbeitende Künstler muß auf jedes Wetter gefaßt sein. Bei strömendem Regen ist natürlich Aquarellmalerei unmöglich, und niemand könnte bei Sturmwind auf weichem Papier zeichnen. Trotzdem gibt es einige Maßnahmen, die Sie für alle Fälle ergreifen können.

Aquarelle trocknen in feuchtem, kaltem Wetter zwar langsam, aber mit den vorbereiteten, lavierten Blättern können Sie dieser Unannehmlichkeit begegnen.

Sich selbst und Ihre Arbeit können Sie auch vor Regen schützen. Viele Künstler arbeiten ganz bequem im Auto und benutzen das Lenkrad als Staffelei. Mit einer Klemme oder Zwinge können Sie Ihre Arbeitsunterlage am Lenkrad befestigen und haben so beide Hände für Palette und Pinsel frei. Einen gewissen Schutz bieten auch Bäume, ein Schuppen oder ein nahegelegenes Bauernhaus, wo Sie sich unterstellen können.

Eine ganz besondere Überraschung halten starke Windstöße bereit. Ihre Feldstaffelei wird immer wieder umgeblasen, und Ihre Ausrüstung verschwindet in hohem Gras und in den Disteln. Befestigen Sie Ihre Staffelei mit Zeltpflöcken und einem schweren Gewicht oder binden Sie sie an einen Pfosten, ein Tor oder einen Baum. Sie können ja auch ohne Staffelei malen. Ein Brett kann überall befestigt werden oder auf dem Boden mit Steinen beschwert liegen. Sie können das Brett auf dem Boden auch mit den Füßen festhalten. Nehmen Sie einen Aquarellblock statt einzelner Blätter, die vielleicht trotz Nadeln und Stiften weggerissen werden könnten.

Eine Schachtel oder ein Kasten mit den Aquarellfarben ist hier sicher günstiger als die Tuben. Einen kleinen Behälter für die Pinsel können Sie in Ihrer Rocktasche unterbringen. Nehmen Sie eine schwere Glasflasche für den Wasservorrat und verkeilen Sie die Flasche im Boden.

Wenn Sie bei heißem Wetter am Strand oder auf Dünen malen, werden Sie merken, daß die Farben schnell austrocknen und überall Sand eindringt. Verwenden Sie in diesem Fall besser Aquarellfarben als Öl- oder Acrylfarben, bei denen leicht Sand auf den Maloberflächen kleben bleibt.

Streichen Sie aber die Möglichkeit, bei schlechtem Wetter im Freien zu arbeiten, nicht ganz. Sie werden dabei gezwungen sein, schneller als gewöhnlich zu arbeiten und vielleicht überraschende Ergebnisse erzielen. Außerdem ist es sehr aufregend, in einem Sturm oder Schneetreiben draußen zu arbeiten. Nutzen Sie die Vorteile der ständig wechselnden Wetter- und Windbedingungen, und erweitern Sie Ihre Malerfahrung.

Bevor Sie hinausgehen, machen Sie Tonwertskalen auf kleinen Stücken Papier, die leicht mitzunehmen sind. Führen Sie die Skalen in Schwarz und Weiß aus sowie auch in den von Ihnen häufig benutzten Farben

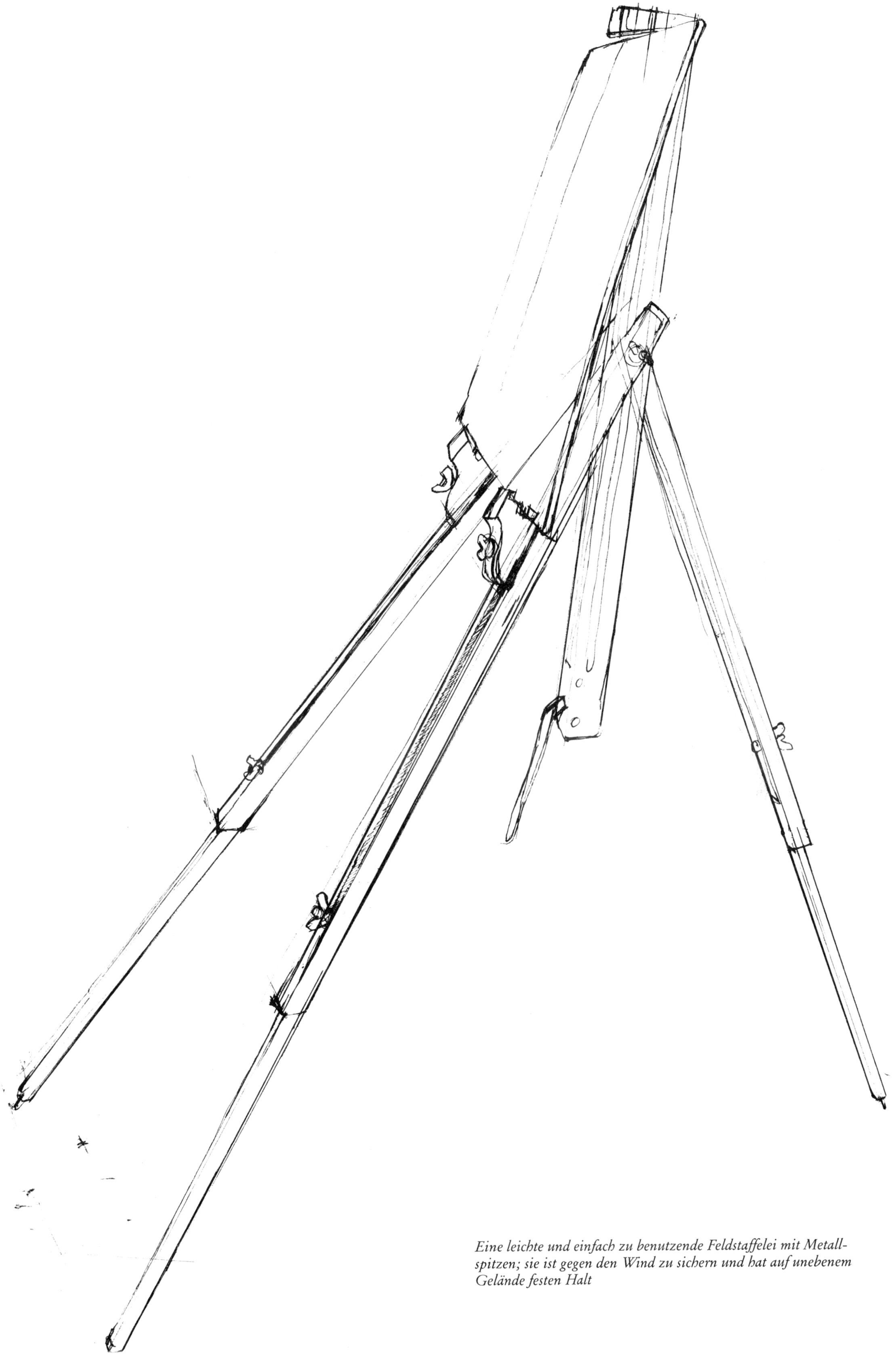

Eine leichte und einfach zu benutzende Feldstaffelei mit Metallspitzen; sie ist gegen den Wind zu sichern und hat auf unebenem Gelände festen Halt

Eine Jahreszeitenpalette in Aquarellfarben

Ein Künstler verwendet kaum jede Farbe seines Malsortiments. Das gilt besonders für die Arbeit im Freien, da jede Jahreszeit eigene Farben aufweist. Ein offensichtliches Beispiel bietet der Herbst, wenn warme Gelb- und Brauntöne die vorherrschenden Farben sind.
Ein Bild kann oft in nur zwei Farben angelegt werden. Eine auf wenige Farben beschränkte Palette hilft Ihnen außerdem, die Komposition zu vereinfachen und sich auf die wesentlichen Elemente der Malerei zu konzentrieren: Komposition, Perspektive, Linie und Tonwert. Es lohnt sich, im Atelier mit einer beschränkten Farbenauswahl zu experimentieren und mit diesen Erfahrungen im Freien vor dem Motiv zu arbeiten.

Winter

Für eine Winterlandschaft werden Sie wahrscheinlich nur blaue und graue Farbtöne brauchen, da Sie mit diesen Farben Himmel und Bäume malen können. Vielleicht halten Sie noch einige warme Brauntöne oder Ocker für brauchbar, um ein von der Sonne erwärmtes Feld oder ein von der Seite beschienenes Gebäude anzugeben.

Frühjahr

Diese Jahreszeit verlangt eine Palette mit frischem Gelbgrün, Zitronengelb, Lichtem Ocker und Chromoxidgrün feurig. Andere Farben sollten gleich hell sein, da das Licht zu dieser Jahreszeit weder hart genug ist, um die Farben heiß und vibrierend zu machen, noch von Wolken und Nebel so gestreut ist, daß die Farben einen kalten, grauen Überzug erhalten.

Sommer

Während dieser Zeit spielen starke, gesättigte Farben eine große Rolle. Die Gelbtöne werden wärmer, Rot und Orange ersetzen Braun, und die Grüntöne werden vielseitiger. Ein sattes Grün kann aus Kadmiumgelb und Schwarz ermischt werden. Jede andere Art von Grün können Sie aus Kadmiumgelb und Umbra gebrannt mischen.

Herbst

Indischrot, Umbra natur, Umbra gebrannt und Kadmiumgelb liefern die warme Farbskala für den Herbst. Denken Sie daran, das Grün der Blätter, wie in der Natur, mit etwas Rot abzutönen. Mit einem warmen Braunrot können Sie die tiefen Schatten von Bäumen und Gebäuden sowie die Ackerfurchen der herbstlichen Landschaft wiedergeben.

Auch das sind natürlich nur ganz allgemeine Wegweiser zur Farbenpracht der Jahreszeiten. Verschließen Sie vor anderen Farbtönen bitte nicht die Augen! Wenn Sie eine Schneelandschaft malen und rosa Farbtöne im Schnee oder Dunkelviolett in den Schatten entdecken, malen Sie guten Gewissens diese Farben in Ihr Bild.

Als Faustregel sollte aber immer gelten, daß Sie mit einer eingeschränkten Farbenauswahl arbeiten.

Wir malen draußen

Ölmalerei

Ihre Malausrüstung für die Ölmalerei sollte genauso tragbar, stabil und wetterfest wie Ihre Zeichen- und Aquarellsachen sein. Ölmaler brauchen noch zusätzlich eine Kiste, um darin Palette, Malmaterialien, Terpentin, Leinöl und einige Mallappen unterzubringen. Alle Leinwände sollten mindestens einen Tag vor Ihrem Ausflug grundiert sein.
Der Himmel ist für jede Freilichtmalerei ein wesentliches Kompositionselement. Sie können den Himmel als glattes Farbfeld in Kontrast zu Gebäuden und Bäumen am Horizont wiedergeben oder als strukturierte, pastose Rahmung über dem Motiv. An einem hellen, klaren Tag ist der Himmel direkt über Ihnen von einem fast reinen Dunkelblau. Schauen Sie weiter zum Horizont, hellt sich das Blau immer mehr zu Pastelltönen auf.
Probieren Sie verschiedene Blautöne aus und strecken Sie mit Weiß. Malen Sie eine Abstufung von Hell nach Dunkel und vergleichen Sie diese mit dem Himmel.
Zusätzliche Farben brauchen Sie für die Schatten am Horizont. Mischen Sie das Blau mit Ocker und Weiß für warme Töne und mit etwas Chromoxidgrün feurig für kalte Töne, um Tiefe anzudeuten. Die genauen Farben hängen vom Tag und vom Wetter ab.
Schauen Sie in das Licht und wenden Sie sich langsam um. Studieren Sie die Veränderungen in der Landschaft während dieser Bewegung und die Beziehung zwischen Himmel und den sonnenbeschienenen Bäumen. Die Gebäude sehen wie dunkle Schatten aus, wenn das Licht hinter ihnen steht. Eine Landschaft im Sonnenlicht sieht gegen den Himmel heller aus.
Beobachten Sie viel und machen Sie Studien von Landschaften gegen verschieden beleuchtete Himmel. Achten Sie nicht so sehr auf Feinheiten, sondern konzentrieren Sie sich auf die Tonwerte, die Farbveränderungen und die wesentlichen Strukturen.
Obwohl jede Jahreszeit ihre schönen Seiten hat, gibt es Zeiten, wo man nur kurz draußen malen kann. Im tiefen Winter zum Beispiel kann eine Stunde schon die äußerste Zeitgrenze bedeuten. Richten Sie das Bildformat und Ihr Vorhaben nach solchen Bedingungen aus. In der Ölmalerei werden Sie dann nur schnell eine Grundidee anlegen können, die Sie später zu Hause weiter entwickeln.
Versuchen Sie ein Motiv in der Nähe Ihres Ateliers auszumachen, damit Sie möglichst schnell zurückkehren können, um weitere Skizzen im Warmen zu machen. Wenn Sie Ihr Bild noch einmal betrachten, fällt Ihnen sicher oft noch eine fehlende Information ein, die Sie dann vor dem Motiv noch einzeichnen müssen.
Während des Malens kann sich das Bild auch in eine ganz andere Richtung als beabsichtigt entwickeln. Dann können Sie auch eine Reihe oder Serie des gleichen Motivs malen, vielleicht in unterschiedlichem Wetter und zu verschiedenen Tageszeiten.
Viele große Maler haben eine ganze Menge verschiedener Bilder der immer gleichen Ansicht gemalt und das sogar zu ihrem Lebenswerk gemacht. Die Arbeit im Freien wird Ihnen viele, neue Horizonte eröffnen.

Wir machen Skizzen

Beginnen Sie mit kleinen Studien von Bäumen, Dächern und anderen Dingen von Ihrem Garten oder einem nahe gelegenen Park aus. Schauen Sie sich die Vielzahl der Formen am Horizont an. Halten Sie den Himmel möglichst einfach und behandeln Sie den Vordergrund und den Hintergrund als große, zusammenhängende Teile. Probieren Sie aus, wo Sie die Bäume, Gebäude, Zäune und Mauern hinsetzen wollen.
Um die Kompositionsgrenzen festzulegen, können Sie wieder einen Rahmensucher verwenden. Schaffen Sie einen Vorder-, Mittel und Hintergrund, ein Vorne und Hinten.
Versuchen Sie auch, Bewegungen am Himmel wiederzugeben. Achten Sie auf die Struktur und Größe der Wolken. Beobachten Sie auch ganz genau, wie sich der Himmel vom Horizont bis zum oberen Bildrand in der Farbe verändert.

Einfache Strukturlinien für Tonwertskizzen im Freien

Eine Jahreszeitenpalette in Ölfarben

Sie sollten zwar mit den Grundfarben weiter malen; die Arbeit im Freien erfordert jedoch einige andere Farbmischungen. Erweitern Sie darum Ihre Farbenskala und mischen Sie neue Farbtöne aus.
Chromoxidgrün feurig mit Weiß gemischt, ergibt scharfe, kalte Grüns; mit Gelb gemischt eine Anzahl tiefer Grüntöne; mit Alizarinkrapplack fast ein Schwarz. Ein wenig Chromoxidgrün feurig in Ultramarinblau und Weiß gemischt, gibt ein strengeres Blau, ähnlich dem Preußischblau. Reines Preußischblau sollte dagegen vermieden werden, da es jede andere Farbe im Bild übertönt.
Entwickeln Sie ruhig auch einmal eigene Rezepte, wenn Sie draußen malen. Aber arbeiten Sie weiter an der Komposition und ganz intensiv an den Tonwerten und Farbtönen. Nur so lernen Sie die ganze Reichweite der Farben kennen.
Jede Jahreszeit hat ihre eigenen Farben. Je mehr Sie diese Farben studieren, desto mehr werden Sie von ihrer Vielfalt überrascht sein.

Frühling

Scharfe Gelbtöne, Gelbgrüntöne, klare Blautöne. Zitronengelb ist eine gute Ergänzung Ihrer Palette. Ein Kobaltblau kann die Farbtöne erweitern und aufhellen.

Sommer

Die scharfen Grüntöne und Gelbs werden dunkler. Tiefe Grüntöne stehen gegen helle, leuchtende Okkerfarben. Rote Farben gehen in die Landschaft ein. Nehmen Sie Siena natur und Neapelgelb hinzu.

Herbst

Die Gelb-, Ocker- und Rottöne sind tiefer und gesättigter. Es gibt warme und kalte Blautöne.
Die Blautöne am Horizont und im Himmel sind gebrochener und atmosphärischer als zu anderen Jahreszeiten. Nehmen Sie helles Rot mit Weiß und Indischrot, Kobaltblau, Krapplack rosa und Alizarinkrapplack, um die Blauskala zu dämpfen und wärmer zu machen. Die Erdfarben sind nun am wichtigsten.

Winter

Scharfe, kalte Grüntöne, dunkle Grüns, Kupferbraun, harte Blautöne, Weiß- und Rottöne.
Die Farben im Winter können überraschend lebhaft aussehen. Selbst an grauverhangenen Tagen gibt es scharfe, kalte Grüntöne zu sehen. Die dunklen, fast schwarzen Grüntöne der immergrünen Winterpflanzen werden noch von den Wolken am grauen Himmel betont. An hellen, sonnigen Tagen stehen die Bäume als leuchtendes Kupferbraun gegen den metallblauen Himmel. Brillante Weißtöne treten in Schneewehen auf, Rottöne in Bäumen, die Beeren tragen.

Skizzen von Stadt-Landschaften

Gegenüber: eine Dachansicht in Linie und Tonwert
Unten: eine Dachansicht, nur linear dargestellt

yellowish
purple brown
khaki
purple
purple grey

Wetterstudien

Ein kalter Wintermorgen mit Grau- und Schwarztönen

Ein heißer Sommertag mit klaren, sonnigen Farben

Studien von Figuren

In das übrige Bildmuster eingefügte Figuren

Von einem Hintergrund abgesetzte Figuren

Ausschnitt aus dem Bild »Flatford Cottage« von Constable

Lektion 8
Landschaftsmalerei

Unter allen bisher besprochenen Themen erfreut sich wohl die Landschaftsmalerei bei Künstlern wie beim Publikum der größten Beliebtheit. Der Blick auf die Landschaft in all ihren Stimmungen und mittels allen möglichen Techniken verschafft anscheinend große Befriedigung und Freude.

Dabei gibt es reine Naturdarstellungen in der westlichen Kunst erst seit wenigen Jahrhunderten. Die vorgeschichtlichen Maler stellten den Geist der Natur in Menschen- oder Tierform dar. Auf den durchgeistigten Fresken im Mittleren Osten jagten, fischten, beteten und liebten sich die Menschen vor der Andeutung eines Hintergrundes. In der frühchristlichen Kunst bestimmten die Heiligen die Bildszene; die Landschaft war auf die Bildecken beschränkt. Einige Kulturen verwarfen zwar die figürliche Darstellung und benutzten statt dessen Pflanzen und Tiere als dekoratives Muster. Diese keltischen und wikingischen Arbeiten waren aber wie die Schriftränder in der islamischen Malerei und die viel später auftretenden floralen Ornamente im Art Nouveau nie »naturabbildend« gedacht, obwohl die Künstler das Naturvorbild als Inspiration brauchten.

Im Osten hat sich die Kunst anders entwickelt. Bereits im 9. Jahrhundert haben sich die großen Maler des Orients auf das Porträt der Natur eingelassen. In Felsen, Bäumen und Wasser fanden sie spirituelle wie visuelle Erbauung.

Mittelalterliche, illuminierte Handschrift

»Wasserfall mit Affen« aus der Sung-Dynastie

Die philosophischen und religiösen Vorstellungen im Osten führten von der menschlichen Figur weg. Die Suche nach spirituellem Frieden erfüllte alle Landschaftsdarstellungen und gab ihnen, neben ihrer natürlichen Schönheit, eine zusätzliche Bedeutungsebene. Die Maler der Sung-Dynastie (9.–13. Jahrhundert) schufen die berühmtesten Landschaften, vor allem in Tusche und Lavierung mit wenigen diskreten Aquarellstrichen. Die Maltraditionen aus China und Japan beeinflussen bis heute viele moderne Künstler als Vorbild einer sparsamsten Technik mit größter Wirkung.

Die westliche Landschaftsmalerei beginnt auf eine fast unmerkliche Weise im Mittelalter. Die Manuskripte aus dieser Zeit sind für ihre illuminierten Buchstaben berühmt, die oft winzige Landschaften voller Ikonen und religiöser Symbole umschließen. Ihr Einfluß auf die flämischen Maler, die einige der schönsten Illuminationen schufen, ebnete der Landschaftsmalerei den Weg zur Kunstform.

Die westlichen Maler aus der Schule der flämischen Illuministen interessierten sich für alles, was sie um sich herum sahen, und ließen der Natur ihre eigene Stimmung. Albrecht Dürer (1471–1528) war ein peinlich genauer Zeichner, der von der Vielfalt der unberührten Natur fasziniert war. Er malte Hunderte von übergenau detaillierten Studien und Skizzen zu seinem eigenen Vergnügen und Studium.

Ausschnitt aus einer Skizze von Boudin

Auch wenn im Titel der Bilder ein religiöses Thema auftrat, stellten einige deutsche und niederländische Maler die Natur in den Mittelpunkt. Das Bild »Der heilige Hieronymus in einer Landschaft« von Joachim Patinir (um 1524 datiert) ist schon fast eine Umkehrung der früheren, religiösen Kunst – die Elemente der Landschaft überwiegen, während die Figur des Heiligen sehr klein dargestellt ist.

Pieter Bruegel der Ältere (um 1525/30–1569) ging auf diesem Weg der Säkularisierung weiter. Seine Bilder zeigen eine große Menge Menschen, Tiere und das Gedränge der Stadt, ohne sich aber an einen religiösen Inhalt zu binden.

Bruegel und seine Malerkollegen in der holländischen und flämischen Tradition malten vor allem sehr ansprechende und informative Genreszenen, aber auch einige reine Landschaften.

Das Genre der Landschaftsmalerei begann eigentlich schon im frühen 16. Jahrhundert mit dem Bild »Der Sturm (La Tempesta)« von Giorgione (um 1476/78–1510). Im 17. und 18. Jahrhundert führte der wachsende Güteraustausch und die größere Reisetätigkeit zum nächsten Abschnitt in der Geschichte dieses Genre. Künstler jeden Bereichs ließen sich in Rom von den Resten der klassischen Architektur inspirieren und malten Tempel oder Ruinen antiker Gebäude inmitten wilder Berglandschaften und lieblicher Täler, die gelegentlich noch Götter oder Göttinen der antiken Mythologie beleben. Nicolas Poussin (1594–1665) und Claude Lorrain (1600–1680) waren aber auch an den bildnerischen Wirkungen von Licht und Schatten, Wolken und Sonnenlicht interessiert. Sie benutzten die Landschaft ähnlich wie Turner lediglich als Vorwand zum Malen denn als eigenständiges Thema.

Aus der ursprünglichen flämischen Malerschule hatten sich aber noch andere Künstler herausentwickelt. Meindert Hobbema (1638–1709) und selbst ein Hofmaler wie Sir Peter Paul Rubens (1577–1640) malten Landschaften um ihrer selbst willen, als Ausdruck der Liebe für die Landschaft ihrer Umgebung. Ähnlich sahen auch englische Maler ihre Landschaft: John Sell Cotman (1782–1842), John Crome (1768–1821), Thomas Gainsborough (1727–1788) und John Constable (1776–1837) sind als Maler mit der ostenglischen Landschaft verbunden.

Die englische Landschaftsschule war im Grunde der lebendigste und weitreichendste Beitrag Englands zur internationalen Kunstgeschichte, vor allem aber zur Geschichte der Aquarellmalerei. Es gab aber auch andere Einflüsse. Joseph Mallord William Turner (1775–1851) stellte die ruhige, romantische Welt mit gefühlsgeladenen Ansichten sich auftürmender Gebirge, Schluchten und Schneestürmen auf den Kopf. Seine Vorliebe für Farbe, Licht und Bewegung als Naturelemente inspirierte viele Maler in ganz Europa.

Unter den französischen Malern waren Corot (1796–1875), Gustave Courbet (1819–1877) und Eugène Boudin (1824–1898) in der Landschaftsmalerei führend. Jüngere Kollegen, wie Claude Monet (1840–1926) und Paul Signac (1863–1935), waren vielleicht noch mehr von Turner beeindruckt. Ihre impressionistische bzw. neo-impressionistische Technik zerlegte die Farbe in kleine Partikel und löste die Landschaft aus ihren naturalistischen Zusammenhängen.

Einige andere, traditionsgebundenere Maler blieben von den Problemen und Möglichkeiten der Naturdarstellung fasziniert. Winslow Homer (1836–1910) schuf einen sehr persönlichen und lebhaften Eindruck der amerikanischen Landschaft. Arthur Streeton (1880–1942) malte zum ersten Mal die Größe und Kraft der australischen Landschaft, die später auch Sidney Nolan (geb. 1917) erforschte. Paul Nash (1889–1946) und John Piper (geb. 1903) führten in England diese Tradition auf eine neue Art fort. Die zeitgenössischen Künstler haben sehr selten große Werke in der Landschaftsmalerei gemalt, sondern eher als Vorbild für abstrakte Formen und Farben verwendet. Manchmal ist auf solchen Bildern wenig mehr als eine Linie des Horizontes übriggeblieben.

Malerei bleibt immer an ihre Zeit gebunden. Heute beschäftigt und fasziniert uns wieder unsere nächste Umgebung. Foto, Film, Fernsehen zeigen uns dazu täglich auch ferne, merkwürdige und wundervolle Gegenden.

Das wachsende Interesse an der Natur hat viele traditionelle Techniken der Landschaftsmalerei wieder ins Leben gerufen. In den Galerien sieht man wieder Blumenbilder und Landschaftsskizzen, die uns sowohl erfreuen als auch den Sinn für unsere Umgebung, in der wir leben, schärfen.

Wir beginnen mit der Arbeit

Das Thema Landschaft bietet genügend Anregungen, so daß Sie nicht immer nach besonders schönen oder atemberaubenden Aussichten zu suchen brauchen. Die Umgebung jeder Stadt und jeden Dorfes besitzt so viel Charakter und Vielfalt, daß Sie jede Menge Ideen und Ansätze finden werden.
Machen Sie so viele Zeichnungen und Gemälde wie möglich, um mit dem Thema Landschaft vertraut zu werden. Je mehr praktische Erfahrung Sie vor Ort sammeln, desto besser werden Ihre Ergebnisse werden.
Legen Sie sich ein Skizzenbuch nur für das Thema Landschaft an. Falls Sie in der Stadt leben, suchen Sie sich einen Park, der nicht zu weit von Ihrem Atelier entfernt ist. Zeichnen Sie ständig – selbst auf einer Geschäftsreise oder im Urlaub. Machen Sie Zeichnungen von Formen und Tonwerten und sammeln Sie Beobachtungen zu Farbe, Licht und Form von Landschaften ein. Achten Sie besonders auf Texturen und kontrastierende Formen gegen den Himmel.
Alle vorhergehenden Lektionen hatten einen direkten Bezug zur Landschaftsmalerei. Nur das Thema ist neu, ansonsten wenden Sie die gleichen bildnerischen Mittel an, die Sie nun auf ein größeres Bild übertragen.
Auch die Probleme des Beobachtens und Organisierens haben sich nicht verändert. Auch jetzt müssen Sie einen Vordergrund und einen Hintergrund für Ihr Bild finden. Analysieren Sie das Motiv vor Ihnen – die Grundfläche, die Stellung der Bäume, Hecken und Gebäude, die Art und Weise, wie eine Linie hinter anderen Gegenständen verschwindet und wieder auftaucht, sich überschneidende Formen. Alle diese Elemente werden wichtig für Ihr Bild.

Ein Skizzenbuch zur Landschaft

Viele Landschaftsbilder werden nicht direkt vom Motiv gezeichnet oder gemalt, sondern im Atelier aus Zeichnungen und Skizzen zusammengesetzt. Sie müssen lernen, informative Notizen zu machen, aus denen Sie eine fertige Zeichnung oder Malerei zusammenstellen können.
Ohne diese Notizen werden Sie Ihre Arbeit zu Hause unmöglich fertigbringen. Einige flüchtige Eindrücke bleiben zwar immer zurück. Wenn Sie jedoch zu Ihrem Motiv zurückkehren und es mit Ihrem Bild vergleichen, könnten Sie manche unangenehme Überraschung erleben.
Tragen Sie in Ihr Skizzenbuch alle Ihre Ideen und Notizen zu möglichen Motiven ein. Besonders Pastell und Aquarell sind ideal, um schnell etwas zu Farbe, Licht und Komposition aufzuzeichnen. Sie brauchen gar nicht meilenweit zu laufen, um neue Motive zu finden. Die gleiche Landschaft unter wechselndem Licht und zu anderen Jahreszeiten bietet genügend neue Facetten. Sie können auch einfach einmal einen anderen Blickwinkel ausprobieren.
Alle Farben verändern sich in wachsender Entfernung, unter dem Einfluß von Licht und Atmosphäre. Gegenstände mit der gleichen Grundfarbe, wie Felder, Bäume und Hügel zum Beispiel, vollziehen eine optische Veränderung, je größer die Distanz zum Auge ist. Unterteilen Sie Ihr Bild in einen Vorder-, Mittel- und Hintergrund, um diese Phänomene beobachten zu können. Auch eine einfache Tonwertskala in drei Tonwerten hilft Ihnen, etwas über die Struktur und die Form Ihres Motives herauszufinden.
Man kann leicht von dem visuellen Angebot verwirrt werden, aber kümmern Sie sich nicht zu sehr um Details. Studieren Sie statt dessen lieber das Verhältnis zwischen den großen Formfeldern. Halten Sie sich immer an die Grundstruktur des Motivs, sonst wird Sie die Komplexität der Landschaft leicht entmutigen.
Konzentrieren Sie sich auf die Bäume, Felder, Himmel oder natürlichen Formationen. Lassen Sie sich nicht auf Gebäude ein, da die späteren Lektionen darüber unterrichten.
Landschaftsmalerei ist keine Aufzählung einzelner Fakten, wie Felder, Himmel, Bäume usw., sondern der Aufbau eines großen Zusammenhanges mittels der vereinheitlichenden Wirkung von Licht und Atmosphäre. Es kann jedoch zunächst nützlich sein, die einzelnen Teile des Motivs zu beobachten.
Wenn Sie vorher noch nicht so oft auf getöntem Papier gezeichnet haben, benutzen Sie es jetzt einmal.
Die Abbildungen auf der nächsten Seite zeigen verschiedene Arten von Landschaft.

Beispiel 1: Braune Tuschelavierung auf beigefarbigem Papier. Das Beige des Papiers wird Teil des ganzen Bildes und dient zur Andeutung heller Flächen im Himmel, der ruhigen, glatten See und der vordersten Stellen der Klippen.

Beispiel 2: Bleistift, blaue Tuschelavierung und weiße Contékreide auf grauem Papier. Das graue Papier ist für den Himmel, für Teile der Wellen, den Strand und Teile der Felsen unbemalt gelassen.

Beispiel 3: Rote Contékreide auf rosa Papier. Beides ist zu einer kühnen, abstrakten Zeichnung verbunden, die nur aus einem Himmel, der See, Bergen und Uferzone aufgebaut ist.

Beispiel 1

Beispiel 2

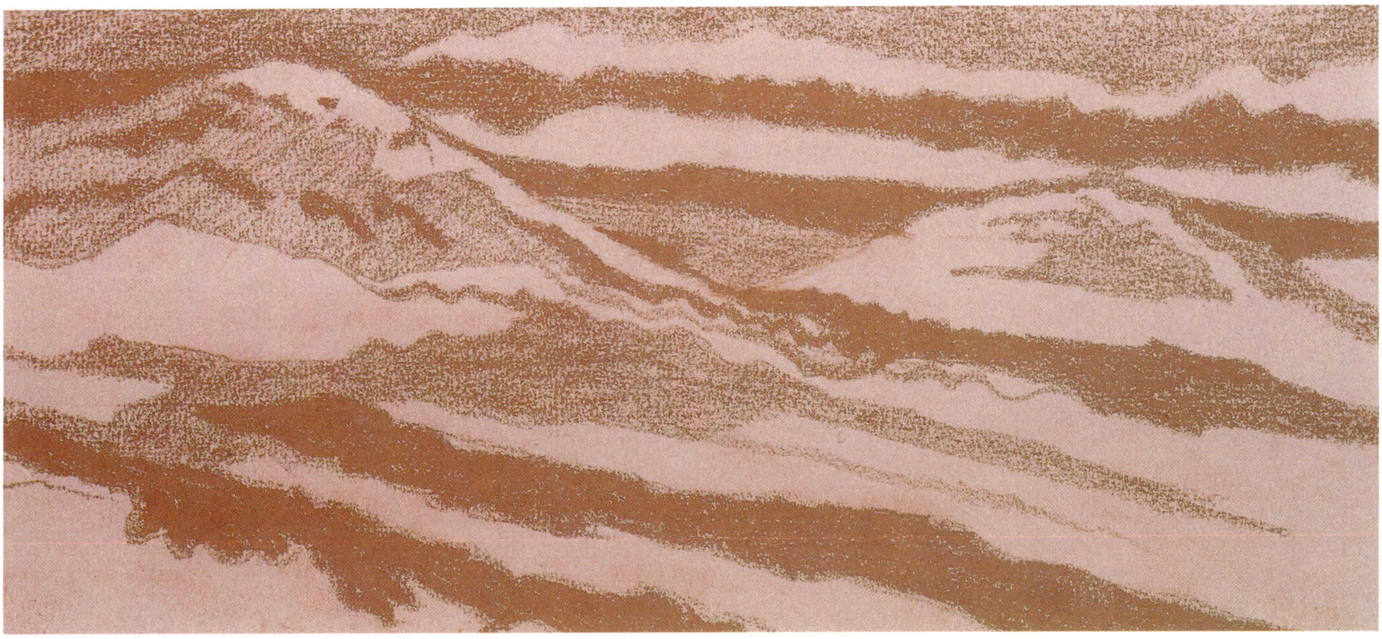

Beispiel 3

Perspektive und Blickwinkel

Im allgemeinen ist die Perspektive nur dann wichtig, wenn Ihr Blickwinkel sehr hoch oder niedrig angelegt ist. Die Kenntnis der Perspektive hilft Ihnen, zum Beispiel die Richtung der sich verjüngenden Straßen und der sich über die Hügel ziehenden Felder zu verfolgen.

Schauen Sie sich noch einmal die Regeln der Perspektive in Lektion 1 an, bevor Sie hinausgehen. Nehmen Sie auf alle Fälle immer Ihr Skizzenbuch und Ihren Suchrahmen mit, um einen guten Blickwinkel ausfindig zu machen.

Sobald Sie sich ernsthaft mit der Landschaft beschäftigen, wird auch der Umgang mit der Perspektive dringlicher. In diesen Lektionen werden Sie zum ersten Mal mit beträchtlichen Entfernungen umgehen müssen, da sollte man den Unterschied zwischen Augenhorizont und Horizontlinie der Landschaft kennen und richtig anwenden.

Bevor Sie mit sehr weiten Horizonten arbeiten, beginnen Sie lieber mit überschaubaren Plätzen.

In den Abbildungen auf der rechten Seite diente ein kleiner, überall zu findender Park als Motiv. Ich begann von einem Hügel aus zu arbeiten und fand auch einen schönen Baum, der Schatten warf und die Komposition einrahmte.

Nehmen Sie auf solche Ausflüge genügend Material, wie ein Skizzenbuch, Bleistifte und Zeichenfedern, und auch einen Malschemel mit, da Sie nicht immer mit einer Parkbank rechnen können, die am richtigen Platz steht oder unbesetzt ist.

Jedesmal, wenn Sie sich mit einem neuen Motiv auseinandersetzen, sollten Sie vorher möglichst viele Skizzen und Studien machen. Jedes Bild wirft andere Probleme auf, die nur die Erfahrung lösen kann.

Die Abbildungen auf der rechten Seite zeigen, wie sich die Perspektive je nach wechselndem Blickpunkt verändert.

Beispiel 1: Diese Zeichnung wurde von einem Hügel im Park gemacht. Der Blick fällt, an einer großen Eiche vorbei, leicht auf den Park ab. Beachten Sie, wieviel Platz die Zweige und Blätter des Baumes in der Komposition einnehmen. Das Geländer ist dagegen sehr klein wiedergegeben, und die Tennisplätze bestehen nur aus kleinen Streifen auf der linken Bildseite.

Beispiel 2: Nun ist der Standpunkt etwas den Hügel hinunter verändert, und schon ist der große Baum verschwunden. Dafür sieht man einen kleineren Baum auf der linken Seite deutlicher. Die Blätter geben immer noch einen dichten Rahmen an der oberen Bildgrenze ab. Das Geländer ist wichtiger geworden, und das Grasfeld in einer Tuschelavierung hat seinen Umfang vergrößert.

Beispiel 3: Jetzt befindet sich der Blickpunkt direkt hinter dem Geländer, am Fuß des Hügels. Die Muster der Tennisplätze sind fast ganz verschwunden. Die Schaukeln und der Sandkasten eines Spielplatzes auf der rechten Seite (die vorher von den Zweigen des Baumes verdeckt waren) sind in weißer Kreide skizziert.

In allen drei Studien wurden zuerst die Umrißlinien eingezeichnet, mit Kohle nachgezogen und mit Lavierungen in Sepia und Grau ausgefüllt.

Wenn Sie ähnliche Studien machen wollen, arbeiten Sie in großen Flächen und einfachen Formen. Belasten Sie sich nicht mit kleinen Details. Tragen Sie immer Ihr Skizzenbuch bei sich und machen Sie so viele Skizzen wie möglich – das kann ich Ihnen nicht oft genug empfehlen.

Beispiel 1

Beispiel 2

Beispiel 3

Eine geometrische Komposition

Bilder lassen sich oft in streng geometrische Formen zerlegen, die zusammengenommen eine natürlich wirkende Komposition ergeben. Das Auge kann auf ganz verschiedene Weise zu den wichtigsten Elementen des Bildes geführt werden. Mann kann zum Beispiel wichtige Bildteile auf die Schnittpunkte solcher geometrischen Linien setzen und dadurch Aufmerksamkeit gewinnen.

Eine Landschaftskomposition setzt sich aus vielen Bestandteilen zusammen – Form, Farbe, Tonwert, Textur –, die alle sorgfältig beachtet werden müssen, da sie unsere Wahrnehmung lenken. Es ist unmöglich, ein Bild von van Gogh ohne ein Gefühl großer Bewegung im Bild anzuschauen, weil die lineare und farbige Komposition das Auge mitreißt.

Selbst den bevölkerten Bildern von Bruegel liegt eine strenge Struktur zugrunde. Das Bild unten zeigt im Vordergrund eine zentrale Bühne mit zwei großen Figuren ganz im Vordergrund, die von der roten Flagge oben im Bild ausbalanciert wird. Die zwei Eckgebäude befinden sich auf der gleichen Bildebene. Die vertikale Linie des großen Baumstammes links wird von der Hausecke rechts und dem scharf gezeichneten Schornstein aufgenommen. Die Fluchtlinien der Häuserfronten treffen sich im Bildhintergrund, der durch einen allein stehenden, kleinwüchsigen Baum gekennzeichnet ist. Dieser Baum steht fast genau im Schnittpunkt der beiden Fluchtlinien und teilt außerdem das rechteckige Bild in ein Quadrat und ein kleineres Rechteck auf, dem Goldenen Schnitt.

Die meisten Bilder von Bruegel sind auf der Grundlage geometrischer Linien komponiert, die das Auge des Betrachters auf verschiedene Bildstellen lenken.

Viele Künstler betonten früher die Komposition ihres Bildes, indem sie die Fläche in geometrische Linien aufteilten und an den Schnittpunkten wichtige Bildteile sammelten.

Heute legen die meisten Künstler ihre Kompositionen freier an. Aber auch heute gibt es noch geometrische Kompositionslinien in Bildern.

Erinnern Sie sich daran, daß man eine Zeichnung sowohl in die Tiefe als auch auf der zweidimensionalen Fläche komponieren muß. Suchen Sie immer nach einem interessanten Vorder-, Mittel-, und Hintergrund.

Achten Sie auch einmal darauf, daß viele Landschaftsbilder Figuren als wichtiger Teil des Motivs enthalten. Die Landschaften der italienischen und englischen Schule zeigten oft wenige, aber genau gezeichnete und exakt plazierte Figuren. Die holländischen und flämischen Maler waren mehr an Genreszenen im Dorf oder am Stadtleben interessiert und fügten deshalb ihren Bildern viele kleine Figuren ein.

Ausschnitt aus dem Bild »Dorfplatz« von Bruegel dem Jüngeren

Eine Kompositionsübung

1. Teilen Sie Ihr Papier oder Ihre Leinwand in Hälften, Viertel und Diagonalen auf. Über diese Aufteilung skizzieren Sie eine Komposition mit dem größten Baumstamm auf der linken Seite.

2. Machen Sie nun eine andere Skizze mit den gleichen Unterteilungen, aber verändertem Blickwinkel, so daß die wichtigen Elemente des Motivs auf verschiedene Bildteile verteilt sind.
Vergleichen Sie nun die beiden Skizzen.
Die untere Abbildung zeigt, wie verschieden eine Komposition ausfallen kann, wenn Sie sich leicht nach links bewegen und ein wenig nach oben auf die Krone des Baumes schauen. Jetzt wird der Baum zum interessanten Mittelpunkt des Bildes.

Beispiel 1

Beispiel 2

Eine Collage-Komposition

Um einmal, wenn man wegen des schlechten Wetters nicht draußen arbeiten kann, das Medium zu wechseln, sollten Sie einige Collagen aus verschiedenfarbigem und gemustertem Material anfertigen. Schneiden oder reißen Sie Papier, Stoff, Holz, Wellpappe usw. und kleben Sie die Stücke auf eine Unterlage aus Papier oder Karton.

Sortieren Sie große Teile aus und setzen Sie diese an wichtige Bildstellen. Diese Übung hilft Ihnen, mit den Problemen von Gleichgewicht, Form, Textur und Muster umzugehen.

Eine Collage ist außerdem ein geeignetes Mittel, um mit landschaftlichen Formen zu experimentieren. Sie können die Teile so lange hin und her schieben, bis Sie die richtige Komposition gefunden haben. Denken Sie sich die Landschaft als eine Flickendecke, die Sie zusammensetzen müssen.

Mit Hilfe der Collage können Sie auch Farbkombinationen ausprobieren, die Sie sonst beim Malen zu gewagt empfinden.

Die beiden Collagen unten wurden aus Stoffresten und dickem Papier angefertigt und gehen beide auf landschaftliche Formationen zurück. An den rechteckigen Hausformen und den Baumstämmen im oberen Beispiel wird das deutlich sichtbar. Die zweite Collage wurde als Vorlage für ein Bild benutzt, das auf Seite 314 gezeigt ist – mit dem Thema: Wolken über Sommerfeldern.

Eine abstrakte Komposition

»Abstrakt« ist ein moderner Begriff, der in weitestem Sinne ungegenständliche oder nicht-figurative Bilder beschreibt. Der Künstler sammelt dabei manchmal Elemente aus der Natur und vereinfacht sie zu einem neuen Bildmuster.

Die heutige abstrakte Malerei geht jedoch weniger von der Naturbeobachtung aus, sondern sieht Linien, Kurven, Form und Farbe als selbständige bildnerische Elemente an, die wunderschöne Kompositionen ergeben, ohne unbedingt auf bekannte und reale Dinge anzuspielen.

Auch wenn Ihnen das Spiel mit den Formen gefallen wird, vernachlässigen Sie niemals die gegenständliche Malerei. Diese beiden Kunstformen sollten aufeinander bezogen sein und sich nicht gegenseitig ausschließen.

Abstrakte Malerei wird oft mit Musik verglichen. Die »Programm-Musik« erzählt zwar eine Geschichte, ist aber zugleich ein Zusammentreffen reiner Töne. Ebenso kann abstrakte Malerei einen gegenständlichen Bezug haben und doch eine Komposition aus abstrakten Formen und Farben sein.

Versuchen Sie einmal eine Landschaft nur in reinen Farben, Formen und Textur zu sehen, ganz unabhängig vom gegenständlichen Motiv.

Falls die erste Studie zu gegenständlich ausfällt, sollten Sie noch einige andere Studien machen und immer weiter vom Motiv abstrahieren.

Ein abstraktes Ölbild mit einem Kirchturm als Vorlage

Beispiel 1

Beispiel 2

Beispiel 3

Malerei mit Farbfeldern

Farbe ist eine ganz eigene »Sprache«. Sie kann anregend oder langweilig sein, kontrastreich oder in verwandten Tönen angelegt, und sie kann allein schon durch den Mengenanteil einer Farbe gesteuert werden.
Malerei mit Farbfeldern hat einfach mit dem Setzen von Farbe gegen Farbe zu tun. Sie kann in der Fläche oder auch in der Oberflächenstruktur wirken.
Im allgemeinen schwächen sich gleiche Teile von Komplementärfarben eher ab. Um die richtige Wirkung zu erzielen, müssen die Farben mengenmäßig ausbalanciert werden, z.B. eine kleine Menge Grün gegen eine größere Menge Rot. Um Sonnenlicht darzustellen, benötigen Sie z.B. nur äußerst wenig von den warmen Farbtönen, besonders dann, wenn das übrige Bild im kalten Blau oder Grau eines nebligen Tages oder in den warmen Brauntönen einer frühen Abendstunde gehalten ist. Gerade die Landschaftsmalerei ist gut für solche Farbübungen geeignet. Nehmen Sie für diese Studien Ölfarben und arbeiten Sie so schnell wie möglich an den Grundformen. Zum Schluß fügen Sie den Farbakzent hinzu. Lassen Sie sich nicht auf Details ein. Schauen Sie sich Ihr Bild dann aus einiger Entfernung an und beurteilen Sie die Farbwirkung.

Beispiel 1: Dieser Ausschnitt aus einer Studie ist vorwiegend in Blau und Grau gehalten, ohne große Kontraste. Die Stimmung eines grauen, nebligen Tages sollte entstehen; die Straße sollte in der Ferne verschwinden.

Beispiel 2: Wieder ein grauer Tag am Fluß! Diesmal gibt jedoch der kleine Tupfen Rosa im Hintergrund und ein wenig Türkis im Vordergrund dem ganzen Motiv etwas mehr Dramatik.
Versuchen Sie einmal die einzelnen Farben in diesen beiden Bildern herauszulösen. Das Rosa hinter dem Zaun im ersten Bild wurde in der zweiten Skizze verstärkt, so daß der Himmel am oberen Bildende ziemlich malvenfarbig geworden ist.

Beispiel 3: Für diesen Blick vom Meer auf eine Küste wurde der Himmel in starkem Blau angelegt. Ein großer Tupfen Rosa und einige kurze Pinselstriche in Gelbbraun ergeben zusammen den Eindruck eines sonnigen Tages.

Landschaftsstrukturen

Das Land ist oft in Feldern aufgeteilt, die einer sonst leeren Szenerie Form und Zusammenhalt geben können.

Vor Ihnen liegen also im Grunde einfache geometrische Formen in Grün, Braun und Gelb, die ein flach ausgebreitetes Muster aus unregelmäßigen Rechtecken abgeben. Das wird Ihnen sehr vereinfacht vorkommen, soll Ihnen aber nur helfen, die Landschaft in zweidimensionaler Form zu sehen.

Ihr Blickwinkel wird wieder einmal die Formengröße und -lage beeinflussen. Ein Foto der Felder von einem Flugzeug aus zeigt Ihnen die Felder als klares Muster, fast wie eine Collage oder eine Patchworkdecke. Selbst große Baumgruppen verlieren ihre Textur und werden zu dunklen grünen Rechtecken mit ausgefransten Ecken und Kanten. Hecken und Zäune umreißen dieses Muster, und alle Einzelteile ergeben zusammen interessante, abstrakte Formen.

Wie Sie unten sehen, kann ein Feld, von einem niedrigen Augenhorizont aus betrachtet, das ganze Bild ausfüllen.

Versuchen Sie Felder so oft wie möglich als Formen zu sehen, vom Fenster eines Zuges aus, von einem hohen Gebäude herunter oder auch von einem Graben aus. Skizzieren Sie die Felder ohne Details, nur als große Formen und Texturen aus verschiedenen Blickwinkeln und Augenhöhen.

Allein durch die Farbe sind die Formen, die Perspektive und die Atmosphäre gegeben

Gebäude

Mit zusammenstehenden Gruppen von Gebäuden in der Stadt beschäftigen wir uns in der nächsten Lektion. Hier suchen wir uns nur das einzelne Gebäude aus, das in einem Landschaftsmotiv auftauchen könnte.

Gebäude spielen meistens in der Landschaft eine untergeordnete Rolle. Zu diesem Zeitpunkt sollten sie auch in Ihren Bildern nur wenig Bedeutung bekommen.

Anfänger übertreiben oft die Größe und Farbgebung von Bauwerken, auch wenn sie im Hintergrund stehen. Bilder von Kindern zeigen oft übergroße Häuser, weil sie damit ihr eigenes Zuhause meinen. Maler sollten sich vor solchen Fehlern in acht nehmen. Auch wenn ein Architekturmotiv diskret und klein eingefügt ist, kann es einer Landschaftsmalerei einen wirkungsvollen Akzent geben.

Andererseits wirkt natürlich eine Windmühle oder ein Schloß auf einem Hügel immer als Mittelpunkt einer Komposition und sollte auch entsprechend bearbeitet werden.

Ein anderer Aspekt ist die Textur von Gebäuden. Bevor Sie anfangen, schauen Sie gut auf die harten Kanten des von Menschenhand geschaffenen Materials im Kontrast zu den weichen Mustern und Farben der Natur.

Ein Gebäude muß im Gegensatz zu Büschen und Sträuchern scharf umrissen werden. Zeichnen Sie zuerst das Gebäude und dann das umgebende Laub, um damit die Kanten etwas aufzulösen.

Weit weg

Ganz nah

Bäume und Hecken

Bäume können entweder als vorrangiges Detail im Vordergrund oder als dunkle, verschwommene Akzente im Hintergrund vorkommen.
Kinder geben einen Baum meistens als Stamm mit Zweigen ohne Blätter wieder oder als runde, dunkelgrüne Form auf einem Stamm. Diese Bilder sind zwar nicht völlig falsch, aber doch sehr vereinfacht. Allerdings zeigen sie, wie sich viele Leute Bäume vorstellen. In der künstlerischen Praxis sind Bäume ein Bestandteil von Tonwert und Farbe in einem Motiv. Es fällt schwer, einzelne Bäume aus dem Landschaftganzen zu isolieren.
Machen Sie einige einfache Übungen, vielleicht zuerst eine kleine Skizze eines Baumes aus Ihrer Phantasie. Wie Sie den Baum ausführen, ist ganz allein Ihnen überlassen. Sie können einzelne Blätter zeichnen oder das Laubwerk durch Muster und Textur andeuten. Komponieren Sie dann eine große Landschaft aus der Vorstellung. Zeichnen oder malen Sie Bäume als Gruppen oder auch einzeln. Setzen Sie einige in den Vordergrund, einige in den Mittelgrund und andere wieder in den Hintergrund.
Malen Sie diese Übungen auf viele, verschiedene Weisen. Einige sollten sehr detailreich sein, andere nur aus Farbflecken, die Laub andeuten, bestehen. Stellen Sie einige Zweige, die aus Ästen herauswachsen, dar, und zeigen Sie andere Zweige mit dichtem Laub oder ganz ohne Laub. Zum Abschluß gehen Sie jetzt wirklich ins Freie und machen so viele Studien von Bäumen wie nur möglich.

Himmel und Wolken

Landschaften zeigen zu allen Jahreszeiten und in jedem Wetter die verschiedensten Stimmungen: Regen, Sturm, Nebel, Sonne, schwere und aufgelöste Wolken. Beobachten Sie die Beziehung zwischen Himmel und Boden und die Veränderung der Farben im Licht. Ein heller Sommertag mit leichten Wolken schafft leuchtende Farben, die mit dunklen Schattenzonen abwechseln.

Suchen Sie nach Strukturen in den Wolkenzügen. Verwenden Sie ihre Formen, um die Landschaft unter ihnen zu kontrastieren oder aber auch widerzuspiegeln.

Wolken unterscheiden sich von anderen Dingen dadurch, daß sie ständig in Bewegung sind. Versuchen Sie jeden Stil und jedes Medium, um den Zug der Wolken festzuhalten.

Schauen Sie sich die Detailbeispiele auf dieser Seite an, bevor Sie die Skizzen auf den Seiten 316 und 317 nachvollziehen.

Tusche und Lavierung

Eine Verbindung von Tuschezeichnung und Lavierung mit Schwarz, Grau oder in bunten Farben, also eine Kombination von Zeichnung und Wasserfarbentechnik, kann sehr wirkungsvoll ausfallen, wie diese Studien zeigen.
Mit Hilfe der Trockenpinseltechnik oder durch Zeichnen mit einem feinen Pinsel auf trockene Wasserfarbe können Sie zahlreiche Feinheiten nachtragen. Besonders in der Landschaftsmalerei geben die Pinseltupfen das unregelmäßige Laubwerk sehr gut wieder.

Beispiel 1: Malen Sie eine kleine Landschaft in Aquarell und tragen Sie die Details mit der Zeichenfeder ein.

Beispiel 2: Nun drehen Sie den Arbeitsvorgang einmal um. Zeichnen Sie eine Landschaft mit Tusche und fügen Sie nach Trocknung die Lavierung hinzu.

Beispiel 3: Machen Sie noch eine Studie mit wasserlöslicher Tusche. Wenn Sie nun darüberlavieren, wird die Tuschezeichnung etwas auslaufen und weichere Linien ergeben, ähnlich dem »Naß-in-naß«-Effekt in der Lektion 2.

Beispiel 1

Beispiel 3

Beispiel 2

Skizzen und Notizen zur Landschaft

Die Beispiele in dieser Lektion, die verschiedenen Techniken und künstlerischen Methoden, sollen Sie zu genauer Beobachtung anleiten. Wir haben auf genaue Anweisungen verzichtet, um Ihnen möglichst viel Freiheit zum Experimentieren zu lassen. Wir können nicht oft genug betonen, wie wichtig es ist, dauernd Skizzen und Notizen anzufertigen. Berücksichtigen Sie dabei den wechselnden Blickpunkt, die Tageszeit und natürlich das Motiv unter allen möglichen Aspekten.

Landschaften haben die Eigenschaft, sich ständig zu verändern. Aquarellmalerei ist wegen ihrer schnellen und frischen Technik besonders gut geeignet, die flüchtigen Wirkungen dahinziehender Wolken, windgepeitschter Bäume oder sich kräuselndem Wasser festzuhalten.

Es ist dabei fast unvermeidlich, daß Sie die Sie interessierenden Stimmungen und Effekte übertreiben. Ein Bild ohne diese persönliche Sicht der Dinge zu malen, scheint unmöglich zu sein. Letztlich wird Ihr Bild nicht nur davon abhängen, was Sie malen, sondern auch, wie Sie es malen bzw. sehen. Auch Arbeiten anderer Künstler können Sie dabei natürlich beeinflussen.

Sie müssen entscheiden, was Sie ausdrücken wollen, dann sind Ihnen alle Techniken der Darstellung erlaubt. Nur die Erfahrung wird Ihnen den Weg zu Ihrer individuellen Sicht und Malweise zeigen. Deshalb: Verwahren Sie auf jeden Fall immer Ihre Vorskizzen, auch wenn das Bild fertig ist. Die verschiedenen Vorgehensweisen können Sie auch nachher noch anregen.

Mischtechniken

Einer der interessantesten Aspekte der Landschaftsmalerei ist die Anwendung verschiedener Techniken in einem Bild. Das ganze Buch hindurch haben wir darauf hingewiesen, daß alle Kunstformen miteinander verbunden sind. Deshalb ist es auch so wichtig, nicht zu schnell in einen festen Malstil zu verfallen.
Ein gutes Beispiel für die Mischtechnik ist das schöne Landschaftsbild unten, ein Garten im Winter. Der Künstler empfand, daß nur eine Technik diese außergewöhnliche Atmosphäre eines dunklen Winternachmittages nicht wiederzugeben vermochte. Das Bild zeigt, neben der wirkungsvollen Technik, wie kraftvoll einfache Linien in Schwarzweiß sein können, besonders dann, wenn der Künstler alle grauen Zwischentöne benutzt.
Zuerst wurde eine Aquarellavierung in weichem Grau für den Hintergrund angelegt, die von einem dünnen Bleistiftstrich unterteilt wurde. Dieser Strich markiert zugleich das dunkle Band der Hecke im Hintergrund. Dann wurde eine hellgraue Lavierung unregelmäßig für den Vordergrund eingesetzt, um die Wirkung frisch gefallenen Schnees wiederzugeben. Scharfe Linien in Bleistift umreißen die Kanten der gestutzten Büsche und der Säulen im Hintergrund. Eine Lavierung im mittleren Tonwert deutet Bäume und Gebäude hinter dem Garten an. Die dunkelste Lavierung füllt die Büsche, die Balustrade und die großen Blumentröge aus. Die letzte Lavierung wurde so trocken gehalten, daß die Formen selbst in dem dunklen Licht groß und gespenstisch erscheinen. Mit dünner Zeichenfeder und einem Lineal wurden die Rosengitter und die kahlen Zweige eingezeichnet.
Zum Schluß wurden die in der Luft schwebenden Schneeflocken durch die Auswaschtechnik wiedergegeben. Dazu muß man sich sehr viel Zeit lassen und vor allem abwarten, bis das Bild ganz durchgetrocknet ist. Im anderen Fall würden die Flocken zu groß ausfallen und im nassen Papier verlaufen.

»Rosengarten im Winter zu Wien« von Mynott

Fünf-Minuten-Studien

Schnelle Studien, die etwa die vorübergehende Stimmung eines nebelverhangenen Morgens einfangen, sind von großem Wert. Hier geben wir nur einige Vorschläge.

Zeichnen Sie die Wolkenformen in Bleistift vor. Um weiße Wolken am Himmel wiederzugeben, legen Sie eine blaue Lavierung an und lassen die Wolkenformen ausgespart. Falls nötig, legen Sie noch eine andere Farbe an. Ein leichtes Grau unterhalb der Wolken gibt ziemlich genau den Eindruck dahinziehender weißer Wolken an einem sonnigen Tag wieder.

Zur Darstellung eines wolkenverhangenen Himmels malen Sie nur zwei oder drei kleine Flecken Blau als vereinzelt auftauchende Himmelsflächen ein. Dann nehmen Sie eine sehr helle Lavierung in Grau und tragen unter jede Wolkenbank die Schatten und die Volumen ein. Mit wenigen Akzenten warmer Farbtöne, zum Beispiel in einem blauen Grau, können Sie diese Stimmung abrunden.

Obwohl Sie diese Übungen auch im Freien machen können, sollten Sie diese Wolkenskizzen vorher auch im Atelier ausprobieren. Mit den beschriebenen Techniken lassen sich die meisten Himmel gut darstellen. Die Technik des »Auswaschens«, das Entfernen von Farbe mittels eines feuchten Schwammes oder Pinsels, wurde bereits in Lektion 2 beschrieben und kann auf einer getrockneten oder noch nassen Lavierung eingesetzt werden. Diese Technik ist besonders zur Darstellung von Wolken geeignet.

Legen Sie eine Lavierung in hellem Blaugrau auf der gesamten Bildfläche an. Nach dem Trocknen entfernen Sie einige Stellen mit einem kleinen Schwamm, Tuch oder Pinsel, um Wolken wiederzugeben. Machen Sie im Atelier einige Übungen, bevor Sie hinausgehen.

Decken Sie eine Hälfte Ihres Papiers mit einer hellblauen Lavierung ab und waschen Sie nach dem Trocknen einige weiße Wolken heraus. Setzen Sie noch einige helle, graublaue Pinselstriche an den unteren Rand der weißen Formen, solange die Lavierung noch feucht ist. Die Farbe verläuft dann leicht und erzeugt weiche Schatten unter den Wolken.

Beispiel 1: Legen Sie eine Lavierung in Blau auf leicht feuchtem Papier an. Lassen Sie die zweite Farbe, meistens ein warmes Grau unter den weißen Wolken, in die erste Farbschicht hineinlaufen. So schaffen Sie weiche Flächen unter den Wolken und geben den Eindruck von hellem Sonnenlicht oder aber schwerem Regen wieder.

Beispiel 2: Waschen Sie auf einem anderen Blatt die weißen Wolken wie vorher aus. Lassen Sie dieses Mal das Papier ganz durchtrocknen. Mischen Sie dann eine etwas dunklere, blaugraue Lavierung aus und tragen Sie Schatten unter die Wolken ein, entweder am unteren Rand der weißen Flächen oder darunter auf der hellblauen Lavierung. Diese Technik gibt den Wolken Plastizität und Volumen.

Beispiel 3: Farbe kann Tiefe erzeugen, wenn sie im Vordergrund starkfarbig und im Hintergrund sehr aufgehellt eingesetzt wird, oder auch umgekehrt, wie die Beispiele in Lektion 2 zeigten.

Machen Sie einige Übungen mit transparenten Farbschichten, ausgehend von harten Grüntönen bis hin zu stumpfen, hellen Graublautönen.

Manche Landschaftsbilder bestehen nur aus einfachen Lavierungen in Farbabstufungen. Einige Pinselstriche deuten Felder, Hügel und den Himmel an.

Beispiel 1

Beispiel 2

Beispiel 3

Die Trockenpinseltechnik

Vielleicht wollen Sie einmal auf rauhem Papier einen Struktureffekt ausprobieren. Suchen Sie sich zunächst nur ein Stück rauhes Aquarellpapier aus und gehen Sie mit dem leicht feuchten Pinsel und wenig Farbe darüber. Die Farbe wird nur an einigen Stellen des Papiers haften und sonst weiße Flecke frei lassen. Üben Sie diese Technik mit verschiedenen Farben und Farbmengen und nehmen Sie auch verschiedene Papiersorten.

Diese Technik wird übrigens nur ganz am Schluß eines Bildes eingesetzt, da die Wirkung sonst durch andere Farbschichten verwischt wird.

Ähnliche Wirkungen sind manchmal auch auf glattem Papier möglich. Probieren Sie dazu steife Schweineborstenpinsel aus und nehmen Sie wenig Wasser. Teilen Sie ein Blatt Papier in Abschnitte ein und malen Sie mit dem Pinsel kleine Flächen mit ganz wenig Wasser bis zu einer vollen Lavierung.

Skizzen umsetzen

Einer der größten Vorteile eines Skizzenbuches ist die Verwendungsmöglichkeit von Skizzen als Vorlage für große Bilder im Atelier.

Die Ausgangsskizze sollte alle Informationen zur Farbe und Form des Motivs beinhalten, die Sie später für Ihr Bild brauchen. Die Skizze muß nicht präzis ausgeführt sein, solange genug zu erkennen bleibt, um Ihr Gedächtnis auch nach Tagen oder Wochen an das bestimmte Motiv zu erinnern.

Die beiden Abbildungen auf diesen Seiten zeigen das deutlich. Die Skizze unten wurde auf der Straße vor dem Haus angefertigt. Da das Motiv sehr lohnend war, hat der Künstler auf der Rückseite der Skizze Notizen zum Ziegelmauerwerk, den bleigefaßten Fenstern, der Schmuckplatte und den verschiedenen Farben gemacht.

Dann wurde die Skizze mit Lavierungen in Siena und Grau verschiedener Tonstufen ausgefüllt. Der Künstler mußte schnell arbeiten. Es blieb jedoch genügend Information, zusammen mit den Notizen, zurück, um das Bild auf der nächsten Seite auszuführen.

Diese Beispiele zeigen zwar ein Wohnhaus in der Stadt und keine Landschaft, können aber bestens den Unterschied zwischen einer Skizze und einem fertigen Bild demonstrieren.

Betrachten Sie die Bilder genau und vergleichen Sie beide, um festzustellen, wo die künstlerische Freiheit waltete. Im fertigen Bild erhielt die Wand auf der lin-

Aquarellskizze

ken Seite eine stärkere vertikale Betonung. Das Efeu bedeckt den Schornstein rechts jetzt ganz, und die Hecke wurde begradigt. Alle Fenster und Türen wurden sorgfältig ausgemalt. Die gleiche Technik wurde auch für das Mauerwerk und das Eisengeländer benutzt. Die einzelnen Eisenstäbe wurden mit der Zeichenfeder ausgeführt, denn nur so konnte die gewünschte Feinheit erzielt werden.
Ihre Notizen müssen klar und deutlich formuliert werden, damit Sie das Bild im Atelier fertigstellen können. Das ist besonders bei den ersten Arbeiten wichtig, wo Ihr Gedächtnis noch untrainiert ist und manche, wichtige Details vergessen könnte.
Notizen auf der Rückseite einer Skizze sind eine Möglichkeit der Erinnerungsstütze. Wenn Sie aber alles ganz genau aufzeichnen wollen, befestigen Sie ein Transparentpapier an Ihrem Skizzenblock und legen es nach den ersten Vorzeichnungen über die Skizze, um darauf nun wichtige Anmerkungen zum Motiv aufzuschreiben. Dann schlagen Sie das Papier wieder zurück und machen mit Ihrer Skizze weiter.
Nach Beendigung der Skizze schauen Sie noch einmal auf Ihre Notizen und vergewissern sich, nichts vergessen zu haben. Notieren Sie unter gegebenen Umständen auch den Ort Ihres Motivs.

Guaschskizze von Shipperbottom

Ein erstes Landschaftsbild in Aquarell

Ein vor Ort ausgeführtes Bild erfordert gründliche Vorbereitung und Überlegung. Aquarellmalerei deckt Fehler eher auf, als sie zu verdecken. Sie müssen sich gut überlegen, was Sie malen wollen, bevor Sie anfangen. Deshalb haben wir uns auch so ausführlich mit den vorbereitenden Studien und Übungen beschäftigt.

Wenn Sie sich für ein Motiv entschieden haben, suchen Sie sich einen bequemen Sitzplatz aus oder nehmen auf dem Malschemel Platz. Betrachten Sie die Landschaft sehr sorgfältig. Suchen Sie nach besonderen Charakteristika und studieren Sie das Motiv nach hellen oder dunklen Tonwerten, starken oder schwachen Farben und Kontrasten. Wählen Sie ein geignetes Format, entweder sehr lang und rechteckig oder sogar ein Porträtformat in Hochkant.

Dann müssen Sie sich für eine Papiersorte entscheiden. Rauhes Papier wird normalerweise für große Formate verwendet, glattes Papier für kleine Formate. Aber das hängt ganz von Ihrem Geschmack und Ihrem Malstil ab.

Ich fing gleich mit der Malerei an. Aber Sie können natürlich auch einige Vorzeichnungen machen. Konzentrieren Sie sich auf die Proportionen von Himmel und Boden und die Muster der Felder.

Schritt 1: Zeichnen Sie die Hauptkompositionslinien ganz fein ein. Diese Bleistiftstriche dienen nur als Gerüst für die Lavierungen. Machen Sie daraus jedoch keine genaue Zeichnung des Motivs. Halten Sie die Zeichnung so leicht wie möglich, damit die Striche nicht unter den Farbschichten durchscheinen.

Legen Sie nun eine Lavierung in hellem Blau über die gesamte Bildfläche an. Lassen Sie aber einige weiße Stellen für die Wolken stehen. Halten Sie diese erste Lavierung sehr leicht, da, wie Sie wissen, noch zwei andere Lavierungen für die Haupttonwerte eingesetzt werden müssen. Lassen Sie diese Schicht gut trocknen.

Schritt 2: Vielleicht wollen Sie für die zweite Lavierung eine Führungslinie einzeichnen, aber bitte nur ganz dünn, damit der Strich nachher nicht durchkommt. Mit einer neuen Lavierung vertiefen Sie nun das Blau am Horizont und lassen sie trocknen.

Während Sie auf das Trocknen der Lavierung warten, können Sie einige Skizzen unter anderen Blickwinkeln zum Vergleich machen.

Schritt 1

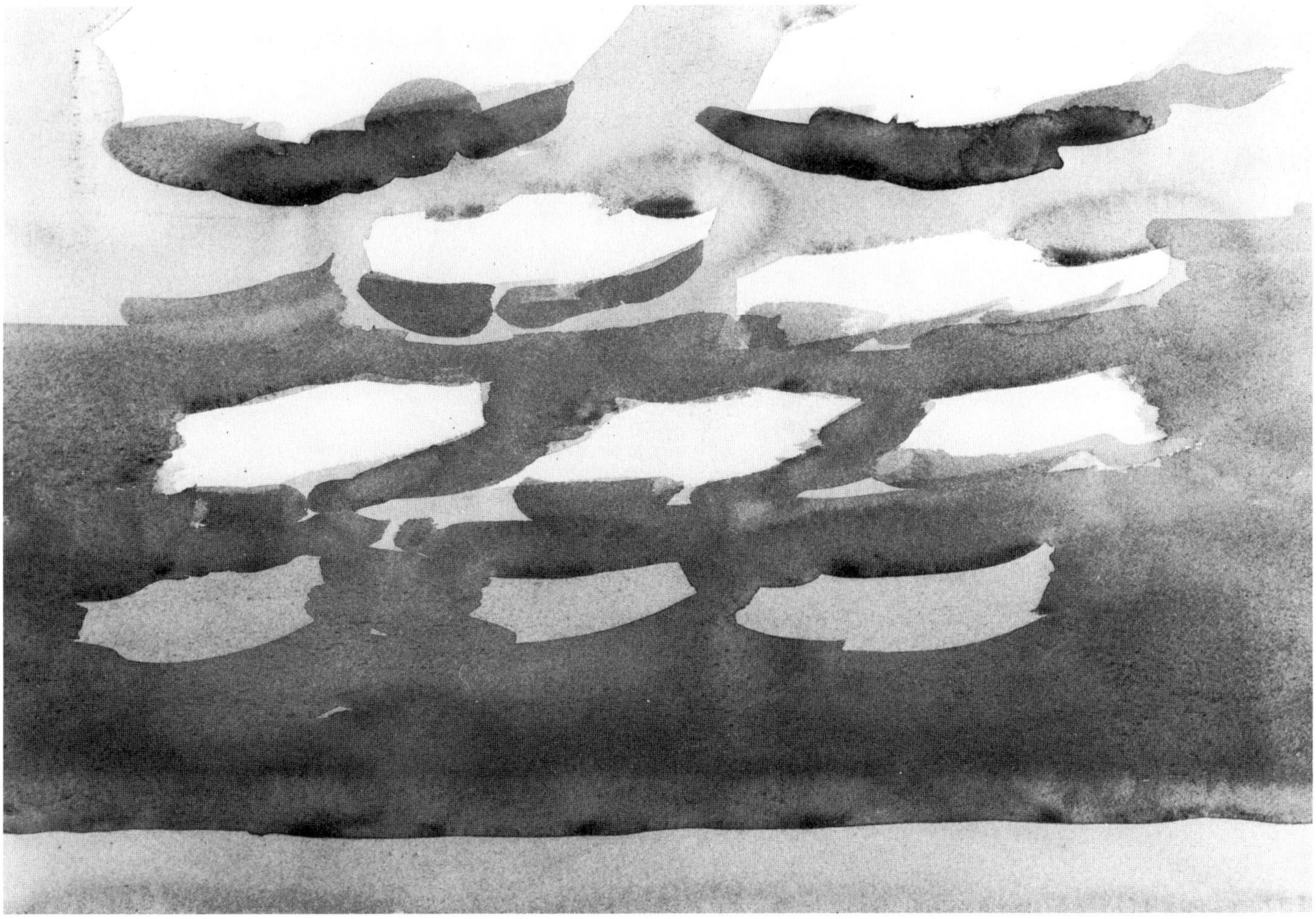

Schritt 2

Schritt 4: Die Hauptformen der Bäume malen Sie in einer grünen Farbe aus Chromoxidgrün feurig.
Achten Sie darauf, daß ein blauer Streifen über dem gelben Boden liegt und darüber erst die Bäume anfangen. Die Untermalung mit Blau soll Tiefe und Ferne der Felder andeuten. Legen Sie auf diesem blauen Streifen Felder in Grün, Gelb und Sienarot an.
Mit einem feinen dunkelbraunen Pinselzug legen Sie die Hecken und Baumstämme fest.

Schritt 3: Mischen Sie noch eine Lavierung in Blaugrau aus und legen Sie diese über die unteren Teile des Himmels an, um Tiefe und Bewegung darzustellen. Mit der gleichen Lavierung können Sie auch das Volumen der Wolken verstärken. Für den Boden nehmen Sie eine gelbe Lavierung.
Lassen Sie beide Malschichten gut trocknen.

Schritt 5: Wenn alles gut getrocknet ist, schauen Sie sich das Bild aus einiger Entfernung an und fügen noch kleine Feinheiten hinzu. Die Wolkenformen können Sie z. B. mit einem feuchten Schwamm etwas aufweichen. Mit Tusche können Sie eine große Baumgruppe noch konturieren oder Telegraphenstangen einzeichnen. Verderben Sie aber nichts – der Zauber eines Bildes verfliegt sehr schnell, wenn Sie nicht im richtigen Moment aufhören können.

Schritt 3

Schritt 4

Schritt 5

Eine Landschaft in Ölmalerei

Das Verhältnis zwischen Wahrnehmen und Wiedergeben wird ganz wesentlich durch Ihre Haltung gegenüber dem Motiv bestimmt. Halten Sie deswegen immer nach interessanten Formen und Farben Ausschau. Ein schönes Motiv können Sie an einem bekannten und beliebten Ort vorfinden, bei einem Tag auf dem Land, wo Sie einen wunderschönen Platz entdecken oder aber auch ein vernachlässigtes Stück Ackerland. Wählen Sie das bildnerische Thema aus, die Formen der Felder und Bäume oder Bauernhäuser, oder vielleicht nur die atmosphärische Wirkung von Farbe uund Licht.
Sie werden selbst bald Ihre Vorliebe je nach Temperament herausfinden. Denken Sie aber daran, daß freies Arbeiten nicht Mangel an Aufmerksamkeit und Kontrolle bedeutet. Die gewagtesten freien Skizzen von Turner oder Degas und auch der besten abstrakten Maler von heute sind immer herausragende Beispiele einer scharfen Beobachtungsgabe. Tonwert, Farbe und Form sind genauso sorgfältig beachtet wie in der klassischen Malerei.
Vielleicht ist kein Malmittel so vielseitig wie die Ölmalerei. Vor allem für die Zwecke der Landschaftsmalerei läßt sich Ölfarbe erfolgreicher als Aquarellfarbe einsetzen.
Wir zeigen Ihnen hier zwei Beispiele völlig verschiedener Landschaftsstimmungen. Das Bild unten wurde vor etwa 50 Jahren in Australien gemalt und ist ein Ausschnitt eines größeren Gemäldes, das einen nebligen Herbstmorgen zeigt. Die einzelnen Teile des Bildes sind nur skizzenhaft in weichen Schattierungen von Rosa und Braun gegeben.
Das trockene Feld auf der anderen Seite sieht in seinen olivgrünen und braunen Farbtönen schon viel eher wie eine australische Landschaft aus, wurde aber in Wirklichkeit in England gemalt, und zwar erst in den letzten Jahren.
Diese beiden Bilder stellen ganz verschiedene Stile dar. Der Baum auf der australischen Landschaft wurde sehr sorgfältig Schicht für Schicht angelegt, während das englische Feld aus dicken Pinselstrichen aufgebaut ist. Beide Bilder geben jedoch eine wunderbare Stimmung und Atmosphäre wieder und zeigen wieder einmal die erstaunliche Vielseitigkeit und Flexibilität der Ölmalerei.

Ausschnitt aus dem Bild »Nebliger Morgen« von Streeton

Jeder reagiert auf seine Weise auf eine Landschaft. Ihre Reaktionen und Gefühle sind die wichtigsten Faktoren auf der Suche nach einem eigenen Malstil.

Ölmalerei ist ein sehr flexibles Medium. Haben Sie deshalb keine Angst vor Fehlern! Einige der besten Bilder entstanden schon aus einem falschen Ansatz. Halten Sie Kopf und Hand geschmeidig. Eine zu große Kontrolle könnte ein gutes, anregendes Bild verhindern.

Machen Sie auch zu Hause eine Komposition aus den Skizzen und Notizen im Freien. Legen Sie die Grundformen in Tonwert und Farbe fest und arbeiten Sie freizügig mit dem Bild und der Malerei, nicht dagegen!

Legen Sie einfache Farbabstufungen ohne bestimmte Formen an. Arbeiten Sie vom Horizont aus bis zum oberen Rand des Himmels, dann vom Horizont zum Vordergrund. Tragen Sie danach die Formen ein. Bearbeiten Sie das Bild immer als ein Ganzes, nie nur an einer Stelle.

Mit Ölfarben können Sie auf jeder Stufe Ihres Könnens umgehen. Wenn Sie die auftauchenden Probleme in der Technik angehen, werden Sie immer bessere Ergebnisse erzielen.

Für Anfänger ist eine Landschaftsmalerei mit Ölfarben besonders ergiebig, da das Motiv immer wieder überarbeitet werden kann. Wenn Sie finden, daß Sie das Motiv überhaupt nicht getroffen haben, können Sie sogar die ganze Farbe wieder abkratzen und von vorne beginnen.

Andererseits kann diese Flexibilität auch zu einem Problem werden. Wenn Sie zu oft enttäuscht sind und zu viel von sich erwarten, werden Sie mehr Zeit mit dem Herunterkratzen der Farbe als mit dem Auftragen verbringen.

Benutzen Sie die Farbe, lassen Sie sich nicht von ihr lenken! Machen Sie oft Arbeitspausen und schauen Sie jede Arbeitsphase kritisch an. Nach einigen Wochen werden Sie vielleicht angenehm überrascht sein.

Maltechniken mit Acrylfarbe

Acrylfarben gibt es noch nicht lange auf dem Markt. Sie sind unwahrscheinlich vielseitig und können in transparenten Farbschichten, Lasuren oder auch als Impasto angelegt werden. Am besten verdünnt man Acrylfarben mit Wasser.

Sobald die Farben trocken sind, kann man weitere Farben darübermalen, ohne die untersten Schichten zu verwischen. Diese Wasserfestigkeit ist ein entscheidender Vorteil gegenüber anderen wasserverdünnbaren Farben. Da auch die Trockenzeit sehr kurz ist, sind Acrylfarben das ideale Malmaterial für die Landschaftsmalerei.

Auch als Vorstudien für Ölgemälde sind diese Farben brauchbar, da die in Acryl gemalten Bildwirkungen leicht auch in Ölfarben gebracht werden können. Noch ein Vorteil für jemanden, der den Geruch der Ölfarbe nicht verträgt, ist die Geruchlosigkeit der Acrylfarbe.

Verwenden Sie den Satz Farben, den Sie für den ersten Farbenkreis auf Seite 15 gebraucht haben. Nehmen Sie noch Schwarz und Weiß, Lichten Ocker und ein helles Grün hinzu. Es gibt zwar keinen richtigen Ersatz für Chromoxidgrün feurig, aber versuchen Sie einmal Smaragdgrün oder ähnliche Farbtöne. Andere Farben suchen Sie nach Ihrem persönlichen Geschmack und Vorhaben aus.

Wählen Sie für diese Übung einen anderen Landschaftsblick, womöglich mit leuchtend farbigen Gegenständen im Vordergrund.

Malen Sie ein vollständiges Bild auf Papier. Machen Sie aber auch Farbnotizen und Studien für ein größeres Bild im Atelier. Legen Sie die Tonwerte und Farbabstufungen und zum Schluß die Details an.

Achten Sie darauf, daß Ihre Malunterlage mit Acrylfarbe grundiert ist. Für diese großen Farbflächen sind Pinsel mit künstlichen Borsten gut geeignet. Nehmen Sie die Größen Nr. 10 und 12 und einen kleinen Marderhaarpinsel für Details.

Die halbabstrakte Landschaft auf Seite 329 war als Skizze für ein großes Bild vorgesehen, ist aber auch so schon sehr wirkungsvoll.

Schritt 1: Legen Sie die Grundfarben für den Himmel, die entfernten Felder und den Vordergrund fest. Studieren Sie die Proportionen jedes dieser Elemente und malen Sie die erste, wichtige Horizontlinie in einer Mischung aus Umbra natur und Blau. Die gesamte Linie sollte in zwei Strichen gemalt werden.

Schritt 2: Beginnen Sie nun am oberen Bildrand mit dem Himmel und bearbeiten Sie die Leinwand in kühnen Zügen. Setzen Sie jeden Pinselzug ab, bevor Sie den nächsten wieder anfangen, sonst erhalten Sie leichte Kurven im Bild, die das Gefühl des offenen Horizontes stören. Wechseln Sie den Farbton, um das Licht über dem Horizont anzugeben. Sorgen Sie sich nicht um einige überlappende Pinselstriche an der Hügelspitze.

Mit dem Gelb malen Sie auch die Felder ein. Denken Sie immer daran, die Pinselzüge gerade zu halten und einzeln abzusetzen.

Schritt 3: Mit einem etwas kleineren Pinsel tragen Sie weiße Wolken ohne Detail und Schatten ein.

Dunkelbraune Farbe wurde für die Details verwendet: für die Heckenlinie im Vordergrund, einzelne Baumgruppen und einen Hügelzug über der ersten Horizontlinie. Mit dem kleinsten Pinsel malen Sie den Schuppen, den Hof der Bauernhäuser und die Ackerfurchen ein.

Wie wenig Einzelheiten Sie doch brauchten, um den Eindruck einer weiten Landschaft wiederzugeben! Halten Sie Ihre Arbeit immer so einfach wie möglich und füllen Sie die ganze Bildfläche aus, ohne zu sehr an kleinen Einzelheiten zu kleben. Lassen Sie die Pinselstriche die Geschichte erzählen!

Schritt 1

Schritt 2

Schritt 3

Einige besondere Öltechniken

Bevor Sie mit einem großen Gemälde anfangen, sollten Sie die verschiedenen Wirkungen der Ölfarbe ausprobieren, die Sie in Aquarell oder Pastell nicht erzielen konnten.

Detail

Ein großer Vorteil der Ölmalerei ist die Möglichkeit der Übermalung, um einzelne Dinge genau darzustellen. Man braucht sich über etwaige Fehler oder verschmierte Linien keine Sorgen machen. Falls der gewünschte Effekt nicht erreicht wurde, kann man die ganze Farbe abkratzen und noch einmal beginnen. Detailarbeit kann sogar mit überraschend wenig Strichen erzielt werden.
Machen Sie eine kleine Studie von einem Detail und lernen Sie, die Farbtupfen so einzusetzen, daß sie Ihrem Motiv den letzten Schliff geben. Machen Sie aber diese Ausschnittsstudien getrennt von Ihren anderen Skizzen und Bildern, damit Sie sich nicht an solchen Details in einem größeren Bild festbeißen können.

Tiefe

Tiefe erreichen Sie in der Ölmalerei ähnlich wie in der Aquarelltechnik: Die Farbtöne werden schwächer, wenn das Auge in die Ferne schweift. In der Aquarelltechnik beginnen Sie jedoch mit den hellen Tönen und fügen immer dunklere hinzu. In der Öltechnik müssen Sie diesen Vorgang umdrehen und mit den dunkelsten Farbtönen beginnen. Die hellsten Farben kommen zum Schluß. Aus diesem Grund sagt man auch, ein Aquarell werde von hinten nach vorne aufgebaut, ein Ölbild dagegen von vorne nach hinten. Um sich damit auseinanderzusetzen, machen Sie möglichst viele Skizzen in der schnelltrocknenden Acrylfarbe.

Detailarbeit und Fernsicht in einem

In dem Bild unten scheint sich die Waldlichtung weit in die Ferne zu ziehen, noch unterstrichen durch den Pfad, die sich entfernenden Figuren und den Sonnenstrahl auf der offenen Wiese. Wenn Sie aber ganz nah auf das Bild schauen, werden Sie eine große Anzahl von Tonwerten, Farben und Texturen erkennen, die alle zu einem ausgeprägten Weg mit Steinen und Staub verbunden sind.

Das kleine Bild rechts zeigt, wie komplex so ein Detail sein kann. Lernen Sie solche Details aus der Farbe aufzubauen, indem Sie sorgsam Steine, Stöcke, Früchte, Blätter usw. betrachten. Nehmen Sie aber nie zu viele Details in ein Bild hinein, sondern reservieren Sie diese Feinarbeit für Skizzen oder kleine Bilder.

Ausschnitt aus »Eine offene Lichtung« von Streeton

Ein Landschaftsbild in Öltechnik

Wir zeigen Ihnen als Anregung hier die drei Arbeitsphasen für ein Bild in den satten Farben des Sommers mit dem Motiv eines Hügelausblicks.
Nehmen Sie für ein solches Bild eine grundierte Leinwand und eine Palette mit Siena gebrannt, Umbra natur, Chromoxidgrün feurig, Kobaltblau und Weiß. Normalerweise zeichne ich auf der Leinwand nicht vor, sondern arbeite direkt nach den abstrahierten Formen, die ich in der Landschaft wahrnehme. Wenn Sie wollen, können Sie natürlich mit einem feinen Bleistift die Umrisse vorzeichnen. Für die Hauptformen können Sie einen Pinsel der Größe Nr. 5 nehmen.
Wenn Sie solche Skizzen machen, fangen Sie nicht mit zu vielen Details an. Lassen Sie sich lieber auf die Atmosphäre ein, ein schneller Blick auf eine entfernte Gruppe von Bäumen und eine näher gelegene Hecke.
Sie werden später noch genügend Gelegenheit haben, in Detailarbeit zu schwelgen. Auf dieser Stufe Ihres Könnens sollten Sie die Ölfarben vor allem frei und sicher einsetzen. Um Details zu studieren, nehmen Sie Ihr Skizzenbuch und zeichnen Blätter, Zweige oder Blumen, so oft Sie können.
Das letzte Bild in dieser Übungsreihe zeigt die Baumgruppe am Horizont in einem dunklen Violetton. Unten auf dieser Seite sehen Sie zwei andere Studien derselben Gruppe an verschiedenen Tagen. Beachten Sie, wie Tageszeit und Wetter das ganze Bild verändert haben.

Schritt 1: Als Untermalung nehmen Sie ein Umbra natur. Nach dem Trocknen dieser Schicht legen Sie die Felder und Bäume in einem dunkleren Farbton an. Dann setzen Sie den blauen Himmel, die weißen Wolken, den rosafarbigen Akzent und die dunkelsten Büsche in Chromoxidgrün feurig ein.

Schritt 2: Nun runden Sie die Formen ab, schattieren die Wolken, lassen die Wolkenformationen mit kurzen, kurvigen Strichen ausfransen. Geben Sie über dem braunen Horizontstreifen noch etwas mehr Blau hinzu und formen Sie mit Grün die Hecken und Bäume. Vertreiben Sie nun die rosa Farbe über den gesamten Himmel und verbinden Sie die Wolkenflächen. Im Vordergrund verstreichen Sie etwas gelbe Farbe, um einen Weg anzudeuten.

Schritt 3: Für die Details nehmen Sie einen kleineren Pinsel. Gehen Sie unablässig vor und zurück, um die Wirkung der Farben aus der Entfernung abzuschätzen. Sie werden bald merken, daß Ölmalerei aus einer Entfernung von mindestens 1 m gesehen werden sollte. Vertreiben Sie das Gelb in die grüne Hecke und das hellgrüne Feld dahinter. Legen Sie die horizontalen, mit Weiß abgetönten Farbstreifen für die Felder an.
Bearbeiten Sie eine freie Studie wie diese niemals zu sehr im Detail, sonst wird Ihr Bild verkrampft und steif wirken.

Schritt 1

Schritt 2

Schritt 3

Noch einige Übungsvorschläge

Probieren Sie ruhig auch andere Malmittel für Ihre Malerei aus! Das ist besonders für Landschaftsbilder und Seestücke wichtig, da die Umstände des Wetters, des Lichtes und andere Unbilden der Natur ein schnelles Arbeiten erfordern.

Für den Anfänger sollte Schnelligkeit ein erster wichtiger Anhaltspunkt bei der Arbeit sein. Einen plötzlich auftretenden Regenbogen, einen Sonnenstrahl können Sie schnell mit dem Fotoapparat aufnehmen. Kümmern Sie sich nicht um Meterangaben und Spezialausrüstung. Sie brauchen die Fotos nur als Erinnerungsstütze für Ihre Malerei.

Der zweite Ratschlag gilt dem Problem der Komposition. Gerade Anfänger finden es oft schwer, die beste Aussicht zu finden – wo es doch so viele schöne Plätze gibt. Für diese Qual der Wahl gibt es zum Glück Polaroidkameras auf dem Markt, die handlich und einfach zu bedienen sind. Beschränken Sie sich auf ein begrenztes Motiv und machen Sie davon zwei oder drei Aufnahmen von unterschiedlichen Standpunkten aus. Vergleichen Sie die Fotos, suchen Sie eine gute Komposition aus und fangen Sie an zu malen.

Arbeiten Sie zunächst nicht länger als eine halbe Stunde im Freien. Sie werden immer wieder Zeit für einen Spaziergang ins Grüne finden, und machen Sie dann so viele Skizzen wie möglich.

So sind die drei Studien auf dieser Seite an einem einzigen Tag entstanden – alle gewissermaßen so nebenbei.

Zum Anfang

Der Strand

Auf dem Heimweg skizziert

Wenn Sie erst einmal Ihre ersten Übungsbilder hinter sich haben, wissen Sie schon, wonach Sie in einer Landschaft suchen müssen und wie Sie Ihr Motiv zu einem interessanten Bild umsetzen können.

Fordern Sie sich selbst zu immer neuen Motiven heraus! Je mehr Sie üben und malen, desto schneller werden Sie lernen, wie man gute Bilder malt. Suchen Sie eine schöne Aussicht und malen Sie das Motiv von drei verschiedenen Standorten. Achten Sie dabei besonders auf die Veränderung der Formen, wenn Sie sich weiterbewegen. Heften Sie die Studien an eine Wand zum späteren Vergleich.

Versuchen Sie auch ungewöhnliche Blickwinkel einzufangen: am Fuß eines Hügels stehend und zum Himmel hochschauend oder auf einem Felsen sitzend und herunterschauend. Selbst auf dem Ast eines Baumes können Sie Platz nehmen, um durch die Zweige hindurch Skizzen zu machen.

Nehmen Sie sich auch Zeit für verschiedene Detailstudien in der Landschaft und wechseln Sie dann wieder zu abstrahierten Formen weit entfernter Felder und Hügel über.

Verändern Sie immer wieder auch die Stimmung Ihrer Bilder. Viele Landschaften wirken ruhig und verträumt. Versuchen Sie sich dann einmal vom Wind gejagte Wolken in einem aufgewühlten Himmel vorzustellen oder malen Sie regengepeitschte Bäume und windzerzauste Hecken. Mit Hilfe der Fotos können Sie Ihr Gedächtnis zwar leicht auffrischen, aber machen Sie trotzdem so viele Skizzen wie nur möglich.

Und vor allem: Malen Sie, malen Sie, malen Sie! Tragen Sie, wo immer Sie sich auch befinden, ein kleines Skizzenbuch bei sich und versuchen Sie sofort zu malen, wenn Sie wieder daheim sind. Sollten Sie für eine längere Zeit an Ihr Haus gebunden sein, können Sie auch einmal nach Fotos arbeiten oder sich Landschaften aus der Phantasie einbilden. Die Traumwelt ist für den Künstler genauso real wie jeder andere Platz

Malen Sie während der kalten Monate ebenso wie im Sommer im Freien. Gerade die Winterlandschaft mit ihren kahlen Formen und den Spitzenmustern der Bäume vor den grauen Himmeln ist voller Faszination. Die Struktur der Erde wird sichtbar, Form und Volumen der Dinge sind in der Wintersonne gut erkennbar. Die Farben variieren von starken Kontrasten zu weichen, abgedämpften Farbtönen. Die plötzlichen Wetterumschwünge geben immer wieder ein Kaleidoskop neuer Bildwirkungen ab.

Besonders aufsteigender Nebel kann ein Malerauge anziehen. Sie können dort feinste Abstufungen in den Tonwerten und Farben wahrnehmen. Neu gefallener Schnee schafft wunderbare Kontraste in Linie und Struktur. Tauwetter zeigt Ihnen ein dramatisches Flickwerk von Farben gegen noch durchgehend weiße Flächen.

Malen Sie eine Landschaft, die auf diesen Studien aufgebaut ist. Legen Sie die Grundformen der Felder und des Himmels an und vernachlässigen Sie Details. Arbeiten Sie flüssig mit großen Pinselzügen. Falls nötig, können Sie durch Auswischen und Auskratzen der Farbe Ihre Komposition verbessern. Versuchen Sie die Komposition nur auf die Farben hin anzulegen!

Tonwertskizzen mit Farbnotizen

»Mill Street« von Lowry

Lektion 9 Stadtansichten

Seit jeher waren Künstler mit der Beobachtung und Wiedergabe ihrer nächsten Umgebung beschäftigt. Auf prähistorischen Tonblöcken eingeritzte Strichreihen sollten die Anzahl der Familienmitglieder und Haushalte darstellen. Auch heute noch führen die Indianer im Südwesten Amerikas Sandbilder aus, die um einen zentralen Wigwam angelegte Wohnplätze zeigen. Diese Darstellung gilt auch als Sinnbild ihres auf eine geistige Mitte ausgerichteten, spirituellen Lebens.

Stadtansichten lassen sich ganz allgemein in zwei Kategorien unterteilen: in Darstellungen der realen Welt und in traumartige Vorstellungen. Die frühesten Beispiele von Städteansichten in der westlichen Kunst sind wahrscheinlich in den illuminierten mittelalterlichen Manuskripten zu finden. Die kunstvoll verzierten Initialen zeigen oft im Hintergrund ein befestigtes Dorf mit einer einsam aufragenden Burg, die über die auf den umliegenden Feldern arbeitenden Bauern Wache hält. Andere Manuskripte zeigen auf Himmelsstraßen lustwandelnde Heilige, die an prachtvollen Kathedralen und Palästen vorbeiziehen. Oft waren diese Szenen auf Beobachtungen wirklich existierender Orte aufgebaut, die dann aber von der Phantasie des Künstlers weiter ausgeschmückt wurden.

Während des Mittelalters gab es außerdem auch Stadtansichten, die als Karten für die Bürger gedacht waren und in großer Genauigkeit die Geschäftszentren, Wohnbereiche und sogar die Beschäftigungen der Einwohner zeigten. Diese Bilder geben uns noch heute einen eindrucksvollen Einblick in die Frühzeit der europäischen Städte. Alles Sehenswerte einer Stadt wurde aufgezeigt: der geschäftige Hafen, die baumbestandenen Alleen wie auch die promenierenden Stadtväter und die hart arbeitenden Lehrlinge.

Andere Stadtansichten wurde als eine Art Fotografie benutzt, um über Unglücke, mutige und schreckliche Taten zu berichten. Diese kleinen Bilder sind für uns wertvolle Dokumente, da sie das Wachstum der Städte über die Jahrhunderte festhalten.

Im 16. Jahrhundert wurden Städteansichten mit sehr genauen Details und realistischen Proportionen ausgeführt. Die kleine Abbildung unten wurde zum Massaker in Haarlem angefertigt, als die Niederlande mit Philipp von Spanien im Kampf um ihre religiöse Frei-

Das Massaker von Haarlem, 1573

Zeichnung eines Innenhofes von Caravaggio

heit lagen. Interessant ist aber auch schon die Ansicht selbst, die Hafenmolen, die Giebel der Häuser und der große Stadtplatz.

In der Renaissancemalerei benutzten viele große Maler Städteansichten zum Nachweis ihrer perspektivischen Fertigkeiten. Genau gezeichnete Karten ersetzten dann im 17. Jahrhundert die Panoramaansichten. Reine Stadtlandschaften waren jedoch bis zum 19. Jahrhundert, außer in Hintergründen, nie sehr beliebt. Und auch dann waren Straßenmotive eher den Zeichnungen und Radierungen vorbehalten und als Anleitung für Touristen und Studenten gedacht. Erst in der Viktorianischen Zeit, als viele noch heute beliebte Motive entdeckt oder wiederbelebt wurden, erhielten Stadtbilder ihre Berechtigung als eigenes Thema.

Zunächst waren Stadtansichten mit der romantischen Landschaft des 18. Jahrhunderts verknüpft. Wenn ein Künstler schon einmal dabei war, eine Ruine oder ein Schloß mit einzubeziehen, war es natürlich auch sinnvoll, etwas zur Komposition von Gebäuden dazuzulernen. Die ausgearbeiteten Bilder von Giovanni Battista Piranesi (1720–1778) und seiner Schüler begründeten die Tradition dieses Genre.

Die frühen, viktorianischen Stadtansichten zeigten noch wenig Architektur, sondern hielten sich an die von Théodore Rousseau (1812–1867) und anderen

»Dorfstraße« von Strang

Malern inspirierte, idealisierte Sicht des Landlebens. Ein von William Holman Hunt (1790–1864) gemaltes Dorf wird einfach Landschaft genannt. Die zeitgenössischen Betrachter dieses Bildes haben sicher auch nur auf die malerische und reizende Landschaft geachtet.
Dieses Thema sollte ein langes Leben führen und ist auch heute noch lebendig. Die Abbildung auf Seite 338 unten wurde 1946 von Ian Strang gemalt. Das Bild hätte auch vor hundert Jahren entstanden sein können, nur wäre dann das Haus im Vordergrund in einem besseren, die Straße in einem schlechteren Zustand – und die Bäume um einiges kleiner und weniger ausladend zu malen gewesen.
Neben diesem Idealbild des ländlichen Lebens galt die Stadt als verrucht, besonders in den Augen von William Hogarth (1697–1764) und anderen Beobachtern der Sitten und Moral in den Städten. Gegen Ende des 19. Jahrhunderts waren die Städte jedoch lebhaft und erfüllt mit Läden und Theatern – ideale Themen für einen Künstler.
In Paris waren Camille Pissarro (1831–1903) und Maurice Utrillo (1883–1955) intensiv mit der Darstellung ihrer Heimatstadt, den Linien der Dächer, den Lichtern und Straßen, den vielfältigen Formen der Häuser, Brücken, Quais und Häfen beschäftigt.
Wir sind an diese Stadtansichten so gewöhnt, daß wir auch heute, nach 50 Jahren, die Originalplätze mit den Bildern vergleichen und wiedererkennen können.
Seither haben die Künstler ihre eigenen Städte als Themen entdeckt und versucht, die jeweilige Atmosphäre wiederzugeben. Selbst die schmutzigste, häßlichste Fabrik wurde von L. S. Lowry (1887–1976) in ein Wunder von Farbe und Form umgewandelt. Die leeren Sonntage in den Bildern von Edward Hopper (1882–1967) spiegeln die Einsamkeit amerikanischer Seitenstraßen wider. Piet Mondrian (1872–1944) sah bei seinen Besuchen in New York hingegen das bunte Treiben der Stadt in Form abstrakter Farbquadrate. John Minton (1917–1957) zeigt einen leichtherzigen Aspekt von Südfrankreich.
Ganz gewöhnliche Straßenszenen bieten dem Künstler Hunderte von Stimmungen an, die er mit entsprechender Einbildungskraft ins Bild setzen kann.

»Im Süden von Frankreich« von Minton

Wir betrachten Stadtszenen

Die meisten Menschen leben in Städten. Das ist vielleicht einer der Hauptgründe, warum Landschaften als Kontrast zu unserer künstlichen, rechtwinkligen Umgebung so beliebt sind. Ähnlich wie der mittelalterliche Bauer die natürliche Landschaft mit Arbeit und Kampf gegen die Natur identifizierte, neigt der moderne Mensch dazu, die städtische Umgebung mit der täglichen Arbeit im Büro oder in der Fabrik zu verbinden. Dagegen symbolisieren Landschaften Freiräume einer romantischen Idylle.

Malerei umfaßt jedoch mehr als nur eine Vorliebe für schöne Ansichten. Constable sagte: »Ich habe noch nie in meinem Leben eine häßliche Sache gesehen.« Für das Künstlerauge können auch ganz alltägliche Dinge zu einem Thema voll Dramatik und Aufregung werden.

Die Erhaltung historischer Gebäude wie auch technischer Anlagen, die Entwicklung einer industriellen Archäologie und die erneute Verwendung ausgelaufener Zeitstile zeugen von einer neuen Wertschätzung unseres kulturellen Erbes. Dazu zählt auch das neu erwachte Interesse an anonymen Arbeitsplätzen, Warenhäusern und Fabriken aus dem 19. und frühen 20. Jahrhundert.

Die großen Städte der Welt fanden über die Jahrhunderte immer wieder ihre Stadtmaler, die architektonisch interessante Gebäude oder auch die ganze Atmosphäre einer Stadt in Malerei umsetzten. Ein Beispiel wäre die Serie der Bilder, die Monet von der Kathedrale von Rouen unter immer wieder neuen Lichtverhältnissen gemalt hat. Aber auch Bilder von ganz gewöhnlichen Straßen, zum Beispiel von Utrillo in Paris gemalt, von Ben Shan in New York oder Lowry in England, können ihren Reiz haben. Tatsächlich bietet wohl die Stadt die größte Vielfalt bildnerischer Themen an. Dazu kommt die Möglichkeit, ebenerdig oder von einem erhöhten Standpunkt aus zu malen, was in einer Landschaft oft schwerfallen wird.

Gebäude sind in der Regel scharf umrissen und darum in der Form präzis wiederzugeben. Da wir zu ihrer Darstellung eine sichere Konstruktion brauchen, ist es sinnvoll, sich noch einmal die Lektionen über das Zeichnen von Rechtecken und Zylindern in Lektion 1 vorzunehmen.

Stadtansichten bieten eine ausgezeichnete Gelegenheit zum Studium von Formen und Strukturen. Sie liefern ein ideales Material zur Komposition geometrischer Formen und Muster und zur Beobachtung von Tonwert- und Farbstufen. Diese Vielfalt der visuellen Anregung öffnet den Weg zu ganz verschiedenen, stilistischen Ansätzen.

Man hat nicht nur die Architektur einer Stadt gemalt, sondern auch die technologischen Einrichtungen geschildert. Gasometer und Kamine sind wunderbare Motive, da sich ihre Formen scharf von der Umgebung abheben. Gasometer sind meistens rot, braun oder schwarz, und das Licht kann durch das Gitterwerk ein Netz von Schatten werfen. Kamine und Schornsteine stechen schwarz vom Himmel ab. Eisenbahnbrücken bilden einen aufregenden Rahmen für einen entfernten Gebäudekomplex. Telegrafenstangen schneiden in den Himmel und die Wolken ein. Die gespannten Drähte teilen Felder von Farben ab oder bilden ein lineares Muster als Kontrast zu dem Auf und Ab der Häuser, Dächer und Schornsteine.

Abstrakte Darstellung einer Straße

In den Städten gibt es bekanntlich eine Mischung verschiedener architektonischer Stile. Die Formen und Farben renovierter Häuser kontrastieren zu alten und ungepflegten Häusern. Was für einen Stadtrat ein wunder Punkt ist, kann für das Auge eines Künstlers ein interessantes Motiv sein. Schönheit liegt im Auge des Betrachters. Alles in allem ist es unmöglich, alle möglichen Themen und Motive aufzuzählen, die in einer Stadt zu finden sind.

Auf zwei Dinge sollten Sie besonders achtgeben. »Malerische« Stadtansichten wurden schon so oft gezeichnet und gemalt, daß man sehr leicht ein »Postkartenmotiv« zustande bringt. Zwar kann jedes Motiv in ein interessantes Bild umgesetzt werden, doch ist es in einer Umgebung, die wir gewohnt sind in Klischees zu sehen, sehr schwierig, eine unverbrauchte Ansicht wahrzunehmen und wiederzugeben. Eine hübsche Ansicht macht ja noch lange kein gutes Bild aus. Die Wirkung Ihrer Stadtbilder wird einzig von Ihrer scharfen Beobachtungsgabe abhängen. Wenn Sie Ihren Blick nur auf die konventionell schönen Dinge richten, werden Sie für die darunterliegende, interessantere Struktur blind sein.

Der zweite Punkt bezieht sich auf das Zeichnen und Malen von architektonischen Motiven. Man sollte zwar grundsätzlich kein Motiv ausschließen, doch zeigt die Erfahrung, daß frontale Ansichten von Häuserfassaden aus einem bestimmten Grund sehr schwer zu malen sind. Figurative, realistische Malerei bezieht ihre Wirkung sowohl aus der zweidimensionalen Komposition auf der Bildfläche wie auch aus der illusionistischen Tiefenwirkung. Frontale Ansichten bieten dagegen wenig Möglichkeit für die Darstellung eines Tiefenraumes.

Vielleicht betrachten Sie diese »Warnungen« aber auch als eine Herausforderung. Wenn ja, denken Sie an die Zeichnungen und Farbskizzen vor Ort und benutzen Sie diese als Vorlage für große Bildkompositionen im Atelier.

Realistische Darstellung einer Straße

Wir beginnen mit der Arbeit

Eine Stadtansicht braucht wie jedes andere Motiv einige Vorbereitung. Machen Sie schnelle Skizzen in Öl und Bleistift, damit Sie eine Materialsammlung für Ihre Arbeit im Atelier haben. Halten Sie Licht-und-Schatten-Muster fest und deren Einwirkung auf die Farben. Beobachten Sie, wie Licht zwischen die Gebäude fällt.

Auch die Perspektive ist wichtig. Sehen Sie ein Gebäude als einen rechteckigen Block Farbe gegenüber seiner Umgebung. Das gleiche Gebäude, aus einem anderen Blickwinkel gesehen, schafft eine starke, diagonale Bewegung. Denken Sie über die Richtung und das Gewicht der Formen im Bild nach.

Es ist selten genug Platz, eine Stadtansicht »vor Ort« zu malen, und Sie müssen schon sehr kühn sein, Ihre Staffelei mehrere Tage lang in einer belebten Straße aufzustellen. Nicht mal hinter einem Fenster in einem öffentlichen Gebäude oder in einer Toreinfahrt wird man Ihnen mehr Bewegungsfreiheit zugestehen, als daß Sie Ihren Zeichenblock mit den Händen halten können, um dann mehr schlecht als recht zu arbeiten.

Sie konnten ja bisher schon einige Erfahrung im Arbeiten vor Ort sammeln. Tragen Sie also Ihre Ausrüstung in einem festen Koffer oder einer Tasche und arbeiten Sie mit Bleistiften oder Zeichenkreiden auf einem festen Zeichenblock.

Unten auf dieser Seite sehen Sie eine schnelle Skizze von einer sich in Sekunden verändernden Ansicht. Der Zug hatte auf der Brücke gehalten, und für einen Moment gaben die Eisenträger im Vordergrund einen natürlichen Rahmen für die lebhafte Szene im Hintergrund ab. Ich hatte aber zu wenig Zeit, noch die Gebäude am Horizont einzuzeichnen.

Sobald Sie etwas Interessantes wahrnehmen, versuchen Sie es schnell zu zeichnen, gerade in der Stadt, wo sich Leute und Verkehrsmittel ständig bewegen. Im Atelier machen Sie dann davon eine Farbskizze.

Fertigen Sie zumindest eine Tonwertzeichnung Ihres Motivs an und machen Sie genügend Vorstudien in Ihrem Skizzenbuch, Farbnotizen und, wenn möglich, Details von wichtigen Teilen in der Komposition. Verwenden Sie ein geeignetes Zeichenmaterial für diese beengten Arbeitsbedingungen, etwa Bleistift, Kohle oder Contékreide.

Unten rechts sehen Sie eine Skizze aus der Vogelperspektive, die beweist, daß eine noch so langweilige Straßenarchitektur bei entsprechender Blickeinstellung eine interessante Komposition abgeben kann.

Manchmal werden Sie so nahe an Ihrem Motiv stehen, daß Sie es kaum noch übersehen können. Brechen Sie dann zwischendurch Ihre Arbeit ab und schauen Sie sich Ihr Motiv noch einmal aus einiger Entfernung an.

Ein Blick aus der Höhe

Diese Übung befaßt sich mit der wichtigen Verbindung von Perspektive und direkter Beobachtung. Bevor Sie anfangen, schlagen Sie noch einmal die erste Lektion über Perspektive nach. Wenn Sie Ihren Standpunkt gefunden haben, machen Sie einige schnelle Bleistift- oder Federskizzen von Details, z. B. einem Fries, einem Fensterbogen usw. Das hilft Ihnen bei der Genauigkeit des Beobachtens.

Schritt 1: Mit Tusche und Kohle legen Sie den Horizont fest, da sich auf ihn alle Richtlinien und Proportionen beziehen sollen. Im Vordergrund zeichnen Sie wichtige Formen wie Fensterbögen und -rahmen ein und füllen alles mit Farbe aus.

Diese Zeichnung wurde aus dem Fenster eines oberen Stockwerks in einem sehr hohen Gebäude gemacht, das die ganze Umgebung überblicken ließ. Als Motiv diente vor allem die fast frontal gesehene Fassade und das Dach des vorderen Gebäudes. Die Straße dahinter verläuft in einem Winkel von ungefähr 45 Grad.

Schritt 2: Suchen Sie aus dem Hintergrund einige architektonische Details aus und beziehen Sie alle Proportionen auf das vordere Gebäude. Entwickeln Sie die Farbfelder weiter und fügen Sie dem Vordergrund noch fehlende Details mit Kohle und Farbstiften hinzu. Spätestens jetzt sollten Sie über die Tonwerte und die Tiefenwirkung nachdenken. Ein leichter

Schritt 1

Schritt 2

Schleier von Grau erzeugt die dunstige Sicht in der Ferne.
Achten Sie auf den Wechsel der Farbe und der Detailgenauigkeit. Das Hauptgebäude ist sehr farbig angelegt, während die entfernteren Häuser in Grau gehalten sind.
Ich betonte diese Unterschiede, indem ich für den Vordergrund farbige Pastellkreiden nahm und mit Tusche und Feder die architektonischen Details und Hauptlinien deutlicher herausarbeitete.

Schritt 3: Um die Tiefenwirkung weiterzutreiben, können Sie im Mittelgrund dunkle Fenster einsetzen. Damit definieren Sie auch die Straßenecke hinter dem Gebäude im Vordergrund, dessen dunkles Dach den Straßenzug dahinter abtrennt und die Tiefe noch verdeutlicht.

Falls Sie noch zusätzliche Studien machen wollen, wechseln Sie die Fensteraussicht und beobachten Sie, wie sich die Perspektive verändert. Skizzieren Sie das gleiche Gebäude aus drei oder vier verschiedenen Blickwinkeln und heften Sie alle Skizzen zum Studium an eine Wand Ihres Ateliers.

Schritt 4: In der fertigen Zeichnung wird die Trennung von Vorder- und Hintergrund durch die Detailarbeit verdeutlicht. Im Vordergrund sind die Muster der Dachziegel und Mauersteine betont worden. Die zunehmende Linienunschärfe im Hintergrund und die vom Betrachter weglaufende Linienführung gibt den Eindruck von Tiefe sehr gut wieder.

Schritt 3

Schritt 4

Ein Blick vom Boden aus

Zeichnungen vom Straßenniveau aus sind ausgezeichnete Übungen für die Perspektive. In diesem Beispiel führt das große Gebäude in einem schwierigen Winkel um die Ecke. Außerdem setzt sich seine Größe scharf gegen die kleinen Nebengebäude ab. Das Licht fällt auf alle Häuser von hinten. Deshalb sind sie dunkel und im gleichen Tonwert gehalten. Zur Wiedergabe eines starken Hell-Dunkel-Kontrastes eignet sich am besten eine verdünnte Lavierung.
In einer solchen Situation draußen müssen Sie sehr schnell arbeiten. Es ist sehr anregend, verschiedene Malmittel auszuprobieren. Nehmen Sie also Zeichenfeder, Tuschen, Pinsel sowie auch Bleistifte mit.

Schritt 1: Skizzieren Sie schnell in Bleistift die Umrisse der Gebäude, um die Proportionen festzuhalten. Tragen Sie die Richtungen der Straßen und Dächer und die wichtigsten Details ein.

Schritt 1

Schritt 2: Legen Sie die dunklen Formen der Häuser mit einer Tuschelavierung an. Der Winkel des größten Hauses wird durch einen Tonwertwechsel von sehr dunkel an der Straßenecke zu einem mittleren Ton in der Kehre, wo die Hausecke dann die Lichtquelle trifft, angezeigt. Skizzieren Sie einige architektonische Details getrennt in Ihr Skizzenbuch, bevor Sie diese in der Zeichnung verwerten.

Schritt 2

Schritt 3: Um die Perspektive zu verstärken, müssen Sie die Tonwerte noch stärker anlegen. Die dunkelsten Teile sind am weitesten vom Licht entfernt. Schauen Sie auch die Farben der Mauern und Ziegel, der Straßenbepflasterung an und versuchen Sie alle Farbtöne in Tonwerte umzusetzen. Mit Kohle setzen Sie noch ein paar Details in den Häusern und einige Passanten und Autos ein.

Schritt 3

Schritt 4: Mit weißer Contékreide betonen Sie noch helle Teile, wie die Fensterrahmen oder andere ins Auge fallende Teile. In dieser Zeichnung gibt ein weiß gekleideter Frisör einen lebhaften, weißen Akzent ab. Suchen Sie Linien, die Tiefe andeuten können, wie die Telefondrähte über den Straßen, und zeichnen Sie solche Linien mit Bleistift oder schwarzer Tusche ein. Die letzten Tonwertkorrekturen nehmen Sie mit unverdünnter Tusche vor. Alle Winkel und die vertikalen Linien sind so betont, daß ein starkes Gefühl des Aufschauens geschaffen wurde.

Flache Formen in eng begrenzten Farbtönen wiederzugeben, kann zu einem visuell aufregenden Erlebnis werden. Die bildnerischen Möglichkeiten in Dingen zu sehen, die einem Nicht-Künstler langweilig erscheinen mögen, macht einen großen Teil der künstlerischen Kreativität aus. Um diese scharfe Beobachtungsgabe zu entwickeln, ist dauernde Übung notwendig. Sie sollten mit verschiedenen Sehweisen experimentieren und ähnliche Motive bildnerisch umsetzen.

Schritt 4

Gebäude im Detail

In Stadtansichten verbinden sich Perspektive und Detailarbeit in einer ganz anderen Art und Weise als bei vorhergehenden Motiven und Themen.
Auf der gegenüberliegenden Seite sehen Sie eine einfache Zeichnung von einem Haus, mit wenigen Linien und Winkeln, so wie Sie auch die Wände eines Zimmers oder eines Hofes zeichnen würden.
Auf der Abbildung auf dieser Seite steht der sehr detailreich dargestellte Kirchturm für sich allein, als Wahrzeichen seiner Stadt. Diese ganz verschiedenen Eindrücke hängen einzig von der Größenordnung ab. Die Perspektive ermöglicht, den komplizierten Turm mit all seinen versteckten Winkeln und Dekorationsstücken zu zeichnen. Dazu kommen die charakteristischen Elemente dieser Architektur, die Uhr, die Lisenen, die Verzierungen an der Turmspitze und die Pilaster an den Ecken.
Beide Möglichkeiten, die einfache und die detaillierte Zeichnung, schaffen auf ihre Weise den Eindruck von Festigkeit und Plastizität. Beachten Sie das für Ihre Arbeit in der Stadt. Alle Details müssen sich dem Ganzen unterwerfen.
Schauen Sie sich noch einmal die vorige Übung an. Obwohl das Gebäude die Komposition beherrscht, fügt es sich trotzdem mit Leichtigkeit in die Straße ein.

Details und Perspektive

Zur Wiedergabe von einzelnen Details sind alle Malmittel geeignet. Selbst Aquarellfarben können mit zeichnerischen Techniken kombiniert werden. So können Sie mit Bleistift vorzeichnen und dann Aquarellfarbe darüberlegen oder eine Tuschelavierung anlegen und die Farben nachher zufügen. Es ist auch möglich, mit Bleistift oder Feder mit Tusche auf ein noch nicht ganz trockenes Aquarell zu zeichnen, was eine leicht verschwommene Linie ergibt.

Probieren Sie das alles selbst aus: Ölfarbe und Bleistift, Aquarellfarbe und Pastell, Acrylfarbe und Tusche, Kreide und Lavierung, Kohle und Guasch. Sie haben die Wahl! Vielleicht finden Sie eine Technik, die Ihnen besser als die reine Aquarellmalerei liegt.

Die Bilder auf den folgenden Seiten zeigen Ihnen, wie man die verschiedenen Malmittel einsetzen kann.

Die meisten Städte haben mindestens ein interessantes Gebäude, wie eine alte Kirche, einen Turm oder ein historisches Rathaus. Wenn Sie solche einzelnen Gebäude genau studieren, werden Sie viel über Architektur erfahren, ohne zu sehr von einer geschäftigen Umgebung abgelenkt zu werden.

In älteren Stadtvierteln kann die Anwendung der »reinen« Perspektive zu Irrtümern führen, da dort die Häuser selten noch ganz gerade stehen, sondern sich in merkwürdigen Winkeln krümmen und biegen, wie es auch die Straße tut.

Machen Sie eine Studie mit Kontrasten von flachen Formen gegen Tiefe. Eine Lücke zwischen zwei Gebäuden zum Beispiel zeigt flache Fronten, die gegen die Tiefe des Durchblicks gesetzt werden können. Mit horizontalen Hilfslinien betonen Sie die diagonale Fluchtbewegung der sich entfernenden Straße. Verwenden Sie auch den Wechsel in der Größenordnung zwischen hohen Gebäuden und kleinen Passanten so-

Vom Fluß aus gesehene Kirche in einer Stadt; Einzelheiten sind mit Tusche und Feder in das Aquarell eingetragen

Zwei Ausschnitte aus einem Straßenbild von Roberts

wie die rechtwinklige, geometrische Struktur der Häuser. Versuchen Sie eine Tiefenwirkung durch Tonwertabstufungen zu erzielen.
Vergessen Sie auch nicht, die Texturen der Mauern und Zäune miteinzusetzen. Erforschen Sie die vielen Möglichkeiten der Pinselführung zur Wiedergabe der Stofflichkeit von Dingen. Mit großen, flachen Strichen malen Sie die Dinge im Vordergrund, mit kleinen Pinselstrichen geben Sie entfernte Gegenstände wieder. Verwischen Sie nie die Spuren der Pinselzüge!
Die Abbildungen auf dieser Seite zeigen große Unterschiede in Perspektive wie auch in der Technik. Der Ausschnitt oben links erscheint erstaunlich vollständig. Die meisten Fensterrahmen sind eingezeichnet, oft mit nur einem Strich. Dagegen werden die Gebäude in dem anderen Ausschnitt, oben rechts, zunehmend zu Farbblöcken. Beide Techniken tauchen aber in dem gleichen Bild auf. Die abnehmende Genauigkeit im Detail verstärkt noch zusätzlich die perspektivische Tiefenwirkung.
Rechts unten ist die gleiche Idee, eine bis in den Hintergrund führende Straße, ganz anders behandelt. Hier zeigen Details in den Personen und den Fahrzeugen Tiefe an, aber auch deren Größenordnung. Was der Maler noch genau sehen konnte, etwa die Konstruktion des Pferdefuhrwerks, das hat er mit vielen Details gemalt; im Hintergrund sind die Einzelheiten nicht mehr so klar darzustellen – weil auch viel kleiner. Schauen Sie auf das Foto oben links auf der vorhergehenden Seite und achten Sie auf Textur und Schatten.

Ein Blick von oben auf eine belebte Straße; Ausschnitt aus einem impressionistischen Bild

Bahnhöfe, Brücken, Neben- und Abstellgeleise, Warenumschlagplätze sind aufregende Motive, die Perspektive, wechselnde Größenordnung und ein ganzes Geflecht von Hilfslinien bieten. Betrachten Sie die Tonwertabstufungen und beziehen Sie sie in die Perspektive ein.

Die meisten Stadtansichten bestehen aus dynamischen, kontrastreichen Kompositionen in Form, Linie, Tonwert und Farbe, strukturierten Felder gegen glatte Teile.

Seien Sie von eventuellen Fehlschlägen nicht entmutigt! Es mag Ihnen manchmal unmöglich vorkommen, die starken Schatten, die hellen Farben in der Kleidung der Leute, ein ungewöhnliches Blau am Himmel oder die Tiefe vom Vorder- zum Hintergrund wiederzugeben. Aber versuchen Sie es immer weiter! Die Ergebnisse werden Ihnen eine ganze Menge über Sie selbst wie über Ihre Malerei sagen können.

Detailstudie in Bleistift

Wie die Veränderung des Blickwinkels die Perspektive verändert

Tuschezeichnung der Themse von Minton

Es wäre nicht sehr sinnvoll, draußen an einem großformatigen Bild zu arbeiten. Konzentrieren Sie sich deshalb lieber auf umfangreiche Skizzen, die Sie zu Hause weiter bearbeiten. Die Perspektive spielt natürlich bei Stadtansichten eine wichtige Rolle. Manche Gebäudekomplexe scheinen wie Schulbeispiele für die Anwendung der Perspektive zu wirken. Lesen Sie deshalb noch einmal die Abschnitte über die künstlerische Wahrnehmung.

Bleistiftskizze einer auf einem Hügel gelegenen Kirche

Kohlezeichnung einer Stadtstraße mit einem Maßgitter

Leute in Städten

Städte werden von Menschen bewohnt. So ist es nicht weiter überraschend, daß Figuren, in Straßen, beim Einkaufen, in Kaufhäusern, Geschäften und an Bushaltestellen, zu den wichtigen Kompositionselementen in Stadtansichten zählen.
Beobachten Sie Gruppen von Menschen, die sich unterhalten, gehen, stehen oder laufen. Achten Sie auf die Verbindung zur Umgebung und bilden Sie Linien und Blöcke von Farbmustern gegen die harten, statischen und linearen Elemente der Stadtarchitektur. Entscheiden Sie, ob Figuren Hauptteile Ihrer Komposition sein sollen oder nur als kleine Details fungieren sollen.
Menschen bewegen sich dauernd. Deshalb ist ein Skizzenbuch unbedingt nötig. Zeichnen Sie so schnell wie möglich die sich bewegenden Formen. Versuchen Sie die wesentlichen Eindrücke zu sammeln.

Von unten gesehen, bilden die Köpfe einer Gruppe von Menschen eine fortlaufende Linie, und ihre Füße stehen in genauen Winkeln. Von oben betrachtet, trennen sich die Figuren und werden zu individuellen Formen. Die Zwischenräume werden deutlicher.

Auf dieser Seite sehen Sie eine Ölskizze von Menschen in einer städtischen Umgebung: Links wirft man einen Blick auf einen offenen Verkaufsstand, der einen starken Rahmen für den Standbesitzer und einige Kunden abgibt. Die gewichtige, farbige linke Seite der Komposition wird noch durch die leichteren, blauen Figuren auf der rechten Seite betont.

Mit Kohle wurde sicher und kräftig vorgezeichnet. Die größten, dunklen Teile wurden dann mit einer Tuschelavierung ausgefüllt. Gesichter brauchte man hier nicht zu erkennen.

Das Ölbild diente auch als ein Beispiel für den Unterschied zwischen Licht von innen und Dunkelheit draußen. Denken Sie an die Lektion 6 zurück, wo wir den umgekehrten Effekt studiert haben, den Ausblick von einem hell erleuchteten Raum ins Dunkle. Hier haben wir das Gegenteil. Die Figuren stehen als Silhouetten vor der hellen Ladenfront, und die Berge von Früchten leuchten unter den Leuchtstofflampen.

Malen Sie die gleiche Szene an einem Morgen und dann am Nachmittag. Vergleichen Sie die Wirkungen. Sie werden über die völlige Lichtveränderung überrascht sein, die jedem Gegenstand unter elektrischem Licht widerfährt.

Eine Straßenszene in Aquarell

Die Schnelligkeit der Aquarellmalerei erlaubt das Festhalten schneller Bewegungsverschiebungen. Innerhalb weniger Stunden können Sie eine vielfältige Serie von Skizzen anfertigen. Normalerweise sollten Sie jede Malschicht erst gründlich trocknen lassen, bevor Sie weitermalen. In diesem Falle müssen Sie aber wohl die vorbereiteten Malgründe, wie in Lektion 7 beschrieben, benutzen oder Naß-in-Naß malen.

Falls Ihre ersten Ergebnisse noch unbefriedigend sein sollten, liegt es daran, daß Sie mit dieser schnellen Aquarellmethode noch zu wenig Erfahrung gesammelt haben.

Schritt 1: Legen Sie die Hauptkomposition in Bleistift an. Lavieren Sie die großen Flächen, Blau für den Himmel und Ocker für die Mauern.

Schritt 1

Schritt 2: Studieren Sie die Ansicht und legen Sie die dunkelsten und hellsten Flächen fest. Für die schattige Fläche rechts im Bild wurde eine Lavierung aus hellem Rot und Umbra gebrannt ausgemischt. Dies ist der dunkelste Teil des Bildes und wird auch die ganze rechte Bildseite beherrschen.

Schritt 2

Schritt 3: In diesem Motiv war der größte Teil des Pflasters im Schatten. Deshalb mischte ich ein Violettblau als Grundlavierung für die Straße an. Im Tonwert war die Straße fast genauso dunkel wie die rechte Mauer. Auf dieser Stufe begann ich einige Einzelheiten einzutragen und kleine Schattenflächen anzulegen, wie die um die Fenster und Türen herum.

Schritt 3

Flüssiges und fachmännisches Zeichnen und Malen lernt man nur mit wachsender Erfahrung. Mittlerweile können Sie alles malen, was Sie vor sich sehen. Versuchen Sie deshalb nicht, diese Übung aus dem Buch abzumalen. Sie schaden sich selbst damit und verlernen Ihre bereits gewonnene Beobachtungsgabe.
Eine wichtige Kunstfertigkeit ist die Umsetzung von dreidimensionalen Formen in ein zweidimensionales Bild. Malen Sie am besten aus dem Gedächtnis, vielleicht in Erinnerung an einen schönen Urlaubsort, anstatt ein Foto zu benutzen. Später können Sie auch Bilder großer Künstler zu bestimmten Zwecken kopieren.

Schritt 4: Um das Bild zu vollenden, wurde eine Lavierung in hellem Ocker über die weißen Flächen der Gebäude angelegt. Das können Sie mit einem trockenen Pinsel in unregelmäßigen Abständen ausführen. Mit einem spitzen Marderhaarpinsel setzte ich die letzten Striche, um Mauerwerk, Fenster- und Türendetails anzudeuten. Ein etwas dunkleres Violett auf der Straße sollte die Schatten vertiefen. Die Spitze des Turms und der Torbogen wurden mit einem kleinen Pinsel und einer dunklen, violettschwarzen Lavierung eingezeichnet.

Schritt 4

Wie man im richtigen Größenverhältnis arbeitet

Theoretisch sind Stadtansichten nichts anderes als Stillebenmotive – eine Ansammlung von Formen in verschiedenen Proportionen, die das Licht auffangen und brechen, Schatten werfen und farbige Reflexe zeigen.

Bei einer Stadtansicht ist jedoch das Größenverhältnis, zum Beispiel zwischen der Größe menschlicher Figuren, mithin des Betrachters, und der Größe von Gebäuden, außerordentlich bedeutsam. Um einen Tiefenraum im Bild anzudeuten, kann man sich der traditionellen Methode von Tonwertabstufungen und der Farbperspektive bedienen.

In vielen Bildern läßt sich eine dunstige Atmosphäre durch eine starke Tonwertabstufung von ganz dunklen, genau gegebenen Gebäuden im Vordergrund bis hin zu immer heller werdenden Tonwerten von Gebäuden im Hintergrund schaffen. Diese Abstufung macht sich auch bei schönem, sonnigem Wetter bemerkbar, ist aber besonders deutlich bei bedecktem oder nebligem Wetter zu sehen.

Auch die Farben und Tonwerte der Kleider von Leuten verändern sich entsprechend in weiterer Entfernung. Das gleiche Phänomen haben wir schon bei Bäumen und Feldern in einer weiten Landschaft festgestellt.

Die Anwendung dieser Farben- und Tonwertperspektive zusammen mit den Regeln der Linearperspektive hilft Ihnen bei der Darstellung von Raum und Tiefe in Stadtansichten.

Straßenzüge bieten ein aufregendes bildnerisches Themenrepertoire, wobei die nächtliche Straßenbeleuchtung eine besonders wichtige Rolle spielt, da sie jede noch so gewöhnliche Szene in eine dramatische Licht-und-Schatten-Welt umwandelt. Geschäfte und Marktstände werden in ein wunderbares Farbenmeer getaucht. Betrachten Sie sowohl die Leute auf der Straße wie im Geschäft.

Ein kleines Notiz- oder Skizzenbuch wird auf diesen Rundgängen von unschätzbarem Wert für Sie sein. Zeichnen Sie, wo immer Sie hingehen, die Grundformen der Komposition Ihres Motives und tragen Sie kurze Farbnotizen ein.

Teilen Sie Ihre Skizze in Felder auf, in die Sie die Einzelheiten des Motivs versuchen zu übertragen. Auch ein leicht mitnehmbarer Suchrahmen kann Ihnen bei der Wahl der Komposition behilflich sein.

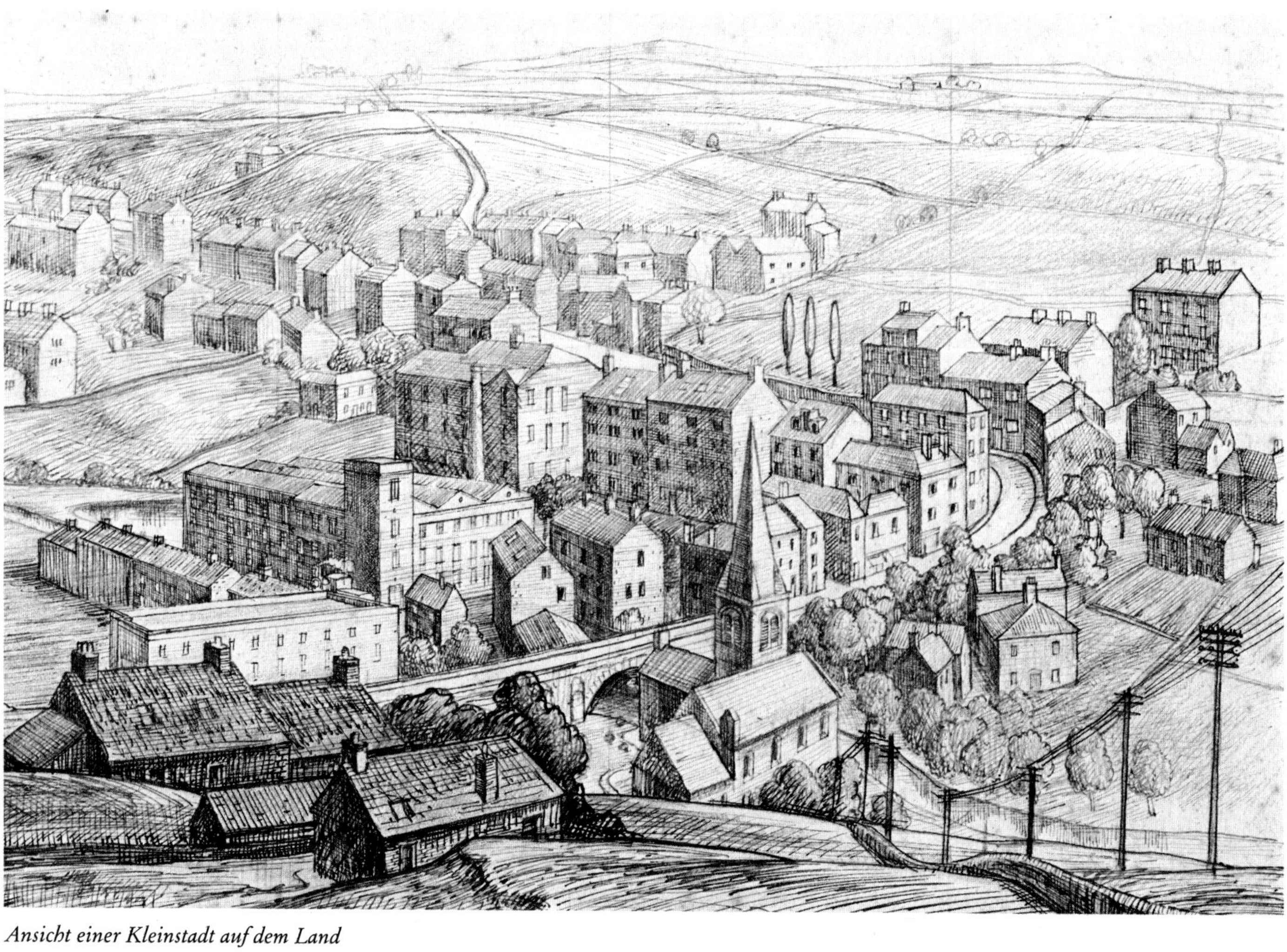

Ansicht einer Kleinstadt auf dem Land

Eine Kamera ist zwar ganz praktisch, aber könnte Sie zu leicht dazu verleiten, vom Foto abzumalen, was im Endeffekt künstlich und steif wirken wird. Nach Fotografien zu arbeiten, beschränkt im übrigen nur Ihre Phantasie und Beobachtungsgabe.

Verwenden Sie Fotos nur in Verbindung mit Zeichnungen als eine zusätzliche Information und Erinnerungsstütze. Auch ein Notizbuch mit Fotos und Zeitungsausschnitten kann zwar nützlich sein, aber man darf darüber nie das Zeichnen vergessen. Nur beim Zeichnen lernen Sie Ihre Beobachtungen zu sammeln und auszuwerten.

Natürlich macht es erhebliche Schwierigkeiten, selbst eine kleine Staffelei auf einer belebten Straße in einer Stadt aufzustellen, ganz zu schweigen von dem anderen benötigten Malmaterial. Wenn Sie diesen Mut aufbringen würden, gäbe es sicher immer wieder hartnäckige Beobachter, die Ihre Arbeit stören würden.

Viel angenehmer ist es dann doch, von Skizzen im Atelier weiterzumalen. Wenn Sie jedoch unbedingt ein Bild draußen malen möchten, sollten Sie sich auf jeden Fall eine ruhige Ecke oder eine wenig benutzte Toreinfahrt aussuchen.

Kohleskizze für das Aquarell auf Seite 349

Wie man Formblöcke aufbaut

Die Versuchung, Ihre ganze Malerfahrung in ein Bild hineinzulegen, wird oft sehr groß sein, aber fast immer unweigerlich zu einem Fehlschlag führen.
Es gibt zwar im Kubismus und Futurismus Versuche, mehrere Ansichten oder auch Bewegungen im Bild darzustellen, aber gewöhnlich ist es nicht so einfach, mehr als einen Blickwinkel in einem Bild festzulegen. Machen Sie dafür lieber mehrere Bilder über ein Thema.
Ein Problem sind die vielen Einzelheiten in einer Stadtansicht, wie Mauerwerk, Fenster und andere architektonische Details. Es wäre sinnlos, jedes einzelne Detail wiederzugeben, aber auch nicht günstig für die Bildwirkung, in einem Teil des Bildes Details anzuhäufen und in einem anderen Teil alle wieder wegzulassen. Sie können aber Einzelheiten andeuten, ohne nun jeden Stein abzumalen, wie Sie das auch schon bei den Blättern von Bäumen in Lektion 8 gelernt haben. Öl- und Acrylfarben sind zur Wiedergabe von Details besonders gut geeignet. Sie müssen nur lernen, wie man die Farbe einsetzt und den Pinsel führt.
Legen Sie die Bildwirkung immer auf die Größe Ihres Vorhabens an. Ein Straßenmotiv ist völlig anders aufzubauen als ein Überblick über eine entfernt liegende Stadt.
Machen Sie eine Komposition von einer Häusergruppe und achten Sie auf die Proportionen und die Verteilung der Hauptformen.
Analysieren Sie auch die Lichteinwirkung, ob das Licht direkt einfällt oder ob es gebrochen ist – und wie es die Farbtöne der Häuser verändert. Beobachten Sie die Vielzahl der Formen und Farben, aber versuchen Sie nicht, alle in einem Bild unterzubringen. Wählen Sie gut aus und versuchen Sie die Atmosphäre in einer klar definierten Farbenkomposition einzufangen.

Häuser, als Formen und Farben wiedergegeben

Malen Sie auch einmal ein einzelnes Gebäude in einer Landschaft. Das Bild unten von einem Pier, der weit aufs Meer hinausführt, verbindet beide Ausdrucksmöglichkeiten, ein gewaltiger Architekturkomplex an einem verlassenen Meeresstrand. Viele Seestädte haben solche einsamen Gebäude, und auch in landeinwärts gelegenen Städten findet man leicht verlassene Kaufhäuser und Fabriken.
Arbeiten Sie großzügig und legen Sie zunächst dünne Farbschichten an. Darauf setzen Sie die Haupttonwerte und die Verteilung der Formen ein. Studieren Sie das Verhältnis zwischen Farben und Tonwerten.
Eine Farbfläche muß oft mehrmals überarbeitet werden, damit Sie die beste Wirkung erreichen. Probieren Sie das im Atelier aus und arbeiten Sie Naß-in-Naß. Oder legen Sie eine Grundfarbe an und streichen Sie darüber eine trockene Farbe, so daß die untere Schicht durch die bröckelige Schicht der zweiten Farbe zu sehen ist. Über solche Flächen können Sie lange Zeit malen, bis Sie ein interessantes Muster von Textur und Farbe erzielt haben.

Ein einzelnes Gebäude; Bildaufbau in mehreren Farbschichten

Eine Vorstadtstraßenszene in Öltechnik

Diese Übung mag Ihnen sehr kompliziert vorkommen. Wenn Sie jedoch die einzelnen Arbeitsschritte nachvollziehen, werden Sie feststellen, daß Sie alle Techniken und Methoden bereits kennengelernt haben. Hier haben Sie die Gelegenheit, alle Ihre Erfahrungen in einer herausfordernden Komposition anzuwenden.

Fangen Sie mit der Vorzeichnung an und probieren Sie mehrere Blickwinkel und Kompositionen aus. Ich suchte mir diese Straße wegen ihres streng geometrischen Formats und der zentralperspektivischen Anlage aus. Die Häuser stehen fast alle in einer geraden Linie, und die Zäune unterstreichen diese geometrische Struktur. Selbst die gestutzten Ulmen fügen sich durch ihren geraden und hohen Wuchs in diese Struktur ein.

Schauen Sie sich noch einmal die geometrischen Zeichnungen auf den Seiten 304 und 305 an. Die Zeichnung auf der gegenüberliegenden Seite ist genauso einfach und ansprechend. Die Ausstrahlung der fertigen Arbeit wird von der Handhabung der Farbe und der Einbeziehung von Detailinformationen abhängen.

Wenn Sie mit Ihrer ersten Zeichnung fertig sind, verlassen Sie für einige Stunden Ihre Staffelei und machen Sie einige Einzelstudien.

Jetzt ist vielleicht die Zeit für die Anwendung Ihrer Farbstoffexperimente gekommen, wo Sie einige Farben selbst mit Öl anreiben können. Für die Bildwirkung ist zwar die überlegte Anlage verwandter Farbtöne überaus wichtig. Trotzdem müssen die Umrisse klar gezeichnet sein und den Eindruck von Morgenlicht vermitteln. Verreiben Sie deshalb einmal hellen Ocker mit Safloröl statt mit Leinöl, tragen Sie beide Mischungen direkt nebeneinander auf ein Stück Karton auf und vergleichen Sie beide Mischungen im Licht.

Fügen Sie dann ein wenig Grün hinzu und »zeichnen« Sie einen Baum mit dem Palettmesser statt mit dem Pinsel in kleinen Farbrechtecken.

Legen Sie vier oder fünf verschiedene Ockertöne nebeneinander, um den Eindruck einer Reihe alter Häuser in Stuck wiederzugeben.

Schauen Sie nun auf den kleinen Abschnitt des Vorgartens und wiederholen Sie den Vorgang des Nebeneinandermalens verwandter Farbtöne. Probieren Sie auch wieder verschiedene Ölsorten aus, anstatt die Farben zu wechseln, und versuchen Sie die unterschiedlichen Texturen auszunutzen.

Schlagen Sie noch einmal die Seiten 128 und 129 auf und lesen Sie die Stellen über die richtige Arm- und Handhaltung nach. Versuchen Sie dann einen ganzen Wald von Bäumen ohne Lineal zu zeichnen. In der hier abgebildeten Zeichnung wurden alle Bäume mit freier Hand gezeichnet. Machen Sie das gleiche mit Farbe auf einem Stück Papier, bis Sie die Formen der Bäume ganz natürlich herauswachsen fühlen.

Viele Künstler meinen, daß die Hand sich wie das Wachstum der Pflanzen bewegen soll. Ein Baum sollte unter Ihrem Pinsel vom Boden aufwärts »wachsen«, bis Ihr Pinselstrich immer leichter und dünner wird.

Allerdings scheinen die Bäume in diesem Bild aus dem Bild »herauszuwachsen« und zeigen sich eher als feste Baumstämme denn als dünne Äste. In diesem Fall war es einfacher, von oben nach unten zu malen und den Pinsel beim Herunterfahren immer stärker aufzudrükken, so daß die Baumstämme nach unten schwerer und fester werden.

Probieren Sie das vorher auf Papier oder Karton aus und halten Sie Ihr Handgelenk ganz locker, um die Dichte der Farbe zu spüren und einzusetzen.

Wenn Sie mit Ihren Vorstudien zufrieden sind, gehen Sie zu Ihrer Staffelei zurück und legen Sie den Untergrund an. Falls Sie eine ähnliche Szene nicht von Ihrem Fenster aus beobachten können, sollten Sie in der Stadt einige Skizzen einsammeln, anstatt unser Beispiel einfach zu kopieren. Halten Sie nach der angenehmen Einfachheit der traditionellen Architektur Ausschau, und nicht nach einem Wirrwarr von Dächern, Fassaden an modernen Bauten. Falls Sie wider Erwarten doch keine ähnliche Reihe von Häusern finden können, wäre es immer noch besser, ein einzelnes, großes Haus mit einer klassischen Fassade zu malen. So lernen Sie eine weiche Lichtwirkung in einem gegebenen Rahmen zu schaffen.

Der ganze Sinn dieser Übung ist die Umwandlung geometrischer Strukturen in ein subtiles Spiel von Farben und Formen.

Wenn erst einmal die Rahmenstruktur eingerichtet ist, können Sie daran gehen, die Negativformen um die Hauptformen herum einzutragen. Denken Sie an die Steigerung der vertikalen Wirkung durch den senkrechten Pinseleinsatz.

Die Farbgebung wirkt ruhig, aber nicht dumpf oder schmutzig. Sie sollte den Eindruck eines frischen Frühlingsmorgens wiedergeben. Dieser Eindruck wird zum Teil durch die gelben und weißen Lichthöhungen an den Häuserfronten im rechten Teil des Bildes erreicht. Der Himmel ist dunstig, das Blau aber trotzdem vibrierend, um die Stimmung zu unterstreichen.

Wenn Sie die Farben anlegen, versuchen Sie einmal die Bildwirkung mit kleinen Farbakzenten zu verstärken. In diesem Fall versuchte ich das mit dem türkisfarbenen Detail an der Hausfront ganz rechts.

Die Farbe des Milchwagens in dem Ausschnitt unten ist Rotorange, die Komplementärfarbe zu Grün und Blau, welche die Intensität der umgebenden Farben bemerkenswert steigert. Falls Sie diesen Effekt zunächst noch nicht sehen können, nehmen Sie ein kleines Stück graublaues oder grünes Papier und halten es über den Milchwagen. Sofort verliert die Farbgebung an Intensität. Probieren Sie das auch mit anderen Farben aus, zum Beispiel mit Purpur, das die Wirkung des Gelbs im Bild verstärken würde.

Zuletzt wurden die Bäume in Braun- und Umbratönen überarbeitet. Ihre gestutzten Äste verschwinden im Himmel mit kleinen Pinselstrichen, während ihre Stämme als ein Gerüst für das Bild dienen.

Dieses Bild wurde aus einem Fenster gemalt und dauerte mehrere Wochen im Frühjahr: Geduld ist einer der Schlüssel zur Ölmalerei.

Cuming. 56.

Der reisende Künstler

Die kleinen und großen Städte in jedem Land haben ihre eigene Individualität. Viele der sonst völlig anonymen Straßen sind mit der Atmosphäre ihrer Stadt erfüllt, so daß sie schnell wiedererkannt werden, als eine Straße in Paris, New York, als ein Dorf in der Toscana oder im Mittleren Westen der USA. Jedes Haus erzählt seine Geschichte, so wie die Menschen ihren Familienhintergrund und ihre nationale Geschichte haben.

Das ist wieder einmal eine Frage der Beobachtung kleinster Einzelheiten in einer Straße, dem Material der Laternenpfosten, der Bepflasterung der Straße usw. und vielen Details mehr. Wenn Sie Ihre Aufmerksamkeit zuerst den belebten Straßen Ihrer Heimat zugewandt haben, mag es Ihnen schwergefallen sein, die gewöhnliche Wahrnehmung »auszuschalten«, die für das künstlerische Sehen unempfindlich macht. Deshalb sollten Sie einmal aus der Stadt fahren, um andere, Ihnen unbekannte Plätze und Stadtzentren aufzusuchen.

Nehmen Sie Ihr Skizzenbuch mit und setzen Sie sich bequem auf eine Parkbank oder ein Fensterbrett, um alles, was Sie vor sich sehen, aufzuzeichnen. Konzentrieren Sie sich zunächst auf die kleinen Dinge, die leicht aus dem Wirrwarr der Häuser und der Hektik der Straße herauszuholen sind. Schauen Sie, wie die Fenster in die Wände eingelassen sind, auf die Blenden, die Doppelverglasung und die Gardinen. Notieren Sie das Muster der Türschwellen, des Straßenpflasters oder der Ziegelsteinreihen. Beobachten Sie die

Straßenszene in Holland

gebräuchlichsten Ziermuster oder andere plastisch ausgeführten Besonderheiten im Mauerwerk.
Gußeiserne Stützen für Brücken oder Geländer können ganz einfach oder in Konvolutenform gestaltet sein. Auf jeden Fall geben solche Details jedem Haus und jeder Straße einen bestimmten Charakter und Charme. Versuchen Sie viele Eindrücke in Ihren Skizzen festzuhalten. Machen Sie dauernd Farbe- und Tonwertnotizen und versuchen Sie auch einen ruhigen Platz zu finden, wo Sie Farben einsetzen können.

Auf Motivsuche

Kleinstädte und Dörfer in helles Sonnenlicht getaucht, darüber ein leuchtend blauer Himmel; Geschäftsstraßen mit Menschen und Hunden, Läden und Verkehr; Nachtszenen mit Reihen sich entfernender Straßenlampen – das können ideale Motive sein, die einfacher zu malen sind, als Sie denken. Auch das Sonnenlicht ist zwar für Stadtansichten wichtig, aber Straßenszenen können eigentlich bei jedem Wetter gemalt werden, bei bedecktem Himmel mit schweren, grauen Wolken, an stürmischen Tagen, bei Schnee, abendlichen Sonnenuntergängen und selbst bei Nacht.

Ein Londoner Haus mit wenigen, aber klaren Details

Stadtgärten und Parks

Parkanlagen, Erholungsstätten, Plätze und Gärten bieten die Gelegenheit, in friedlicher Ruhe zu arbeiten, und zeigen vor allem interessante Kontraste in Farbe und Form. Bäume heben sich gegen die Häuserzeilen der Stadt ab, Rasenstücke bilden eine Umrahmung für Blumenbeete, und diese Grünflächen schaffen wiederum leuchtende Farbpassagen gegen die verwitterten Häuser in einer Vielzahl von Ocker-, Umbra-, Rot-, Braun- und Grüntönen.
Familien oder andere Gruppen, Fußballspiele, Kinder mit Drachen oder kleinen Segelbooten geben der Szene interessante Akzente und sind ausgezeichnetes Material für Ihre Zeichnung oder Malerei.
Schauen Sie auf die Formen sich bewegender Leute, vor dem Hintergrund des Parks oder der Stadt. Entscheiden Sie sich, wie Sie das Bild organisieren. Es gibt ja viele Möglichkeiten der Komposition.
Ein Park, von umgebenden Gebäuden her gesehen, kann als farbige Kamee gegen geometrische Formen interpretiert werden. Von nahem gesehen, mit der Stadt als Hintergrund, können Sie die lebhaften Farben und Formen ganz experimentell umsetzen.
Kontrolle über das Medium drückt sich nicht nur in der Handhabung von Details oder der Fähigkeit aus, eine gerade Linie zu ziehen. Ein guter Maler übt sich selbst beim expressiven, gestischen Einsatz riesiger Pinsel in einer gewissen Kontrolle. Eine freie Pinselführung kann oft eine bestimmte Idee oder ein Gefühl verdeutlichen. Tizian, Rubens, Rembrandt, Turner, Constable, van Gogh und Manet verwendeten eine kreisende, freie Pinselführung, um ihren Bildern noch mehr Energie zu verleihen.
Die Abbildung unten zeigt verschiedene Phasen einer Parkzeichnung, aus einem Haus gezeichnet. Ich benutzte Bleistift, Feder und Tusche sowie Acrylfarben für die Farbnotizen, für den grünen Rasen, den Lambrequin am oberen Fensterrahmen und die Bäume. Die Geranien auf dem Fensterbrett sind einskizziert.
Interessante Kontraste wurden erzielt durch die Komposition der Innenraumgegenstände und der Landschaft mit den kaum sichtbaren Häusern, den Geranien und der Winterszene. Die Grundformen wurden in Bleistift gezeichnet und dann mit dünner Farbe ausgemalt. In der Winterszene auf der rechten Seite wurden einige genauere Beobachtungen in Tusche ausgeführt.

Das Licht im Laufe der Jahreszeiten

Die wechselnden Umstände des Wetters, des Lichts zu unterschiedlichen Tageszeiten oder künstliche Beleuchtung können ein sonst langweiliges Motiv immer wieder völlig verwandeln. Nach einem Schneefall heben sich die Dächer gegen dunkle Gebäude ab, Autospuren werden sichtbar, und die Farbe- und Tonwertverhältnisse ändern sich vollständig.
Selbst ein ganz alltägliches Gebäude kann wunderbar bei einbrechender Dunkelheit aussehen. Bei diesen überwältigenden Farben im Himmel sollten Sie die Formen so einfach wie möglich halten. Mit der Natur können Sie doch nicht wetteifern!
Straßenszenen können manchmal genauso leer sein wie Landschaften. Das Gefühl der Einsamkeit kann noch durch kleine Lichter im Hintergrund vertieft werden. Nahe betrachtet, mögen die Straßenlampen eher gelb wirken. Doch in der Ferne sehen sie bei Abenddämmerung gewöhnlich ganz weiß aus. Achten Sie auf die Sauberkeit Ihres Pinsels: Der Fleck Weiß sollte in einem dunklen Himmel richtig glitzern.

Weitere Übungsvorschläge

Typische Stadtansichten

Häuserzeilen am Horizont liefern oft interessante Kompositionen, besonders gegen den sich dauernd verändernden Himmel gesehen, im Regen, bei Schnee, bei hellem Sonnenlicht. Achten Sie auch auf das Muster der Beleuchtung in großen Bürogebäuden, bei Tag und bei Nacht. Moderne Glasgebäude reflektieren wunderbar ihre Umgebung und den Himmel. Wolkenformationen stellen spektakuläre Kontraste zur Architektur dar.

Ladenschaufenster verbinden Eindrücke von innen mit den Reflexionen von draußen. Mauern in der Stadt können mit Plakaten und Graffiti bedeckt sein. Achten Sie auf diese Muster und Strukturen, auch in Verbindung mit dem übrigen Mauerwerk.

Straßen, Bahnhöfe und Straßenkreuzungen bilden oft scharfwinklige Perspektiven. Zwei Straßen, von der gleichen Ebene aus gesehen, können niedrige und hohe Blickwinkel zeigen. Malen Sie den gleichen Straßenmarkt bei Tag und in der Dämmerung oder am Abend, oder das Innere und das Äußere eines Supermarktes. Aufregende Blickpunkte können sich auch aus den modernen Parkhochhäusern ergeben, die ihre Umgebung überblicken lassen. Studieren Sie die Umrisse von Bäumen gegen architektonische Formen.

Unten sehen Sie das Beispiel einer phantasievollen Aussicht, einen Plan für einen neuen Stadtteil, wie von einem nahe gelegenen, hohen Haus aus gesehen.

Sie werden sofort die unnatürliche Regularität der Anlage im Vergleich zu richtigen Städten bemerken. Da jedes Haus seinen abgeschlossenen Hof hat, war das eine gute Übung in Geometrie und Perspektive. Die schrägen Dächer müssen Sie sich mit sorgfältig ausgeführten Ziegeln vorstellen, die geraden Dächer haben eine einzige, strukturierte Lavierung.

Eine andere Herausforderung war der Kinderspielplatz, mit Pflaster an einigen Stellen, Gras an anderen, und mit vielen spielenden Kindern und ihren Eltern.

Schauen Sie überall nach solch neuen Motiven. Eine Architekturzeitschrift kann für Sie von Nutzen sein. Dort können Sie neue Ideen und Ansatzpunkte für Ihre Arbeit finden.

Kopieren Sie nicht diesen Plan, sondern benutzen Sie die Winkel und Gitter als reine Formübung. Suchen Sie sich dann ein hohes Gebäude aus und zeichnen Sie, was Sie von oben sehen können.

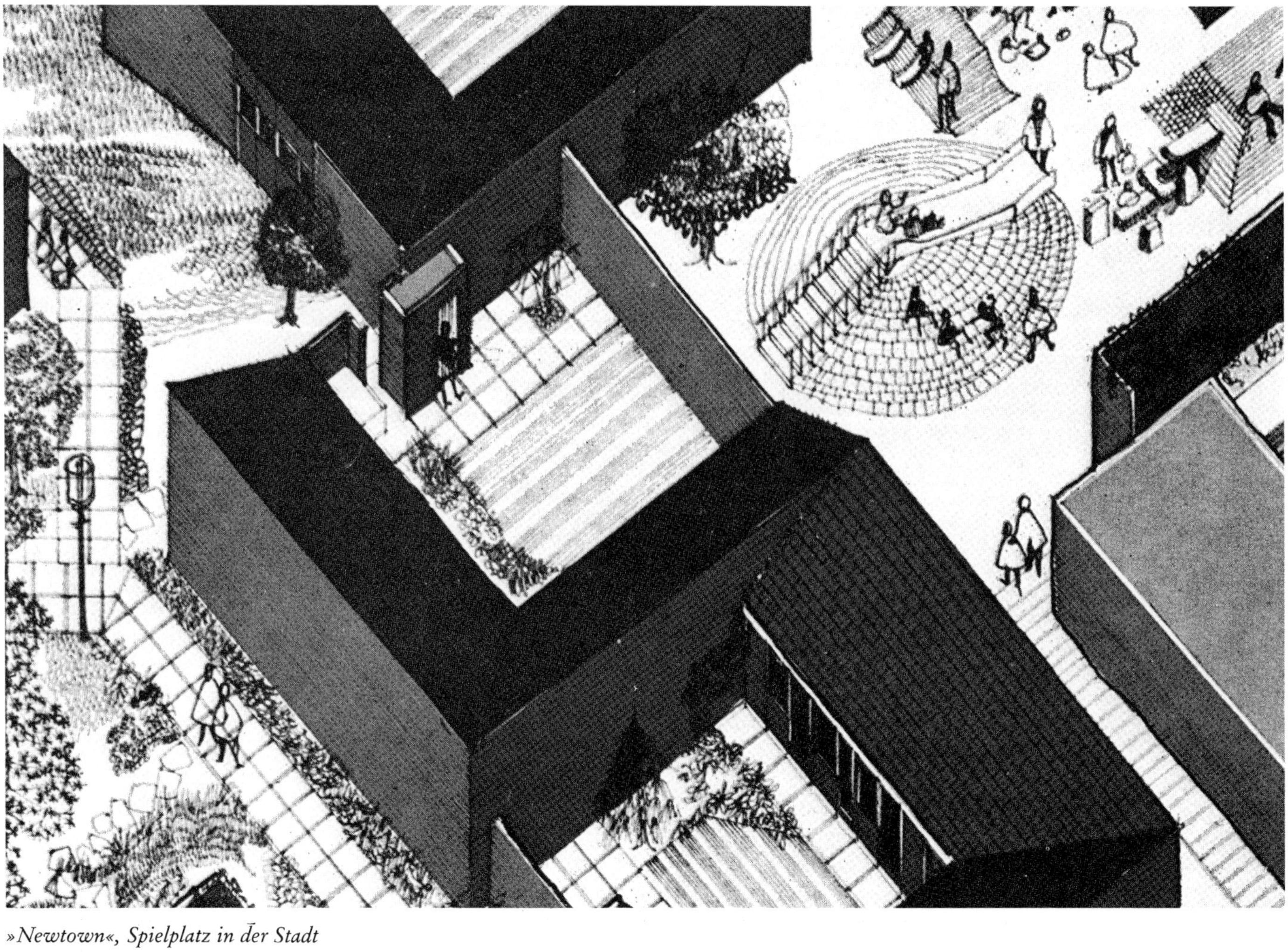

»Newtown«, Spielplatz in der Stadt

Wasserspiegelungen

Spiegelungen können Sie in Flüssen, Kanälen und auch in Regenpfützen sehen. In ruhigem Wasser erscheinen leicht verwischte Spiegelbilder. Wenn die Oberfläche unruhig ist, zerbrechen die Formen, und man sieht nur noch einige Farbflecken von den umliegenden Häusern und dem Himmel. Pfützen reflektieren kleine Bilder und Einzelheiten der Umgebung. Machen Sie einmal eine Studie von der in einer Pfütze reflektierten Stadtansicht. Übertreiben Sie den Vordergrund und ziehen Sie die Häuser bis zum oberen Ende Ihrer Arbeitsunterlage hoch. Blenden Sie den Himmel ganz aus. Die Reflexionen sollten der wichtigste Teil dieses ungewöhnlichen Bildes sein.

Dächer

Für Künstler haben Dächer in jeder Stadt eine unwiderstehliche Anziehungskraft. Die Geometrie der winkligen, unverbundenen Dachlinien spiegelt das Chaos, das Wachstum und den Verfall der Stadt in einer anziehenden Weise wider. Vergleichen Sie die hübsche Studie unten mit dem perfekten Plan links, und Sie werden wissen, warum die besten Künstler immer von den alten Städten angezogen werden.
Jeder reagiert natürlich auf seine Weise. Einige werden von verwirrenden Formen und Farben angeregt, andere wieder von sauber ausgeführten Einzelheiten.
Achten Sie aber immer darauf, daß die Einzelheiten in die Gesamtkomposition einbezogen bleiben und nicht wie aufgesetzt wirken.

»Sturm auf hoher See« von de Vleiger

Lektion 10
Seestücke und Wasserlandschaften

Angesichts der Tatsache, daß unsere Erde früher völlig mit Wasser bedeckt war, dem natürlichen Lebenselement unserer Vorfahren, hat sich die Malerei diesem Thema eigentlich erst sehr spät gewidmet.
Anders verhielt es sich in der Malerei des Ostens. Die chinesischen und japanischen Künstler waren schon lange anerkannte Meister auf diesem Gebiet, bevor die westlichen Illuministen des Mittelalters überhaupt einige Andeutungen von Wellen unter der Arche Noah malen konnten. Das Bewegungsmuster und die Kraft des Meeres wurde eines der Hauptthemen der japanischen Holzdruckschnitzer, allen voran das Werk von Hokusai (1760–1849).
Die westliche Kunst des Mittelalters war viel mehr auf das Land bezogen. Sie zeigte ihre religiösen Themen im allgemeinen in Wüsteneien und felsigen Landschaften, die nur selten ein Hauch von Wasser erfrischte.
Zu dieser Zeit gab es nichts Vergleichbares zu den frühägyptischen Grabbildern, die Jagdgesellschaften im Schilf eines Flusses oder königliche Barken auf dem Nil zeigten.
Die für so viele spätere, künstlerische Traditionen verantwortlichen Illuministen kümmerten sich nicht besonders um die Darstellung des Wassers, außer für einige Bootmotive. Das bekannteste Motiv zeigt einen merkwürdigen »Hügel« aus wellenartigen Linien, den meistens eine Nußschale von Boot zu erklimmen trachtet.
Dieses kleine Boot könnte Moses auf dem Nil oder die Überfahrt des heiligen Patrick nach Irland, aber auch andere Heilige der frühen Christenheit darstellen. Da auch Petrus ein Fischer war, wurde er natürlich oft zusammen mit Andeutungen von Wasser gemalt.
Weniger friedvolle Bilder entstanden in Nordeuropa, wo die weit voneinander entfernten Siedlungen den Gefahren vom Meer viel mehr ausgesetzt waren als die Siedler im Süden. Die Schnitzereien der Wikinger zeigen vor allem Seeschlachten in großer Detailtreue. Ein Handbuch für die Verteidigungsstellungen bezeichnete alle Forts und Burgen entlang der Küste einer Insel, die von gleichmäßigen, blauen Wellen umspült wird.
Für die Völker des Mittelmeerraumes war das Meer eher eine unerschöpfliche Nahrungsquelle als ein gefährlicher Feind. Ein würdevoller Becher aus dem 13. Jahrhundert ist mit Fischen auf dem blautonigen Glas emailliert. Wo das Wasser jedoch zum täglichen Leben gehört, wird es selten derart phantasievoll behandelt.
Auf Buchumschlägen und Stickereien wurden manchmal Seeungeheuer inmitten von Wellen abgebildet. Die Säume der Stickereien waren verziert mit Muscheln, Seepferden und Perlen und umrahmten das bekannte Motiv der Nußschale. Viele solcher Themen wurden auch auf Seekarten verwendet, die den Glau-

ben bestärkten, daß den unerfahrenen Seefahrer Monster und Seedrachen auflauerten.

All diese Bilder zeigten das Wasser mehr als kleinen Teil einer Komposition denn als Hauptthema. Die holländischen Maler machten den ersten Schritt zum Genre der Seestücke, da ihre Heimat von Kanälen durchzogen war und lange Küstenstreifen hatte. Rembrandt van Rijn (1606–1669) war zwar vor allem ein Porträtmaler, fand aber auch Gefallen am Malen von Seestücken und Landschaften, wie seine anderen Kollegen und Schüler. Aelbert Cuyp (1620–1691) und Jan Vermeer (1632–1675) zählen zu den größten Vertretern von Küstenansichten und Bildern von Städten am Wasser, so wie Canaletto (1697–1768) sie in Venedig malte.

Doch waren auch diese Bilder noch überwiegend vom Land aus gesehen.

Joseph Mallord Turner (1775–1851) begründete eine neue Art und Weise, auf die Phänomene des Wetters zu sehen. Seine Darstellungen von Seestürmen entspringen oft der direkten Beobachtung der Naturgewalten. Eine Anekdote berichtet, daß sich Turner an den Mast eines sich in Seenot befindenden Schiffes binden ließ, um alle Phasen des Sturms genau beobachten zu können.

Zur Wiedergabe solcher Wetteratmosphären bediente sich Turner einer ganz eigenen Technik, die auf viele seiner Zeitgenossen und nachfolgende Maler einen großen Einfluß ausübte. John Sell Cotman (1782–1842), ein Schüler Turners, wurde Präsident der Norwegen-Gesellschaft, der die meisten der ostenglischen Maler, bekannt als die Norwegen-Schule, angehörten.

Die Hudson-Schule in Amerika folgte später. Vielleicht waren ihre Mitglieder von ihrer holländischen Herkunft beeinflußt. Auf jeden Fall gründeten sie eine Maltradition in einem Land der Seen, Flüsse und Küsten, wie es vorher die Holländer getan hatten. Zu den frühesten und erfolgreichsten Mitgliedern gehörte Thomas Doughty (1793–1856), obwohl er kein erstklassiger Maler war.

In Japan benutzten inzwischen die Holzschnittkünstler des 18. und 19. Jahrhunderts das Thema Wasser als ein wichtiges, dekoratives Kompositionselement, sei es als ruhige, friedlich sich kräuselnde Wasserfläche, wie im Beispiel auf der rechten Seite, oder zu riesigen Wellen aufgetürmt, die noch Turner Konkurrenz machen. Die meisten europäischen Maler dieser Zeit waren von der östlichen Kunst sehr beeinflußt.

Ein direkter Vorläufer der Impressionisten, Eugène Boudin (1824–1898), war ein Maler wunderbarer Wasserlandschaften. Sein Schüler und Freund Claude Monet (1840–1926) ließ sich einen großen Seerosenteich anlegen, von dessen Spiel der Reflexionen er sich zu der einmaligen Serie der »Seerosenbilder« anregen ließ.

»Schiffswrack«, von C. C. van Weireingen

»Zwei Dschunken auf dem Meer«, Holzschnitt

Winslow Homer (1836–1910) malte die amerikanischen Wasserlandschaften. Als bereits bekannter Maler kam Homer 1881–1882 nach England, wo er seine Liebe zu den Wasserfarben und Wasserlandschaften entdeckte, die ihn bis zu seinem Lebensende nicht mehr losließ. Seine frühen Bilder friedlicher Landszenen wurden von dramatischen Darstellungen der aufgewühlten See abgelöst.

Ab 1900 wurden Seestücke und Wasserlandschaften besonders von den neo-romantischen Künstlern bevorzugt. Einige folgen Raoul Dufy (1877–1953) in den klaren, hellen Primärfarben der südlichen Häfen, andere Maler neigen mehr zur Beschreibung einer Hafenansicht, der Kräne und Lastschiffe, die zwar nicht so schön, aber gleichermaßen faszinierend sein können wie die Ausblicke auf das Meer und seinen Horizont.

Auch in der zeitgenössischen Kunst ist das Thema Wasser noch beliebt, wenn sich auch der Stil sehr geändert hat. Ein Künstler wie David Hockney (geb. 1937) ist scheinbar von den blauen Farbtönen des Meeres und der Schwimmbecken begeistert, die er in herrlich klaren Farbtönen und manchmal abstrakten Formen malt.

Es gibt auch noch viele Maler, die das Motiv der hohen See und segelnden Schiffe lieben. Heute ist das aber wohl eher eine Jacht als ein Teefrachter oder ein Fischkutter eher als eine Galeere der Wikinger.

Die traditionellen Hafenszenen ziehen immer wieder Amateure wie Profimaler an. Es gibt wenige malerische Hafenmolen, wo nicht ein oder zwei Staffeleien aufgeschlagen wären.

Das Meer, der Fluß, der See und der Kanal werden wohl niemals ihre Anziehungskraft auf Künstler verlieren.

Ein Blick auf Wasserlandschaften

Vielleicht haben Sie schon einmal Landschaften mit Wasserflächen gemalt. Diese Lektion bemüht sich jedenfalls, einige Probleme beim Malen von Wasserlandschaften zu behandeln und gute Lösungen anzubieten.

Die Welt draußen ist niemals völlig unbeweglich. Das fällt uns besonders beim Wasser auf. Seine Bewegung kann leicht wie ein langsam fließender Strom oder aber auch reißend und aufregend sein wie ein Wasserfall oder ein überflutender Fluß.

Wasser kann entweder ein unterstützendes Kompositionselement für das Hauptthema (ein Boot oder ein Fisch) sein oder ein eigenes, unabhängiges Thema. Im Wasser spiegelt sich außerdem der Himmel, der sich ebenfalls dauernd bewegt. Es gibt also eine Menge verwandter und besonderer Probleme.

Beispiel 1: Als eine spiegelnde Fläche kann Wasser sehr still wirken, wie z. B. in Seen, ruhigen Flüssen und Regenpfützen, die ihre Umgebung und den Himmel reflektieren. Ein solches Motiv können Sie auf der gegenüberliegenden Seite unten sehen.

Beispiel 1

Beispiel 2: Auch unruhiges Wasser, ein sich kräuselnder Teich, ein Hafen oder ein rauschender Fluß reflektiert seine Umgebung, jedoch wird das Bild vom Licht oder von der Bewegung gebrochen. Hingegen spiegelt Wasser in rauher See oder einem vom Wind aufgewühlten See nur die Farben des Himmels wider. Schließlich gibt es noch »weißes« Wasser in stürmischen Seeszenen, Wasserfällen oder einem reißenden Gebirgsbach – der aufregendste Aspekt des Themas Wasser, aber auch am schwierigsten festzuhalten.

Beispiel 2

Auch für Wasserlandschaften ist die Anlage der Perspektive nötig, was leicht übersehen wird. Zurückweichende Linien, die Größenordnung der Gegenstände an den verschiedenen Orten im Raum folgen den gleichen Gesetzen, wie wir sie an Häusern, Feldern und anderen festen Gegenständen beobachtet haben. Vor allem Anfänger bemühen sich oft zu sehr um die Wiedergabe der bewegten Formen des Wassers, ohne weiter auf das richtige Größenverhältnis zu anderen Dingen innerhalb der Komposition zu achten.
Wasser sieht immer anders aus. Es kann das Licht hinter dem Betrachter reflektieren und sieht dann hell gegen einen dunklen Himmel aus. Das Meer kann so fest wie eine Mauer oder wie geschmolzenes Metall wirken.
Es gibt Tage, an denen der Horizont scharf gezogen erscheint, und andere, wo Wasser und Himmel zusammenfließen. Manchmal ist die Bewegung der Wellen am Horizont sichtbar, und ein anderes Mal ist die See so glatt, daß die Wolken wie gedruckt auf der Wasseroberfläche erscheinen.
Auch die Farben wechseln ständig von einer Vielzahl von Blau- und Violettönen zu Silber-, Schiefer-,

Schwarz- und Grüntönen. Die See kann auch braun wie ein gepflügtes Feld aussehen. Erst recht bei Nacht hat das Meer eine magische Ausstrahlung, wenn es das Licht anliegender Gebäude, Straßen und natürlich des Mondes und der Sterne funkeln läßt.

»Violetter Mittag« von Streeton

Wir beginnen mit der Arbeit

Ein Grundproblem bei der Beobachtung von Wasser ist das Festhalten der bewegten Oberfläche bzw. eines Momentes aus der dauernden Bewegung.
Wasser bewegt sich ständig und reflektiert zudem den sich auch immer wieder verändernden Himmel. Für die ersten Übungen sollten Sie ein Schwimmbad aufsuchen und sich nur auf die Aspekte der Bewegung einlassen.
Verwenden Sie eine Tuschelavierung, Kohle, Contékreide oder eine kombinierte Technik.
Schwimmbäder sind oft am Boden des Bassins mit Linien für Wettbewerbe gekennzeichnet. Beobachten Sie die Wirkung des bewegten Wassers über diesen Linien, die außerdem als Grundstruktur für die Bewegungen des Wassers dienen können.

Für die Wasserlinien können Sie jedes Medium nehmen. Probieren Sie für die Tonwertflächen verschiedene Zeichenmittel aus. Verdünnte Tusche ist besonders gut für die vielen Abstufungen der ineinanderfließenden Halbtöne geeignet.
Natürlich können Sie diese Tonwertmodulationen auch in einer oder mehreren Farben versuchen. Nehmen Sie dafür einen Pinsel der mittleren Größe der Nr. 4 oder Nr. 6 und für die Tuschelavierung schwarze Zeichentinte oder schwarze Wasserfarbe.

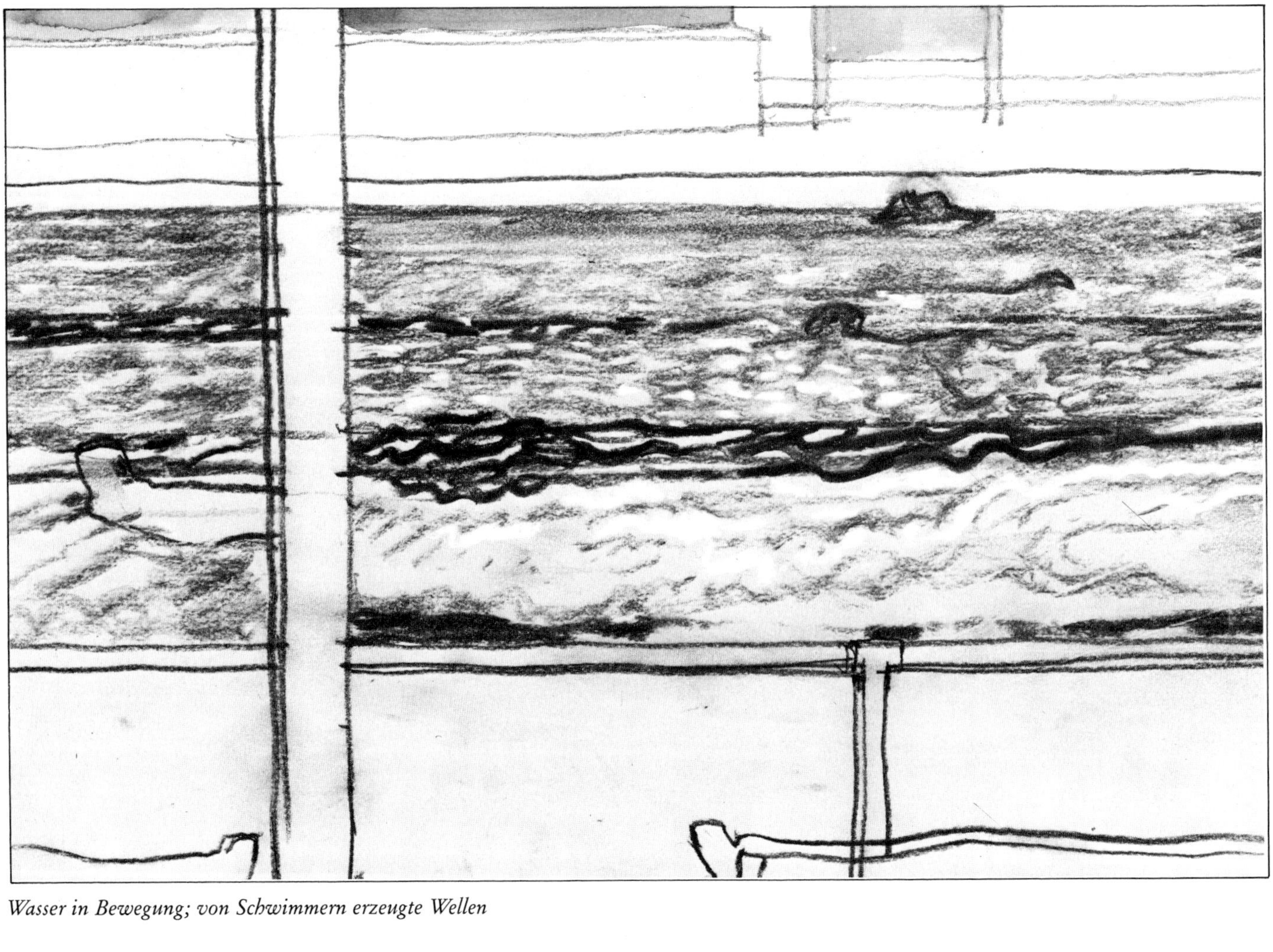

Wasser in Bewegung; von Schwimmern erzeugte Wellen

Linien unter ruhigem Wasser

Linien, von bewegtem Wasser aufgelöst

Wir zeichnen Boote

Viele Maler werden aus Gründen des schnellen Zugangs einen Hafen oder einen See mit Booten für eine Wasserlandschaft aussuchen. Da Boote immer in Sichtweite sind, ist es sicher sinnvoll, ihre zeichnerische Darstellung zu lernen.

Das Zeichnen von Booten kann manchmal schwierige Probleme aufwerfen: Ihre Formen sind oft schwer zu bestimmen, wenn sie von einem entlegenen Standort aus erfaßt werden sollen. Die vielen Linien und Formen der Segel, Kabinen und Masten scheinen kaum zu entziffern zu sein.

Der einfachste Weg ist zunächst einmal, das Boot im Kopf zu konstruieren. Teilen Sie das Boot zur Hälfte und zur Länge und verwenden Sie diese imaginären Hilfslinien bei der Konstruktion der Masten, Kabinen und Schornsteine.

Halten Sie immer Ihr Notizbuch bereit, um schnelle Skizzen von segelnden Booten zu machen. Studieren Sie die Kanten der Segel bei voller Windstärke und bei Windflaute. Schauen Sie auf den Bug des Bootes, wenn er die Wellen pflügt. Diese Notizen können Sie bei einer Zeichnung wie unten abgebildet gut verwenden. Ein Segelboot wird wohl nicht für Sie »posieren«. Deshalb müssen Sie bei einer solchen Zeichnung von Ihren Beobachtungen und Notizen profitieren können.

In den unten wiedergegebenen Pastellzeichnungen skizzierte ich zuerst die Form des Segelbootes mit grauer Pastellkreide auf dunkelblauem Papier. Besonderer Wert wurde auf die saubere Zeichnung des Bootskörpers gelegt, vor allem wo er im Wasser liegt. Den Mast setzte ich mit Hilfe der imaginären Zentrallinie im entsprechenden Größenverhältnis zum Bootskörper. Dann zeichnete ich das Segel in der richtigen Größe zu Mast und Boot ein.

Zuletzt kamen die Details dran, wie der Himmel in grauem Pastell, die Uferzone in Braun und einige Figuren in orangefarbigen Schwimmwesten. Indem ich das blaue Papier durch die weiße Pastellfläche des Sees scheinen ließ, gab ich den Eindruck einer sonnenbeschienenen Wasserfläche wieder.

Die Fischkutter auf dieser Seite wurden während des Entladens gezeichnet, so daß genug Zeit blieb, um ihre Struktur genau zu studieren. Ich begann wie bei den Segelbooten, benutzte aber zwei verschiedene Pastellfarben zur Unterscheidung der beiden Kutter. Auch die Fischkästen, Kabinen und Schornsteine wurden angedeutet.

Zuletzt wurden noch Details eingetragen, die sich jedoch wegen des geschäftigen Treibens mehr auf die Farbflächen als auf die Linien konzentrierten.

Spiegelungen im Wasser zeichnen

Wenn Sie Spiegelungen im Wasser zeichnen wollen, müssen Sie Ihr Auge anleiten, nur die wichtigsten Reflexionen wahrzunehmen und diese schnell auf das Papier zu bringen.

Ein bekanntes Motiv für dieses Thema ist die Spiegelung von Bäumen im Wasser. Damit finden Sie ein ganzes Problembündel vor, denn nicht nur die Wasseroberfläche ändert sich dauernd, sondern auch die Bäume schwanken, die Blätter rascheln und fangen das Licht mit jedem Windstoß anders auf. Wenn Sie genau hinschauen, werden Sie bemerken, daß die Bäume in einem rhythmischen, aber unregelmäßigen Muster sich biegen, während das Kräuseln des Wassers ziemlich gleichmäßig abläuft.

Für diese schnelle Zeichnung sind Pastellfarben, Feder und Tusche sowie Kohle gut geeignet.

Konzentrieren Sie sich bei den ersten Skizzen nicht zu sehr auf die Bäume. In Ihren vorhergehenden Landschaftsstudien finden Sie eine große Menge an Vorbildern für überhängende Bäume. Zur Abwechslung können Sie natürlich auch Skizzen verschiedener Baumarten machen, wie z.B. von Weiden, die, am Wasser stehend, besonders schön und anziehend sind.

Besuchen Sie Ihr Motiv zu verschiedenen Wetterbedingungen. An einem windigen Tag werden die gespiegelten Formen im Wasser ganz verzerrt aussehen. Falls das Licht zu schwach und dunkel ist, werden vielleicht überhaupt keine Spiegelungen zu sehen sein.

Schritt 1: Skizzieren Sie zunächst die Hauptformen der großen Bäume, des Ufers und des darum führenden Weges ein. Verwenden Sie dafür eine helle Farbe, die mit der nachfolgenden Zeichnung harmoniert. Wenn Sie ein klares Oben und Unten in der Zeichnung haben, sollten Sie die Komposition nicht zu symmetrisch anlegen. Es gibt nur wenige Maler, die das erfolgreich können. Am Anfang wirken solche symmetrischen Kompositionen recht langweilig.

Schritt 2: Mit Kohle zeichnen Sie die Zweige und die Muster der Spiegelungen auf dem Wasser ein. Arbeiten Sie zügig und beziehen Sie sich immer wieder auf das Motiv vor Ihnen. Haben Sie keine Angst vor nachträglichen Veränderungen Ihrer Zeichnung! Ziehen Sie ruhig die ständige Veränderung des Motivs in Betracht.

Schritt 3: Zum Abschluß tragen Sie die dunkelsten Flächen im Hintergrund und für die Reflexe ein. Verwenden Sie dafür eine Tuschelavierung in einem mittleren Tonwert.

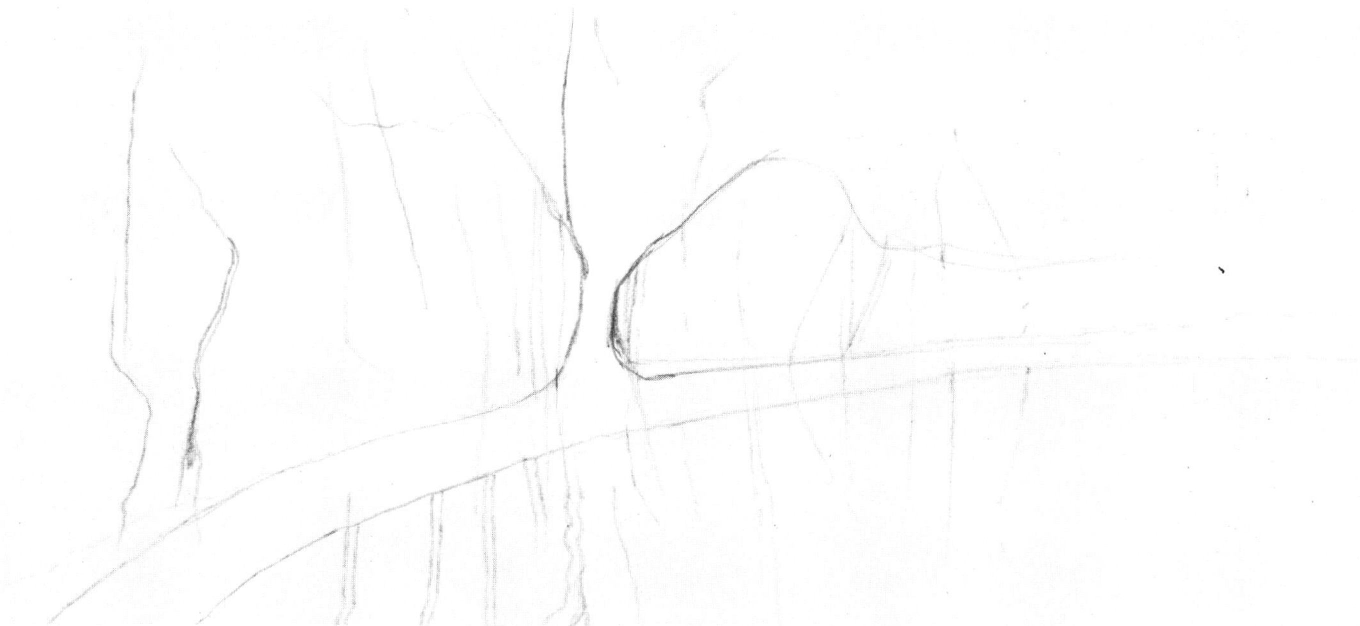

Schritt 1

Schritt 2

Schritt 3

Studie eines Wasserfalls

Um noch mehr über die Bewegung des Wassers zu erfahren, können Sie auch einmal senkrecht herunterfallendes Wasser zeichnen. Wenn Sie in Ihrer Umgebung keinen Wasserfall oder Springbrunnen haben, machen Sie einfach eine Serie von Zeichnungen von einem Wasserstrahl, der in einen Eimer, einen Ausguß oder ein Bad fließt. Der Strahl sollte stark und schnell genug fallen, damit beim Auftreffen im darunter stehenden Wasser ein interessantes Muster entsteht.

Schritt 1: Studieren Sie Ihr Motiv einige Augenblicke lang und umreißen Sie dann die Formen in weißem Pastell. Achten Sie auf das richtige Größenverhältnis des Wasserfalls zur umliegenden Landschaft und in Bezug zu Ihrer Zeichnung. Drücken Sie den Pastellstift nur ganz leicht auf, um den Eindruck schäumenden Wassers wiederzugeben.
Die schimmernde Oberfläche eines Wasserfalls erzeugt ein herrliches Licht-und-Schatten-Muster gegen einen dunklen Hintergrund. Deshalb entschied ich mich für ein rauhes, dunkles Papier. Dunkelgrünes oder braunes Papier wäre auch geeignet, vielleicht sogar noch naturalistischer.

Ein Wasserfall im Haus

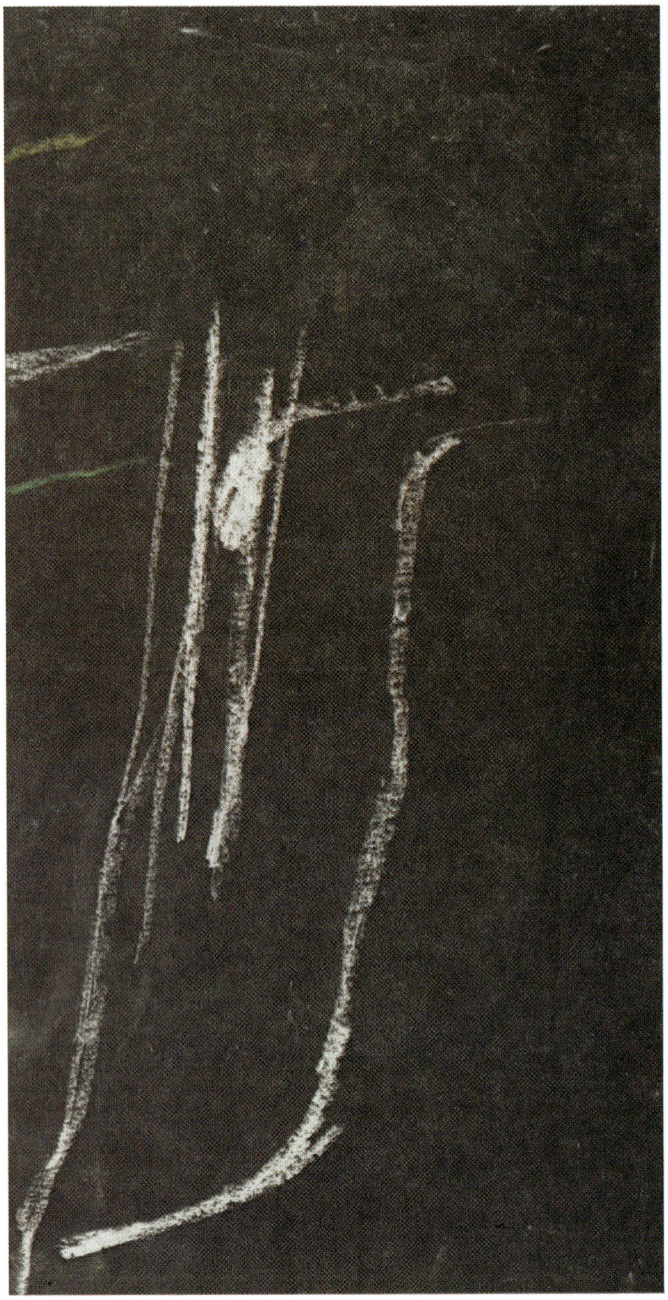

Schritt 1

Schritt 2: Mit grüner und gelber Pastellkreide deuten Sie das Laub im Vordergrund an. Entwickeln Sie mit langen, weißen Strichen den Sturz des Wassers in das Talbecken. Die Striche sollten dem Lauf des Wassers folgen, ohne jetzt unbedingt jedem Tropfen Wasser nachzuspüren.

Schritt 3: Um dem Wasserfall eine dreidimensionale Form zu geben, zeichnen Sie einen mittelblauen Farbton in die weißen Pastellflächen. Diese Farbgebung erhöht das Funkeln des Weiß gegen den dunklen Hintergrund. Die Zeichnung wird mit einer grauen Fläche abgeschlossen, die den Himmel von der dunklen Masse der Berge im Mittelgrund abhebt. Das Flußufer im Vordergrund ist die hellste Stelle, die durch ganz helle Gelb- und Grüntöne gegeben ist.

Schritt 2

Schritt 3

Verschiedene Wellenformen in Aquarelltechnik

Im Atelier zu sitzen und auf einem Blatt Papier wellenähnliche Formen zu malen, scheint überhaupt nicht schwer zu sein (genausowenig wie Wolken zu malen). Etwas anspruchsvoller ist es dann aber, die Lichtwirkungen der Sonne auf der Wasseroberfläche, die spiegelnden Bewegungen und wechselnden Farbspiele nachahmen zu wollen.
Der Unterschied zwischen einem Bild, das nur ganz ungefähr Ihr Vorhaben wiedergibt, und einer befriedigenden Darstellung des gewünschten Effekts kann manchmal recht groß sein. Um zufriedenstellende Wasserbilder zu malen, sind viel Übung und Erfahrung notwendig.
Wellenformen und Wasserstrukturen können ein endloses Studienthema sein. Die Strukturen auf der Wasseroberfläche werden von den Bewegungen des Wassers, durch darüberfahrende Boote, durch den Wind oder durch den Wechsel der Gezeiten verursacht. Diese unterschiedlich erzeugten und nur momentweise sichtbaren Strukturlinien können durchaus mit Farbe und Pinsel festgehalten werden.

Die Beispiele auf diesen Seiten sind nur in Schwarzweiß wiedergegeben. Sie können jeden Farbton Ihrer Palette für diese Übungen benutzen. Das Wasser selbst ist ja eine durchsichtige Substanz mit keiner Eigenfarbe. Nur die reflektierten Farben der Umgebung geben dem Wasser die schillernde Farbenvielfalt.

Wasserlandschaften in Pastell

Pastellfarben, sei es in der weichen, pulverigen Form oder als Ölpastellstifte, sind ein vorzügliches Malmittel für die Arbeit im Freien. Sie können für Vorstudien zu einem großen Bild oder als eigenständige Zeichenmittel verwendet werden. Unser Beispiel zeigt eine Strandszene, die ganz konventionell in breite Farbstreifen unterteilt ist: Den Himmel in Hellblau, die See in einem dunkleren Blau und den Vordergrund in einem hellen Orangeockerton. Die Stellen, wo das Meer an den Strand spült, sind weiß gelassen.

Schritt 1: Zeichnen Sie zunächst das Blau der See. Vielleicht benötigen Sie dafür nur einen einzigen Farbton. Wenn Sie nicht den richtigen Farbton auf Anhieb getroffen haben, nehmen Sie noch einen Blauton dazu und verwischen beide Farbtöne. Jetzt sollten Sie den Vordergrund in einem Orangeton anlegen, um beide Farbtöne zu vergleichen und auszubalancieren. Wasserlandschaften können in den Umrissen ganz einfach ausfallen, sich aber dann im Laufe der Arbeit zu einem komplexen Zusammenspiel von Farbe und Form entwickeln.

Schritt 2: Jetzt tragen Sie das Blau des Himmels ein. Zeichnen Sie in dieser Phase nur ganz leicht über das Papier und lassen Sie weiße Stellen für die Wolken frei.

Schritt 3: Nun vermischen Sie die Farbtöne, indem Sie die Farbspuren mit dem Finger verreiben. Links im Bild wurde mit Rotviolett eine Landzunge angelegt, und die Volumen der Wolken sind mit ein wenig Blau verstärkt worden.

Schritt 4: Zum Schluß setzen Sie noch einige Details ein. Dunkelblauviolette Striche deuten Wellenbewegungen an. Ein wenig Grau an den Wolkenkanten gibt Plastizität. Wenn Sie für den Vordergrund noch mehr Farbe haben wollen, können Sie für die Farbgebung des schäumenden, flachen Wassers noch Grün hinzunehmen. Verreiben Sie die Pastellfarben zur Erzielung weicher Übergänge.

Schritt 1

Schritt 2

Schritt 3

Schritt 4

Wir malen eine Strandszene

Küstenlandschaften mit Felsen, Strand und dem Meer sind beliebt und in fast jeder Galerie oder Ausstellung vertreten. Trotzdem ist dieses Thema keineswegs banal. Gerade Küstenstriche bieten eine Vielfalt von Stimmungen und Ansichten. Nicht nur das Meer selbst ist immer wieder faszinierend zu beobachten, sondern auch kleine Dörfer, Feriensiedlungen, Felsen, Wasserbecken und Sandflächen sind wunderbare Motive.

Strandszenen sind für den Künstler ein willkommener Anlaß, mit möglichst wenig Detailarbeit große Lavierungen anzulegen.

Sobald Sie Ihr Motiv ausgesucht haben, versuchen Sie es in nur wenigen Farbtönen und Tonwerten zu sehen, was bei einer Ansicht, die nur aus Himmel, Meer und Strand besteht, nicht schwerfallen sollte. Mischen Sie einige Lavierungen aus und versuchen Sie die Tonwerte zu treffen. Die Verwendung der Tonwerte in Zusammenhang mit warmen oder kalten Farben lenkt die Stimmung in Ihrem Bild.

Schritt 1: Wenn Sie die richtigen Lavierungen ausgemischt haben, füllen Sie zunächst die größten Flächen aus und legen den Horizont mit einer ersten blauen Farbschicht fest. Die Bestimmung des Horizontes muß sehr sorgfältig gemacht werden, da von ihr die Einteilung der Komposition in Himmel, Strand und Meer abhängt.

In diesem Beispiel wurde der Himmel in einem hellen Blau gemalt, das aus Ultramarin und ein wenig Umbra gebrannt gemischt wurde, um dem Blau einen warmen Ton zu geben. Die Strandfarbe besteht aus einem gelben Ockerton, der warm genug ist und keine Zumischung braucht. Mit einer Tonwertskizze können Sie das Gleichgewicht der Farbtöne vorher ausprobieren.

Schritt 1

Schritt 2: Das Meer mit seinen sich dauernd ändernden Farben und Strukturen zu malen, wird Ihnen vielleicht am schwersten fallen. Auch zwischen Vorder- und Hintergrund wird sich die Färbung oft verändern. Legen Sie zuunterst eine Lavierung mit Ultramarin an und arbeiten Sie die hinzukommenden Licht- und Wellenstrukturen mit anderen Farbschichten ein.
Statt dieser Lasurtechnik können Sie die Lavierungen auch direkt anlegen. Beginnen Sie mit dem Horizont und gehen Sie dann das Blatt herunter. Lassen Sie aber kleine weiße Felder für die Wellengischt stehen.

Schritt 2

Schritt 3

Schritt 3: Nach dem Trocknen der ersten Farbschichten beginnen Sie mit der Detailarbeit: Es könnten Leute am Strand spazieren oder im Sand sitzen; Boote liegen auf dem Strand, Kinder spielen am Wasser oder Schiffe ziehen am fernen Horizont vorbei. Versuchen Sie diese Einzelbeobachtungen so in das Bild hineinzukomponieren, daß die Stimmung der Szene eingefangen erscheint.

Schritt 4: Die Boote auf dem Strand wurden zuerst mit ein paar dunklen Strichen skizziert. Erst als diese trocken waren, wurden die einzelnen Details eingezeichnet. Arbeiten Sie zügig, damit Sie nicht die erste Farbschicht auflösen.

Schritt 5: Zum Schluß zeichnen Sie die Details mit einem spitzen Pinsel und unverdünnter Farbe ein. Verwenden Sie jede nur mögliche Aquarelltechnik, um die gewünschten Ergebnisse zu erzielen: Waschen Sie die Farbe an einigen Stellen aus, um Lichthöhungen anzuzeigen. Um die Gischt anzudeuten, können Sie weiße Linien herauskratzen oder mit weißer Tempera einmalen.
Mit Pastellfarben, Kohle, Bleistift oder Tusche können Sie noch weitere Strukturen und Farben einfügen. Bedenken Sie aber, daß der Hauptzug dieser Landschaft in den großen Flächen reiner Farbe liegt.

Schritt 4

Schritt 5

Noch mehr Boote

Nachdem Sie jetzt schon einige Erfahrung im Malen von Wasserlandschaften haben, sollten Sie sich auch mit schwierigeren Themen vertraut machen, wie den Segeln und Bootskörpern von Booten aller Art. Für den Zeichner ist das wohl eine größere Herausforderung an Komposition und Zeichenkunst als ein einzelnes, die Wellen kreuzendes Segelboot. Da gibt es ein Lastschiff auf dem Trockendock zu sehen, mit all seinen Winden und Masten, Kränen und Tauschlingen, Nebelhörnern und Schornsteinen – kurz mit allem Drum und Dran eines geschäftigen Hafens.
Fangen Sie mit einfacheren Booten an und zeichnen Sie die Umrisse in Bleistift oder Kohle. Eine Gruppe von drei zusammengebundenen Lastkähnen, wie in der Skizze rechts, gibt Ihnen genug Gelegenheit zur Übung von Grundformen und übergeordneten Details.

Drei Barken in Kohle

»Studie in einem Jachtklub« von Simpson

Als nächstes Motiv können Sie sich ein kleines Ruderboot, wie unten links, aussuchen. Solche Boote werden oft zum Überwintern oder Austrocknen auf den Strand gezogen. Halten Sie sich an das geometrische Muster der Ruderbänke und Rippen. Das wird Ihnen helfen, Perspektive zu üben und das Gefühl für Tiefe und Plastizität zu stärken.

Schließlich sollten Sie Ihre Ansprüche weiter stecken und eine Tuschezeichnung, ähnlich wie auf dieser Seite, machen, die dann auch schon einfache Formen des Hafendocks, der Kräne und der Wasserreflexionen umfaßt.

Wenn Sie viele geometrische Formen darstellen müssen, können Sie eine der folgenden Methoden benutzen. Eine erste Umrißskizze gibt die Grundformen wieder, die Sie dann weiter ausfüllen. Sie können aber das geometrische Grundgerüst auch mit einem Lineal vorzeichnen und dann die Zwischenräume frei skizzieren oder schattieren. Auch wenn das Motiv sehr kompliziert aussieht, ist es doch relativ einfach zu zeichnen, wenn Sie erst einmal die Proportionen richtig erfaßt haben.

Kopieren Sie bitte nicht die Abbildung auf dieser Seite! Betrachten Sie sie gut und probieren Sie einige Details aus, wenn Sie wollen. Dann sollten Sie aber hinausgehen und nach ähnlich interessanten Motiven Ausschau halten. Falls kein Hafen in der Nähe liegt, können ein Haus an einem Bach oder Fluß oder ein alter Pavillon an einem Teich als anregendes Motiv wirken.

»Blackfriars« von Simpson

Sommer und Herbst am Wasser in Aquarelltechnik

Schritt 1: Bei dieser Wasserlandschaft unten legen Sie schon mit der ersten Farbschicht die Stimmung des Bildes fest. In unserem Beispiel wurde eine Lavierung in Ockergelb angelegt.

Schritt 2: Wenn die erste Farbschicht noch naß ist, malen Sie ein Siena natur den Horizont entlang, um Nebel, Wolken oder einen entfernten Landstrich anzudeuten. Einige waagrechte Striche in Grau markieren ein Stück näher gelegenes Land. Fügen Sie den Wolken noch ein wenig Grau hinzu und geben Sie das Kräuseln des Wassers mit wenigen grautonigen Schlangenlinien an. Mit dunkelgrauer Farbe und einem dünnen Pinsel skizzieren Sie dann die kahlen Bäume ein.

Schritt 1: Ein Sandstrand im Sommer (rechte Seite) kann unter Umständen schwierig zu malen sein, da das Sonnenlicht von der Oberfläche abprallt und kaum Schatten wirft. Fangen Sie mit wenigen Linien an, wie zum Beispiel einer Düne auf der linken Seite.

Schritt 2: Vervollständigen Sie das einfache Seestück mit gelben, blauen und hellgrauen Lavierungen. Halten Sie die Farben ganz hell und klar, um die Wirkung des hellen Sonnenlichtes wiederzugeben.

Schritt 3: Einige Striche Grün deuten Dünengras an. Etwas weiße Guaschfarbe nimmt den Schaum der Wellenkronen auf.

Schritt 1

Schritt 2

Schritt 1

Schritt 2

Schritt 3

Ein Skizzenbuch für Wasseransichten

Während aller Lektionen haben wir Sie immer wieder ermuntert, ein Skizzenbuch bei sich zu tragen und es natürlich auch mit Notizen, Skizzen und Ideen anzufüllen, wo immer Sie ein interessantes Motiv erblikken.

Wenn Sie sich nur auf die Wiedergabe von Wasser konzentrieren wollen, wird das Skizzieren mit Bleistift allerdings etwas schwieriger. Die Oberfläche von Wasser ist nicht immer so interessant, wie sie ausschaut, und auch gar nicht so leicht als Wasser erkennbar, falls sie nicht in eine entsprechende Umgebung eingebettet ist.

Wenn Sie also Ihr Skizzenbuch vornehmen, versuchen Sie sich das Meer, einen See oder einen Fluß als Teil einer größeren Komposition vorzustellen. Strände, Wasserlachen, Leute, Leuchttürme und Brücken geben belebende Elemente für Wasserlandschaften ab. Sie bieten ein Gleichgewicht und einen Zusammenhang für Ihre Komposition.

Zeichnungen und Gemälde von Booten können Sie die ganze Lektion hindurch sehen. Hier zeigen wir Ihnen jedoch einige Arbeitsskizzen von Wasserlandschaften, die Ihnen als Beispiel für eine gute Notizensammlung, die Sie immer wieder beim Malen befragen können, dienen soll.

Gebäude am Meer

Unruhiges Wasser in einem Schwimmbecken

Ölskizze eines Kanals in klaren Tonwerten

Wasserlandschaften in der Ölmalerei

Die Ölmalerei ist ein besonders lebendiges Malmittel für Wasserlandschaften, ein Thema, das viele Aspekte der Farbe, der Atmosphäre und des Rhythmus aufweist.

Versuchen Sie sich einmal in die Begeisterungsfähigkeit der Kinder für das Meer zurückzuversetzen, und führen Sie das ungehemmt in einem Rausch der Farbe aus. Häufig treffen Malereien von Kindern das Wesentliche am Wasser besser als noch so realistische Darstellungsweisen.

Die ideale Lösung wäre die Kombination einer kindähnlichen Gefühlslage mit den ausgefeilten Techniken, die dieses Buch beschreibt.

Die Gemälde auf diesen Seiten zeigen Beispiele von Wassermalerei in drei völlig verschiedenen Stimmungen: heftiges Sturmwetter mit hohem Wellengang und Schaumkronen im ersten Bild; eine ruhige, verzauberte Stimmung im zweiten Bild, obgleich der Wasserfall in wundervollen, glitzernden Bächen hinunterstürzt; und schließlich im dritten Bild die heiße Nachmittagssonne, die das Buschwerk am völlig unbeweglichen Fluß ausdörrt.

Betrachten Sie jedes Bild ganz genau, um festzustellen, wie der Künstler die jeweiligen Stimmungen in Malerei umgesetzt hat.

»Kämpfende Fregatten«

»Die Wasserfälle am Wannon« von Buvelot

Hafenszenen

Wo Wasser ist, gibt es auch Leben und Bewegung – und Themen für Ihre Malerei. Fischersleute, Boote, Anlegeplätze und Hafenmolen, Seile, Poller und Gangspille sind doch aufregende Motive für einen Wassermaler. Auch diese Übung wird einige Zeit in Anspruch nehmen. Sie werden Ihr Bild sicher zu Hause im Atelier nach Skizzen vor Ort fertigstellen wollen. Verlieren Sie aber nicht zuviel Zeit nach Ihrem Skizzieren! Das Gedächtnis kann uns manchen Streich spielen.

Beginnen Sie mit kleinen Studien in Öl in Ihrem Skizzenbuch. Zeichnen Sie die fast endlose Vielfalt von Formen und Mustern und verändern Sie immer wieder den Standpunkt, um die Perspektive und Größenordnung zu studieren. Beobachten Sie, wie das Wasser Licht aufnimmt und reflektiert und wie die Umgebung widergespiegelt wird. Mit Hilfe eines Maßgitters können Sie leicht die Beziehungen zwischen Vorder-, Mittel- und Hintergrund feststellen.

Diese Studien geben Ihnen die Gelegenheit, mit verschiedenen Pinselsorten zu experimentieren: mit großen und kleinen Größen, mit Marderhaar- und Nylonpinseln, Flachborsten, Rundborsten und Schlepperpinseln.

Die beiden hier abgebildeten Skizzen beschäftigen sich mit den Formen, Tonwerten und kleineren Details. Die Ölskizze auf dieser Seite in breiten Pinselstrichen zeigt lediglich die Rümpfe und Grundstrukturen der Schiffe in leuchtenden Farben. Das Wasser ist in blauen, grauen und violetten Farbtönen gemalt.

Ölskizze von Schleppern in einem Hafen

Die Tonwertskizze auf dieser Seite ist ein Ausschnitt aus dem Bild von Seite 409 und zeigt, wie die Schiffsrümpfe, Deckbauten und Hafengebäude im Kontrast zu der flächigen Behandlung des Vordergrundes stehen. Beide Bildteile werden von den Figuren im Zentrum des Bildes zusammengehalten.

Suchen Sie sich nur einen Aspekt des Motivs heraus und konzentrieren Sie sich darauf. Lassen Sie sich nicht von überflüssigen Problemen ablenken, sondern versuchen Sie eine ganz bestimmte, von Ihnen gewünschte Bildwirkung zu erreichen. Alle Vorstufen in der Entwicklung eines Bildes, von den ersten Skizzen über Zeichnungen bis zum fertigen Bild, sollen darauf abgestimmt sein, eine vorher überlegte Bildwirkung zu schaffen.

Skizzieren Sie die Figuren als Silhouetten ein und legen Sie die breiten Farbflächen für Wasser und Horizont an. Legen Sie die Horizontlinie fest.

Verbinden Sie die unterschiedlichsten Oberflächenstrukturen, klare Farbflächen gegen detaillierte Texturen. Ein großes Ölbild wird in verschiedenen Arbeitsgängen aufgebaut, Schicht für Schicht, glatte Farbschichten folgen auf rauhe; pastose, lasierte Flächen wechseln mit Impasto ab.

Wasser kann als helle oder dunkle Farbmasse gegeben werden, flächig oder voller Tiefe und Farbe. Wenn Sie vom Ufer aus seitlich ins Wasser schauen, können Sie Steine, Pflanzen und Fische unter Wasser sehen.

Die Farben aus diesem Blickwinkel werden wohl eher braun und grün sein. Wenn Sie aber zum Horizont hin blicken, wird die reflektierende Oberfläche vorherrschen. Die Farben des Himmels werden die Braun- und Grüntöne in Violett-, Malve- und Blautöne verwandeln. Mit wachsender Entfernung verstärkt sich dieser spiegelnde Effekt des Wassers noch. Machen Sie von diesen Beobachtungen sorgfältige Studien!

Tonwertskizze eines Ausschnitts aus dem Bild von Seite 409

Das frühe Sonnenlicht läßt das Wasser glitzern. Verwenden Sie dafür kurze Pinselstriche mit reiner weißer Farbe, die Sie trocken auf die erste blaue Farbschicht aufsetzen. Dazu muß diese Farbschicht natürlich vollkommen trocken sein, damit die Textur leicht und glitzernd, eben wie Sonne auf Wasser, aussieht.
Immer wenn ein interessantes Ereignis am Wasser stattfindet, sollten Sie dabeisein und es in einigen Skizzen festhalten.
Falls Sie selbst noch unsicher sind oder von umstehenden Leuten gestört werden, suchen Sie sich einen ruhigen, von einem Gebäude geschützten Platz aus und machen von dort aus Ihre Beobachtungen.

Ein Seemotiv in Öltechnik

Ein See im November: Von einigen Bäumen sind die Blätter schon gefallen, an anderen sind sie in Herbstfarben gefärbt. Die Oberfläche des Sees ist ein ruhiger Spiegel und läßt das kommende kalte Wetter vorausahnen. Das Bild wurde direkt vor Ort gemalt.

Schritt 1: Zuerst mußte ein Untergrund angelegt werden, auf den die ersten Linien gezeichnet wurden. Die Grundierung besteht aus Umbra gebrannt mit Akzenten von Kobaltblau und Siena gebrannt.

Schritt 2: Malen Sie den Himmel und das Wasser ganz grob mit Titanweiß und gelegentlichen Tupfen von Umbra gebrannt ein. Für den Himmel nehmen Sie etwas Kobaltblau in die Mischung.

Schritt 1

Schritt 2

Schritt 3: Geben Sie für die Bäume der Mischung von Siena und Kobaltblau noch etwas hellen Ocker hinzu und für das Laubwerk um den See ein wenig Weiß. Arbeiten Sie in großen, leichten Pinselzügen und folgen Sie dabei nur den Hauptformen ohne allzuviel Einzelheiten. Das Uferstück links legen Sie in verschiedenen Schattierungen von Ocker, Grün und Siena für die Büsche an der linken Bildecke an.
Die Spiegelungen auf dem Wasser können Sie mit einfachen Pinselkringeln wiedergeben. Achten Sie auf die Formen im Wasser: Die Bäume werden mehr zur Wassermitte hin reflektiert, die Büsche am Ufer spiegeln sich gleich von der Wasserlinie aus.
Arbeiten Sie gleichmäßig an allen Bildteilen. Wenn Sie sich zu sehr auf Einzelheiten konzentrieren, verliert das Bild an Dichte und Gleichgewicht.
Bei diesem Bildtyp arbeite ich gerne so schnell wie nur möglich, bevor die Farbe ganz trocken wird. Die Bildwirkung ähnelt dann mehr der »Naß-in-Naß-Technik« in der Aquarellmalerei und gibt dem ganzen Bild ein weiches, verschwommenes Aussehen, was gut zur Stimmung der Szene paßt. Falls die Atmosphäre Ihres Motivs jedoch klar und sonnig ist, müssen Sie auch Ihre Technik auf klare Linien und helle Farben einstellen.
Nehmen Sie für die Malphase kein Leinöl hinzu! Die Farbschichten werden dann zu dünn. An der weißen Farbschicht auf der Oberfläche des Sees können Sie die richtige Konsistenz der Farbe erkennen: flüssig, aber völlig deckend.
Tragen Sie jetzt auch die ersten großen Striche für die Äste der Bäume ein, die das Bild beherrschen und gliedern sollen.

Schritt 3

Schritt 4: Der Baum wurde bereits mit Umbra natur und Siena vorgezeichnet. Jetzt wird er weiter mit dunklerem Umbra gebrannt ausgeführt, um die Form der Äste und Zweige nachzuvollziehen.
Mischen Sie nun für die dunkleren Schilfbüschel Saftgrün mit Umbra natur und führen Sie die einzelnen Gräser mit sicheren, ruhigen Bewegungen von unten nach oben aus.
Mit den gleichen Grundfarben vervollständigen Sie noch die Baumgruppen und das Landstück rechts mit der deutlich markierten Uferzone.
Ein wenig Saftgrün gibt Tiefe und die Wirkung von Unterwasserpflanzen, die dicht unter dem Wasserspiegel wachsen. Nehmen Sie einen größeren Pinsel und reines Terpentin, um die Farbe besser zu vertreiben.

Schritt 4: *Vergrößerter Bildausschnitt aus der Mitte*

Schritt 5: Bei der letzten Sitzung schauen Sie Ihr Motiv noch einmal einige Minuten gründlich an und ziehen noch wichtige Details heraus. Einige Striche mit Weiß und Umbra heben die Uferlinie um den See herum an. Beziehen Sie auch die Pfähle in die Wasserspiegelungen ein.

Hellen Sie den Himmel dicht über dem Horizont auf und betrachten Sie Ihr Bild wieder aus einiger Entfernung. Alle Erdfarben sind für diese Jahreszeit, das Motiv und den ruhigen Himmel wie geschaffen.

Schauen Sie noch einmal auf das Motiv und Ihr Bild. Der Mittelpunkt des Bildes wird durch den über den See hängenden Baum gebildet. Die Schilfgräser geben farbige Akzente und starke vertikale Linien ab.

Nehmen Sie sich vor, zu einer anderen Jahreszeit an diesen Platz zurückzukommen und die veränderten Farben zu studieren.

Schritt 5

Weitere Übungen

Es ist nicht gerade einfach, bewegtes Wasser in einem unbewegten Bild festzuhalten. Fotos, mit 1/500 Sekunde gemacht, lassen es wie Eis oder Glas aussehen. Bei sehr langsamen Verschlußzeiten sieht das Wasser dann wie Watte oder Schnee aus. Um den richtigen Eindruck wiederzugeben, muß ein Wassermotiv mit den exakt eingestellten Zeiten aufgenommen werden.

Die Fotografie ist für Künstler eine große Hilfe, um einen Bewegungsablauf in einzelnen Sequenzen festzuhalten und in Ruhe studieren zu können. Auch für die Bewegungen des Wassers mag eine Fotoserie ein nützliches Hilfsmittel sein. Solche Fotos sollten aber wirklich nur zur Vorbereitung auf ein Bild dienen und nicht als direkte Vorlage abgemalt werden.

Unruhiges Wasser

Ruhiges Wasser mit »gekräuselten« Reflexionen

Das Wasser spielt uns alle möglichen optischen Tricks vor. Selten ist eine Wasserfläche ein reiner Spiegel. Selbst unter den ruhigsten Bedingungen entsteht immer wieder eine neue Bewegung und zerstört das Spiegelbild. Jede Welle erzeugt eine ganze Serie von spiegelnden Flächen, die eine Szene oder einen Gegenstand darüber vielfältig widerspiegeln. Auch muß das Spiegelbild nicht immer genau unterhalb des Gegenstandes erscheinen. Die Reflexion der Sonne zum Beispiel kann nach rechts oder links abwandern, je nach diagonaler Bewegung der Wellen. Unter dunstigen Wetterverhältnissen scheint die Linie des Horizontes oft eine kleine Erhebung aufzuweisen. Darüberstreichender Wind, die Tiefe des Wassers usw. beeinflussen das Spiegelbild im Wasser erheblich.

Um den Eindruck von bewegtem Wasser wiederzugeben, versuchen Sie einmal, ein Wassermotiv leicht zu verwischen, entweder mit dem Lappen oder mit leichten Pinselzügen.

Suchen Sie sich Plätze aus, wo Sie Wasser so oft wie möglich malen können. Falls Sie auf dem Land leben, gibt es dort sicher Tümpel und Wassergräben, die nach Regenfällen voller Wasser sind. In Städten sollten Sie nach kleinen Springbrunnen und Kanälen Ausschau halten.

Teilen Sie Ihre Zeit gut ein: An einem ruhigen Tag können Sie die Wasseroberfläche mit leichten, waagrechten Strichen wiedergeben, an einem windigen Tag verwenden Sie kurze, abgesetzte Striche. Mit weißer Guaschfarbe ahmen Sie Schaumkronen und Gischt nach.

Probieren Sie auch verschiedene Blickwinkel aus. Setzen Sie sich auf den Boden (denken Sie an ein Kissen oder eine Decke) und machen Sie Kreide-, Pastell-, oder Skizzen mit anderen Zeichenmitteln. Gehen Sie dann ein wenig das Ufer höher und wiederholen Sie die Übung. Anschließend vergleichen Sie beide Skizzen. Die Oberfläche des Wassers, die Farbe, das Aussehen Ihres Motivs wird sich sehr verändert haben.

Sammeln Sie kleine Felsstücke und Kieselsteine in einem Eimer. Im Atelier können Sie damit Ihre Stilleben bestücken. Legen Sie die Steine in ein Wasserbecken oder in die Badewanne und beobachten Sie das Spiel der Farben, wenn das Wasser einfließt. Versuchen Sie alles, was Sie in dieser Lektion gelernt haben, bei Ihrem nächsten Strandbesuch anzuwenden, und malen Sie Strand, Felsen wie auch das immer wieder anziehende Meer.

»Felsiges Ufer und ruhiges Wasser« von Minton

»Ein Garten im Oktober« von Allingham

Lektion 11
Figurenmalerei

Zu jedem Kapitel des Buches haben wir versucht, eine Einführung zu schreiben, die 2000 Jahre Kunstgeschichte in wenigen Sätzen zusammenfassen sollte. Wirklich keine leichte Aufgabe! In dieser Einleitung nun wird sie fast unlösbar. In jedem uns bekannten Zeitabschnitt unserer Geschichte war der menschliche Körper eine unerschöpfliche Quelle der Inspiration, ausgenommen die wenigen Kulturen, deren Religion eine Abbildung des Menschen verbieten. Einfache Umrißzeichnungen oder »Strichmännchen« tauchen bei fast allen Kulturen auf, wie primitiv sie auch, von einem anderen Standpunkt aus, sein mögen.
200 000 Jahre liegen zwischen den ersten Kratzspuren der Höhlenmenschen und den figürlichen Steingravierungen der antiken Zivilisation in Assyrien und Mesopotamien, die sich bereits durch sehr überlegte und komplizierte Kompositionen auszeichnen. In Ägyptens Blütezeit schufen Künstler Bilder und Skulpturen von großer Feinheit und Einbildungskraft. Die steifen Posen ihrer figürlichen Darstellungen mögen uns heute komisch vorkommen. Doch gerade die Künstler dieser Tradition zeigten das Volk in allen kulturellen Bereichen, beim Spiel, bei der Arbeit, beim Gebet und bei zeremoniellen Anlässen.
Griechische und römische Künstler schufen ein Idealbild des Menschen, das bis in unsere Zeit zum Teil seine Gültigkeit behauptet hat. Die menschlichen Figuren wurden oft als Silhouetten abgebildet und waren in rituelle Feierlichkeiten eingebunden.
Als Alexander der Große den indischen Subkontinent erreichte, war die Kultur, die er dort antraf, bereits auf ihrem Höhepunkt. Skulptur, Schnitzwerke und Malerei zeigten den menschlichen Körper in allen nur denkbaren Stellungen. Der erotische Symbolismus dieser Arbeiten drückt sich in Göttern und Göttinnen in menschlicher wie tierischer Form sowie in Tieren und Phantasiegestalten aus, die fast zu einem unentwirrbaren Muster verschmolzen sind, ohne jedoch ihre figürliche Herkunft verkennen zu lassen.
Durch den moslemischen Einfluß gewannen die menschenähnlichen Götter in den bebilderten Handschriften noch größere Bedeutung. Diese hervorragenden kleinen Bilder und Zeichnungen zu epischen Geschichten und Liebesgedichten stammen aus den Rajput-, Jaipur-, und Mogulschulen des 15. und 16. Jahrhunderts.
Inzwischen hatte sich die westliche Kunst sehr weit vom Idealbild des Menschen der griechisch-römischen Tradition entfernt. In der orthodoxen Kirche wurde das christliche Ideal durch stark stilisierte Figuren symbolisiert. Die frühmittelalterlichen Künstler richteten sich eher nach der byzantinischen Tradition der flächigen Darstellung aus. Erst die Renaissance wandte sich wieder den antiken Formen und Idealen zu. Ein Vorläufer dieser Bewegung ist Cimabue (ca. 1240–1302?), dessen berühmtes Kruzifix von Santa Croce in Florenz einen neuen Realismus vorbereitet.

Die glühende Leidenschaft für Anatomie und Körperbewegung teilte Leonardo da Vinci (1452–1519) mit vielen anderen italienischen Künstlern. Ähnlich wie schon in der Antike wurde nun der menschliche Körper am lebenden Modell beobachtet und gemalt und nicht länger als stilisiertes Symbol dargestellt.

Während der Renaissance regten die Vorbilder der antiken Skulpturen die Künstler zu Aktmalerei an. Zu dieser Zeit wurden die Akte nach klassischem Vorbild idealisiert und meistens als historische oder mythologische Gestalten gezeigt.

Das Porträtieren zeitgenössischer Personen in den Kostümen vergangener Zeiten setzte sich über Jahrhunderte fort, selbst wenn die Modelle leicht wiedererkannt werden konnten. Die Porträts von Rembrandt van Rijn (1606–1669) sind Darstellungen von Leuten auf der Straße, die er in historische Kostüme einkleidete. Peter Paul Rubens (1577–1640) malte seine Figuren dagegen oft so wenig bekleidet wie möglich. Ein fast durchsichtiger Schleier bedeckt spärlich die mächtigen, nackten Leiber der Frauen und Männer seiner großen, historischen oder mythologischen Bilder. Diese kraftvollen Figuren aus Fleisch und Blut haben wenig Ähnlichkeit mit den strengen, asketischen Gestalten des El Greco (1541–1614). Das Bild »Venus und Cupido« von Diego Rodríguez de Silva y Velázquez (1599–1660) ist in diesem Genre herausragend. Wenn es möglich ist zu sagen, daß ein Künstler unter den außergewöhnlichen Malern noch einmal außergewöhnlich ist, verdient sicher Velázquez diese Beschreibung. Sein Werk war in jeder Hinsicht das Ergebnis eines scharf beobachtenden Auges und einer erstrangigen Technik: So sah Velázquez auch in scheinbar einfachen Motiven sehr komplexe Inhalte.

Im Frankreich des 18. Jahrhunderts führte Jacques Louis David (1748–1825) die klassizistische Bewegung an, die Rückkehr zu einem akademisch verbrämten Idealbild des Menschen. In großen Kompositionen meisterhafter Zeichenkunst fing er die fiebrige, hektische Atmosphäre des revolutionären Frankreichs ein.

Jean Auguste Dominique Ingres (1780–1867) war ein Schüler von David. Seine klassizistische Schulung stand im Widerstreit mit seinem Verlangen nach Realismus, was zu Bildern mit beträchtlicher Spannung, aber sicherem Gefühl für die Sinnlichkeit der menschlichen Figur führte. Seine drei Hauptbilder haben den weiblichen Akt zum Thema. Obwohl sie klassizistische Posen einnehmen, verleiht ihnen doch der glatte, porzellanartige Auftrag der Hautflächen eine ätherische, verschlossene Sexualität.

Die Bruderschaft der Präraffaeliten war in der Mitte des 19. Jahrhunderts eine einflußreiche Gruppe englischer Künstler. Mit John Ruskin als Sprecher und Kritiker an ihrer Spitze wollten sie der entwürdigenden Wirkung des Maschinenzeitalters eine neue Ästhetik mit ehrlicheren und sensibleren Idealen entgegensetzen, die sie in den Kunstformen des Mittelalters, der Zeit des Rittertums, verkörpert sahen. Die Präraffaeliten verehrten die Malstile vor Raffael und kleideten ihre moralische Ideale in mythologische Szenen von König Arthur und mittelalterlichen Helden und Heldinnen, die sie in einer realistischen, aber sehr romantisierenden Manier malten. Dante Gabriel Rossetti (1828–1882) und Edward Burne-Jones (1833–1898) sind die bekanntesten Vertreter dieses Stils, der großen Einfluß auf die Malerei wie auch die angewandten Künste hatte.

Unterdessen begannen andere Maler die menschliche Figur in ihre zeitgenössische Umgebung zu versetzen. Die Arbeiten dieser impressionistischen Maler sind wegen ihres sentimentalen Charmes und der sympathischen Darstellungsweise von Menschen aller Altersstufen und Herkunft sehr bemerkenswert.

Die Impressionisten beschäftigten sich ausschließlich mit ihrer nächsten Umgebung. Viele ihrer bekanntesten Bilder zeigen ganz gewöhnliche Leute, die alltägliche Dinge verrichten.

Das 20. Jahrhundert hat die größten Veränderungen im Malstil und der persönlichen Sicht des Malers in der Geschichte der Kunst erlebt. Zu Anfang des Jahrhunderts wurde viel experimentiert und wurden einige neue Stilrichtungen erfunden: der Kubismus, der Dadaismus usw. Trotzdem gab es immer wieder Künstler, die den Menschen in der traditionellen Weise malten und zeichneten. Die Zeichnung unten wurde von Joan Miró (geb. 1893) im Jahr 1919 gemacht. Ansonsten verfolgt Miró allerdings eine andere Malerei.

Aktzeichnung von Miró

Viele amerikanische Künstler waren sehr von europäischen Kunstideen beeinflußt. Childe Hassam (1859–1953) war ein wichtiger impressionistischer Maler. Sein Interesse am städtischen Treiben ermutigte die Ashcan-Schule, realistische Porträtisten des Stadtlebens wie Rockwell Kent (1882–1971) und Edward Hopper (1882–1967).

Das letzte Jahrhundert war Zeuge der Entwicklung unzähliger Stile in der Figurenmalerei und Figurenzeichnung, von den Bildern weicher Weiblichkeit von Pierre Bonnard (1867–1947) und Edgar Degas (1834–1917) zu der Bewegungsauffächerung des »Aktes, eine Treppe heruntersteigend« von Marcel Duchamp (1887–1968), der gequälten Sexualität des Menschen bei Egon Schiele (1890–1918) und den fast byzantinisch anmutenden Stilisierungen von Amedeo Modigliani (1884–1920).

Die surreale Abstraktion von Janos Koch (geb. 1923) und der dunkle, atmosphärische Realismus von Joseph Herman (geb. 1911) spiegeln die Beschäftigung mit sozialen Spannungsfeldern wider. Andere zeitgenössische Maler verwenden bekannte Popstars als Symbol unserer Gesellschaft.

Fast jeder Künstler, ungeachtet der unterschiedlichen individuellen Stile und Themen, wird heute Zeichnungen und Skizzen der menschlichen Figur in seiner Mappe haben.

»Figuren in einem Spiel« von Koch

»Bergarbeiter« von Herman

Der menschliche Körper

Der menschliche Körper ist seit jeher ein beliebtes Motiv für Künstler. Die Wiedergabe der entweder bekleideten oder nackten menschlichen Figur hat sich als bildnerisches Thema von großer Wichtigkeit und ästhetischem Reiz durchgesetzt.

Es ist unmöglich, den menschlichen Körper ohne die Vorbehalte ästhetischer oder moralischer Normen zu studieren. Die viktorianischen Zeitgenossen führten einen unerbittlichen Feldzug gegen den nackten Körper, bei dem selbst die Plastiken in Museen mit Feigenblättern versehen wurden. Aber auch während dieser puritanischen Zeit setzte sich das Studium des nackten männlichen oder weiblichen Körpers fort.

Der menschliche Akt ist auch heute noch ein wichtiger Bestandteil jeder künstlerischen Ausbildung. Ohne Kenntnis der menschlichen Anatomie wäre es für Künstler außerordentlich schwer, sinnvolle Zeichnungen und Gemälde bekleideter Figuren zu schaffen. Das Studium des bekleideten wie auch unbekleideten Körpers gehört zu den wichtigsten Aspekten einer künstlerischen Entwicklung.

Studenten sagen oft, daß sie mit Studien des menschlichen Körpers nicht zurechtkommen, was ganz verständlich ist. Einen Baum nachzumalen, ist viel einfacher als einen menschlichen Körper, bei dem Verzeichnungen allzu offensichtlich sind. Die Umsetzung des Gesehenen in eine Zeichnung oder Malerei ist hier auch wesentlich schwieriger als bei jedem anderen Motiv.

Wie immer ist es allzu einfach, den Augen zu mißtrauen oder das zu sehen, was man glaubt, sehen zu müssen. Unsere Erwartungshaltung hängt von dem Gedächtnisvorrat an gesehenen Bildern und sozialen Einschätzungen ab.

Außerdem wurde der menschliche Akt immer mit dem Ideal des perfekten, schönen Körpers in Beziehung gebracht. Über Jahrhunderte schüchterte das klassische Figurenideal mit perfekten Proportionen den durchschnittlich gebauten Zeitgenossen ein. Heute geistert wohl eher der Gedanke an ein Sexsymbol durch die Köpfe der Kunststudenten, die einen Akt vor sich haben, und beeinflußt ihre Arbeitsweise. Je besser das Modell aussieht, desto eher wird man bereit sein, kleine Fehler zu übersehen, noch ein Beispiel für die Erwartungshaltung beim Aktzeichnen oder -malen.

Das Zeichnen und Malen der menschlichen Figur gehört zu den anspruchvollsten Fertigkeiten eines Künstlers. Die folgenden Übungen sollen Ihnen ganz allmählich die Scheu vor den damit verbundenen Problemen nehmen.

Eine vorbereitende Übung

Zeichnen Sie den Torso rechts bis zur Linie des Hinterteils als ein Dreieck, das auf dem Rechteck der Hüften aufliegt. Frauen haben meistens breitere Bekken, also auch breitere Rechtecke in der Skizze.

Setzen Sie dann Zylinderformen als Arme und Beine an. Konzentrieren Sie sich nur auf die ganz einfachen Proportionen ohne Details. Achten Sie auf die richtige Länge der Glieder im Verhältnis zum Torso.

Zeichnung einer unbekleideten Figur

Wir beginnen mit der Arbeit

Bevor Sie überhaupt anfangen, über Anatomie und Proportion nachzudenken, sollten Sie mit einer einfachen Übung nach der Natur beginnen. Das wird Ihnen zeigen, wie sehr Ihre künstlerische Wahrnehmung schon ausgebildet ist oder ob Sie es nötig haben, noch einmal frühere Lektionen über Perspektive und geometrische Formen nachzuschlagen.
Zu Anfang sollten Sie gar nicht so sehr die geometrischen Studien in Betracht ziehen, sondern, vielleicht überraschenderweise, an die Interieurszenen der Lektion 5 zurückdenken. Lassen Sie für Ihre erste Übung jemanden in dem gleichen Zimmer sitzen, in dem Sie Ihre Interieurübungen gemacht haben. Bitten Sie Ihr Modell, sich irgendwo bequem hinzusetzen (für einige Zeit zu stehen, werden sich nur erfahrene Modelle bereit erklären). Ihr Modell sollte weit genug von Ihnen entfernt sitzen, damit Sie nicht von Kleinigkeiten abgelenkt werden, sondern die ganze Figur als ein Zusammenspiel von Formen begreifen können.

Schritt 1: Nehmen Sie einen Sessel, der die Person nicht zu sehr verdeckt, oder einen Stuhl. Lassen Sie sich nicht auf Detailstudien ein! Schauen Sie genau auf jeden Teil der Figur und verwenden Sie die einfachstmöglichen Formen. Versuchen Sie einmal zu vergessen, daß ein menschlicher Körper getrennte Arme und Beine hat. Stellen Sie sich diese Teile des Körpers lediglich als bildnerische Elemente vor.
Verwenden Sie Holzkohle, weil Sie damit sehr leicht einfache Formkomplexe aufbauen können.

Schritt 1

Schritt 2

Schritt 2: Das Ziel dieser Übung ist es, verschiedene Formen zu identifizieren (Kreise, Rechtecke, Dreiekke). Vereinfachen Sie alles so weit wie möglich und zeichnen Sie die einzelnen Formen in der richtigen Beziehung zueinander.
Zeichnen Sie den Hintergrund in wenigen Strichen. Denken Sie daran, nach Hilfslinien zu suchen: die senkrechten Linien des Sessels, die waagrechten des Fußbodens oder des Tisches.
Heben Sie diese Skizze für spätere Vergleiche auf.

Notizen im Skizzenbuch

Falls Sie noch kein rechtes Zutrauen haben, um ein lebendes Modell zu zeichnen, können Sie auch damit anfangen, sich selbst im Spiegel zu zeichnen. Nehmen Sie Ihr Skizzenbuch in den Zug oder Bus mit und machen Sie schnelle Skizzen von den Mitreisenden. Versuchen Sie nicht Gesichter zu zeichnen, außer den wenigen Linien, die für die Proportionen des Kopfes und der Gesichtszüge wichtig sind. Betrachten Sie Köpfe als gekippte Eiformen, Arme als Zylinder usw.
Diese Skizzen sollen Ihnen helfen, einen schnellen Weg zum Erkennen der zugrundeliegenden Formen einer menschlichen Figur zu finden.

Anatomie

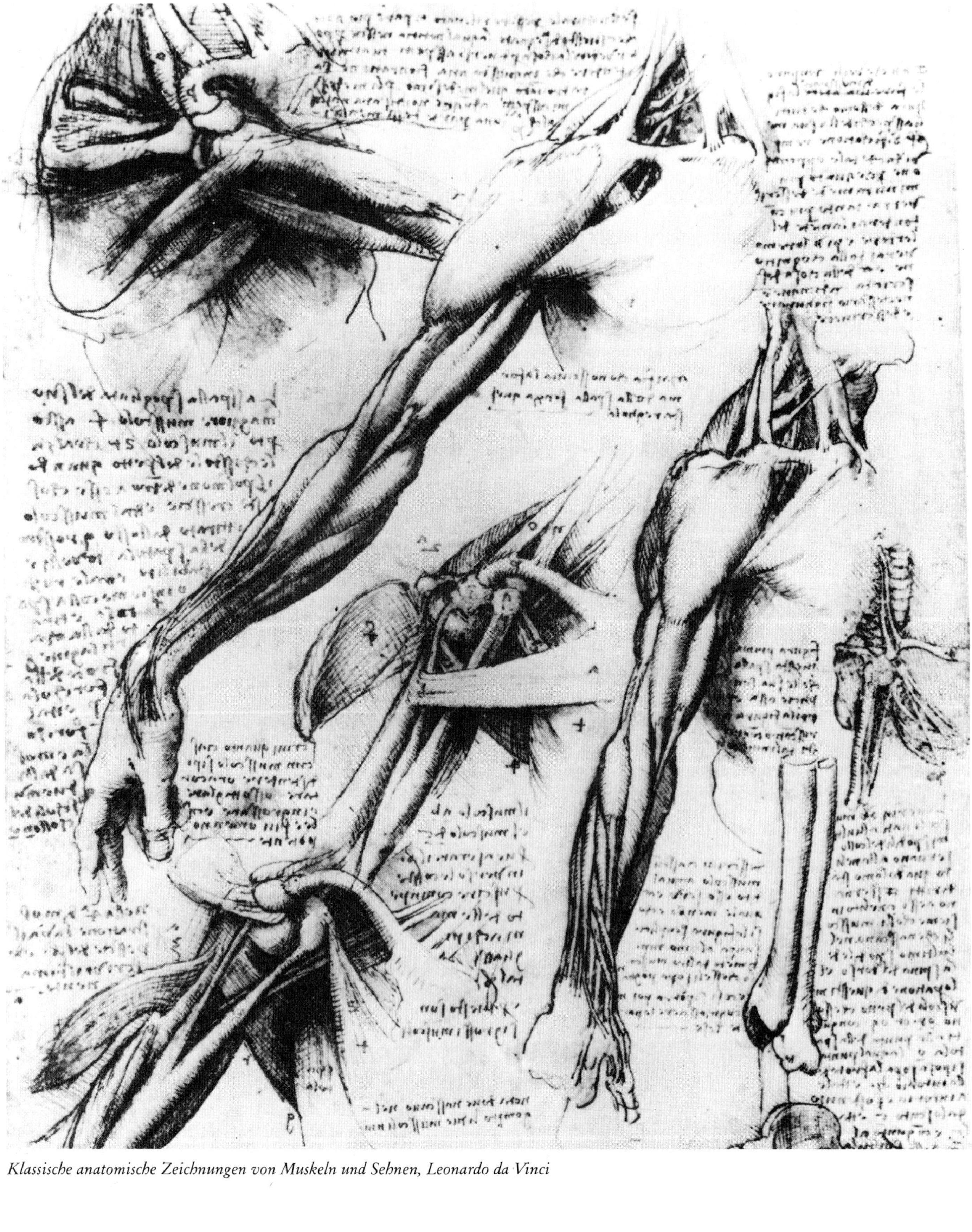

Klassische anatomische Zeichnungen von Muskeln und Sehnen, Leonardo da Vinci

Die Kenntnis der menschlichen Anatomie ist noch lange keine Garantie für das richtige Zeichnen von Figuren. Ähnlich wie bei der Perspektive können diese Kenntnisse ein Hilfsmittel sein, aber niemals ein Ersatz für die genaue Wahrnehmung des Motivs als ein Ganzes. Dieses Ganze muß dann in seine Unterformen aufgeteilt werden, die das Modell in Grundzügen charakterisieren.
Anatomische Kenntnisse können trotzdem zum Verständnis der Arbeitsweise unseres Körpers beitragen, zum Beispiel kann man etwas über die wichtigsten Teile des Skeletts erfahren. Muskelzeichnungen erklären die inneren Verbindungen einer menschlichen Figur, sind aber nur technische Anhaltspunkte, keine absolute Formel, da jeder Körper anders aussieht.
Anatomische Zeichnungen können nur eine unpersönliche Maschine wiedergeben. Für einen Medizinstudenten sind das zwar wichtige Anschauungsübungen. Für einen Künstler ist es jedoch sehr gefährlich, nach einem Idealbild vorzugehen, wenn vor ihm ein lebendiges menschliches Wesen sitzt.
Ein einziges Mal in diesem Buch bitten wir Sie, die anatomischen Zeichnungen auf diesen Seiten abzuzeichnen. Zeichnen Sie jede Zeichnung drei- bis viermal, bis Sie ein Verständnis für Skelett- und Muskelkonstruktion gefunden haben. Ändern Sie die Stellung der Glieder und versuchen Sie sich die Auswirkung auf die anatomischen Einzelheiten vorzustellen.
Zum Schluß zeichnen Sie Figuren aus dem Gedächtnis.

Romantische Anatomie, verkürzte Ansicht von Armen und Beinen, William Blake

Wir zeichnen eine stehende Figur

Wenn Sie eine menschliche Figur zeichnen oder malen wollen, sollten Sie daran denken, daß die Sitzung um so erfolgreicher abläuft, je entspannter und kooperativer Ihr Modell ist. Erlauben Sie ihm eine bequeme Stellung einzunehmen, die über lange Zeit beibehalten werden kann. Auch wenn die Stellung sich über einige Zeit leicht verändert haben sollte, akzeptieren Sie diese Veränderung. Je bequemer das Modell steht, desto eher wird es die Stellung behalten können.
Die meisten Amateurmodelle brauchen nach zehn Minuten etwas Bewegung. Halten Sie Ihr Modell getrost zusätzlich zum Bewegen während der Sitzung an. Jedermann, der in einer bestimmten Stellung regungslos verharren muß, wird nach einiger Zeit sich langweilen, ermüden und verkrampfen.

Ein erfahrenes Modell weiß, wie man sich entspannt und leicht bewegt, besitzt aber die Fähigkeit, sofort wieder in die richtige Stellung zurückzukehren. Ein Freund oder Mitglied der Familie braucht allerdings mehr Führung. Markieren Sie mit Kreide die Füße der stehenden Person auf dem Boden und ebenso jeden Gegenstand, der für die Stellung wichtig ist.
Einer der schwierigsten Aspekte beim Zeichnen oder Malen einer Figur ist das Herstellen der richtigen Balance während der Stellung. Falls das Modell sich gegen einen Stuhl oder einen Tisch lehnt, läßt sich das Gleichgewicht in der Figur leicht bestimmen.
Wenn das Modell frei steht, sollte man auf die Gewichtsverteilung achten: Liegt das Gewicht auf beiden Beinen oder nur auf einem?

Schritt 1

Schritt 2

Benutzen Sie jede nur mögliche Hilfslinie, vielleicht sogar ein Senkblei, um über die Stellung der Füße zu entscheiden, besonders dann, wenn das Gewicht auf nur einem Fuß ruht.
Wichtig ist auch, nicht zu nahe am Modell zu sitzen. Stellen Sie Ihre Staffelei so auf, daß Sie die ganze Figur überblicken können, ohne den Kopf bewegen zu müssen, etwa 2 bis 2,50 m sind ausreichend.
Die Probleme mit verzerrten Proportionen tauchen dann besonders häufig auf, wenn ein Kunststudent zu nahe am Modell sitzt und im Grunde mehrere, verschiedene Studien aus unterschiedlichen Blickwinkeln macht, die in der Zeichnung verbunden sind.

Schritt 1: Skizzieren Sie die Hauptformen der Figur. Achten Sie besonders auf die richtige Stellung des Kopfes im Vergleich zur Stellung der Füße, damit das Gleichgewicht der Figur richtig wirkt.

Schritt 2: Arbeiten Sie den Torso aus, indem Sie die im Licht und die im Schatten liegenden Teile bezeichnen.

Schritt 3: Führen Sie einige Gesichtszüge und Körperdetails ein. Modellieren Sie die Figur mit Licht-und-Schatten-Flächen.

Schritt 4: Zuletzt fügen Sie noch den Hintergrund ein. Überprüfen und verbessern Sie die Winkel der Schultern, der Hüften, der Knie und Füße. Modellieren Sie die Figur zu Ende.

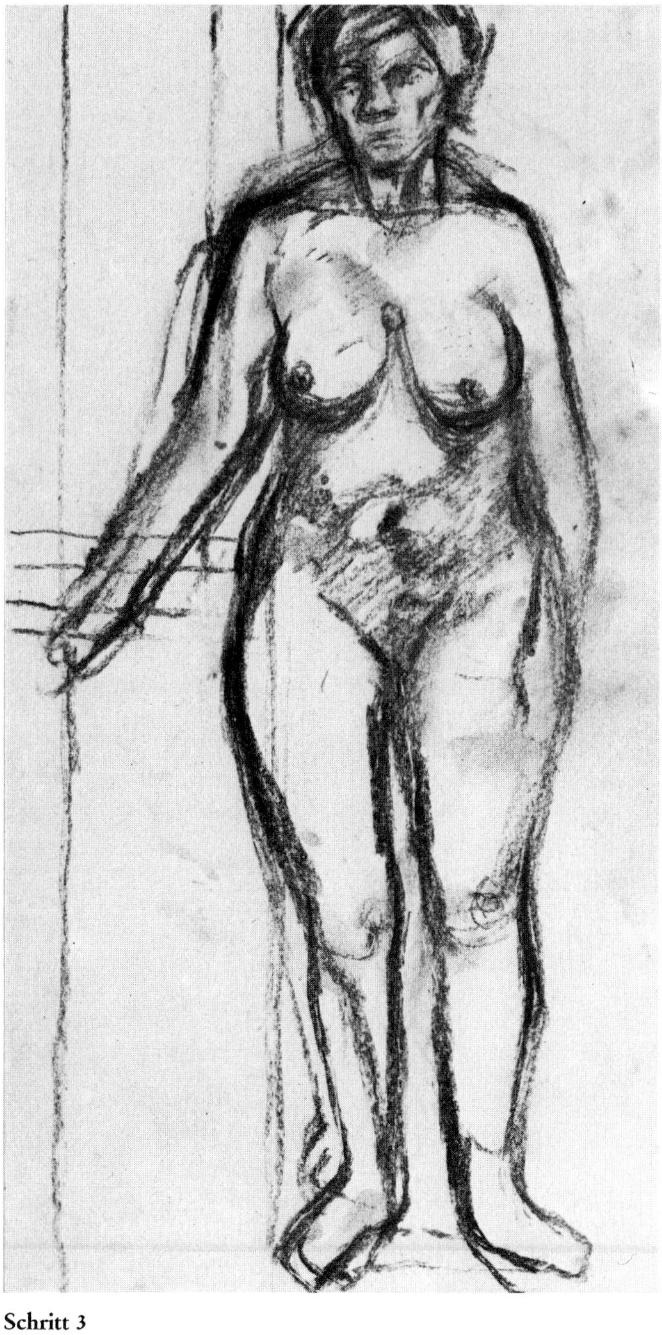
Schritt 3

Schritt 4

Wir zeichnen eine arbeitende Figur

Am einfachsten sind sich bewegende Personen zu zeichnen, wenn die Bewegung zurückgenommen oder in ständiger Wiederholung vorkommt, wie beim Bügeln, den Fußboden kehren, ein Stück Holz sägen oder leichte Übungen machen. Dann läßt sich die Grundform der Figur in einem bestimmten Bewegungsablauf sehen, und es sollte möglich sein, eine typische Bewegung im Geiste festzuhalten und nachzuzeichnen, selbst wenn die Stellung sich verändert hat.

Figuren in Bewegung sind interessante Motive, da sie viel natürlicher aussehen als posierende Modelle. Davon abgesehen, ist es einfacher, die Familie oder Freunde zu einer Sitzung zu überreden, wenn sie etwas tun dürfen und nicht stillsitzen oder -stehen müssen.

Schritt 1: In dieser Zeichnung einer Frau, die ein Stoffmuster ausschneidet, habe ich zuerst die Stellung des Körpers und die Neigung des Kopfes festgehalten. Den Türrahmen benutzte ich dabei als vertikale Hilfslinie. Die Umrisse wurden schnell in Kohle skizziert, und dann wurden die Hauptfarben der Figur und des Hintergrundes in Pastell eingetragen.

Als ich den Hintergrund ausarbeitete, konnte ich auch die Form der Figur klarer geben. Ich zeichnete dann die Form des Stoffmusters und die Hände mit der Schere, der Mittelpunkt der Aktivität.

Schritt 1

Schritt 2: Als die Zeichnung fast fertig war, begann ich, die Details einzusetzen, die der Figur Fülle und Tiefe geben. Profil, die Gesichtszüge, Auge und Ohr wurden sorgfältig eingesetzt.
Zu diesem Zeitpunkt bat ich das Modell, die Stellung für eine Minute beizubehalten, um sicherzugehen, daß der Kopf, der Körper und die Hände richtig gezeichnet waren. Solche Genauigkeit ist wichtig. Falls die Zeichnung der in Bewegung befindlichen Teile nämlich schwach ausgefallen wäre, würde die Aufmerksamkeit auf andere, besser getroffene Teile der Zeichnung überwechseln. Aus dem gleichen Grund ist es wichtig, den Hintergrund so einfach wie möglich zu halten, um den Blick des Betrachters sofort auf die sich bewegende Figur zu lenken.

Schritt 2

Der Goldene Schnitt

Die Abbildung unten zeigt, wie die Grundproportionen aus der Unterteilung der ganzen Figur entstehen. Das ist der »Goldene Schnitt« der klassischen Kunst. Aber auch diese Unterteilung kann nur als ganz grobe Grundregel dienen. Bereits der erste Augenschein zeigt uns, wie verschieden die Menschen in ihren Proportionen ausfallen. Diese Unterschiede muß man festhalten. Geben Sie Ihren Modellen nicht das Durchschnittsmaß einer Idealvorstellung des menschlichen Körpers (siehe die gegenüberliegende Seite). Es gibt allerdings einige allgemeine Anhaltspunkte, deren Beachtung Sie vor bestimmten Fehlern bei der Wiedergabe von Figuren schützen kann.

Anfänger neigen dazu, die obere Hälfte der Figur, im Vergleich zur unteren, zu groß zu machen. Der Kopf ist zum Beispiel oft viel zu groß. In den unten gezeigten, klassischen Proportionen nimmt der Kopf gerade ein Siebtel der Höhe der gesamten Figur ein, während die Beine allein schon die Hälfte ausmachen. Nehmen Sie diese Unterteilung als Anhaltspunkt für einen Durchschnittskörper; erwarten sollten Sie aber leichte Abweichungen von diesem Schema. Auch wenn Ihre Studie ganz anders ausfällt, kann sie trotzdem richtig sein. Überprüfen Sie aber immer die Beziehungen der einzelnen Körperteile zueinander und die richtigen Proportionen der Körperteile.

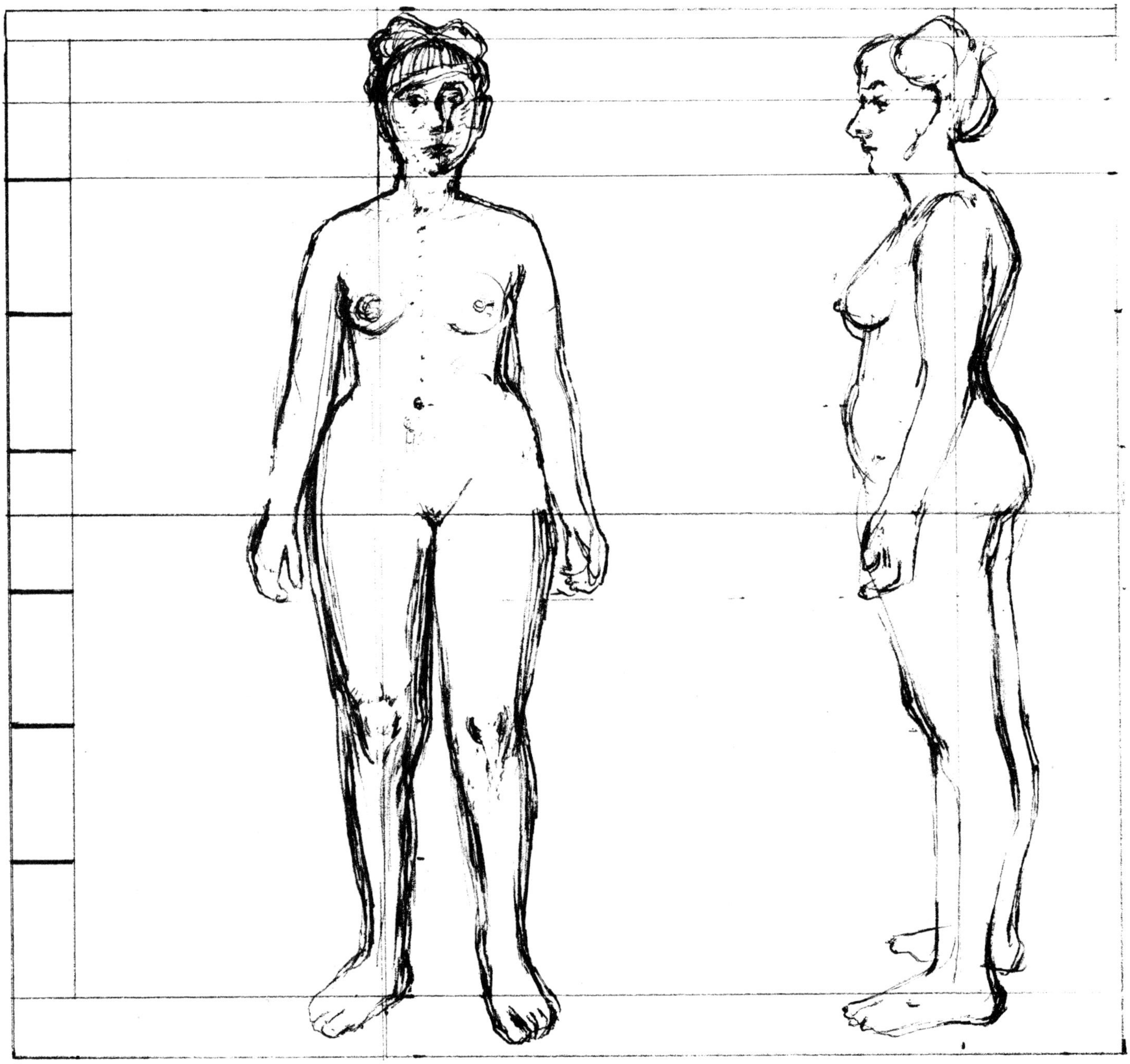

Die Menschen haben selten »ideal« proportionierte Körper

Eine einfache Figurenstudie in Aquarell

Diese Studie beschäftigt sich mit den besonderen Problemen beim Malen einer Figur: wie man das Malmittel zur Kontrolle von Form und Raum einsetzt und wie man die Figur richtig auf das Papier setzt.

Wichtig ist es, die Figur auf die Grundfläche des Bildes zu beziehen, um ein Gefühl von Vorder-, Mittel- und Hintergrund zu schaffen. Auch zu anderen Gegenständen muß die Figur in Beziehung gebracht werden, zum Beispiel zu den Möbeln im Zimmer. Beobachten Sie genau die Form der Figur. Sie sollte sich scharf und deutlich von der Ebene des Fußbodens abheben.

Versuchen Sie einfache Farbflächen mit komplexen Feldern abzuwechseln. Kümmern Sie sich nicht um die Ähnlichkeit der Figur. Hier sollen Sie nur die farbige Behandlung der menschlichen Figur lernen.

Schritt 1: Falls der Fußboden zu tief liegt, könnten Sie die Füße des Modells aus den Augen verlieren, die ein wichtiger Anhaltspunkt für die Tiefenwirkung sind.

Lassen Sie den Fußboden zwei Drittel Ihrer Arbeitsfläche einnehmen und beginnen Sie mit der Figur ungefähr ein Drittel vom unteren Ende des Blattes aus. Dadurch schaffen Sie Raum zwischen dem Motiv und dem Betrachter. Um eine sitzende Figur richtig ins Bild zu bringen, müssen Sie die Stellung der Füße zum Stuhl und beider Stellung zum Boden aufeinander beziehen.

Schritt 1

Schritt 2: Die menschliche Figur ist ein schwieriges und vielschichtiges Thema. Am besten, Sie verwenden die einfachsten Methoden, um die Umrisse und Bewegungshaltungen der Figur einzufangen. Schauen Sie auf die Hauptrichtungen der Glieder und untersuchen Sie alle wichtigen Richtungsänderungen. Beachten Sie die Haltung des Kopfes in Beziehung zur Stellung der Füße.

Anfänger versuchen oft die Umrisse einer Figur zu zeichnen und haben dann Schwierigkeiten mit den Proportionen und der Haltung der Figur. Das kommt daher, daß sie sich jeweils nur auf einen Teil der Figur konzentrieren. Es ist aber unbedingt notwendig, die Figur immer als ein Ganzes zu sehen. Legen Sie die Anhaltspunkte fest, wo eine Form ihre Richtung ändert, und tragen Sie die genaue Lage der Grundflächen in Farbe und Tonwert ein.

Schritt 3: Wie die Farbe aufgetragen wird – die Energie und Geschwindigkeit des Pinselzuges, die Art und Weise, wie Flächen und Texturen angelegt sind –, trägt sehr viel zur Lebendigkeit der Arbeit bei.

Lassen Sie die Handhabung des Mediums in der fertigen Studie durchschimmern, mit schnellen Strichen und Lavierungen in einer Vielfalt von Formen und Texturen. Probieren Sie die verschiedenen Effekte Ihrer Pinsel aus. Das sollte ein Bestandteil Ihrer abschließenden Arbeit sein. Konzentrieren Sie sich auf die Hauptflächen in Farbe und Tonwert und lassen Sie sich nicht zu sehr auf Details ein, die von den wichtigeren Grundformen ablenken könnten.

Schritt 2

Schritt 3

Gleichgewicht und Bewegung

Bewegungsstudien mit Strichmännchen

Sich bewegende Figuren sind für fast jedes Genre der Kunst wichtig. Sie erscheinen als Teil einer Landschaft, verleihen einer Straßenszene Leben und sind natürlich ein Hauptthema in der Bildhauerei.
In der Bewegung ist das Gleichgewicht des Körpers verlagert, und die menschliche Figur nimmt neue Formen an. Betrachten Sie die Formen, die in der Bewegung entstehen. Vergleichen Sie die Figur mit ihrer Umgebung, zum Beispiel den senkrechten und waagrechten Linien der Möbel usw.
Bauen Sie Ihre Zeichnungen und Gemälde auf den einfachsten Prinzipien auf. Kleine Strichmännchen zeigen Ihnen die Hauptrichtungen der Glieder und des Rumpfes. Untersuchen Sie die Haltung des Kopfes in Beziehung zur Stellung der Füße, indem Sie eine senkrechte Linie durch die Figur ziehen.
Schauen Sie sich die Veränderungen der Winkel in der Kopflinie, den Schultern, der Hüfte und Taille an, wenn sich die Figur bewegt. Die Hüften einer stehenden Figur schwingen außerhalb der senkrechten Linie. Die Haltung des Kopfes ändert sich immer wieder im Vergleich zur Stellung der Füße.
Das sind einfach scheinende Übungen; sie verlangen aber trotzdem einige Erfahrung. Zu leicht kann man durch die Komplexität des menschlichen Körpers von diesen Grundübungen abgelenkt werden. Machen Sie sich nichts daraus, wenn die Zeichnungen nicht realistisch wirken. Sie sind ja lediglich Beobachtungshilfen.

Strichmännchen werden zu Formen

Die menschliche Figur wurde bereits beschrieben als eine Zusammensetzung geometrischer Grundformen. Kreise, Kugeln, Kuben, Zylinder und Kegel können in der menschlichen Anatomie erkannt werden. Versuchen Sie an diese Formen zu denken, wenn Sie die Körperteile in Formen umsetzen müssen. Wenn Sie einmal die Grundformen verstanden haben, werden Sie auch die Bewegungsrichtungen im Körper erkennen.

Die Stillebenübungen in der Lektion 4 handelten von der Wiedergabe einfacher Formen. Bei der menschlichen Figur sind die Probleme natürlich vielseitiger. Praxis und dauernde Beobachtung sind nötig, um die damit verbundenen Aspekte zu verstehen.

Machen Sie einige einfache Zeichnungen und konzentrieren Sie sich nur auf die Bewegungsrichtungen. Beginnen Sie mit einfachen geometrischen Formen in der Figur und unterteilen Sie dann diese Formen in einzelne, zusammenhängende Bestandteile.

Erste Zeichenübungen der Körperteile

Diese ersten Übungen führen zu den schwierigeren Problemen der Darstellung verkürzter Körperteile. Wenn Sie einen genügend großen Spiegel auf einen Tisch stellen, können Sie als Ihr eigenes Modell Studien Ihrer Arme und Beine machen. Schauen Sie auf die Grundformen und beachten Sie, wie sich die Form Ihres Armes vom Ellbogen zum Handgelenk ändert, von einem Zylinder zu einer Röhre zu einem abgeflachten Oval zum Ende des Handgelenkes.

Üben Sie zeichnerische Variationen Ihrer Hand auf dem Tisch, mit ausgestreckten oder zusammengezogenen Fingern, flach liegend und verkürzt. Beziehen Sie Ihre Hand auf die Fläche des Tisches.

Auf der gegenüberliegenden Seite sehen Sie oben Skizzen von Füßen und Beinen in verschiedenen Stellungen. Studien von »ausdrucksstarken« Händen kennen wir alle, aber wer denkt schon an den Charakter von Füßen? Und doch sind sie genau wie andere Körperteile eine eingehende Betrachtung wert.

Für jeden Figurenmaler stellen Füße und Beine oft die größten Probleme dar. Versuchen Sie sich vorzustellen, wie sehr Ihre Arbeit an Qualität gewinnen würde, wenn Ihre Figuren fest und sicher mit den Füßen auf dem Boden ständen. Schauen Sie sich dazu Bilder der großen Meister, wie Murillo, an. Murillo versteckte die Hände und Füße seiner Figuren nie unter der Kleidung. Seine Bauern haben Arme, Beine und Füße mit richtigem Gewicht und Kraft. Die Fußnägel sind gebogen und ungleichmäßig. Sogar die Schwielen am Fuß sind deutlich zu erkennen.

Schnell skizzierte Hände in Pastell

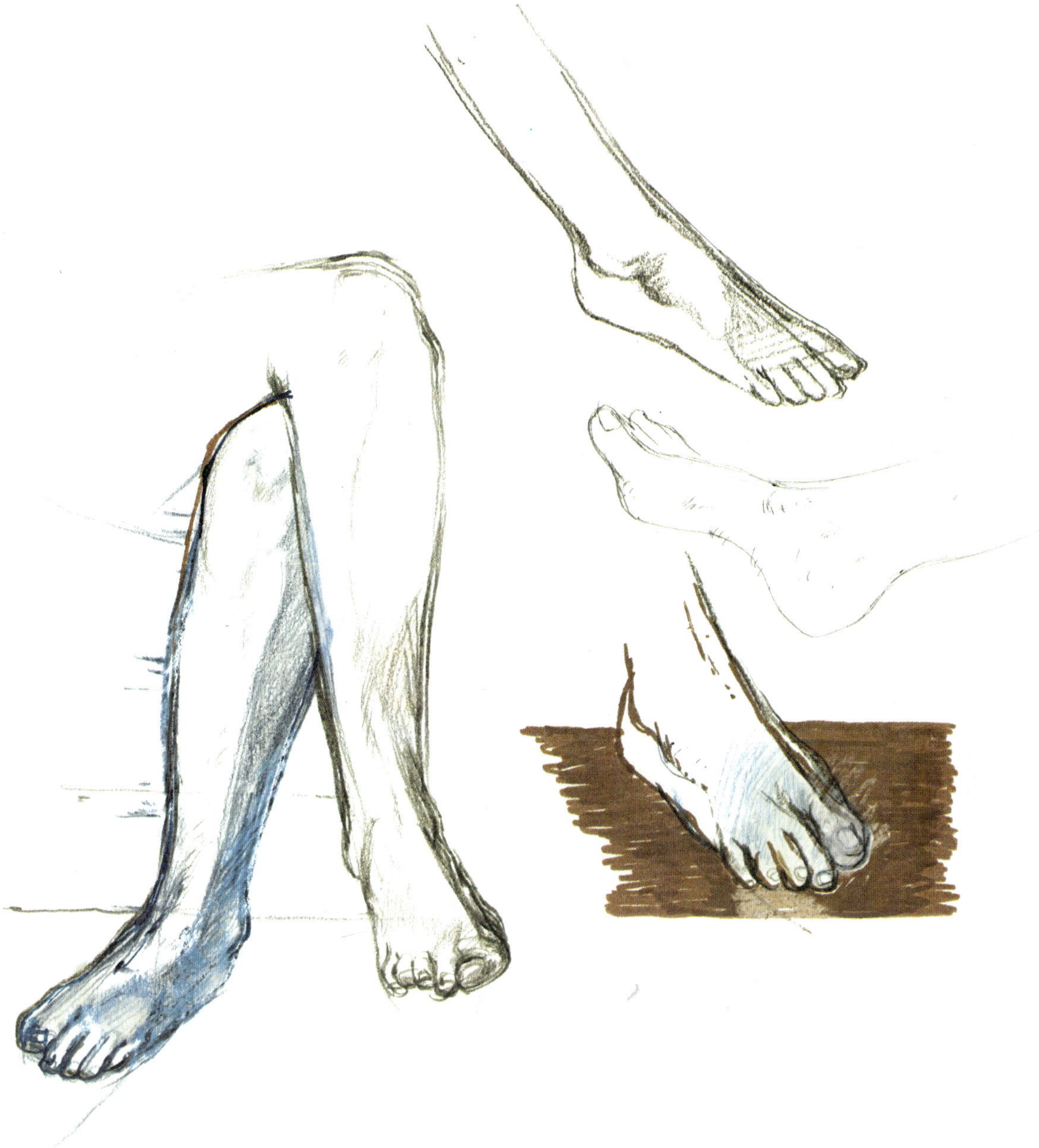

Sorgfältig modellierte Hand in Öltechnik

Köpfe zeichnen

Machen Sie eine Serie kleiner Studien Ihres Kopfes. Stellen Sie den Spiegel in verschiedenen Winkeln auf. Die Beleuchtung sollte gut sein, damit Sie die Flächen Ihres Kopfes deutlich erkennen. Was Sie im Spiegel sehen, geben Sie wieder.
Legen Sie Wert auf Struktur in der Zeichnung. Achten Sie nicht so sehr auf Ähnlichkeit, obwohl nach dieser Methode durchaus ein ähnliches Porträt entstehen kann.
Arbeiten Sie mit einer Vielzahl von künstlerischen Mitteln: Pastellfarben, Wasserfarben, Tuschen, Kohle, Contékreiden und Ölfarben. Verwenden Sie für die Malskizzen eine Palette, verdünnte Farben und einen mittelgroßen Pinsel.

Jetzt betrachten Sie auch einmal andere Menschen. Skizzieren Sie unentwegt, auf dem Weg zur Arbeit, im Zug oder im Bus, zu jeder Zeit, die Sie aufbringen können. Solche schnellen Studien von vorüberziehenden Gesichtern lehrt Sie das Erfassen eines plötzlichen Gesichtsausdrucks oder einer spontanen Ähnlichkeit.

Fleischtöne in Aquarell

Die Fleischfarbe ist im Grunde ein einziger Farbton. Jedoch reflektiert der Körper, wie alle anderen Dinge, die Farben seiner Umgebung. Selbst wenn die Grundfarben der Figur unverändert bleiben, scheinen sich die Farben doch gegenseitig zu beeinflussen. Ein Grau kann neben einem Grün mehr nach Rot neigen oder eine gelbe Tönung neben einem starken Blau annehmen. Diese Farbgesetze beeinflussen natürlich auch die Wahrnehmung des Malers.

Die Licht- und Schatten-Wirkungen verstärken die Wahrnehmungsschwierigkeiten. Eine starke Lichtquelle aus einer Mischung von direktem Sonnenlicht und indirektem Licht gibt sehr interessante Ergebnisse.

Sie können zwar Ihre Farben während der Arbeit ausmischen, hilfreich ist jedoch die Vorbereitung einiger Mischungen vor der Arbeit.

Die interessanteste Möglichkeit, die Farbtöne der Fleischfarbe zu studieren, ist die Beobachtung der Gesichtshaut. Sie finden dort viele herausfordernde Farbprobleme, wie die Schatten um Augen und Nase und die Farbtöne der Lippen und Wangen.

Die folgenden Grundmischungen sollten für die meisten Figurenbilder ausreichen. Wichtig ist immer, die Farben in den richtigen Proportionen und in der richtigen Stärke auszumischen.

Versuchen Sie einmal eine Mischung aus hellem Okker und Kadmiumrot für die helle, warme Grundfarbe der Figur. Verwenden Sie diese Mischung verdünnt für Lavierungen, in denen Sie weiße Stellen für die Lichthöhungen auslassen.

Für dunkle Flächen und Schatten nehmen Sie eine Mischung aus hellem Ocker und Kadmiumrot mit ein wenig Ultramarin.

Nehmen Sie für die warmen, im Schatten liegenden Teile der Figur ein Umbra gebrannt mit etwas Ultramarin.

Diese Farbmischungen sind augenscheinlich nicht für jede Situation geeignet. Einige sehr helle Lichtbedingungen verlangen tiefblaue oder rote Schatten. Wenn die Sonne sehr stark scheint, brauchen Sie vielleicht nur Zitronengelb für die richtige Farbe.

Das Ausmischen der vorgeschlagenen Verbindungen hilft Ihnen beim Verständnis der Fleischtöne. Vielleicht finden Sie sogar, daß diese drei Grundmischungen für ein Figurenbild völlig ausreichen.

Schritt 1: Mit hellem Ocker legen Sie die Hauptfarbe des Gesichtes auf dem weißen Blatt an. Lassen Sie weiße Stellen für die Augen und Lichthöhungen auf der Nase und anderen Gesichtsteilen frei. Tempera- oder Guaschweiß auf einem Porträt sieht immer etwas steif und komisch aus. Die Haut ist ja durchscheinend. Sie können aber Tempera oder Guasch für die Augäpfel verwenden.

Wenn die erste Lavierung trocken ist, fügen Sie eine zweite, dunklere, in Siena natur hinzu, die Schatten einführt und die Basis für das weitere Modellieren ist.

Schritt 1

Schritt 2: Mit einer flächigen Lavierung legen Sie die Farbe des Haars im Verhältnis zum Gesicht fest. Diese Farbe wird Ihnen auch bei der Suche nach den richtigen Hauttönen und Farben für die Lippen und Augen helfen. Nun setzen Sie die Gesichtsdetails ein. Nehmen Sie Kadmiumrot für den Mund und dünne Schichten Siena gebrannt für die Schatten um die Augen und die Augenbrauen. Achten Sie auf die individuell verschiedenen Hauttönungen und Hautflecken!

Schritt 3: Zur Erzielung einer weichen Abstufung von Hell nach Dunkel, Kalt nach Warm gehen Sie mit einem feuchten Pinsel und sauberem Wasser über die Farbflächen. Die harten Kanten der Farbflächen werden ziemlich verschwinden, und es wird dafür eine realistische Modellierung des Gesichtes entstehen. Sie können nun noch mehr Farben hinzunehmen, z. B. Ultramarin für die kühleren Schattenteile und Umbra gebrannt für die warmen, dunklen Teile der Nasenflügel und Augenwinkel.
Das Funkeln der Iris geben Sie mit einem weißen Farbtupfer wieder.

Schritt 2

Schritt 3

Wir malen einen Akt in Aquarell

Eine Aquarellskizze ist ein guter Anfang in der Figurenmalerei. Sie können sich damit selbst testen, ob Sie die Lektionen über Anatomie und Gleichgewicht richtig verstanden haben.
Außerdem führt diese Übung in zwei Probleme dieses Genres ein: Hautfarbe und Komposition eines einzelnen, großen Gegenstandes.
Aktmalerei kann viel Spaß bringen, ist aber auch ein ernsthaftes Thema jeder Kunstschulerziehung. Am bequemsten ist es natürlich, sich einer Aktmalklasse anzuschließen. Falls Sie dazu keine Zeit oder Gelegenheit haben, müssen Sie Ihre Familie bitten, als Modelle zur Verfügung zu stehen. Wenn Sie sich selbst malen wollen, brauchen Sie einen großen Spiegel, in dem Sie Ihren ganzen Körper überblicken können.
Bitten Sie nie einen Amateur mehr als eine halbe Stunde zu stehen! Er oder sie wird einschlafen oder steif werden. Stehende Posen sind nur sehr schwer über längere Zeit durchzuhalten. Werfen Sie zwischendurch immer wieder einen Blick auf die Uhr, damit Ihr Modell nicht aus Langeweile oder Kreislaufschwäche zusammenbricht. Profimodelle können ungefähr vierzig Minuten stehen. Dann brauchen aber auch sie eine Pause von zehn Minuten.

Schritt 1: Skizzieren Sie mit Bleistift leicht die Hauptformen der Figur und des Hintergrundes ein. Das sind die Führungslinien für Ihre lavierten Farbflächen. Studieren Sie Ihr Modell gründlich, um die Grundfarbe des Fleisches zu finden. Mischen Sie für diesen Farbton genügend Farbe für eine Grundlavierung aus. Lassen Sie weiße Flächen stehen, wo Sie die Lichthöhungen auf der Figur sehen. Die dunkelsten Teile der Figur legen Sie mit einer blaugrauen Farbe an.

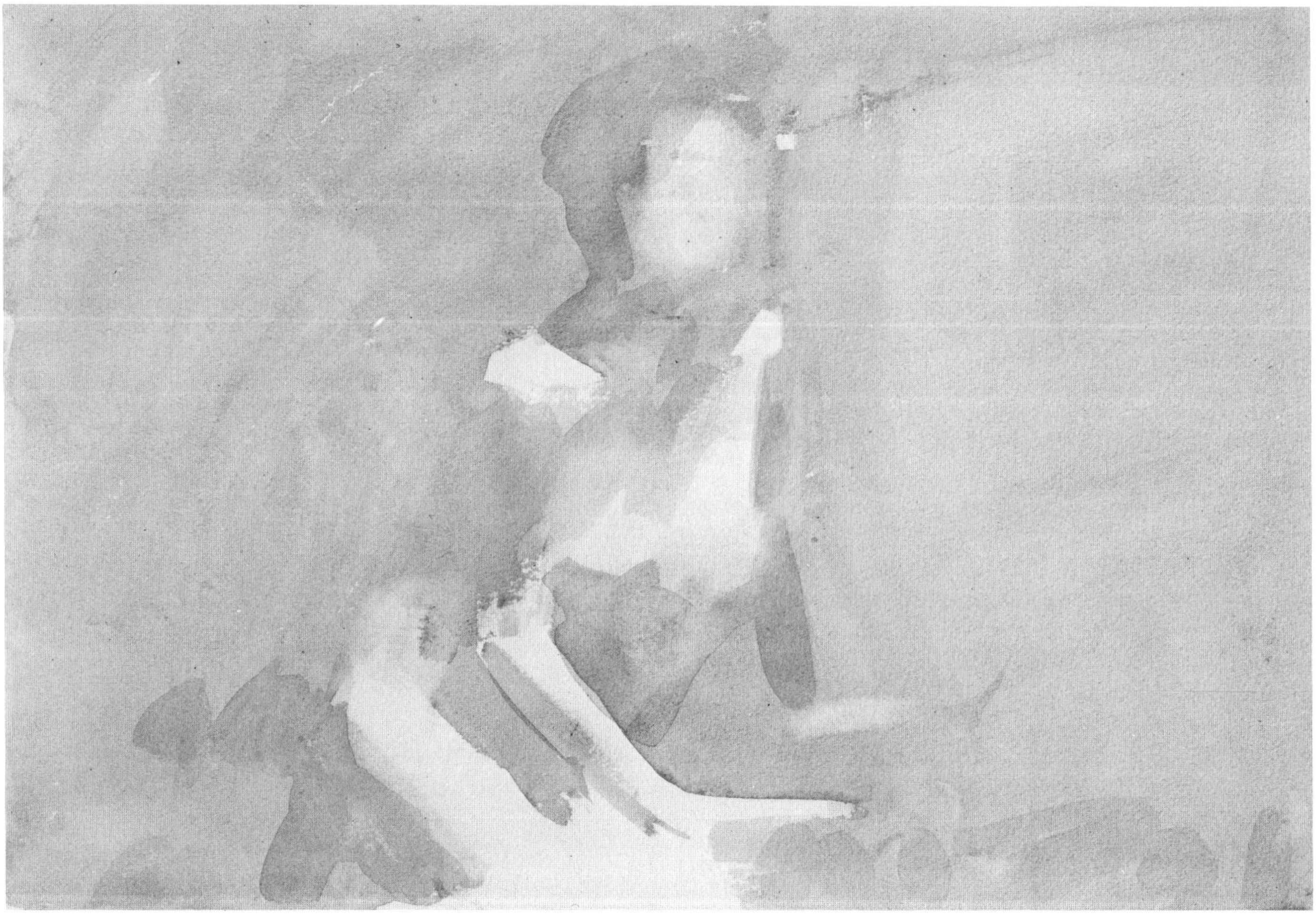

Schritt 1

Falls Sie sich selbst Modell stehen, müssen Sie darauf achten, Ihre Stellung ohne große Veränderung immer wieder einnehmen zu können. Vielleicht ziehen Sie es auch vor, sich selbst beim Malen zu malen und nur ab und zu in den Spiegel zu schauen.

Es ist äußerst schwierig, gegen das Licht zu malen – d.h. wenn das Licht hinter dem Rücken des Modells einfällt. Für den Anfang sollte das Licht direkt auf das Modell fallen oder leicht von rechts oder links kommen.

Es ist zwar auch möglich, bei künstlichem Licht zu arbeiten. Am besten aber malen Sie bei Tageslicht, damit Sie die Farbmischungen besser vergleichen können. Achten Sie Ihrem Modell zuliebe darauf, daß der Raum immer warm genug ist.

Schritt 2: Lassen Sie die erste Farbschicht gut durchtrocknen und legen Sie dann darüber die zweite an. Diese Farbe sollte wärmer und dunkler sein als die Fleischfarbe. Diese Lavierung müssen Sie sehr vorsichtig eintragen, da Sie damit die Schatten der Figur anzeigen. Zu diesem Zeitpunkt wird das Bild schon fast fertig aussehen. Nehmen Sie sich aber trotzdem noch die Zeit, die Proportionen und Winkel der Figur nachzuprüfen. Wenn Sie diese Elemente richtig angelegt haben, wird Ihre Figur glaubwürdig aussehen und eine gute Komposition abgeben.

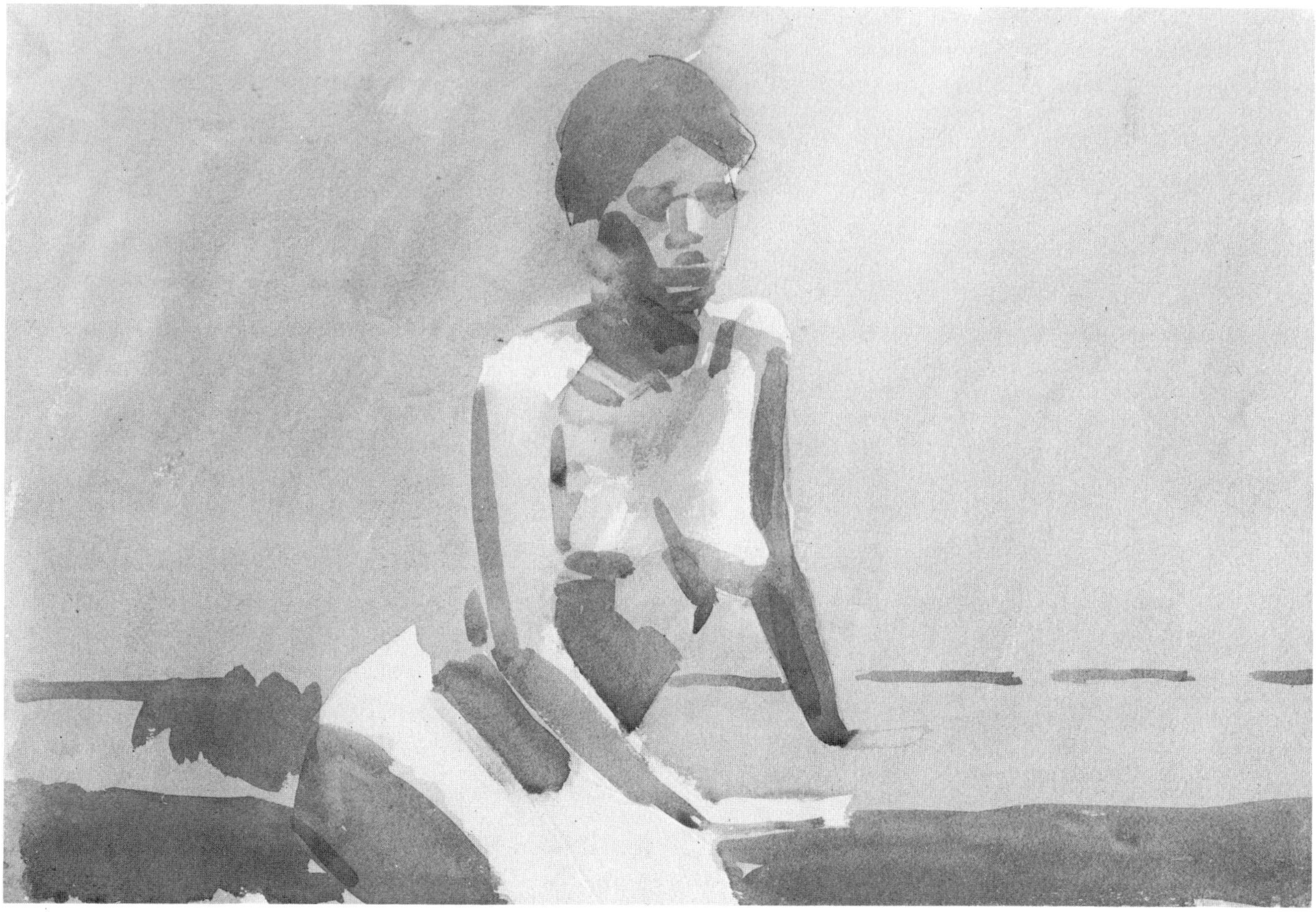

Schritt 2

Schritt 3: Schauen Sie sich noch einmal das Modell an und legen Sie die dunkleren Farbflächen fest. Davon wird es nicht so viele geben. Legen Sie also diese Lavierung besonders zurückhaltend an. Nehmen Sie die zweite Farbmischung und rühren Sie daraus eine etwas dunklere Mischung an, die Sie dann zur Modellierung der Figur verwenden.

Schritt 3

Schritt 4: Zum Abschluß der Studie mischen Sie noch ein stumpfes Blau mittleren Tonwertes aus Ultramarin und ein wenig Umbra gebrannt. Mit dieser Mischung tragen Sie Details der Gesichtszüge ein und betonen die Knochenstruktur. Auch das Haar des Modells und Schatten im Hintergrund können Sie mit dieser Lavierung anlegen.

Sie können eine große Vielfalt von Techniken verwenden, wenn Sie eine Figur in Aquarell malen, zum Beispiel Naß-in-Naß oder das Zusammenführen der Farben mit einem nassen Schwamm. Bevor Sie aber zu experimentieren beginnen, sollten Sie ein Bild wie eben beschrieben anlegen.

Schritt 4

Figurenstudien in Öltechnik

Bei der Wiedergabe einer Figur muß man besonders auf Raum- und Tiefenwirkung im Bild bedacht sein. Viel zu oft bestehen Bilder nur aus einigen flachen Formen und Farben, die dem Betrachter ein dreidimensionales Motiv vorgaukeln sollen. Beachten Sie bei der Ölmalerei, daß die Farben bereits beim Auftrag Textur und Tiefe erzeugen.
Gerade die Ölfarbe ist für diese räumlichen Kompositionen gut geeignet, da der Reichtum der Farben sehr viel zur Festigkeit und Strenge des Bildes beiträgt. Das Bild unten wirkt für einen Kunststudenten am besten in Schwarzweiß. Die einzelne Figur im Vordergrund wird von den drei verbundenen Figuren in der Mitte ausbalanciert. Die weißen Farbtöne auf Gesichtern und Gewändern ziehen den Blick sofort zur Bildmitte. Im Hintergrund spielt der im Schatten liegende Betrachter der Szene eine scheinbar zufällige, jedoch sehr wichtige Rolle. Versuchen Sie einmal diese Figur mit einem Stück schwarzem Papier abzudecken, und Sie werden feststellen, wie sich das Bild verändert: Die mittleren Figuren scheinen sich vorwärts zu bewegen.
Die Künstler der italienischen Renaissance und später beschrieben die menschliche Figur sehr genau, nicht einfach als eine flache Form mit den richtigen Farben ausgefüllt, sondern als ein dreidimensionales Wesen, das sie überzeugend auf den zwei Dimensionen des Bildes darstellen konnten.
Betrachten Sie daraufhin die Ölgemälde in Galerien und Museen und studieren Sie die Raumwirkung bei den großen Meistern.
Eines der wichtigsten Lernziele für einen Kunstschüler ist die Wiedergabe von Leben und Bewegung eines menschlichen Körpers. Wenn Sie niemals ein Porträt oder eine Figur malen, werden Ihre Landschaften sehr leer wirken, selbst wenn keine Figuren vorgesehen waren. Andererseits können steif gemalte Figuren ohne die richtigen Proportionen das beste Interieur oder die schönste Gartenlandschaft zerstören.

»Eine arkadische Szene«, 17. Jahrhundert

Hauttöne in Öltechnik

Es gibt eine Anzahl von Techniken, um Hauttöne wiederzugeben. Eine Untermalung gibt Halt und Festigkeit, während eine Lasur den Glanz einer Haut darstellen kann. Wenn Sie »alla prima« arbeiten oder mit direkten Farbtupfen, wird die Figur voller Helligkeiten und Dunkelheiten erscheinen. Sorgfältig aufgebaute, glatte Schichten lasierender Farben sind genauso überzeugend wie breite, aufgebrochene Darstellungen der Form. Eine Andeutung kann genauso wirkungsvoll sein wie eine genaue Nachahmung.

Die Probleme mit den Schattenzonen im Gesicht, etwa bei der Nase, dem Mund, den Ohren, den tiefer liegenden Stellen um die Augen herum haben einen gemeinsamen Kern: Wie lassen sich diese Teile mit der Gesamtfigur verbinden?
Die individuellen Gesichtszüge sollten der Kopfform untergeordnet werden, eine ovale Form, auf die Nase und Augen aufgelegt werden. Helle, mittlere und dunkle Farbtöne können vortretende und zurückweichende Formen in diesem Bereich schaffen.

Eine Ölfarbenkomposition

In der Figurenmalerei plaziert man die Hauptform, die eine Figur abgeben soll, ungefähr in die Mitte der quadratischen oder rechteckigen Leinwand. Die Figur muß in ihrer Größe auf ihre Umgebung und die Größe der Leinwand abgestimmt sein. Die Art und Weise der Formbehandlung im Bild kann entweder ein Gefühl der Ruhe oder eines von Bewegung ausdrücken.
Machen Sie vorher immer Skizzen in Bleistift, Tonwertlavierungen oder in Farbe, um Gewißheit über die Bildkomposition zu bekommen. Übergehen Sie diese Vorübungen nicht! Es ist immer noch besser, dort Fehler zu machen als in dem fertigen Bild.
Die Skizzen werden Ihnen auch bei der Entscheidung über die endgültige Position der Figur, mehr nach oben oder unten, nach rechts oder links verschoben, Klarheit verschaffen. Machen Sie kleine Modellanordnungen und suchen Sie sich die interessanteste heraus – eine einfallsreiche Verbindung von Figur und Umgebung wird ein gutes Bild werden.
Matisse malte Hintergründe aus wundervoll leuchtenden, gemusterten Stoffen, um die Farbe und Komposition seiner Motive zu unterstreichen. Bonnard malte lieber Modelle in alltäglichen Situationen, stehend oder in einem Bad sitzend, und benutzte die funkelnden Wirkungen von Licht und Farbe, die jede Figur umgeben, zu demselben Zweck.

Für die Skizzen eines sitzenden Aktes unten legte ich einen wunderbar vielfältigen Hintergrund aus einzelnen Formen an. Hinter dem Modell brachte ich Leinwände und Blätter mit Farbproben an, um die fast abstrakte Wirkung zu verstärken. Der senkrecht ruhende Arm wird aufgenommen von dem senkrechten Schatten des Fensterrahmens.
In der ersten Skizze sehen Sie noch die Untermalung mit Umbra natur. Darauf folgten die Hauptformen in Blau-, Purpur- und Gelbtönen. Auf der zweiten Stufe fügte ich noch Details und Einzelteile hinzu, ohne aber ein Porträt daraus zu machen. Die dynamische Haltung des Modells und die Kurven des Körpers im Kontrast zu dem flächig gestalteten Hintergrund geben diesem Bild genügend Berechtigung.
Wenn Sie erst einmal eine Anzahl sorgfältig ausgeführter Bilder gemalt haben, können Sie ruhig auch einmal frei und rein dekorativ herumspritzen. Das ist für Ihre Augen, Ihre Arme und Hände gut und, vor allem, auch für Ihre Wahrnehmung.

Eine Schattenstudie

Wir sprachen über Figurenstudien als einem Teil des bildnerischen Repertoires, als wichtige Entwicklungsstufe auf dem Weg, das Malen zu lernen.
Viele unserer Studien sind Akte. Überlegen Sie nun aber nicht dauernd, wie Sie Modelle für Ihre Aktstudien auftreiben können. Das hindert Sie nur am Malen. Stellen Sie sich selbst vor einen Spiegel oder nehmen Sie Mitglieder Ihrer Familie oder enge Freunde als Modelle.
Die Licht-und Schatten-Wirkungen auf der menschlichen Figur können ganz erheblich Ihre Wahrnehmung und damit auch Ihre Studie beeinflussen. Beide Abbildungen auf diesen Seiten zeigen das gleiche Modell als Vorstudien zum Bild auf der nächsten Seite. Ich versuchte das schattige Licht des Fensters als Mittel zu verwenden, um die Figur mit dem Hintergrund zu verbinden. Die erste Studie wurde in harter Umrißlinie ausgeführt. Obwohl das Modell ganz entspannt und bequem steht, wirkt die Studie zu leblos. Als sie sich umdrehte und ihr Haar hochsteckte, fiel das Licht von der Seite ein und betonte eine Linie entlang ihres Rükkens, des Armes und am Standbein herunter, was eine wesentlich interessantere Studie ausmachte. Diese Überlegungen sollten Sie, bevor Sie die Farben mischen, anstellen.
Seien Sie nicht zu ausführlich! Sie kopieren kein erotisches Magazin oder einen Film. Lernen Sie den Körper so zu sehen, wie wir es Ihnen vorgeschlagen haben: als ein Muster von Schatten, Grazie und Linie, in warmen Fleischtönen und eingebunden in die übrige Komposition des Bildes.

Ölstudie einer Frau am Fenster

Die hier gezeigten Skizzen stammen vom gleichen Modell, aus verschiedenen Blickwinkeln betrachtet. In jedem Beispiel benutzte ich eine kleine, abgeschlossene Ecke, um die Komposition zu begrenzen. Ein Stuhl zum Anlehnen erhöhte die Spannung der Komposition. Eine etwas erhöhte Stellung des Modells erzeugt einen gewichtigeren Eindruck.

Beispiel 1: Die kleine Studie machte ich zuerst, direkt vor dem Fenster. Das helle, weiße Licht kam von Nord und schnitt die Figur wie eine Silhouette aus.

Beispiel 2: In der Skizze unten gab das offene Fenster einen Fleck von hellem Weiß und Gelb ab, der das ganze Bild in eine neue Fassung brachte. Von dem einfallenden Licht wurde der Körper in rosa Töne eingehüllt.

Beispiel 1

Beispiel 2

Beispiel 3: Das Bild unten malte ich am Abend, als sich das Licht zu einem vollen Malveton abgedämpft hatte und die untergehende Sonne kleine, scharf abgegrenzte Lichtflecken warf.
Versuchen Sie ähnliche Studien, aber malen Sie dabei nicht zu sorgfältig. Malanfänger wollen gerne alles in ein Bild packen, was ihnen ins Auge fällt. Wenn Sie aber Ihre Energie bereits bei den kleinsten Dingen verschwenden, gehen Ihnen sicher der Spaß und die Kraft mitten in der Arbeit verloren.
Das trifft vor allem auf große Studien zu, da die dauernd wechselnden Licht- und Schatten-Verhältnisse das genaue Zuendeführen eines Bildes erschweren. Haben Sie Mut! Tragen Sie die Farben breit und dick auf und lernen Sie Massen und Formen zu sehen. Sobald Sie mit Pinsel und Farben leicht und sicher umgehen können, werden auch Ihre Pinselstriche flüssig und kontrolliert kommen. Dann können Sie auch die kleinen Details der Gesichtszüge eintragen, so wie wir es in der nächsten Lektion beschreiben.

Beispiel 3

Noch ein Übungsvorschlag

Studie einer bekleideten Figur

Falten in der Kleidung einer Person werfen wieder neue Probleme auf. Beginnen Sie mit der Beobachtung der Form, die von der Kleidung bedeckt wird, und versuchen Sie zunächst den Faltenwurf zu übersehen. Leonardo da Vinci machte, wie andere Künstler der Renaissance, ausgezeichnete Studien von Faltenwürfen über Figuren. Wenn Sie in den Spiegel schauen, sehen Sie, wie Ihr Körper Ihre Kleidung formt und ausfüllt.

Der Stoff des Rockes einer sitzenden Frau steht leicht von den Knien ab. Die Haupttonwerte werden von der Stellung ihrer Beine bestimmt. Alle anderen Formen, Falten und Knicke folgen dieser Struktur. Das Muster der Farben im Stoff kann zur Verstärkung der Form benutzt werden oder einfach zu dekorativen Absichten.

»Penelope« von Sandys

Lektion 12
Porträts

Der Wunsch, das Gesicht eines Menschen in wiedererkennbarer Weise abzumalen, ist so alt, wie es Künstler gibt. Die Stammesmasken primitiver Völker symbolisieren oft einen bestimmten Gott, einen Geist oder einen verehrungswürdigen Vorfahren. Vor dem Abbild des eigenen Gesichtes schreckten diese Menschen allerdings zurück.

Die Steinreliefs und Wandbilder der frühen Zivilisationen im Mittleren und Nahen Osten waren oft so stilisiert, daß eine bestimmte Person nicht identifiziert werden konnte. An mangelnder Technik kann das nicht gelegen haben, da wir Bilder und Skulpturen aus dieser Zeit kennen, die ein Porträt sehr ähnlich darstellen konnten, wenn es die Tradition zuließ.

Im antiken Griechenland und in Rom wurde die Skulptur als die höchste Kunstform betrachtet. Daneben gab es aber auch verblüffend realistische Porträtmalerei, die man auf den Särgen höhergestellter Leute anbrachte. Selbst in der byzantinischen und frühchristlichen Epoche waren die Porträtmosaiken zwar stilisiert, aber doch deutlich als bestimmte Personen erkennbar.

Als sich die Renaissancemalerei entwickelte, begann das Interesse am Menschen die alten, abergläubischen Ängste zu überwinden. Einige der wirkungsvollsten Porträts aus dieser Zeit, und wohl auch für alle Zeit, wurden von Jan van Eyck (um 1384–1441) gemalt. Sein Doppelporträt »Die Hochzeit der Arnolfini«

Ausschnitt aus einem Mosaik aus dem 8. Jahrhundert

wird als technische Meisterleistung angesehen. Außerdem wurden die Figuren in voller Länge dargestellt, zu einer Zeit, wo es üblich war, nur Kopf und Schultern eines Porträts zu zeigen.
Es gibt viel zu viele schöne Beispiele der Porträtkunst in der Renaissance, um sich an ein oder zwei Bildern festhalten zu können. Auf jeden Fall schließen sie den wunderbaren, farbigen Kopf des »Dogen Loredano« von Giovanni Bellini (um 1430–1516) ein sowie die »Camera degli Sposi« von Andrea Mantegna (1431–1506), ausgeschmückt mit Episoden aus der Geschichte der Familie Gonzaga, außerdem natürlich die Arbeiten von Tizian (1487–1576), der zusammen mit El Greco (1541–1614) Lieblingsmaler Philipps des Zweiten von Spanien war. Nicht zu vergessen das ewig verführerische Porträt einer unbekannten Frau, der Mona Lisa, obwohl das nicht der Titel war, den Leonardo da Vinci (1452–1519) diesem Bild gab.

Die vielen Porträts von Heinrich dem Achten, seiner Familie und seinen Höflingen, zeigen Hans Holbein als einen soliden und feinfühligen Maler. Ähnlich sind auch die kleinen, geheimnisvollen Miniaturen von Heinrichs Tochter, der Königin Elisabeth I., die Nicholas Hilliard (1547–1619) malte, zu bewerten.
Gegen Ende des 16. Jahrhunderts hatte das private Mäzenatentum die kirchlichen Auftraggeber begonnen zu ersetzen. Die meisten großen Maler der Kunstgeschichte arbeiteten in Kommission wie auch zu ganz privaten Zwecken. Diego Rodríguez de Silva y Velázquez (1599–1660) konnte genausogut eine alte Frau malen, die sich Eier brät, wie ein Gruppenporträt mit der Infantin und ihren Hofdamen. In einem Spiegel malte der Künstler zusätzlich noch ein Selbstbildnis bei der Arbeit an diesem Bild. Einige Künstler wurden gerade wegen ihrer Porträts berühmt. Die Bilder Charles I. und seiner Familie von Anthonis van Dyck

Ausschnitt aus »Trinkender Knabe« von Murillo

(1599–1641) erregen noch heute die Liebe zu diesem Monarchen. Rembrandt van Rijn (1606–1669) malte und radierte historische Szenen wie auch Landschaften. Seinen Weltruhm begründeten jedoch seine brodelnden, dramatischen Porträts.

Es gab aber auch noch viele schöne Porträts im Auftrag der Kirche, zum Beispiel von Bartolomé Esteban Murillo (1617–1682). Murillos Bilder der Heiligen Familie sind aufgrund ihrer individuellen Menschlichkeit bemerkenswert. Ihre Gesichter drücken Sanftmütigkeit und Liebe aus. Selbst seine weltlichen Porträts sind bekannt für ihre Schönheit und unschuldige Sinnlichkeit.

Als sich in Holland und Frankreich die Landschafts- und Genremalerei entwickelte, fielen die historischen und klassischen Themen fast in Ungnade. Die Porträtmalerei bildete zwei Linien aus: Künstler, die gelegentlich auch Porträts malten, und Künstler, die nur Porträts malten.

Manchmal lassen sich diese Schulen schwer unterscheiden. Ein Bild mit dem Titel »Die Schaukel« von Jean Honoré Fragonard (1732–1806) ist in Wirklichkeit das Porträt eines französischen Adligen mit seiner Frau. »Madame Recamier« von Jacques Louis David (1748–1825) legt wohl mehr einen Malstil dar als das Porträt eines lebendigen Menschen. Einige außergewöhnliche Maler, wie Francisco de Goya (1746–1828), waren allerdings in der Lage, ein sorgfältig beobachtetes Porträt mit einem sicheren Gefühl für Komposition zu verbinden.

Die Männer, Frauen und Kinder, die Thomas Gainsborough (1727–1788) malte, bewohnen eine saubere, geschützte Welt auf dem englischen Land. Jean Auguste Dominique Ingres (1780–1867) ist dagegen bekannt für die leidenschaftslose Grazie seiner Frauenporträts, mit ihrer Porzellanhaut und den feinen Seidenkostümen, wiedergegeben in einer hervorragenden Technik.

Auch die frühe Republik in Amerika hatte einige gute Vertreter der Porträtkunst. John Singleton Copley (1738–1815) ist bekannt für seine realistischen, aber klassisch orientierten Porträts, zum Beispiel von Paul Revere. Gilbert Stuart (1755–1828), einer der bedeutendsten Porträtkünstler seines Landes, malte mit seinem »Schlittschuhläufer« ein neo-romantisches Meisterwerk. Am bekanntesten ist er allerdings wegen seiner Porträts von George Washington geworden. Thomas Eakins (1844–1916) war vom amerikanischen Leben begeistert. Seine Genrebilder und Porträts zeigen viele Seiten des Lebens in Philadelphia, die mit bemerkenswertem Können und einem Gefühl für dramatische Stimmungen gemalt sind.

Bis zum Ende des 19. Jahrhunderts waren Porträts vor allem Auftragskunst. Der Impressionismus verwandelte alle Motive in ein Feuerwerk aus Farbe und Licht, auch Porträts. Impressionistische Bilder wurden zunächst von Freunden und Privatsammlern geschätzt,

Persische Lackarbeit (um 1840). Die dekorativen Kleidungsstücke sind genauso wichtig wie die Figur selbst, wurden aber in einer anderen Technik ausgeführt

bis sie endlich ihren verdienten Weg in die Museen und Galerien machten. Als zu Anfang des 20. Jahrhunderts die Künstler mit neuen Techniken und Ideen über Kunst zu experimentieren begannen, war die Ähnlichkeit einer Person nicht mehr ausschlaggebend. Von weit größerem Interesse wurden die formalen Qualitäten eines Bildes.

Während der letzten achtzig Jahre wurde auch im Porträt jeder Stilwandel sichtbar: die sanften Farbtöne von Edgar Degas (1834–1917) und Pierre Auguste Renoir (1841–1919), die aufgewühlten Linien und flächigen Farben der Plakate von Henri Toulouse-Lautrec (1864–1901), die feinen Zeichnungen von Augustus John (1878–1961), und der moderne Neurotizismus von Lucien Freud (geb. 1922).

Wenn wir uns heute mit dem Porträt beschäftigen wollen, finden wir so viele Stilmöglichkeiten, daß die Wahl schwerfällt. Mag die professionelle Porträtmalerei auch den Spezialisten vorbehalten bleiben, so ist doch für jeden Maler der Wunsch nach einem Bild des Menschen auf der Leinwand ein starker, bildnerischer Antrieb geblieben.

Was ein Porträt ausmacht

Die vorige Lektion über Figuren führte zwei der Hauptprobleme in der Porträt- und Figurenmalerei ein: die Schwierigkeit, eine Figur lebendig und dem Modell ähnlich aussehen zu lassen. Auch wenn das zunächst nicht so aussieht, sind das doch zwei verschiedene Aspekte der Malerei.

Eine »lebensechte« Figur sieht aus, als ob sie sich bewegen könnte. Einige professionelle Maler, auch berühmte Namen, waren niemals in der Lage, solche Figuren zu malen, und vermieden deshalb dieses Thema in ihrer Malerei. Ein Bild, das dem Modell ähnlich ist, muß außerdem die wichtigsten Charakteristika der Person wiedergeben. Auch das ist ein Talent, das vielen Künstlern fehlt.

Erfolgreiche Porträtmalerei verlangt die Fähigkeit, ein Bild zu malen, das zugleich lebensecht und wiedererkennbar ist. Dazu gehört nicht nur eine genaue Beobachtungsgabe, sondern auch viel Verständnis für die zu porträtierende Person. Bei der ersten Sitzung verbringen die besten Porträtkünstler fast genausoviel Zeit beim Plaudern mit der Person wie mit dem Malen. Dadurch versuchen sie mehr über die Persönlichkeit des Sitzenden zu erfahren.

Der grundlegende Unterschied zwischen einer Figurenstudie und einem Porträt ist seine zusätzliche Dimension der emotionellen Interaktion zwischen Maler und Modell. Das darf nicht vernachlässigt werden, da diese wichtige Grundlage ein gutes Porträt erst zum Kunstwerk macht.

Porträts von Rembrandt und van Gogh zum Beispiel sind wundervoll starke Schöpfungen von Menschen auf Leinwand, mit des Künstlers Augen gesehen. Das Wesen und der Charakter der sitzenden Person treten mit großer Überzeugungskraft hervor.

Verschiedene Vorgehensweisen beim Porträt

Malen und Zeichnen verlangen Urteilskraft. Sie müssen aus dem visuellen Angebot auswählen. Bei Porträts sind diese Entscheidungsschwierigkeiten noch größer als bei anderen Genres. Das wichtigste Ziel ist die Ähnlichkeit des Gesichtes und der Persönlichkeit. Das kann auf verschiedene Weise ausgedrückt werden.

Die gewöhnliche Vorgehensweise ist die exakte Wiedergabe der Formen und Farben der sitzenden Person auf dem zweidimensionalen Bild. Diese langsame und übergenaue Methode sollte theoretisch ein ähnliches Porträt hervorbringen. Dafür ist der Fotorealismus ein gutes Beispiel.

Eine zweite Methode verfährt direkter und emotioneller: Sie gibt wieder, wie der Künstler sein Modell sieht, beginnt mit den Hauptformen von Gesicht, den Einzelheiten der Augen, Nase, Lippen, Ohren und Haare und setzt dann noch Licht und Schatten ein. Ziel ist das Einfangen des Charakters der Person, indem man seine oder ihre Haltung betont, bestimmte Gesichtszüge unterstreicht, auf den Blick in den Augen und die individuellen Formen der Lippen achtet.

Offensichtlich fallen viele Porträts in ein Mittelfeld zwischen beide Kategorien. Aus Erfahrung werden Sie bald lernen, welche Methode Ihnen mehr zusagt. Zeichnen und Malen brauchen logische und methodische Organisation. Aber ganz ohne Emotion können Sie nicht arbeiten. Das Gefühl für Ihr Gegenüber macht aus einem einfachen Porträt eine künstlerische Erfahrung.

Als Matisse sagte: »L'exactitude n'est la vérité« (Genauigkeit ist nicht gleich Wahrheit), unterschied er zwischen genauem Kopieren und künstlerischer Übersetzung. Ein Porträt ist vor allem ein Bild der Seele!

Viele unerfahrene Maler fühlen sich gezwungen, alle Farben ihrer Palette zu benutzen, wenn sie ein Porträt beginnen. Das kann aber die Übung unnötig erschweren. Begrenzen Sie statt dessen Ihre Palette auf eine, zwei oder drei Farben.

Wie schon früher erwähnt wurde, kann die Haut in ihrer Eigenfarbe wiedergegeben werden. Eine Grundlavierung in dieser Farbe reicht also als farbliche Grundlage aus. Malen Sie damit das Gesicht auf Ihr Papier und lassen Sie weiße Stellen für die Lichthöhungen aus. Nach dem Trocknen tragen Sie die Schattenmodellierung mit einer dunkleren Mischung der gleichen Farbe ein.

Die Beispiele auf der rechten Seite zeigen drei Versionen eines Porträts, das mit einer begrenzten Palette gemalt wurde.

Beispiel 1: Das Gesicht des Jungen ist nur in zwei Farben gemalt: hellem Ocker und Indischrot. Die Lichthöhungen sind durch Stellen weißes Papier oder eine dünne Lavierung gegeben, die dunklen Schatten mit Rot und kräftigen Ockerlavierungen.

Beispiel 1

Beispiel 2: Dieses Beispiel verwendet die gleiche Farbengrundlage, zusätzlich Ultramarin, das beim Modellieren hilft und den Eindruck vieler Farben verschafft. Tatsächlich lassen sich ja aus Rot, Blau und Gelb alle anderen Farben ausmischen.

Beispiel 2

Beispiel 3: Hier wurden nur Ultramarin und Umbra gebrannt verwendet. Wie schon im ersten Beispiel reichen diese Farben aus, um dem Porträt genügend Ähnlichkeit zu geben. Die kühleren Farben erzeugen einen ruhigeren Eindruck des Sonnenlichts, als ob der Sitzende im Schatten saß, aber trotzdem genügend Licht erhielt, um starke, tonale Kontraste auf dem Gesicht zu zeigen.
Sie können jede Farbkombination verwenden. Sie sollten vorher alles ausprobieren, bis Sie genügend Sicherheit im Umgang mit einer begrenzten Palette haben. Zum Schluß werden Ihnen diese Übungen zur richtigen Farbwahl für jede Situation und jedes Modell verhelfen.

Beispiel 3

Wir beginnen mit der Arbeit

Die vorigen Beispiele von Gesichtsskizzen waren vorwiegend anonym.

In Studien des menschlichen Kopfes können Gesichtszüge einfach zu setzen sein, können sich aber auch als überraschend schwer zu zeichnen erweisen. Der Sitz des Mundes, die Formen der Nase und Augen sind entscheidend. Sie müssen genau eingezeichnet werden, um aus einem Bild ein Porträt zu machen. Durch Überspitzung einer Nasenform können zum Beispiel Karikaturisten eine Persönlichkeit unverwechselbar darstellen.

Es ist überflüssig zu erwähnen, daß nur dauernde Übung Sie in die Lage versetzen wird, Gesichter richtig zu beobachten und zu zeichnen. Zeichnen Sie Köpfe zu allen Gelegenheiten und versuchen Sie so weit wie möglich Ähnlichkeit zu erreichen. Wenn Sie etwa auf dem Weg zur Arbeit keinen ganzen Kopf zeichnen können, sollten Sie Studien von Nasen, Mündern, Kinns, Ohren, Augenpaaren usw. machen.

Sehr lehrreich wäre es, auf die Skizzen von Leonardo da Vinci zu schauen. Seine schnellen Zeichnungen von Gesichtsausdruck und Mimik sind Meisterwerke der Beobachtung.

So wichtig es ist, alle verschiedenen Aspekte des Gesichts zu studieren, so ist es genauso notwendig, eine große Anzahl von Medien zu verwenden. Contékreiden, farbige Tuschen, Kohle und Bleistift bieten alle Ausdrucksmöglichkeiten in Linie und Tonwert.

Pastellstudien

Der Kontrast der Haarfarbe zu den Fleischtönen kann ein wesentlicher Aspekt eines Menschen sein. Vielleicht beschäftigen Sie sich aber auch lieber mit den Formen und Flächen des Gesichts. Diese Formen können Sie leichter mit Conté und Pastell als mit Bleistift oder Feder und Tusche erforschen. Machen Sie einige Versuchsskizzen und konzentrieren Sie sich auf das Haar. Versuchen Sie die Locken und Wellen in Linie wie Tonwert einzufangen. Diese Art von Skizzen gibt Ihnen wertvolle Erfahrung und erweitert Ihr künstlerisches Vokabular, da Sie lernen, mit einer bestimmten Linie eine Textur zu beschreiben oder aus der Verbindung von Linie und Tonwert einen bestimmten Ausdruck zu schöpfen.

Die Modelle sitzen oft mit dem Kopf in die Hand gestützt. Machen Sie einige Studien von dieser Stellung und beachten Sie, wie die Gesichtsmuskeln sich durch die Gewichtsverlagerung des Kopfes auf die Hand verändern. Diese Position vergrößert auch die Zahl der Bildebenen. Erhöhte Aufmerksamkeit müssen Sie auch auf die richtigen Proportionen legen.

Ein Selbstporträt in Pastell

Es kann schwierig sein, ein Modell zu finden, denn nicht jedermann ist gewillt, für lange Zeit stillzusitzen, selbst wenn es sich um Familienmitglieder handelt. Dieses Problem lösen Selbstporträts, womit Sie vielen Künstlern, unter anderem Rembrandt, folgen, die sich oft selbst gezeichnet und gemalt haben.

Sie könnten von sich ein ganz anderes Bild haben als das im Spiegel reflektierte. Dreiviertelansichten sind darum gute Motive für ein Selbstporträt. Da Sie sich aus einem ungewöhnlichen Blickwinkel betrachten, ist das persönliche Element weitgehend unterdrückt. Außerdem läßt sich leichter arbeiten, da Sie Ihren Kopf nicht dauernd bewegen müssen. Setzen Sie sich bequem hin, mit einer guten Lichtquelle von einer Seite und einem Spiegel in etwa 1,5 m Entfernung.

Nehmen Sie rote Pastelltöne oder farbige Kreide auf sepia- oder beigefarbigem Papier. Das erhöht den Wirklichkeitsgehalt Ihrer Arbeit. Erinnern Sie sich daran, daß Fleischtöne eher aus einem hellen Braun mit rosa Tönen als aus Rosa bestehen. Konzentrieren Sie sich jedoch bei diesem ersten Porträt auf die Tonwerte und Schatten.

Die Stirn Ihres Kopfes wird wahrscheinlich im Licht sein und die Seiten im Schatten, obwohl auch der umgekehrte Fall möglich ist. Der Kontrast von Licht und Schatten kann verwendet werden, um den Kopf plastisch wirken zu lassen.

Schritt 1: Mit neutralen Farben skizzieren Sie die Hauptformen des Kopfes, des Oberkörpers und des Hintergrundes ein. Arbeiten Sie ganz locker und kümmern Sie sich nicht um Einzelheiten. Zeichnen Sie einfach Ihre Gesichtszüge nach und halten Sie die richtige Form des Kopfes fest. Denken Sie bei Verwendung von Kohle oder Pastell daran, mit entspanntem Handgelenk zu arbeiten, da sonst die Linien zu fest werden.

Schritt 1

Schritt 2: Legen Sie zunächst die großen Flächen der Fleischtöne an, so daß die Zeichnung Ihres Kopfes Volumen bekommt. Legen Sie die beleuchtete Seite Ihres Kopfes fest und zeichnen Sie die Lichter mit weißer Kreide ein. Schatten können mit kühlen Blau- oder Grüntönen eingesetzt werden. Bearbeiten Sie dann den Hintergrund in einer Farbe, die dem Grundton des Kopfes untergeordnet ist.

Schritt 2

Die zwei Gesichtshälften sind nicht identisch. Deshalb ist es wichtig, die Unterschiede zu erkennen und in das Bild einzubeziehen (zur Asymmetrie s. Seite 474). Schauen Sie andauernd von einer Seite Ihres Kopfes zur anderen und vergleichen Sie das, was Sie zeichnen, mit dem, was Sie sehen. Viele Leute haben vorgefaßte Ideen, zum Beispiel über die Größe ihrer Ohren und wo genau sie zu sitzen haben. Verwenden Sie Ihr Wissen über zurückweichende Flächen und Perspektive, wenn Sie Gesichtszüge einzeichnen.
Diese Zeichnungen benötigen eine große Konzentration. Das Sehen ist für diese Studie sehr wichtig, wie überhaupt für die Kunst!

Schritt 3: Entwickeln Sie die Gesichtszüge aus der Linienkontur. Nehmen Sie dunklere Farbtöne als bisher. Mit einem harten Bleistift können Sie eine ganz feine Linie zeichnen. Achten Sie besonders auf die Proportionen Ihres Gesichtes und gleichen Sie die Beziehungen zwischen den Gesichtsteilen, wenn nötig, aus.
Der Kreis um den Mund im ersten Schritt ist nun der Gesichtsteil um das Kinn herum geworden. Die Lichthöhung am Mundwinkel ist jetzt klar festgehalten. Einige hingeworfene Linien deuten das Muster meines Hemdes an und verschmelzen wieder in der Farbmasse unterhalb des Nackens.

Schritt 3

Schritt 4: Verwischen Sie die Pastelltöne mit Ihren Fingerspitzen, um weiche Flächen am Kinn wiederzugeben, und arbeiten Sie noch mehr Linienstruktur in die Haare, Augen und Lippen ein. Der Hintergrund sollte jetzt fertig und so einfach wie möglich gehalten sein, um das Porträt nicht zu beeinträchtigen. Sparen Sie alle Detailarbeit für das Gesicht und die Kleidung auf. Schauen Sie noch einmal genau auf die Farben in den Schattenflächen, da diese in Beziehung zu den Fleischtönen stehen sollten. Diese genaue Beobachtung von Details hilft Ihnen bei der Darstellung eines lebensechten, ähnlichen Porträts.

Schritt 4

Eine Profilstudie

Nehmen Sie das bildnerische Mittel, mit dem Sie am besten umgehen können. Denken Sie aber daran, daß Sie für diese erste Skizze am besten mit einem weichen Bleistift oder einer zugespitzten Holzkohle als mit Tusche und Feder oder einem dicken Kohlestift auskommen.
Setzen Sie die Studie auf ein Blatt Papier von 20 × 25 cm und zeichnen Sie den Kopf groß genug ein. Die meisten Anfänger beginnen mit einem kleinen Fetzen Papier und zeichnen dann auf die Mitte des Blattes winzige Details.
Bitten Sie Ihr Modell, in einer Entfernung von etwa 1,5 m vor Ihnen bequem Platz zu nehmen. Am besten, Sie sitzen beide bequem und entspannt. Ihre Augenhöhe sollte in der gleichen Höhe mit dem zu zeichnenden Kopf liegen.
Wenn Sie als Zeichenplatz Ihr Atelier nehmen, halten Sie wieder Ausschau nach senkrechten und waagrechten Hilfslinien im Hintergrund.
Die Ecken des Zimmers können dafür dienlich sein oder auch die Ecken von Bildern und Regalen, ein Fensterrahmen, eine Gardine, der gerade Abschluß eines Schrankes usw.
Auch einige kleinere Hilfspunkte sollte es geben: zum Beispiel Bücher in einem Regal oder, wie hier, eine Schachtel auf einem Bord. Stellen Sie eine Vase oder ein hohes Glas dazu, falls nichts anderes in der Nähe ist.
Zeichnen Sie zuerst die großen Formen und teilen Sie diese dann in kleinere Unterformen. Schlagen Sie noch einmal die früheren Lektionen auf, falls Sie mit der Zeichnung Schwierigkeiten haben.

Schritt 1: Skizzieren Sie leicht die Kopfform ein. Verwenden Sie nicht die Kreise und Ovale der klassischen Figurenzeichnung, sondern trauen Sie ruhig Ihren Augen! Schauen Sie zuerst auf die negative Form, die Form des Raumes um den Kopf herum.
In diesem Fall dienen das Bord und die Schachtel hinter der Person als rechtwinklige Hilfskonstruktion, die von dem Kopf überschnitten wird. Der Vorderkopf ist fast genau vor der Ecke des Fotorahmens. Die Nase neigt sich fast bis auf das Bord herunter.
Versuchen Sie jetzt die Gesichtszüge in die Kopfform einzusetzen. Verwenden Sie wieder Hilfspunkte für das Nasenende, das Kinn, das Genick. Wenn Sie meinen, daß die Gesichtszüge nicht ganz passen, müssen Sie die Kopfform noch einmal verändern.

Schritt 2: Zeichnen Sie die Gesichtszüge so sorgfältig wie die Teile einer Landschaft ein. Versuchen Sie zu vergessen, daß Sie eine Lippe zeichnen. Behandeln Sie alle Teile wie topographische Einzelheiten. Diese Objektivität ist wichtig! Die meisten Leute denken bei Lippen an ganz bestimmte Dinge und zeichnen deshalb eher ein Symbol der Lippe als die echten Lippen.
Alle Köpfe sehen verschieden aus, da jeder Mensch sich vom anderen unterscheidet. In der Porträtmalerei müssen Sie diese Unterschiede betonen, um keinen Stereotyp zu schaffen. Achten Sie auf das Besondere, nicht so sehr auf das Allgemeine.
Denken Sie daran, Ihren Zeichenstil abzuwechseln, andernfalls würde Ihre Zeichnung wie ein Scherenschnitt wirken. Die Umrißzeichnung muß an einigen Stellen ganz fein gezeichnet werden.
Skizzieren Sie nun die Schatten und etwas vom Hintergrund ein.

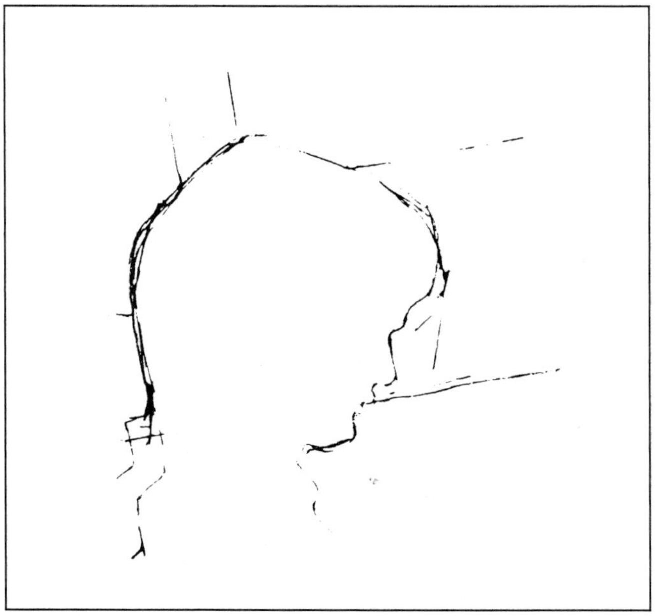

Schritt 1

Schritt 2

Schritt 3: Füllen Sie jetzt die Details aus. Legen Sie die Strichführung des Haares in seiner natürlichen Wuchsrichtung an.
Vergessen Sie nicht die weichen, feinen Details, wie Augenbrauen und Wimpern. Gerade diese Feinheiten geben einem Kopf sehr viel Charakter. Zeichnen Sie in den Hintergrund einige erkennbare Gegenstände ein, damit der Betrachter sich auch das reale Umfeld der Studie vorstellen kann.
Die Schnörkel auf dem Bilderrahmen müssen nicht unbedingt da sein. Ohne diese Verzierung könnte jedoch der Rahmen und die einskizzierte Fotografie alles mögliche sein. Halten Sie diese Stelle mit der Hand zu und beachten Sie den Unterschied für die Komposition.

Schritt 3

Wir nehmen eine Vorlage

Porträtstudien werden Sie feststellen lassen, wie wenig Sie eigentlich vorher wirklich wahrgenommen haben – und: wie interessant und schön ein Gesicht sein kann. Jedes der Bilder auf dieser Seite gibt einen anderen Einblick in das Modell. Deshalb können Künstler auch immer wieder sich selbst oder ein Modell malen, ohne das Interesse daran zu verlieren.

Eine ganze Menge können Sie aus den Werken guter Künstler lernen. In der angefügten Biographie wichtiger Künstler können Sie sich orientieren. Blättern Sie auch in Kunstbüchern über Porträts oder einzelne, Sie faszinierende Künstler. Analysieren Sie dabei die Art und Weise, wie negative Formen verwendet werden.

Wenn Sie eine Studie nach einem Original oder einer Reproduktion machen, werden Sie merken, daß ein kleiner Unterschied zwischen Ihrer Arbeit und dem Original das Resultat erheblich verändert.

Eine interessante Übung ist es, die Reproduktion, die Sie kopieren wollen, umzudrehen. Auf diese Weise haben schon einige Kunststudenten wesentlich bessere Ergebnisse erzielt. Es ist viel einfacher, etwas zu zeichnen und zu malen, das »abstrakt« aussieht. Auch die Versuchung, nach vorgefaßten Ideen und Bildern zu malen, nimmt stark ab. Nehmen Sie eine Abbildung oder eine billigere Reproduktion wie im Beispiel unten. Dann können Sie sogar darüberzeichnen oder sogar -malen, ohne befürchten zu müssen, einen wertvollen Druck zu zerstören.

Bevor Sie nun aber denken, wir seien inkonsequent, weil wir Sie jetzt anhalten, etwas zu kopieren, nachdem wir die ganze Zeit über davor gewarnt haben, sollten Sie daran denken, daß das jetzt zu einem ganz bestimmten Zweck geschieht. Die Technik der Porträtmalerei ist viel schwieriger als in anderen Genres, besonders wenn Sie Ähnlichkeit anstreben (siehe die gegenüberliegende Seite).

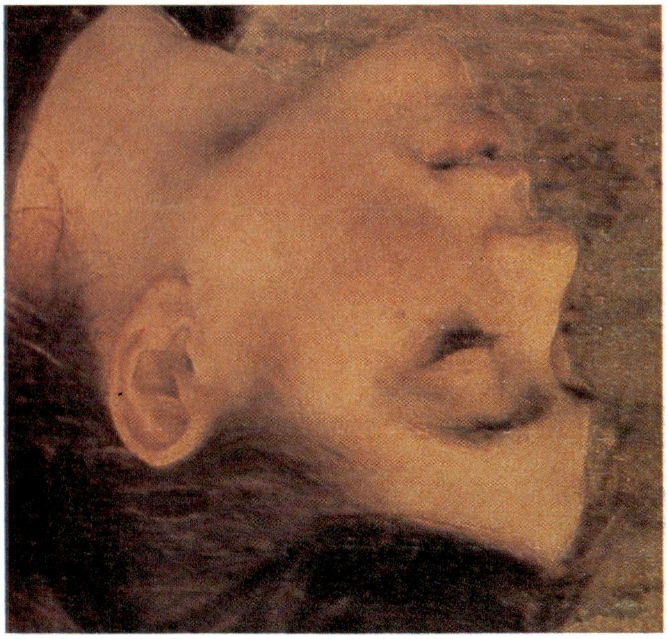

Wie man Ähnlichkeit erzielt

Einer der Hauptpunkte zur Herstellung von Ähnlichkeit in einem Porträt wurde bereits angesprochen: Nicht das zeichnen, was Sie glauben, es müßte da sein, sondern die besonderen Proportionen und Gesichtszüge eines Kopfes wahrnehmen.
Es gibt jedoch auch schlechte Porträts, die der sitzenden Person durchaus ähnlich sehen, und gut gemachte Porträts, die nicht sofort identifizierbar sind. Um Ähnlichkeit zu erzielen, müssen Sie die Charakteristika, die ein Gesicht einmalig machen, identifizieren und sogar übertreiben können. Diese Merkmale sind fast immer in der Kopfform, dem Mund und den Augen verborgen, den Gesichtsteilen, die mit wenig Bewegung eine große Informationsbreite ausdrücken können.

Asymmetrie

»Porträt von Stieglitz« von Coburn

Wenn Sie an Porträts »en face« arbeiten, müssen Sie sich noch mehr vor vorgefaßten Ideen in acht nehmen. Zeichnen oder malen Sie das, was Sie wirklich sehen. Andernfalls setzen Sie nur Symbole ein statt wirkliche Gesichter.

Die Vorderansicht eines Kopfes ist am geläufigsten. Ein Kind zeichnet zuerst diese Ansicht, und auch im Spiegel erblicken Sie zunächst diese Seite. Leider ist diese Ansicht aber auch dazu angetan, Vorurteile zu nähren. Viele Leute glauben zum Beispiel, daß ihr Gesicht völlig symmetrisch sei. Das ist es aber nicht! Sie glauben genau zu wissen, wo die Gesichtsteile sitzen und, noch schlimmer, wie Zeichnungen dieser Teile aussehen müßten. Die Fotos auf dieser Seite zeigen, wie unsymmetrisch selbst ganz regelmäßige Gesichter in Wirklichkeit sind.

Haltungen

Es gibt viele Konventionen in der Porträtmalerei. Oft wird eine Dreiviertelansicht verwendet, und der Sitzende wird etwas höher als der Künstler plaziert. Die Arbeit wird meistens auf einem Hochformat ausgeführt, und das Bild beschränkt sich auf Kopf und Oberkörper. Größere Studien zeigen die obere Hälfte des Körpers, eventuell mit den Händen zusammen. Manchmal wird auch die ganze Figur abgebildet.

Ein Mann bei seiner täglichen Arbeit

Ein Mädchen am Klavier

Kompositionsstützen im Hintergrund

Viele Porträts werden im Atelier nur mit einem farbigen Tuch hinter dem Kopf angefertigt. Andere Porträts zeigen einige zum Modell gehörende Dinge, um dessen Stellung anzudeuten.

Seit dem 19. Jahrhundert sind Porträts weniger formal geworden. Man kann die betreffende Person bei der Arbeit oder bequem sitzend zeigen, als ob die Entscheidung zum Malen ganz spontan gefallen wäre. Muster und Farbe können in bestimmten Porträtarten betont, die normalen Wirkungen von Licht und Schatten abgeschwächt werden. Das Ergebnis ist eine Vielzahl gemusterter Formen, fast eine Collage von ausgeschnittenen Mustern, die sehr dekorativ wirkt.

Sie können ein Motiv finden, das bereits sehr starke Muster aufweist, zum Beispiel ein Zimmer mit gemusterten Vorhängen, Tapeten und Teppichen.

Andernfalls können Sie auch ein wenig nachhelfen. Überreden Sie die Freunde, für Sie in starkfarbiger, gemusterter Kleidung zu sitzen. Das ist ein lohnender Arbeitsgang, um Figuren in einer dekorativen Umgebung zu studieren. Viele Maler ließen sich von starken Farben und Mustern inspirieren. Beides sind grundlegende Elemente in der Kunst, egal, welches Thema dargestellt ist.

»Mädchen mit Blumen« von Snow

Ein Porträt in Aquarell

Für Anfänger ist eine Porträtstudie in Aquarell eine technische Herausforderung. Man sollte es einmal versuchen, aber vom Resultat nicht zu enttäuscht sein.
Lohnender ist es, die Aquarelltechnik mit einem anderen Medium zu verbinden. Man kann z. B. Aquarellfarben in eine Bleistiftzeichnung einfügen oder die Grundformen farbig anlegen und mit Bleistift und Pastellkreide weiterarbeiten.

Schritt 1: Am schwersten fällt gewöhnlich die Entscheidung, wo man den Kopf auf das Blatt setzen soll. Da das Haar die größte Tonwertfläche ausmacht, ist es ratsam, damit anzufangen. Das Haar dominiert das Gesicht und bestimmt auch die übrige Komposition. Nehmen Sie eine flächige Lavierung und einen großen Pinsel. Konzentrieren Sie sich auf die Grundform und kümmern Sie sich noch nicht um Einzelheiten.

Schritt 2: Wenn Sie die Stellung des Kopfes gefunden haben, zeichnen Sie die Umrißlinie des Gesichtes und des Körpers. Vermeiden Sie auch zu diesem Zeitpunkt noch jedes Detail. Bisher legen Sie nur die Grundpfeiler der Komposition fest.

Schritt 1

Schritt 2

Schritt 3: Denken Sie über die Tonwerte des Gesichtes nach und versuchen Sie die Komplexität von Farbe und Tonwert auf einen sehr einfachen, einzelnen Farbton zu beschränken. Mischen Sie diese Farblavierung aus und tragen Sie damit die Gesichtszüge ein. Mit einigen dunkleren Tupfen können Sie noch Schatten andeuten.

Schritt 4: Nun bearbeiten Sie auch das Haar weiter. Malen Sie Licht-und-Schatten-Zonen in die Grundfarbe des Haares. Damit geben Sie dem Kopf Plastizität. Schauen Sie wieder auf die Modellierung des Gesichtes und verstärken Sie die Schatten um Wangen und Augen. Legen Sie nun auch die übrige Figur weiter an, um die Tonwerte und Farben des Haares, des Gesichtes und des Körpers festzulegen.

Schritt 3

Schritt 4

Schritt 5: Noch mehr Details einzusetzen, kann Ihnen jetzt schwerfallen. Schauen Sie aber trotzdem noch einmal auf Ihr Modell und zeichnen Sie die Einzelheiten ein, die an die zu malende Person zumindest erinnern. Lassen Sie sich aber nicht zu sehr auf solche Details ein, damit Sie nicht die Hauptfarben zerstören.

Schritt 6: Nun tragen Sie die Hintergrundfarbe ein. Überprüfen und korrigieren jetzt noch einmal Ihre Hauptfarben in Gesicht und Körper der Person.
Mit sauberem Wasser und Pinsel verwischen Sie vorsichtig die harten Linien, um weiche Übergänge zu erzeugen.

Schritt 5

Schritt 6

Schritt 7: Schließen Sie das Porträt ab, indem Sie noch einmal alle Farben- und Tonwerte übergehen und zu dunkle Stellen mit dem Schwamm auswaschen. Nicht nur die Gesichtszüge sollten Ähnlichkeit mit dem Modell aufweisen, auch die Farbgebung muß mit dem Vorbild in etwa übereinstimmen. Bei einem blonden Menschen werden die Fleischtöne wahrscheinlich pfirsichfarben oder rosa aussehen. Ein Braunhaariger wird einen olivfarbigen Teint haben. Farbige Menschen können Sie mit Umbra gebrannt oder Siena wiedergeben.

Mit einem kleinen Pinsel setzen Sie nun die Augen, den Mund und die Nasenflügel ein. Arbeiten Sie noch die Kleidung und den Körper weiter aus. Legen Sie die Schulterpartie, die Oberarme und die Nackenlinie fest. Übertreiben Sie aber diese Arbeit nicht, da die übrige Figur sonst von dem Porträt ablenkt.

Schritt 7

Porträts in Öltechnik

In allen Lektionen dieses Buches, in denen wir mit Ölfarben gearbeitet haben, führten wir immer wieder die Notwendigkeit aus, Ihr Motiv einfach und direkt anzugehen.

Das Porträt, das auf Seite 485 vollendet zu sehen ist, soll nun eine Art Zusammenfassung der Arbeit von zwölf Monaten sein. Und doch ist es im Grunde ein einfaches Bild: ein Junge in einem Alltagspullover. Es gibt keine Kompositionsstützen im Hintergrund, keine komplizierten Stellungen oder Haltungen, auch keine Hände oder Lichteffekte, die vom Gesicht ablenken könnten.

Zu Anfang suchen Sie Ihr Modell mit Bedacht aus. Ein Mitglied Ihrer Familie, das regelmäßig sitzen kann, ist wohl die beste Lösung. Arbeiten Sie jetzt noch nicht nach Fotografien! Sie arbeiten, um Ihr Auge, Ihre Hand und die Zusammenarbeit beider zu entwikkeln.

Wenn Sie Ihr Modell ausgesucht haben, stellen Sie in einer Ecke Ihres Ateliers einen Sessel oder einen Stuhl auf, und natürlich Ihre Staffelei. Verwenden Sie nach Möglichkeit elektrisches Licht, damit Sie nicht vom Tageslicht abhängig sind und arbeiten können, wann Sie wollen.

Lassen Sie Ihr Modell bequem sitzen und finden Sie auch für sich eine bequeme Arbeitsposition. Bitten Sie um einen ganz normalen Gesichtsausdruck, damit Sie nicht einem Lächeln nachjagen müssen, das sich von Minute zu Minute verändert. Das Modell sollte eine bequeme, aber für Sie interessante Kleidung tragen.

Hier wollte ich die Tonwertbeziehungen zwischen den blauen und braunen Farben erforschen. Deswegen waren der Pullover mit seinen Farbbändern und das kontrastierende Hemd dazu von Vorteil. Auch wenn ich ein Porträt malen wollte, fühlte ich mich dennoch nicht zu fotografischer Genauigkeit gezwungen. Einen ganzen Tag für die Farbe der Augen zuzubringen, mag für Sie faszinierend sein. Eine Woche sich mit dem Zusammenspiel der Fleischtöne und der dunkleren Nackenfarben zu beschäftigen, kann allerdings noch aufregender und sinnvoller sein.

Bevor Ihr Modell sitzt, grundieren Sie schon Ihre Leinwand. Wählen Sie ein Format aus, das Ihrem Vorhaben entspricht. Für ein Porträt mit Figur in voller Länge hätte ich ein längeres Format genommen, während für den Kopf allein ein quadratisches Format ausgereicht hätte. Dieses Rechteck war gerade richtig für meine Zwecke. Ich verwendete meine bevorzugte Untermalung in Umbra natur. Während des Trocknens machte ich einige Skizzen von den Umrissen des Kopfes und den Gesichtszügen.

Schritt 1: Die Skizzen wurden aus zwei Blickwinkeln gemacht, so daß ich die Brillengläser und ihre Wirkung auf die Gesichtsform studieren konnte. Früher hätten die Maler wahrscheinlich das Modell gebeten, die Brille abzusetzen. Wenn das Modell diese Brille aber jeden Tag trägt, ist sie Teil seiner Persönlichkeit. Beachten Sie, daß ich nicht die formale Perspektive mit Kreisen und Ovalen benutzte. Ich ziehe immer die direkte Beobachtung vor.

Legen Sie die Form des Haares und den Umriß des Gesichtes fest. Die Nase ist ein dominierender Gesichtsteil und manchmal etwas schwer in den richtigen Proportionen zu zeichnen. Schauen Sie ganz sorgfältig! Sehen Sie, wie der Abstand zwischen den Augen die Nasenwurzel bildet und wie die Fläche über den Lippen die Nasenflügel bestimmt?

Setzen Sie Ihre Zeichen leicht, aber bestimmt! Nehmen Sie für die dunklen Teile einen Kohlestift. Halten Sie den Stift ganz leicht und beweglich. Denken Sie daran: Das sind nur Arbeitsskizzen! Wenn diese zu sehr ausgearbeitet sind, werden Sie sich die fertige Arbeit gar nicht mehr vorstellen können.

Wenn Sie unsicher sind, die Proportionen des Gesichtes vom Entwurfsblatt korrekt auf die Leinwand zu übertragen, können Sie natürlich Ihre Vorzeichnung auf die Leinwand abpausen. Ich würde Ihnen aber lieber raten, die Vorzeichnung auf der Leinwand ebenfalls mit freier Hand auszuführen. Wenn Sie die Leinwand drehen, können Sie die Richtigkeit Ihrer Zeichnung im Verhältnis zur Fläche des Bildes überprüfen. Denken Sie daran, daß Sie noch Platz für die Schultern und den Pullover brauchen.

Schritt 1

Schritt 2: Jetzt können Sie anfangen! Legen Sie über den Hintergrund ein dunkles Umbra mit einem ziemlich großen Pinsel und lassen Sie die Stelle des Kopfes dünner stehen. Malen Sie das Haar ganz grob ein und nehmen Sie das dunkle Umbra für die Umrißlinie an der linken Gesichtsseite. Mit einem rosa Farbton und purpurvioletten Lichthöhungen tragen Sie in kurzen, waagrechten Strichen die Gesichtszüge ein. Vertiefen Sie die Schatten unter den Augenbrauen, formen Sie die Nase und fügen Sie noch einige andere Details hinzu: die Linie der Oberlippe, den hellen Ockerton an der Kinnspitze, den dunklen Rand der Augäpfel. (Der rote Farbtupfen auf dem rechten Auge war ein Versehen!) Diese Phase ist leicht vergrößert wiedergegeben, damit Sie die Pinselstriche besser erkennen können.

Schritt 2

Schritt 3: Jetzt legen Sie über das ganze Gesicht einen neutralen Beigeton. Merken Sie, wie die rosa und purpurvioletten Striche dem Gesicht Volumen verleihen? Mit einer verdünnten Gelb-Beige-Mischung skizzieren Sie die Spiegelungen auf den Gläsern und dem Brillengestell ein. Versuchen Sie nie Brillenglas als solches zu malen!

Nehmen Sie für das Haar ein dunkleres Braun und arbeiten Sie damit in das Blondbeige hinein. Geben Sie etwas Blau in diese Mischung und malen Sie den Nakken, der mit etwas mehr Blau einen Schatten vom Hemdkragen und Pullover erhält. Ein tiefes Blau im Pullover wird von den farbigen Streifen akzentuiert. Der abschließende Schatten in brauner Farbe um den ganzen Kopf herum erzeugt eine sehr malerische Atmosphäre.

Schritt 3

Ein Doppelporträt

Es macht manchmal viel Spaß, eine Alltagsszene Ihres Familienlebens im Bild festzuhalten. Das trifft vor allem für Kinder zu, die allerdings ganz in ihr Spiel vertieft sein müssen, bevor man sie malen kann. Am besten ist, Sie beschäftigen Ihre Kinder mit etwas, das sie fesselt, damit sie nicht im Zimmer herumspazieren.

Schritt 1: Machen Sie eine Vorzeichnung mit Kohle oder Conté.
Beim ersten Versuch waren die Figuren zu groß. Ich wollte nämlich auch noch etwas vom Zimmer einbeziehen. Mit dem gepolsterten Stuhl und dem altmodischen Kamin konnte ich eine heimelige Atmosphäre erzeugen.

Lassen Sie die Linien stehen und zeichnen Sie die Figuren noch einmal mit einer verdünnten Mischung aus Umbra gebrannt und Ultramarin. Wenn Sie die Linien ausradieren, bevor Sie die Figuren nachgezeichnet haben, wird es Ihnen schwerfallen, die Proportionen zu verändern. Ihre Hand wird immer die gleichen Linien entlangfahren. Wenn Ihnen die Gesamtkomposition zusagt, können Sie die alten Linien mit einem Lappen und Terpentin wegwischen. Führen Sie den Hintergrund noch ein wenig mehr aus.

Schritt 1

Schritt 2: Sobald eines der Kinder einen Nachmittag zu Hause sein sollte, nutzen Sie die Gelegenheit und beginnen mit dieser Figur. Sie haben zwar die Skizzen und Vorstudien zur Hand. Eine lebendige Person vor Augen erleichtert Ihnen jedoch Ihre Arbeit.
Tragen Sie die Hauptfarben in einer Mischung aus Rot und Weiß in verschiedenen Nuancen ein. Arbeiten Sie frei und zügig in großen Pinselstrichen. Details werden Sie später einsetzen. Für die Hosen nehmen Sie Siena und Weiß, für die Umrisse der Schuhe ein reines Siena.
Jetzt sollten Sie die wichtigsten Dinge im Zimmer malen: den Kamin, das Kaminsims, den Stuhl und die Teppichecke. In diesem Bild ist das Zimmer genauso wichtig wie die Figuren.
Um der gußeisernen Kamineinfassung noch mehr Halt zu geben, legen Sie eine Untermalung mit verdünntem Schwarz an. Nach dem Trocknen malen Sie darüber den Beigeton. Der ganze Kamin sollte ganz deutlich ausgeführt sein. Warten Sie jeweils, bis die Farbschichten trocken sind.
Das übrige Bild wird in weicheren Linien gemalt, ganz nach Ihrer Technik und Ihren Materialien. Heben Sie sich das Kamingitter, den Kessel und den Kohlenbehälter für später auf, da diese Gegenstände die Farben Ihrer Umgebung reflektieren.
Der Stuhl ist ziemlich flächig ausgefallen. Sie können die Tiefenwirkung durch Schattengebung noch verstärken. Verschwenden Sie aber nicht zuviel Zeit damit! Der Stuhl ist nur Teil des Hintergrundes.

Schritt 2

Schritt 3: Nun malen Sie das übrige Zimmer. Für den Teppich ist Alizarinkarmesin die richtige Farbe. Auch im Flickenkissen und dem Sessel wird diese Farbe wieder aufgenommen. Solch ein Stuhl oder Sessel wäre für Ihre Komposition eine angenehme Formergänzung und ein interessanter Kontrast von fester Linie und weicher Textur der Polsterung. Natürlich kann so etwas schwer wiederzugeben sein. Seien Sie aber deswegen nicht entmutigt!

Jetzt arbeiten Sie an der zweiten Figur. Malen Sie die Kleidung in breiten Strichen und lassen Sie die Modellierung für später übrig. Nun legen Sie die Hauttöne beider Figuren an und malen die Gesichter, die Arme und Hände. Achten Sie gut auf die Stellung der Finger und Hände, aber versenken Sie sich nicht in zu kleinteilige Detailarbeit.

Für das Teppichmuster nehmen Sie ein dunkleres Rot und ein Umbra gebrannt, für die Metallteile eine Mischung aus hellem Ocker und Siena gebrannt.

Das Bild ist nun fast fertig. Hören Sie für einen Moment auf und schauen Sie Ihr Bild nach einer Weile wieder an. Ein frischer Blick zeigt Ihnen vielleicht noch einige Mängel.

Schritt 3

Schritt 4: Nach einer Pause von einem oder zwei Tagen kehren Sie zu Ihrem Bild zurück und versuchen nun die Details einzusetzen, die das Gefühl eines spontanen Spieltages vermitteln sollen.
Vertiefen Sie hier und da die Schatten mit einigen grauen Farbtönen für das Kaminsims und einigen hellen Ockertönen für das gelbe Hemd.
Links oben im Bild malen Sie die Bücher mit klaren Farben ein. Geben Sie für die Wangenknochen noch etwas Rosa hinzu und malen Sie ein stärkeres Rosa in die Socken. Das Bein mit dem Tennisschuh ist etwas komisch plaziert, aber ein starker Schatten darunter verbessert diese Haltung.
Einige Farbtupfen auf der Zeitung und der farbige Streifen um das Pinselglas herum hält die Farbgebung im warmen und fröhlichen Bereich.

Seien Sie niemals entmutigt, wenn Sie schwierige Motive nicht gleich in Perfektion schaffen. Seien Sie kritisch gegenüber Ihrer Arbeit und doch realistisch in Ihren Erwartungen. Diese letzten Übungen fassen die Erfahrung eines ganzen Maljahres zusammen. Wenn Sie sich immer nur an kleine, bescheidene Themen heranwagen, werden Sie nie Fortschritte machen.

Schritt 4

Wir verbinden alle erlernten Fähigkeiten

Jetzt, wo Sie die Lektion 12 fast beendet haben, werden Sie feststellen, wie eng alle Übungen miteinander verbunden waren. Wir haben zwar in jeder Lektion bestimmte Dinge ausgeführt, nun ist es aber Zeit zu wissen, daß Sie das Können jeder Lektion auf alle anderen Lektionen und Übungen ebensogut und sinnvoll anwenden können.
Diese Übung hier ist ein gutes Beispiel für die Möglichkeit, viele verschiedene Techniken und Methoden bei einem Thema austauschen zu können. In der Zeichnung 1 wurde das Modell zunächst mit einer schwarzen Lavierung als Tonstudie behandelt. Der Hintergrund wurde schnell und vage umrissen.
Die Zeichnung 2 in Tusche und Feder ist genauso einfach gehalten. Trotzdem ist es diesmal das Porträt eines einzelnen Charakters. Die Gesichtszüge sind einskizziert, und der Eindruck ruhiger Stärke ist mit dem geringsten Aufwand an Mitteln erreicht.
Diese Auswahl der bildnerischen Mittel kann zu jeder passenden Gelegenheit getroffen werden.
Verwenden Sie alles, was Sie sehen und was Sie denken, auch frühere Übungen und Themen, nur jetzt in einem neuen Gewand.
Beginnen Sie noch einmal mit der Lektion 1 und machen Sie mehrere, perspektivische Zeichnungen vom Kopf Ihres Modells, ähnlich wie Zeichnung 3. Konzentrieren Sie sich auf Zylinder, Kreise und Rechtecke. Zeichnen Sie die erste Skizze in Kohle, dann in Conté. Auch wenn beide Zeichnungen ähnlich ausfallen, werden sie doch unterschiedlich wirken.

Beispiel 1

Probieren Sie auch einmal eine Pastellskizze aus, wie in der Zeichnung 4 auf der nächsten Seite. Nehmen Sie dazu ein rauhes Papier und einen farbigen Hintergrund, um die Textur zu verstärken.
Dann können Sie Aquarellfarben oder eine Tuschelavierung für eine Tonwertzeichnung einsetzen, wie ich es in den Bildern auf dieser Seite getan habe. Versuchen Sie eine Zeichnung nur in Braun- und Sepiatönen anzulegen und achten Sie darauf, wie dieser Farbwechsel den Gesamteindruck vertieft und weicher macht.
Als nächste Technik verwenden Sie wieder Ölfarbe für eine Farbstudie mit wenigen Details.
Setzen Sie Ihr Modell nahe ans offene Fenster und lassen Sie das Licht hereinströmen, um das ganze Farbspektrum zu gewinnen. Probieren Sie einige Kompositionen im Garten aus, und schon haben Sie ein neues Betätigungsfeld. Wenn Sie zum Strand oder zur Badeanstalt gehen, haben Sie ohne große Probleme eine Wasserlandschaft vor sich. Die gleiche Figur kann, gegen die Wand eines Kiosk gelehnt, gemalt werden.
Mit nur einem Modell und verschiedenen Umgebungen können Sie also Hunderte von Kompositionen in allen möglichen Techniken und mit allen bildnerischen Mitteln ausführen. Sie brauchen nur ein wenig Mut!

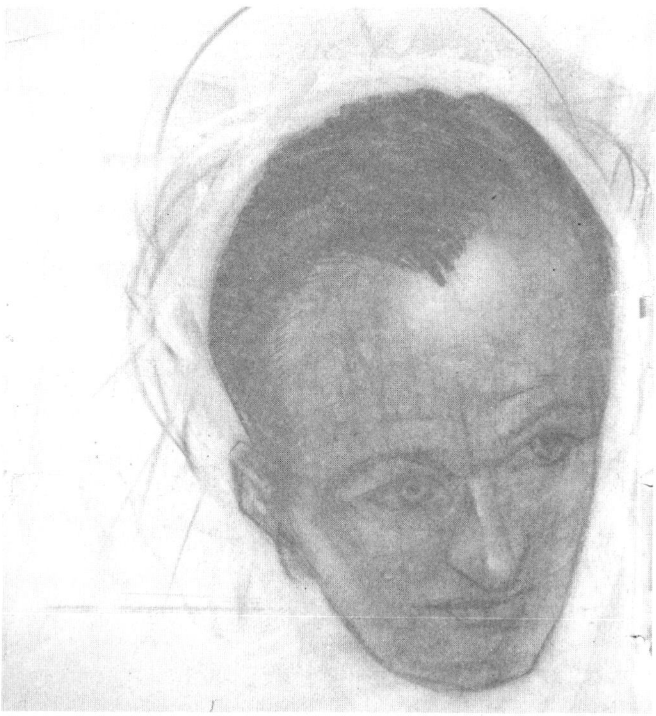

Beispiel 3

Beispiel 2

Beispiel 4

Beispiel 5

Beispiel 6

Noch ein Übungsvorschlag

Fotorealismus

Der Fotorealismus ist ein Versuch, Bilder mit dem realistischen Anspruch einer Fotografie zu malen. Meistens sind deshalb auch Fotos die Arbeitsgrundlage dieser Malerei.

Diese Technik wird nicht jedermann behagen. Trotzdem kann es ganz nützlich sein, einmal einen Versuch in dieser Technik zu wagen. Sie können dafür jedes Mittel verwenden: Aquarell, Pastell, Ölfarbe oder Acrylfarbe. Für Anfänger sind Pastellfarben am leichtesten einzusetzen, da sie mit den Fingern verrieben werden können und schöne Effekte erzeugen. Wenn Sie in Öl arbeiten, wäre ein langsam trocknendes Malmittel sinnvoll. Wenn Sie nämlich die nötigen Farben in das Gitter eingesetzt haben, werden sie dann immer noch feucht genug sein, um miteinander verbunden zu werden.

Schritt 1: Zeichnen Sie über eine Fotografie ein Gitternetz, um die Farben und Tonwerte zu unterteilen.

Schritt 2: Teilen Sie Ihr Papier oder Ihre Leinwand ebenfalls in kleine Quadrate – je kleiner, desto genauer werden Sie malen. Übertragen Sie nun jeden Farbfleck aus dem Foto in das entsprechende Quadrat auf Ihrem Bild.

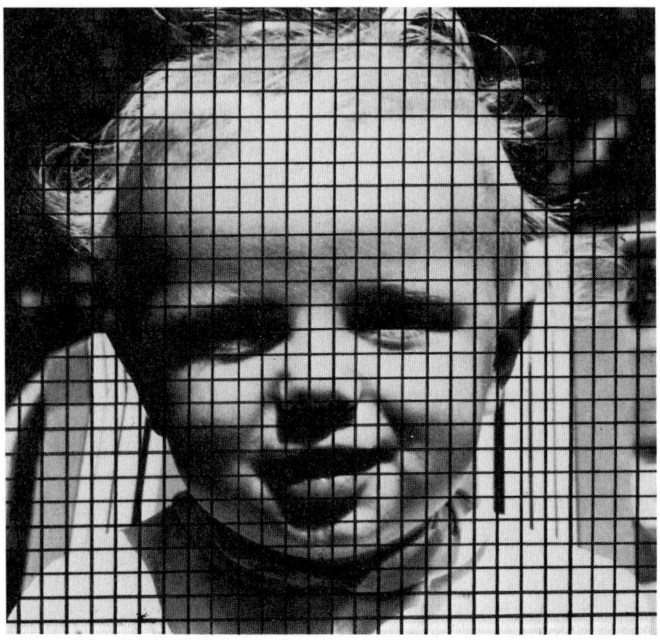

Schritt 1

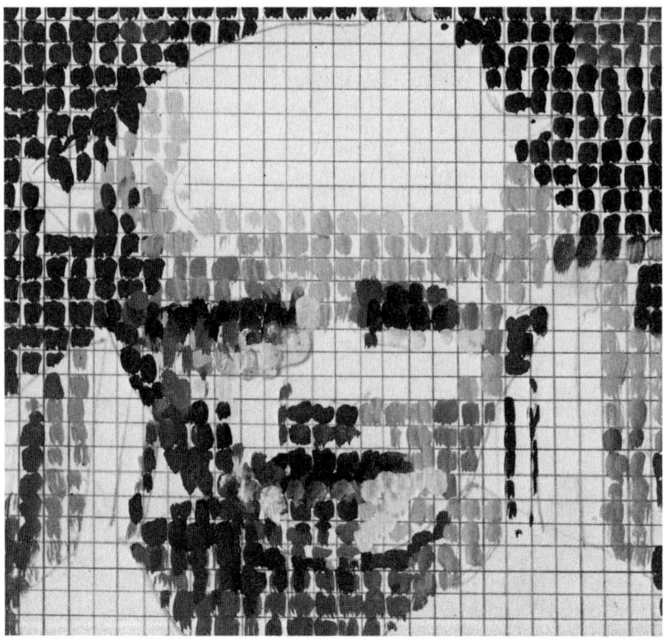

Schritt 2

Schritt 3: Verwischen Sie nun sorgfältig die Kanten bzw. Trennlinien zwischen den Quadraten, bis das Gitter nicht mehr sichtbar ist.

Schritt 3

Schritt 4: Zum Schluß fügen Sie noch einige Details und Textur hinzu.

Schritt 4

Anhang

Künstlerbiografien

Angelico, Fra 1387/88-1455, Dominikanermönch aus Florenz, gilt als einer der größten Meister der Frührenaissance. Die Fresken und das Altarbild im Kloster San Marco in Florenz sind das beste Beispiel seines kraftvollen Stils, für den eine einfache, direkte Malweise und die exakte Wiedergabe der Perspektive charakteristisch sind.

Audubon, John-James 1780?–1851, amerikanischer Ornithologe und Illustrator, bekannt durch sein Buch »Birds of America«. Seine farbigen Kupferstiche geben das Motiv wissenschaftlich exakt wieder und zeichnen sich durch eine erfrischend natürliche Komposition aus.

Bacon, Francis geb. 1909, englischer Maler irischer Herkunft. Seine Bilder lassen an Alpträume denken, nicht so sehr aufgrund ihrer Komposition, sondern eher wegen der Art und Weise, wie Bacon von der Farbe Gebrauch macht. Kräftige Pinselstriche mit dicker Farbe werden ineinandergewischt und verleihen den stummen Schreien seiner verzerrten Figuren Leben.

Beardsley, Aubrey 1872–1898, englischer Zeichner, bekannt für seine erotische Schilderung der Dekadenz der Gesellschaft des »Fin de Siècle«, der neunziger Jahre des 19. Jh. Seine schattenlosen, scharfkonturierten Bilder in Schwarzweiß zeigen den Einfluß japanischer Holzschnitte, die während des Jugendstils sehr beliebt waren.

Beckmann, Max 1884–1950, deutscher Maler und Graphiker, führender Expressionist. Thematisch stark beeinflußt durch seine Zeit als Sanitätssoldat im Ersten Weltkrieg. Stilistisch beeinflußt durch Bosch, zeigt Beckmann in seinen dichtgedrängten Figurenbildern in grellen Farben mit harten, schwarzen Konturen Leid und Elend, das durch Gewalt und Aggression hervorgerufen wird.

Bernard, Emile 1868–1941, französischer Maler und Kunstkritiker, einer der Erfinder des Cloisonnismus (Umrandung der farbigen Flächen durch dunkle Konturen wie bei der Cloisonné genannten Emailtechnik). Einfluß auf die Malweise Gauguins.

Blake, Peter geb. 1932, englischer Maler, einer der Wegbereiter der Pop-art. Seine Arbeiten (gemalte Collagen) gehen in Richtung Graphik, Werbegraphik oder sogar Comic strips.

Blake, William 1757–1827, englischer Maler, Kupferstecher und Dichter. In seinen Gedichten und den dazugehörigen Illustrationen zeigt sich seine mystische Weltanschauung. Mit seinen phantasievollen Zeichnungen illustrierte er das Buch Hiob, Werke von Shakespeare, Milton und Dante. Vorläufer der Präraffaeliten.

Bonnard, Pierre 1867–1947, französischer Maler und Graphiker, führender Vertreter des Nachimpressionismus. Sein Stil ist beeinflußt von Gauguin und der japanischen Holzschnittkunst. Nach 1900 wird seine Arbeit naturalistischer und beruht nun auf stillen Interieurs aus dem täglichen Leben, die er in hellen reinen Farben in Impastotechnik malt. »Bei der Toilette« (Musée National d'Art Moderne, Paris) ist typisch für den Stil der sogenannten »Intimisten«.

Bosch, Hieronymus um 1450–1516, niederländischer Maler und wohl der berühmteste Vertreter der phantastischen Malerei. Seine reiche Farbpalette, seine Komposition und sein Sinn für feinste Details ergänzen sich hervorragend in seinen lebhaften, oft grauenerregenden Bildern, seinen religiösen und allegorischen Szenen. Die meisten seiner Werke befinden sich im Prado in Madrid.

Botticelli, Sandro 1444/45–1510, florentinischer Maler. Sein eigenständiger Stil, die ausdrucksvolle und lebendige, lineare Wiedergabe weltlicher Allegorien und religiöser Motive machten ihn zu einem der bedeutendsten Meister der Frührenaissance. Botticelli wirkte bei der Ausmalung der Sixtinischen Kapelle mit. Seine wohl bekanntesten Werke, »Allegorie des Frühlings« und »Geburt der Venus«, hängen in den Uffizien in Florenz.

Boudin, Eugène 1824–1898, französischer Maler, dessen kleine Küstenbilder und Seestücke aus der Landschaft um seinen Heimatort Honfleur in der Normandie großen Einfluß auf die Maler des Impressionismus, besonders Monet, hatten.

Braque, Georges 1882–1963, bedeutender französischer Maler des 20. Jahrhunderts, schuf mit Picasso zusammen den Kubismus. Es war sein Hauptanliegen zu zeigen, daß Formen und der sie umgebende Raum eine Einheit bilden. Auch Collagetechnik und typographische Elemente gehören zu seinem Werk.

Bruegel, Pieter der Ältere genannt »Bauernbruegel« um 1525–1569, niederländischer Maler und Kupferstecher, einer der größten Landschaftsmaler des 16. Jahrhunderts. Berühmt für seine geistreich und liebevoll wiedergegebenen Bauernszenen. Ein wunderbares Beispiel für seine meisterhafte Komposition und seine vollendete Technik ist die Serie »Die Monate«, von der noch fünf Bilder erhalten sind. (Kunsthistorisches Museum, Wien; Metropolitan Museum, New York; Nationalgalerie, Prag.)

Buffet, Bernard geb. 1928, einer der bekanntesten zeitgenössischen Maler Frankreichs. Seine dem Realismus zuzuordnenden Bilder sind großflächig angelegt und mit schwarzen Konturen versehen.

Canaletto, (eigentlich Giovanni Antonio Canal), 1697–1768, italienischer Maler und Radierer. Ihm gelang es, das Atmosphärische einer Stadt einzufangen, was ihn unter den anderen Vedutenmalern hervorhebt. Canaletto hatte praktisch das Monopol auf den Verkauf von Städteansichten an die Bildungsreisenden auf der Grand Tour durch Europa.

Cézanne, Paul (1839–1906), französischer Maler, der vielfach als Begründer der modernen Kunst bezeichnet wird. Seine Vorstellungen von der Reduzierung aller natürlichen Formen auf Zylinder, Kugeln und Kegeln wurden vor allem von den Kubisten übernommen. Seine Malerei zeichnet sich aus durch delikate Tonwerte und Schattierungen.

Chardin, Jean-Baptiste Siméon 1699–1779, französischer Meister des 18. Jahrhunderts, unübertroffen im Umgang mit Öl- und Pastellfarben. In seinen Stilleben und Porträts ist die Atmosphäre in zauberhaften Farben eingefangen.

Cimabue, (eigentlich Cenni di Pepo) um 1240–1302?, italienischer Maler. Zusammen mit seinem Schüler Giotto gilt auch er als einer der Begründer der modernen Malerei, die dazu beitrugen, daß die traditionellen byzantinischen Formen mit Leben erfüllt und realistischer wurden.

Constable, John 1776–1837, englischer Maler, zu Lebzeiten recht unbekannt, gilt heute als einer der besten Landschaftsmaler des 19. Jahrhunderts. Constable malte nur nach der Natur, seine Motive stammen ausschließlich aus der Umgebung von Hampstead. Besonders seine Wiedergabe von Himmel und Wolken mit kräftigem Pinselstrich und frischen Farben beeinflußte die französische Malerei und erinnert bereits an die Technik der Impressionisten.

Corot, Jean-Baptiste-Camille 1796–1875, französischer Maler, berühmt für seine poetischen Landschaftsbilder, in denen er in zarten Farben das Spiel des Lichts einfängt. Er arbeitete mit verschwimmenden Konturen, atmosphärischen Lichteffekten und gedämpfter Farbigkeit, die die Natur idealisierten.

Cotman, John Sell 1782–1842, englischer Aquarellmaler. Sein Hauptmotiv waren Landschaften. Er arrangierte großflächige, gleichmäßige Farbaufträge zu harmonischen Mustern, die moderne Techniken erahnen lassen.

Courbet, Gustave 1819–1877, französischer Maler. Seine monumentalen, realistischen Gemälde zu Themen aus dem täglichen Leben, besonders aus der Arbeitswelt, schockierten die Welt der Kunst, zeigten jedoch seine sozialistische und revolutionäre Einstellung.

Cozens, John Robert 1752–1797, englischer Maler. Cozens schuf vor allem sehr romantische Aquarelle von Landschaften in der Schweiz und Italien. Seine Bilder entstanden nach Skizzen, die er auf seinen Reisen 1776–1779 und 1782–1783 anfertigte.

Crome, John 1768–1821, englischer Landschaftsmaler und Radierer, zur Unterscheidung von seinem ebenfalls malenden Sohn »Old Crome« genannt. Cromes Stil erinnert an die Werke der niederländischen Landschaftsmaler des 17. Jahrhunderts.

Dalí, Salvador geb. 1904, spanischer Maler, zweifellos der bekannteste Surrealist. Mit Traumphantasien versucht Dalí in seinen Bildern den neurotischen Geist bloßzulegen. Seine frühen Werke beruhen auf eigenen paranoiden Wahnvorstellungen.

David, Jacques Louis 1748–1825, französischer Maler, arbeitete zuerst im Stil des Barock und Rokoko, wandte sich dann aber dem Neoklassizismus zu, sein Umgang mit Farbe und Komposition war jedoch primitiver als von dieser Schule vorgeschrieben. In seinen großformatigen Bildern in Chiaroscuro und mit vorwiegend klassischen Themen spiegelt sich die politische Leidenschaft seiner Zeit.

Davis, Stuart 1894–1964, amerikanischer Maler, dessen in hellen Farben gehaltene Flächenbilder, die an die späten Werke von Matisse und Léger erinnern, die hektische und komische Seite des »American way of life« widerspiegeln.

Degas, Edgar 1834–1917, französischer Maler, zählt zu den ersten Impressionisten. Degas malte mit Vorliebe Szenen aus dem täglichen Pariser Leben. Seine bekanntesten Werke zeigen Ballettänzerinnen und Frauen bei der Toilette.

Delacroix, Eugène 1798–1863, führender Vertreter der französischen Romantik, ein vielseitiger Künstler, dessen Werk Tierstudien, Porträts berühmter Komponisten, historische und religiöse Darstellungen und Szenen aus den Werken Byrons, Dantes und Shakespeares umfaßt. Er gehörte zu den ersten Malern, die die Farbtheorie in die Praxis umsetzten. Seine Arbeiten beeinflußten die Impressionisten.

Dürer, Albrecht 1471–1528, deutscher Maler und Kupferstecher im Übergang von der Spätgotik zur Renaissance. Dürer war der erste deutsche Künstler, der die Regeln der Perspektive und der Proportionen des menschlichen Körpers lehrte, und gleichzeitig der erste deutsche Radierer. Dürer gilt als Erfinder des zweifarbigen Holzschnittes.

Dyck, Sir Anthonis van 1599–1641. Mit Rubens gehört er zu den wichtigsten flämischen Malern des 17. Jahrhunderts. Er arbeitete als Hofmaler für James I. und Charles I. von England. Bewundert wurde van Dyck vor allem für seine einfühlsamen Porträts und seine vollendete Wiedergabe der kostbaren Gewänder und Stoffe seiner Zeit.

Eakins, Thomas 1844–1916, gilt als der wichtigste amerikanische Maler des 19. Jahrhunderts. Eakins, im Grunde Realist, läßt in seinen Porträts den starken Einfluß Rembrandts; in seinen Landschaften, besonders in der Farbgebung, Anklänge an die Moderne erkennen.

Eyck, Jan van um 1384–1441, der bekannteste niederländische Maler des 15. Jahrhunderts, dem lange Zeit die Erfindung der Ölfarbe zugeschrieben wurde. Das trifft zwar nicht zu, allerdings finden seine vollendete Technik und seine gelungene Detailarbeit kaum Parallelen in der Kunstgeschichte. Sein »Doppelbildnis des Arnolfini und seiner Gattin« (National Gallery, London) ist der beste Beweis seines Könnens.

Fragonard, Jean Honoré 1732–1806, führender französischer Vertreter des Rokoko. Fragonard wurde berühmt durch seine galante Darstellung allegorischer Themen und sein feines Kolorit.

Francesca, Piero della um 1416–1492, lange in Vergessenheit geratener italienischer Maler, der jetzt als einer der wichtigsten Künstler der Frührenaissance anerkannt wird. Francesca malte vorwiegend Fresken und große Tafelbilder, in denen er höchste Monumentalität anstrebte. Sein Stil war fast altertümlich für seine Zeit. Die Figuren sind klar profiliert und schauen dem Betrachter gewöhnlich entgegen, bei der Komposition achtete er auf strenge Symmetrie. Gemeinsam mit Uccello veröffentlichte er Schriften über die Perspektive.

Fry, Roger 1866–1934, englischer Kunstkritiker und Maler. Ihm ist es zu verdanken, daß sich das Interesse der Kunstwelt von den Renaissancemalern den zeitgenössischen Künstlern wie z. B. van Gogh, Cézanne und Matisse zuwandte. Fry prägte den Begriff des Nachimpressionismus und arbeitete mit Duncan Grant und anderen Künstlern des Omega Workshop zusammen.

Gainsborough, Thomas 1727–1788, englischer Landschafts- und Porträtmaler, Gründungsmitglied der neugeschaffenen Royal Academy. Sein Werk zeichnet sich durch feine Abstimmung von Tönen und Farben und realistische Wiedergabe des Motivs aus.

Gauguin, Paul 1848–1903, französischer Maler, Graphiker und Bildhauer, führender Vertreter des Nachimpressionismus. Auf der Suche nach dem einfachen Leben, das er für die reinste Quelle künstlerischer Inspiration hielt, ging er in die Südsee (Tahiti, Marqueses-Inseln). Leuchtende Farben und teppichhafte Kompositionsweise sind charakteristisch für seine Bilder.

Giacometti, Alberto 1901–1966, Schweizer Künstler, einer der originellsten Maler und Bildhauer des 20. Jahrhunderts. Sein Werk ist fast ausschließlich gegenständlich. Starke lineare Überbetonung der Körperlichkeit ist charakteristisch für seine Figuren, die, in der Bewegung erstarrt, im Spiel des Lichts zu schrumpfen scheinen.

Giorgione, (eigentlich Giorgio da Castelfranco) um 1476/78–1510, italienischer Maler der Hochrenaissance, brach als erster mit der bisher vorherrschenden sakralen Malerei und fertigte auch kleinere Arbeiten für private Auftraggeber an. Giorgione bevorzugte weltliche Motive. Seine Bilder verleihen poetischen Stimmungen Ausdruck und vermitteln dabei eher verschlüsselte Botschaften als leichtverständliche Darstellung biblischer Sujets. Er wird oft neben Leonardo da Vinci als Begründer der modernen Malerei genannt. Sein kleinformatiges Ölgemälde »Sturm« (»la Tempesta«) (Accademia, Venedig) zeigt sehr lebendig eine Landschaft bei heraufziehendem Unwetter.

Giotto di Bondone um 1266–1337, Florentiner Maler und Architekt, der als der Überwinder der mittelalterlichen Bildkunst gilt. Als Schüler Cimabues löste er sich von dem strengen Formalismus der byzantinischen Kunst und führte ungeschönte Natur und realistische Elemente in seine Kompositionen ein. Bekannt ist er vor allem als Baumeister des Campanile des Doms von Florenz.

Girtin, Thomas 1775–1802, englischer Landschaftsmaler. Seine Aquarelltechnik des großflächigen Farbauftrags ähnelt der seines Zeitgenossen Turner. Gemeinsam erreichten sie eine Trennung der Aquarellmalerei von der Zeichnung und machten sie so zu einer eigenständigen Kunstform.

Gogh, Vincent van 1853–1890, niederländischer Maler mit großem Einfluß auf die Künstler des 19. Jahrhunderts. Sein Leben lang litt er unter Halluzinationen und schweren Depressionen, hervorgerufen durch seine Armut und mangelnde künstlerische Anerkennung. Starken Eindruck hinterließen Seurat, Degas und Toulouse-Lautrec bei van Gogh. Mit Gauguin verband ihn eine enge Freundschaft. Nach einem Streit kommt es 1888 zu einem Zusammenbruch, und van Gogh schneidet sich ein Stück seines rechten Ohres ab (Sein »Selbstportrait« im Courtauld Institute, London, erinnert an diese Selbstverstümmelung). Van Gogh war besessen von der Überlegung, wie Lichteinflüsse auf die Farben wirken. Lebhafte Töne überwogen in seiner Palette. Ihre Intensität wird verstärkt von seinem kräftigen Pinselstrich und verleiht seinen Kompositionen einen Ausdruck von Bewegung. Gut erkennbar ist dies besonders an einer Reihe von Bildern, die während seines Aufenthaltes in der Heilanstalt von St.-Remy entstanden (besonders: Kornfeld mit Zypressen, National Gallery, London).

Goya y Lucientes, Francisco José de 1746–1828, spanischer Maler und Radierer, fertigte seit 1776 Kartons für die Madrider Teppichmanufaktur an, wo sein Talent bald erkannt und gefördert wurde. Er stieg stetig auf und wurde 1799 Königlicher Hofmaler. Sein Frühwerk steht unter dem Einfluß des großzügigen Gebrauchs der Farben und der romantischen Szenarien des Rokoko. Sein Wissen um die Schwächen der menschlichen Natur ist jedoch klar erkennbar. Seine Porträts der spanischen Königsfamilie zeigen diese als ganz gewöhnliche Menschen, trotz ihrer prunkvollen Garderobe und der großartigen Posen. Später ließen ihn Krankheit, persönliches Unglück und die Schrecken der spanischen Befreiungskriege gegen die Truppen Napoleons pessimistisch werden. Seine bekanntesten Werke sind wohl auch »Die Erschießung der Aufständischen am 3. Mai 1808 in Madrid« (Prado, Madrid) und eine Serie von Radierungen, »Die Schrecken des Krieges«.

Grant, Duncan 1885–1978, englischer Maler und Designer, der als einer der ersten die neuen französischen Schulen (z. B. Pointillismus) und später die »Abstrakte Malerei« akzeptierte.

Greco, El (eigentlich Domenikos Theotokópoulos) 1541–1614, geboren auf Kreta, erste künstlerische Schulung in Italien, gilt als einer der besten Vertreter der spanischen Schule. Er malte vorwiegend religiöse Motive in dunklen, bläulichen Tönen. Seine überschlanken, asketischen Gestalten, Porträts von kirchlichen Würdenträgern, Christus und der Heiligen Jungfrau sind charakteristisch für sein Werk.

Hals, Frans um 1581–1666, niederländischer Maler und einer der besten Porträtisten. Seine Fähigkeit, den Menschen in der Bewegung des Augenblicks zu erfassen und so das Wesen des Modells wiederzugeben, machte sein Talent aus.

Hobbema, Meindert 1638–1709, niederländischer Landschaftsmaler, dessen Werk den Arbeiten seines Lehrers Jakob van Ruisdal stark ähnelt. Hobbemas Gemälde wurden jedoch im Laufe seines Schaffens ruhiger. Seine Lieblingsmotive waren sonnenbeschienene Waldlandschaften und malerisch gelegene Wassermühlen.

Hockney, David geb. 1937, englischer Maler und Graphiker. Seine frühen Ölgemälde fallen durch ihre skizzenhafte Pinselführung auf; bald wandte er sich jedoch der Acrylfarbe und scharfumrandeten Farbflächen zu. Am bekanntesten sind wohl seine Gemälde von Swimmingpools und seine Porträts, bei denen das Modell isoliert in einem offenen, weiten Raum sitzt.

Hogarth, William 1697–1764, englischer Maler und Kupferstecher. Er begann als Maler von Familienbildern, fühlte sich dabei aber zu eingeschränkt und wandte sich satirischen, moralisierenden Serien zu, in denen er zeigte, wie ein Mensch dem Laster verfällt und schließlich den Preis für sein Verhalten zahlen muß. Die wohl bekannteste Kupferstichserie ist »The Rake's Progress« (»Aus dem Leben eines Wüstlings«, Sloane Museum, London).

Holbein, Hans, der Jüngere 1497–1543, deutscher Maler und Zeichner, einer der begabtesten Porträtisten der Renaissance. Seine Bildnisstudien der Familie Thomas More und sein Porträt Heinrichs VIII. zeigen sein sicheres Talent, die Persönlichkeit seines Modells in Linie und Farbe einzufangen.

Homer, Winslow 1836–1910, einer der talentiertesten amerikanischen Maler des 19. Jahrhunderts. Homer begann als Lithograph mit Illustrationen für Tageszeitungen, malte später lebhafte Seestücke. In seinen Aquarellen ist viel von seiner kraftvollen Ölfarbentechnik zu spüren.

Hooch, Pieter de 1629–um 1684, niederländischer Genremaler. Er ist bekannt für seine kleinen Interieurs mit klar geordneten Innenräumen, die den Blick auf einen zweiten, sonnenerhellten Raum freigeben.

Hopper, Edward 1882–1967, amerikanischer Maler, Vertreter des »Romantischen Realismus«, bekannt für seine Bilder, die den Menschen isoliert in stark vereinfachten Interieurs, leeren Straßen und zwischen nüchternen Gebäuden zeigen.

Ingres, Jean Auguste Dominique 1780–1867, französischer Maler und Zeichner vorwiegend historischer Motive und Porträts. In seinem späten Werk schlägt sich seine Bewunderung für den Klassizismus nieder, noch verstärkt von seinem Grundsatz, daß die Linie Vorrang vor der Farbe hat.

John, Augustus 1878–1961, englischer Maler, dessen Lebensstil den freien Geist des rebellierenden Künstlers widerspiegelt. In seinen Landschaften und Porträts bemerkt man ein gewisses Interesse am Impressionismus, wobei sich Johns Arbeiten aber durch eine wesentlich kraftvollere Zeichnung auszeichnen.

Kandinsky, Wassily 1866–1944, in Rußland geborener Maler und Graphiker, einer der ersten und wichtigsten Vertreter der abstrakten Kunst des 20. Jahrhunderts. Kandinsky war der Ansicht, daß die Harmonie von Farbe und Form die Grundlage der gegenstandslosen Kunst sei, und entwickelte so einen sehr formalistischen, geometrischen Stil der Abstraktion. Kandinsky ist Begründer der »absoluten« Malerei und Mitbegründer der Künstlergruppe »Der Blaue Reiter«, deren Name auf ein Bild Kandinskys zurückzuführen ist.

Kelly, Ellsworth geb. 1923, amerikanischer Maler, berühmt für seine auf geometrischen Formen und Farbflächen aufbauenden Bilder. Hauptvertreter der Farbfeldmalerei und des »Hardedge«. Sein Frühwerk ist sehr farbig, später tendierte er zu Grautönen. In letzter Zeit hat Kelly mit Farbe und der durch Rost an Metall entstehenden Textur experimentiert. Er hängt riesige Metallplatten wie Leinwände auf.

Klee, Paul 1879–1940, deutscher Maler und Graphiker schweizerischer Herkunft. Er begann seine künstlerische Laufbahn als Lehrer am Bauhaus. Für Klee ist Kunst ein Kosmos im kleinen. Seine Bilder sind symbolhafte Abstraktionen der Natur in einem sorgfältig aufgebauten Farbschema. In seinem Spätwerk sind die künstlerischen Mittel auf elementare Symbole und Zeichen reduziert.

Kokoschka, Oskar 1886–1980, österreichischer Maler, Graphiker und Dichter, berühmt für seine psychologisch-visionären Bildnisse. Seine Fähigkeit, ein Motiv von einem ungewohnten Blickpunkt aus zu sehen und darzustellen, machte ihn zu einem interessanten Illustrator und Landschaftsmaler.

Léger, Fernand 1881–1955, französischer Maler, dessen frühe gegenständliche Bilder vom Kubismus beeinflußt waren. In späteren Arbeiten zeigt sich seine Vorliebe für die streng geometrische Darstellung von Maschinen.

Leonardo da Vinci 1452–1519, Florentiner Künstler, dessen Genie sich auch auf die Gebiete Mathematik, Technik, Anatomie, Musik, Philosophie und Architektur erstreckte, ist der Inbegriff des universalen Menschen der Hochrenaissance. Viele seiner Untersuchungen und Schlußfolgerungen nahmen spätere Erfindungen vorweg. Da Vinci entdeckte den Blutkreislauf, entwarf Pläne für Flugmaschinen, U-Boote und Panzerwagen. Wenige seiner Arbeiten wurden jedoch vollendet. Sein künstlerisches Erbe besteht aus wenigen Gemälden (Sfumatotechnik) und Notizbüchern, die detaillierte Beschreibungen und Skizzen von Pflanzen, Tieren, Stoffen, Mienenspiel, Anatomie und der Bewegung des Wassers enthalten. Seine bekanntesten Werke sind das »Bildnis der Mona Lisa« (Louvre, Paris) und »Das Abendmahl« (S. Maria delle Grazie, Mailand).

Lippi, Fra Filippo um 1406–1469, Florentiner Maler. Er gilt als einziger wirklicher Schüler Masaccios, des ersten Malers der Frührenaissance, der den ätherischen Stil der Gotik ablehnte und sich dem Realismus zuwandte. Lippi entwickelte den Realismus in seinen Figuren weiter, modellierte mit Linien, nicht mehr mit Farben, und führte die Lichteffekte ein, die so bedeutend für die Renaissance sind.

Lorrain, Claude (eigentlich Claude Gellée) 1600–1682, französischer Landschaftsmaler und Radierer, gilt allgemein als Meister poetischer, stimmungsvoller Landschaften, deren Zauber in den zarten Tonabstufungen liegt. Die Komposition variiert nur wenig: Bäume und Häuser begrenzen seine Bilder und lenken den Betrachter auf den Mittelpunkt und die Landschaft in der Ferne.

Louis, Morris 1912–1962, amerikanischer Maler, bekannt für seine Technik, bei der er leuchtende Farbstreifen in ungleichen Abständen auf große ungerahmte Leinwände malte oder sie an den Rändern der ungrundierten Leinwand in Farbschleiern herabrinnen ließ.

Lowry, Lawrence Stephen 1887–1976, englischer Maler, dessen Arbeiten trotz seines mehrjährigen Kunststudiums deutlich naive Züge tragen. Hauptmotiv sind die trostlosen Industriestädte Nordenglands.

Magritte, René 1898–1967, belgischer Maler, einer der bedeutendsten Surrealisten. Die Traumartigkeit seiner Bilder entsteht durch den detaillierten Realismus der Gegenstände und Menschen, die so arrangiert sind, daß sie Sinne und Denken des Betrachters täuschen.

Manet, Edouard 1832–1883, französischer Maler, der von vielen als der Vater der modernen Malerei betrachtet wird. Sein Ausspruch, die »Hauptperson in einem Bild« sei das Licht, faßt seinen Beitrag zur künstlerischen Revolution des Impressionismus zusammen. Er hatte großen Einfluß auf diese Bewegung, lehnte sie jedoch schärfstens ab. Charakteristisch für seine Werke sind krasse Hell-Dunkel-Kontraste und die Verwendung nur weniger Farben, zu denen jedoch immer Schwarz gehörte. Manet arbeitete zügig, direkt nach dem Modell ohne unnötige Details, die Komposition seiner Bilder stören könnten.

Mantegna, Andrea 1431–1506, italienischer Maler und Kupferstecher, stark beeinflußt von der Kunst der Antike. Mantegna war ein hervorragender Zeichner, ein Meister der Perspektive und Verkürzung.

Matisse, Henri 1869–1954, französischer Maler und Bildhauer, einer der einflußreichsten Künstler des 20. Jahrhunderts. In seinen Gemälden ist das Motiv dem flächig-ornamentalen Bildaufbau untergeordnet und zu abstrakten Formen in ungebrochenen Farben reduziert. Sein letztes Werk war eine Serie von Collagen, gearbeitet aus großen, leuchtendbunten Papierstücken.

McCubbin, Frederick 1855–1917, australischer Maler, Mitbegründer der Box-Hill-Gruppe, deren Mitglieder aus der Stadt zum Malen aufs Land zogen.

Michelangelo Buonarroti 1475–1564, italienischer Maler und Bildhauer, einer der größten Künstler der Geschichte. Michelangelo war ein Meister fast aller Kunstrichtungen, und es ist bemerkenswert, wie viele tiefe Emotionen sein Werk hervorruft. Von ihm stammen die Fresken an Decke und Stirnwand der Sixtinischen Kapelle im Vatikan und die Pietà im Petersdom in Rom, bei dessen Bau er mitwirkte.

Millais, John Everett 1829–1896, englischer Maler und Mitbegründer der Vereinigung der Präraffaeliten. Ein bekannter Maler von Porträts, Landschafts- und Historienbildern. Millais arbeitete seine Motive in warmen Farben, mit zarter Romantik und großer Liebe zum Detail aus.

Millet, Jean François 1814–1875, französischer Maler und Graphiker. Er begann als Maler von Porträts und erotischen Aktbildern, wandte sich dann später Landschaften und Bauernszenen zu, die er mit zunehmendem Realismus und viel Einfühlungsvermögen in das harte Tagwerk seiner Modelle malte. Millet stammte selbst aus einer bäuerlichen Familie, lebte und arbeitete unter Bauern und teilte ihre Armut. »Das Abendgebet« (Louvre, Paris) ist eines seiner bekanntesten Werke.

Miró, Joan geb. 1893, spanischer Maler, einer der richtungsweisenden Künstler des 20. Jahrhunderts, Vertreter des Surrealismus und der abstrakten Kunst. In seinen Bildern werden die natürlichen Formen zu seltsamen kleinen Zeichen oder Symbolen abstrahiert, die in großer Zahl auf einem Untergrund solider Farben verteilt sind.

Modigliani, Amedeo 1884–1920, italienischer Maler. Sein Werk besteht fast ausschließlich aus Porträts und weiblichen Akten, die er in dem für ihn charakteristischen Linienstil unter großer Vereinfachung, jedoch ohne eigentliche Verzerrung, in einfachen Farben malte. Sein zeichnerisches Können verdankt er der Übung in jungen Jahren, als er die großen italienischen Renaissancekünstler studierte.

Mondrian, Piet 1872–1944, niederländischer Maler, Mitbegründer der Zeitschrift »De Stijl«. Mondrian verbannte jede Spur gegenständlicher Malerei aus seinem Werk und strebte nach der Schaffung künstlerischer Ordnung durch geometrische Formen, die immer im rechten Winkel zur Horizontalen oder zur Vertikalen angeordnet sind. Mondrian verwendete nur die drei Primärfarben plus Schwarz, Weiß oder Grau. Nach und nach verzichtete er vollständig auf Farbe.

Monet, Claude 1840–1926, französischer Impressionist, stark beeinflußt von Manet. Wie dieser malte er am liebsten nach der Natur. Monet war fasziniert vom Spiel von Licht und Schatten und seiner Wirkung auf die Farben seines Motivs. Es war sein Ziel, dies einzufangen, und in seinem letzten Werk, der Bildfolge »Seerosen« (Orangerie, Paris), das er schon fast erblindet malte, schien Monet seine Idee verwirklicht zu haben: Jegliche Form ist verschwunden, dem Betrachter bleibt der Eindruck von schimmerndem Licht, das über Wasser und Blüten tanzt.

Munch, Edvard 1863–1944, norwegischer Maler und Graphiker, Vorläufer der expressionistischen Schule. Sein Werk ist beeinflußt von van Gogh und Gauguin. Er versuchte, tiefe Emotionen visuell wiederzugeben. Munch war fasziniert von morbiden Themen und neurotischem Verhalten. Seine Gemälde erinnern häufig an Alpträume. »Der Schrei« (Nationalgalerie, Oslo) ist eines seiner bekanntesten Bilder.

Nash, Paul 1889–1946, englischer Maler und Lithograph, der von 1917 an als offizieller Kriegsmaler arbeitete. Später geriet er unter den Einfluß de Chiricos und der Surrealisten und übernahm ihren Stil bei seinen Landschaftsbildern und Buchillustrationen. Auch während des Zweiten Weltkrieges arbeitete Nash als offiziell bestallter Kriegsmaler.

Nicholson, Ben 1894–1982, wohl der bekannteste abstrakte Maler Englands. Nicholson war inspiriert von den einfachen geometrischen Formen des Kubismus und von Künstlern wie Mondrian.

Nolan, Sir Sidney geb. 1917, bekanntester zeitgenössischer Maler Australiens. Seine frühen Werke waren abstrakt, später malte er Szenen aus dem Bereich der australischen Geschichte und Überlieferung. Sein freizügiger Farbauftrag und die Technik der Bildüberlagerung zeigen Verwandtschaft zum Surrealismus.

Noland, Kenneth geb. 1924, amerikanischer Maler, dessen frühe Erfahrungen mit einer speziellen Färbetechnik (verdünnte Acrylfarbe auf ungrundierter Leinwand, s. Louis) ihn später zur Hardedge-Malerei führten, bei der gleichmäßige Farben und die Form der Leinwand die einzigen Elemente der Komposition sind.

O'Keefe, Georgia geb. 1887, amerikanische Malerin, deren Werk Nähe zur Abstraktion aufweist. In ihren Bildern werden flüchtig nach der Natur gezeichnete Formen fließend in den freien Raum gesetzt. Ihre Motivwahl und ihr Stil sind offensichtlich beeinflußt von der Weite der Landschaft im Südwesten der USA.

Palmer, Samuel 1805–1881, englischer Maler, nachhaltig beeinflußt von William Blake. Palmer malte vor allem romantisch-idyllische Szenen. Sein künstlerisches Talent zeigte sich schon sehr früh – mit vierzehn Jahren stellte er zum ersten Mal in der Royal Academy aus – und erreichte seinen Höhepunkt während der »Shoreham Period« (1826–1835), seine späteren Landschaftsbilder lassen emotionale Tiefe vermissen.

Parmigianino, Francesco 1503–1540, führender Vertreter des italienischen Manierismus. Er malte vorwiegend religiöse Motive, schuf jedoch auch einige bemerkenswerte Porträts. Parmigianino gehörte zu den ersten Künstlern, die Radierungen als eigenständige Kunstwerke und nicht als Kopien von Gemälden anfertigten.

Patinir, Joachim um 1485–1524, niederländischer Maler, Pionier der Landschaftsmalerei als neues Genre. Sein Stil ist beeinflußt von Hieronymus Bosch. Die wenigen Figuren in seinen Kompositionen fallen kaum ins Gewicht, von Bedeutung ist die sie umgebende Landschaft.

Perronneau, Jean Baptiste 1715–1783, französischer Porträtist, bekannt für seine Pastellzeichnungen, malte jedoch auch in Öl.

Picasso, Pablo 1881–1973, Spanier und zweifellos der gefeiertste und einfallsreichste Künstler des 20. Jahrhunderts. Während seines ganzen kreativen Lebens fand eine rege wechselseitige Beeinflussung mit den meisten progressiven Kunstrichtungen dieses Jahrhunderts statt. Zusammen mit Braque entwickelte Picasso den Kubismus, dessen Einfluß sich in seinem gesamten späteren Werk fortsetzt. Picasso schuf auch Collagen, Skulpturen und Keramiken, machte Bühnenbilder, Drucke und illustrierte Bücher. Sein Stil entwickelte sich vom reinen Kubismus über den Surrealismus hin zu einer Art monumentalem Klassizismus. Sein wohl berühmtestes Bild ist »Guernica« (Prado, Madrid), ein riesiges Gemälde, Symbol der Schrecken des spanischen Bürgerkrieges, ein Mahnmal gegen den Wahnsinn des Krieges überhaupt.

Piper, John geb. 1903, englischer Maler und Designer. Seine frühen Werke gehören in den Bereich der abstrakten Kunst, später zeigt sich der Einfluß der englischen romantischen Realisten wie Samuel Palmer. Piper machte sich einen Namen als Landschafts- und Architekturmaler.

Pissarro, Camille 1830–1903, einer der führenden und zu Lebzeiten am höchsten geschätzten Impressionisten in Frankreich. Er schloß sich früh Monet an, wurde beeinflußt von Seurat und den Pointillisten, nahm später Einfluß auf den Stil Cézannes und Gauguins. Pissarro war ein äußerst vielseitiger Künstler, er arbeitete zwar hauptsächlich in Öl, verwendete aber auch Pastell und Guasch, schuf Aquarelle, Radierungen und Lithographien. In seinem gesamten Werk bleibt er der impressionistischen Vorstellung treu, daß Farbe eingesetzt werden soll, um das Licht und die Lichteffekte des Augenblicks zu interpretieren, und nicht, um lediglich das Motiv naturgetreu darzustellen.

Pollock, Jackson 1912–1956, amerikanischer Künstler, Begründer und Hauptvertreter des Action Painting (Aktionsmalerei) und des abstrakten Expressionismus. Pollock ist bekannt für seine Tropfmethode, bei der Farbe auf die liegende Leinwand getröpfelt wird. Das zufällige Ergebnis wurde durch Bewegen der Leinwand beeinflußt. Seine Arbeitsweise revolutionierte die moderne amerikanische Kunst und führte zur Entwicklung des Happenings.

Poussin, Nicolas 1594–1665, französischer Maler, Hauptvertreter des hochbarocken Klassizismus in Frankreich. Poussin studierte die Meister der italienischen Renaissance und die Antike und versuchte ihr Maß und ihre Klarheit zu übernehmen. Auf dem Höhepunkt seines Schaffens begann er, klar gebaute, idealisierte Landschaften zu malen, in denen jedoch das klassizistische Prinzip zu bemerken ist, demzufolge Komposition und Linie mehr Bedeutung zukommen als der Farbe.

Raffael (eigentlich Raffaello Santi) 1483–1520, bedeutender italienischer Maler und Architekt der Hochrenaissance. Schon als junger Mann wurde Raffaels Talent mit dem Michelangelos und Leonardo da Vincis verglichen, die seinen Stil stark beeinflußten. Im Alter von fünfundzwanzig Jahren wurde er vom Papst nach Rom berufen, wo er dann den Rest seines Lebens lebte und arbeitete. Raffael malte die Loggien des Vatikans aus und trat 1515 die Nachfolge Bramantes als Baumeister des Petersdoms an.

Redon, Odilon 1840–1916, französischer Maler, Zeichner und Lithograph. Redon schloß sich von Anfang an nicht den Impressionisten, seinen Altersgenossen, an, sondern versuchte, phantastische Vorstellungen und Visionen zu gestalten. Seine Motive gingen häufig auf Erzählungen Edgar Allan Poes zurück. Gegen Ende seines Schaffens bevorzugte er das Pastell, er gilt als Vorläufer der Surrealisten.

Reinhardt, Ad 1913–1967, amerikanischer abstrakter Maler, beeinflußt von Mondrian, Mark Rothko und Stuart Davis. Reinhardt reduzierte Farbe und Form in seinen Arbeiten immer stärker, bis er zu seinen geometrisch-abstrakten »Black Paintings« kam, deren einzelne schwarze Rechteckformen sich nur so fein in ihrem Lichtabsorptionsgrad unterscheiden, daß sie erst bei längerem Hinsehen wahrgenommen werden können.

Rembrandt van Rijn 1606–1669, niederländischer Maler, Zeichner und Radierer, dessen vollendeter Umgang mit Lichteffekten bei der Dramatisierung eines Bildes ihn zu den größten Künstlern aller Zeiten gehören läßt. Rembrandt hatte die Gabe, das Wesen seiner Modelle genial einzufangen. Man sieht das deutlich an seinen Selbstporträts, die im Laufe von vierzig Jahren entstanden.

Renoir, Pierre Auguste 1841–1919, Hauptmeister des französischen Impressionismus. Unter dem Einfluß von Monet hellte sich seine Palette auf, seine Pinselführung wurde lockerer. Er wurde jedoch nicht wie die meisten Impressionisten zum reinen Landschaftsmaler, sondern konzentrierte sich mehr auf die Darstellung von Personen. Renoir teilte auch nicht das Prinzip der Spontaneität des Impressionismus, sondern fertigte für ein Gemälde häufig mehrere Skizzen an. »Das Frühstück der Ruderer« (Phillips Memorial Gallery, Washington D.C.) ist ein ausgezeichnetes Beispiel für seinen Stil.

Reynolds, Sir Joshua 1723–1792, englischer Maler, ab 1753 der gesuchteste Porträtist Londons. Ihm saßen die meisten wohlhabenden und einflußreichen Persönlichkeiten seiner Zeit Modell, darunter Emma Hamilton. Ab 1784 war er Hofmaler Georgs III.

Rivers, Larry geb. 1923, amerikanischer Maler, dessen Arbeiten bei der Motivwahl vom abstrakten Expressionismus, bei Farbwahl und Maltechnik jedoch vom Impressionismus (bes. Pierre Bonnard) beeinflußt sind. Seit den 60er Jahren verfertigt Rivers Assemblagen.

Roberts, Tom 1856–1931, australischer Maler, Mitglied der Box-Hill-Gruppe. Seine Arbeiten zeigen vor allem das tägliche Leben der Farmer. Bei seinen Genrebildern findet man Szenen an Bord eines Schiffes, dörfliche Straßenansichten und lebhafte Darstellungen der Schafschur.

Rossetti, Dante Gabriel 1828–1882, englischer Maler, Mitbegründer und Hauptvertreter der Präraffaeliten. Sein auf die italienischen Meister zurückgehender Linienstil, seine weiblichen Einzelfiguren mit einer mystisch-sinnlichen Note in mittelalterlichen Szenarien hatten großen Einfluß auf den englischen Jugendstil.

Rothko, Mark 1903–1970, amerikanischer Maler russischer Abstammung, bekannt für seine großformatigen Leinwände mit wenigen, diffus verschwimmenden Farbrechtecken in sich ähnelnden Tönen vor kontrastierendem Hintergrund. Seine Arbeiten hatten großen Einfluß auf die Entwicklung der Farbfeldmalerei.

Rubens, Peter Paul 1577–1640, größter flämischer Maler des 17. Jahrhunderts, oft als bester Barockkünstler eingeschätzt. Seine mühelose Beherrschung aller malerischer Mittel und sein unerschöpflicher Einfallsreichtum brachten eine geniale Bewältigung aller Themen mit sich. Rubens machte Buchillustrationen, Kartons für Teppiche und Gemälde aller Art. Er leitete eine große Werkstatt, sein berühmtester Schüler war van Dyck, und war so angesehen, daß er in diplomatischer Mission nach Spanien und England geschickt wurde. Rubens schuf vor allem großformatige Gemälde und verband seinen flämischen Blick für Realismus und Farbe mit den Kenntnissen von Komposition, die er aus dem Studium der italienischen Renaissance gewonnen hatte.

Sandby, Paul 1725–1809, englischer Aquarellmaler, Zeichner und Radierer, dessen Ausbildung als topographischer Zeichner in seinen genauen Veduten spürbar wird. Sandby ging selten von einer Bleistiftskizze aus; er zog es vor, gleich mit Aquarellfarben zu arbeiten. Bei seinen Guaschen wird man an Ölbilder erinnert. Er gehörte zu den ersten Künstlern, die die Landschaft nicht idealisierten, und wandte als erster in England die Aquatintatechnik an.

Sargent, John Singer 1856–1925, amerikanischer Maler, galt als der bedeutendste amerikanische Porträtist seiner Zeit. Er ließ sich in London nieder und malte viele bedeutende Persönlichkeiten in seinem von Manet, Hals und Velázquez beeinflußten Stil.

Schiele, Egon 1890–1918, österreichischer Maler und Zeichner, führender Expressionist, inspiriert durch die neuen Ideen der Freudschen Psychologie. Seine kantigen Aktbilder stellen eine quälende Erotik dar. Seine Akte wurden oft als anstößig empfunden.

Seurat, Georges 1859–1891, französischer Maler, führender Neoimpressionist, entwickelte um 1886 eine Malweise, bei der die Bildfläche mit kleinen Punkten unvermischter Komplementärfarben durchmustert wird. Dabei kommt eine optische Mischung zustande, und es entstehen Sekundärfarben und Schattenflächen. Diese Technik wurde Divisionismus oder Pointillismus genannt. »Sonntagnachmittag auf der Ile de la Grande Jatte« (Chicago Art Institute) ist eines der besten Beispiele für sein Werk.

Shan, Ben 1898–1969, amerikanischer Künstler, in Litauen geboren. Seine Bilder, Drucke und Fotografien verschafften ihm in den 20er und 30er Jahren einen festen Platz unter den Künstlern des sozialen Realismus. Er kombinierte häufig Elemente der Kalligraphie, um den visuellen Effekt zu verstärken.

Sickert, Walter Richard 1860–1942, wichtigster englischer impressionistischer Maler, Gründer der Camden-Town-Schule. Beeinflußt wurde er von Degas und Whistler. Seine Farbpalette war wesentlich düsterer als die der französischen Impressionisten. Er konzentrierte sich vor allem darauf, die schmutzige, verwahrloste Seite des Stadtlebens aufzuzeigen.

Signac, Paul 1863–1935, französischer Neoimpressionist. Gehörte zu den Gründern des »Salon des Indépendants«, bei der Seurat zuerst ausstellte. Signac trug zur Entwicklung des Neoimpressionismus Farbtheorien bei und war der Ansicht, daß gute Malerei von wissenschaftlichen Prinzipien der Farb- und Kompositionslehre abhängig sei. Seine Ideen hatten starken Einfluß auf Matisse.

Stäel, Nicolas de 1914–1955, französischer Maler, in Rußland geboren. Führender abstrakter Künstler, stark beeinflußt von Braque, mit dem er befreundet war. Er verfeinerte seinen Impastostil (dickes Auftragen von Farbe) mit leuchtenden Farbquadern, die Licht und Form seiner Motive wiedergaben. Ab 1950 wandte er sich wieder mehr der gegenständlichen Malerei zu und malte Landschaften und Stilleben.

Stella, Frank geb. 1936, amerikanischer Maler, der als abstrakter Impressionist begann, dann aber zu über die Malerei hinausgehenden Abstraktionen gelangte. Er benützt die sogenannte Shaped Canvas (geformte Leinwand) und geometrisch angeordnete Farbbänder, um ein Bild zu schaffen, welches als Objekt, nicht als emotionale Äußerung gewertet werden soll.

Streeton, Sir Arthur 1867–1943, australischer Maler, einer der führenden Künstler des sogenannten australischen Impressionismus. Er war Autodidakt, als er sich der Box-Hill-Gruppe um Tom Roberts und Frederick McCubbin anschloß. Er wohnte auf Campingplätzen und malte so viel wie möglich im Freien. Er besuchte England und Europa, wurde geadelt und wendete sich in seinem Spätwerk modernen, zeitgemäßen Themen zu.

Sutherland, Graham 1903–1980, englischer Maler, der zu den wichtigsten gegenständlichen Malern des 20. Jahrhunderts zählte. Sein Werk trägt deutliche figurative Züge. Er fing als Radierer und Kupferstecher an, wurde 1941 Kriegsmaler (Szenen aus dem zerstörten London). Seine Porträts zeichnen sich durch unbeschönigte Ehrlichkeit aus. Churchill hatte eine solche Abneigung gegen sein Porträt, daß Lady Churchill es nach seinem Tode vernichtete.

Tintoretto, Iacopo 1518–1594, venezianischer Maler, Schüler Tizians. Die Größe seines Werks liegt in seiner meisterhaften Handhabung von Perspektive, Verkürzung und Raumkonstruktion, verbunden mit der Komposition von theatralischen Lichteffekten.

Tizian um 1487/90–1576, Hauptmeister der Venezianer Schule. Aufgrund seiner vollendeten Beherrschung der Ölfarbentechniken konnte er besser als jeder andere Künstler seinen Bildern Leben und plastische Realität verleihen. Sein unvergleichlich einfühlsamer Gebrauch satter Farben zeigt sich beispielhaft im »Raub der Europa« (Gardener Museum, Boston).

Toulouse-Lautrec, Henri de 1864–1901, französischer Maler und Graphiker, dessen Mißbildung – nachdem er sich als Kind beide Beine gebrochen hatte, stagnierte sein Wachstum – ihn wohl dazu veranlaßte, in der Pariser Halbwelt zu leben und zu wirken. Er arbeitete mit verdünnter Ölfarbe auf ungrundiertem Karton. Er malte und skizzierte vorwiegend deprimierende Szenen aus Bordellen, Cabarets und heruntergekommenen Pariser Cafés. Als hervorragender Zeichner konnte er mit ein paar Strichen die Gefühle seiner Modelle einfangen. Sein lithographisches Werk nahm später großen Einfluß auf die graphische Plakatkunst.

Turner, William 1775–1851, englischer Landschaftsmaler, der vor allem mit Aquarell- und Ölfarben arbeitete. Turner begann mit Landschafts- und Architekturzeichnungen und entwickelte nach und nach Nähe zum Impressionismus. Er versuchte, seine Motive in den Tonwerten des Lichts zu zeigen. Das Ergebnis sind Meisterwerke in schillernden Farben ohne größere figurative Momente.

Uccello, Paolo 1397–1475, Florentiner Maler, dem früher die Entwicklung der perspektivischen Malerei zugeschrieben wurde. Obwohl dies nicht zutrifft, war er einer der frühen Meister der Perspektive und trug somit zum Übergang der Kunst von der Gotik zur Renaissance bei. Sein Werk »Heiliger Georg mit dem Drachen« (National Gallery, London) zeigt seine brillante Technik und ist eines der ersten Gemälde, das in Öl auf Leinwand gearbeitet wurde.

Utrillo, Maurice 1883–1955, französischer Maler, bekannt für seine Pariser Straßenansichten. Seine Bilder sind in sanften Farben gehalten, angereichert mit Gebrannter Siena und Ocker, und beweisen einen sehr einfühlsamen Umgang mit Tönungen.

Vasarely, Victor de geb. 1908, in Ungarn geborener französischer Maler, gilt als Gründer der »Op-art«. Mit seinen abstrakten, fein geometrischen Figuren zeigt er, wie durch bestimmte Farbverbindungen visuelle Effekte entstehen.

Velázquez, Diego Rodríguez de Silva y 1599–1660, spanischer Maler portugiesischer Abstammung. Velázquez besaß großes Talent, das Wesen seines Motivs durch einfühlsame Beobachtung aufzuzeigen. Ein hervorragendes Beispiel für seine großartige porträtistische Begabung und sein technisches Können ist das »Las Meninas« betitelte Bild (die Infantin Margarita mit Hofstaat in der Werkstatt des Künstlers, Prado, Madrid).

Vermeer, Jan 1632–1675, niederländischer Genremaler, der erst gegen Ende des 19. Jahrhunderts seinen verdienten Platz neben Rubens bekam. Sein gesichertes Œuvre umfaßt etwa vierzig Bilder, die meist kleine, häusliche Szenen darstellen, z. B. »Briefleserin am Fenster« (Dresden), »Spitzenklöpplerin« (Louvre, Paris)

Veronese, Paolo um 1528–1588, italienischer Maler, Vertreter der Venezianischen Schule. Seine meisten Bilder sind große, prunkvolle Gemälde, die Tafelszenen u. ä. darstellen. Diese Motivwahl läßt ihm viel Spielraum beim Arbeiten mit Perspektive und lebhaften Farben.

Vlaminck, Maurice de 1876–1958, französischer Maler und herausragender Vertreter des Fauvismus. Vlaminck wurde von van Gogh beeinflußt und arbeitete mit Matisse zusammen. Die große Intensität seiner Gemälde läßt sich mit der Technik des Farbauftrags erklären. Vlaminck trug die Farbe direkt aus der Tube auf die Leinwand auf.

Vuillard, Edouard 1868–1940, französischer Maler, der zusammen mit Bonnard den Intimismus begründete, die Darstellung des Alltäglichen im Rahmen häuslicher Interieurs. In der Farbgebung und Komposition seiner Bilder spiegelt sich der Einfluß des Impressionismus und japanischer Holzschnitte wider.

Warhol, Andy geb. 1928, amerikanischer Maler und Graphiker, führender Vertreter der »Pop-art«. Berühmt wurde er durch seine serielle Darstellung von bekannten Hollywoodstars und Lebensmittelpackungen (Suppendosen, Colaflaschen etc.)

Watteau, Jean Antoine 1684–1721, französischer Maler, einer der führenden Künstler des Rokoko. Watteau widmete sich anfangs der dekorativen Malerei, später entwickelte er unter dem starken Einfluß des Werkes von Rubens einen realistischen Stil, der seinen Bildern mehr Gehalt gab, als das bei den meisten Werken dieser frivolen Epoche üblich war.

Wilson, Richard um 1714–1782, wichtigster englischer Landschaftsmaler des 18. Jahrhunderts. Wilson wechselte durch den Eindruck einer Italienreise von der Porträtmalerei zu Landschaftsbildern, übernahm die Regeln der klassischen Komposition und verwandte sie auf höchst poetische Weise in seinen Szenen des Landlebens.

Einkaufshilfen

Zeichnen

Ausstattung für den Anfänger

Festes weißes Papier mit glatter Oberfläche in verschiedenen Formaten
Transparent
Ein Block getöntes Zeichenpapier
Ein Zeichenbrett (mindestens 60 cm × 45 cm) – ein Stück Hartfaserplatte oder fester Pappe tut es auch. Verwenden Sie Klebstreifen oder starke Klammern zur Befestigung des Papiers; wenn Sie Heftzwecken benutzen, wird die Papieroberfläche beschädigt. Wenn Sie einen großen Zeichenblock oder einen Skizzenblock verwenden, benötigen Sie keine weitere Unterlage.
Zeichenstifte in den Härtegraden HB, B und 2 B
Eine Schachtel Holzkohlestifte
Ein Knetgummi-Radierer
Ein Fläschchen Ausziehtusche
Ein Rundpinsel Nr. 4 auf Marder- oder Fehhaar
Ein kleines Glas für Wasser und eine weiße Untertasse
Eine Rasierklinge, ein Teppich- oder Bastelmesser zum Anspitzen der Zeichenstifte
Ein Lot (ein Stück Bindfaden, an dem ein Gewicht befestigt ist)

Ausstattung für den fortgeschrittenen Anfänger

Fixativ und Zerstäuber, oder Aerosol-Fixatio
Contéstifte in Schwarz, Weiß, Sepia und Rot
Eine Feldstaffelei
Tusche in Rot, Blau, Gelb und Grün

Pastell

Pastellstifte erhalten Sie abgepackt im Handel, angefangen bei einem Schächtelchen mit den zehn wichtigsten Tönen bis hin zu Riesenschachteln, in denen jede Farbe in allen möglichen Schattierungen vertreten ist. Sie können die Stifte aber auch einzeln kaufen. Beginnen Sie mit Gelb, Rot, Blau, Lichtem Ocker, Brillantgrün, Schwarz und Weiß.

Ausstattung für Fortgeschrittene

Farbige Filzstifte
Ein Federhalter mit verschiedenen Federn von Schmal bis Breit
Weitere Marder- oder Fehhaarpinsel, so daß Sie eine Auswahl von ganz feinen bis zu ganz dicken haben.
Eine Atelierstaffelei
Eine große Auswahl von Pastellstiften

Aquarellmalerei

Ausstattung für den Anfänger

Eine Auswahl von Aquarellfarben, entweder in Tuben oder in Näpfchen in Gelb, Rot, Blau, Lichtem Ocker, Chromoxidgrün feurig, Schwarz und Weiß.
Ein Block Aquarellpapier oder ein paar Bögen Aquarellpapier, die man in der gewünschten Größe zuschneidet.
Marderhaarpinsel in den Größen 3, 5 und 7
Ein 2,5 cm breiter Malerpinsel zum Anlegen großer Flächen
Klebstreifen und Hartfaserplatte zum Befestigen des Aquarellpapiers
Ein weißer Teller als Palette
Ein kleiner Naturschwamm, mehrere Lappen oder eine Rolle Küchenpapier
Eine Feldstaffelei

Ausstattung für Fortgeschrittene

Erweitern Sie Ihre Auswahl an Farben und Pinseln
Probieren Sie einmal besondere Effekte mit Guasch, besonders Weiß, aus.
Verschiedene Papiersorten. Probieren Sie handgeschöpftes Papier, unterschiedliche Körnungen und getöntes Papier aus.

Acrylmalerei

Ausstattung für den Anfänger

Je eine Tube Kadmiumrot, Kobaltblau, Kadmiumgelb, Lichter Ocker, Chromoxidgrün feurig, Schwarz und Weiß.
Langstielige Borstenpinsel Nr. 4, 6 und 8; ein langstieliger Marderhaarpinsel Nr. 4 für die Feinarbeit. Für den Anfang genügt Studienqualität.
Ein weißer Teller als Palette

Ausstattung für Fortgeschrittene

Erweitern Sie Ihre Auswahl an Farben und Pinseln
Acrylfarbe wird zwar meistens mit Wasser verarbeitet, es gibt jedoch auch spezielle Malmittel in Matt oder Glänzend, die Sie ruhig einmal ausprobieren sollten. Versuchen Sie doch auch einmal zu lasieren oder in der Impasto-Technik zu arbeiten.

Ölmalerei

Ausstattung für den Anfänger

Eine Auswahl von Malpappen oder fertig gespannten Leinwänden. Im Handel sind auch Blöcke mit festem Papier für die Ölmalerei erhältlich; sie sind ein guter und preiswerter Malgrund für den Anfänger.
Mit Hartfasergrundierung und einer Hartfaserplatte können Sie natürlich auch Ihren eigenen Malgrund anfertigen.
Langstielige Marderhaarpinsel in den Größen 4 und 7, ein runder Borstenpinsel Nr. 6, ein Fehhaarpinsel von 5 cm Dicke.
Terpentinersatz als Malmittel und Testbenzin zum Auswaschen der Pinsel, je ein Glas.
Tubenfarben in Kadmiumrot, Kadmiumgelb, Ultramarinblau, Titanweiß und Schwarz. Studienfarben sind für den Anfang ausreichend.
Eine Palette. Im Handel erhalten Sie spezielle hölzerne Paletten für die Ölmalerei, aber ein Stück mit weißem Kunststoff beschichtete Hartfaserplatte (mindestens 30 cm × 25 cm) erfüllt ihren Zweck ebensogut. Eine weitere Alternative wäre ein sauber zugeschnittenes Stück Spiegelglas mit weißer Unterlage. Um Verletzungen zu vermeiden, sollten Sie die Kanten gut mit Klebstreifen einfassen.
Papierpaletten sind besonders praktisch für die Arbeit im Freien.
Mehrere Palettstecker
Jede Menge Lappen, Papiertücher und alte Zeitungen; Schachteln für Farben und sonstige Malutensilien
Ein solider Tisch
Eine stabile Feldstaffelei

Ausstattung für Fortgeschrittene

Erweitern Sie Ihre Auswahl an Farben und Pinseln, fügen Sie ein Palettmesser für Impasto-Arbeiten hinzu. Probieren Sie qualitativ bessere Farben aus.
Für die Arbeit im Freien gibt es eine sehr umfangreiche Ausstattung. Überlegen Sie gut, was Sie wirklich brauchen, zum Beispiel eine leichte Staffelei, einen Klappstuhl, einen soliden Malkasten, eine Tragevorrichtung zum Transport der feuchten Leinwand.
Eine stabile Atelierstaffelei. Keilrahmen für Ihre Leinwand können Sie zwar fertig kaufen, billiger ist es allerdings, wenn Sie sie selbst anfertigen. Dazu benötigen Sie eine Gehrungslehre, damit Sie die Leisten im exakten Winkel zuschneiden können, eine Feinsäge, Eckklemmen, mit denen die geleimten Flächen zusammengepreßt werden, bis sie trocken sind, eine kräftige Schere zum Zuschneiden der Leinwand, kleine Polsternägel oder eine Heftmaschine (Tacker), um die Leinwand auf dem Rahmen zu befestigen.
Ein Verkleinerungsglas
Retuschierfirnis und Leinöl
Eine größere Auswahl an texturierter Leinwand und Hartfaserplatten

Glossar

Abstrakte Kunst Kunstrichtung, die nicht versucht, erkennbare Gegenstände zu zeigen, sondern Form, Farbe und Textur als ästhetischen Selbstzweck einsetzt.

Abstrakter Expressionismus Stilrichtung, die sich in den 40er Jahren in New York entwickelte. Abstrakte Formen werden als spontanes Ausdrucksmittel eingesetzt. Zu den klassischen Werken gehören die (nach 1947 entstandenen) »Drip Paintings« von Jackson Pollock, dem Hauptvertreter des Action Painting (Aktionsmalerei), einer Richtung des abstrakten Expressionismus. Bei dieser Drip-Methode wird die Farbe gemäß den spontanen Eingebungen des Künstlers auf die liegende Leinwand gespritzt, geschüttet oder getropft.

Acrylfarbe Vielseitige, rasch auftrocknende Kunstharzfarbe, inzwischen fast so beliebt wie Ölfarbe. Acrylfarbe ist wasserlöslich, kann jedoch auch mit einem speziellen Malmittel verarbeitet werden.

Action Painting (Aktionsmalerei) siehe Abstrakter Expressionismus (von H. Rosenberg geprägte Bezeichnung).

Aquarellfarbe Farbe, deren Pigment mit Gummiarabikum gebunden ist und die zum Malen in Wasser gelöst wird. Man verwendet Aquarellfarben, um transparente Effekte zu erzielen; weiße Reflexe entstehen, wenn das weiße Papier unbemalt bleibt.

Aquatinta Kupferstichverfahren. Durch stufenweises Ätzen werden eher halbtonartige Wirkungen als klare Linien erzielt.

Armory Show (Zeughausschau), erste umfassende Ausstellung moderner europäischer und amerikanischer Kunst, 1913 in New York. Der Name leitet sich vom Ausstellungsgebäude ab. Offizieller Name: International Exhibition of Modern Art.

Ashcan School (Mülltonnenschule), sozialrealistische Schule um die Jahrhundertwende. Die ihr angehörenden amerikanischen Künstler stellten in ihren Bildern vor allem das Slummilieu New Yorks dar.

Ausziehtusche Feste schwarze Tusche, entweder in flüssigem Zustand oder in gepreßtem (Tuschestein) im Handel.

Barbizonschule Französische Malerkolonie im Wald von Fontainebleau um 1840–1870, der die großen Landschaftsmaler des Vorimpressionismus angehörten.

Barock Bezeichnung für den in Europa vom frühen 17. bis zum frühen 18. Jahrhundert herrschenden Stil. Charakteristisch sind das Gefühl für Bewegung und die große Prachtentfaltung. Der Begriff »Barock« wird manchmal ganz allgemein zur Bezeichnung des 17. Jahrhunderts verwandt, zum Beispiel »Zeitalter des Barock«.

Bauhaus Schule für Architektur, bildende Künste und Kunsthandwerk. 1919 von dem Architekten W. Gropius gegründet, 1925 nach Dessau verlegt, 1933 von den Nationalsozialisten geschlossen. Das Bauhausziel, Einheit von Kunst, Handwerk und Technik, hatte großen Einfluß.

Bildebene Ebene, auf der die Räumlichkeit eines Bildes beginnt: tatsächlich die Bildoberfläche. Bei manchen illusionistischen Bildern können Gegenstände scheinbar vor oder hinter der Bildebene liegen.

Blauer Reiter Künstlergemeinschaft »Der Blaue Reiter«. 1912 gegründet und nach einem Bild Kandinskys benannt; der internationalen Avantgarde sehr aufgeschlossen, tendierte zu einem mystisch-spirituellen Unterton. Wichtige Mitglieder waren Kandinsky, Klee, Macke und Marc. Nachdem Macke und Marc im Ersten Weltkrieg gefallen waren, löste sich der »Blaue Reiter« auf.

Bolus Auch Siegelerde, Pfeifenton oder Terra di Siena genannt. Feiner rotbrauner Ton, manchmal zum Grundieren verwendet. Die Grundierung schlägt oft durch, wenn die darauf aufgetragenen Farben abgerieben werden oder ihre Pigmente verblassen.

Brücke Die Künstlergesellschaft »Die Brücke«, einer der ersten Sammelpunkte des Expressionismus, 1905 in Dresden gegründet. Mitglieder waren Kirchner, Schmidt-Rottluff, Heckel, Müller, Pechstein, Nolde – Künstler, deren Bilder von hektischem Rhythmus und grellen Farben bestimmt sind.

Camden Town Group Gruppe englischer Maler, die kurz vor dem Ersten Weltkrieg in dem Londoner Vorort Camden Town lebte und arbeitete. Bekannt wurde sie durch ihre Darstellung städtischen Lebens.

Camera obscura Raum oder Kasten, auf dessen glatte Rückwand mittels einer Linse das Bild des vor der Kamera befindlichen Gegenstandes projiziert wird. Manchmal (zum Beispiel von Canaletto) als Hilfsmittel zur genauen Wiedergabe der Topographie in Landschaftsbildern benutzt.

Chiaroscuro Helldunkelmalerei, Verteilung von Licht und Schatten in einem Gemälde. Der Begriff leitet sich von dem italienischen »helldunkel« ab. Meist angewendet auf Bilder mit starken Kontrasten, zum Beispiel auf die Werke Caravaggios und seiner Schüler.

Chinesische Tusche siehe Ausziehtusche

Cinquecento italienisch für »fünfhundert«, entspricht dem 16. Jahrhundert (1501–1599)

Cloisonnismus Von Émile Bernard entwickelter Malstil. Kräftig farbige Flächen werden mit dunklen Konturen eingefaßt, wie bei der »Cloisonné« genannten Emailtechnik.

Collage Ein aus Papier oder anderen aufgeklebten Materialien zusammengesetzes Bild. Abgeleitet vom französischen »coller« – kleben. Siehe auch Papier collé.

Colour Field Painting Farbfeldmalerei. Stilrichtung in der abstrakten Malerei. Charakteristisch ist der absolute Einsatz der Farbe unter Vermeidung von Raumillusion und die Betonung alles Flächigen. Newman ist ihr Hauptvertreter.

Contéstift Zarter Zeichenstift, nach seinem Erfinder, einem französischen Wissenschaftler des 18. Jahrhunderts, benannt.

Dadaismus 1916 begründete internationale Kunst- und Literaturrichtung, Vorläufer des Surrealismus. Unter dem Eindruck des Ersten Weltkriegs setzten die Künstler voller Zynismus und Bitterkeit das Irrationale und Unzusammenhängende gegen das Bestehende und Überkommene. Das Wort »dada« (= Pferd, in der franz. Kindersprache) war völlig willkürlich aus dem Wörterbuch herausgegriffen und betonte noch einmal die Irrationalität.

Deckfarbe Bezeichnung für jede eher opake als transparente Farbenart, meist für mit Weiß gemischte Aquarellfarbe benützt, Synonym für Guasch.

Diptychon Gemälde auf zwei zusammenhängenden Tafeln (Altarflügeln). Ein Triptychon besteht aus drei Tafeln, ein Polyptychon aus vier oder mehr.

Echte Farben Bezeichnung für Farben, deren Pigmente auch unter Einwirkung von Sonnenlicht nicht verblassen, also lichtecht sind. Vgl. unechte Farben.

Enkaustik Maltechnik bei Wandgemälden, bei der die Pigmentstoffe durch reines Wachs gebunden sind. Die Wachsfarben werden hart oder flüssig aufgetragen und mit einem heißen Eisenspatel o. ä. überarbeitet.

Erdfarben Farben, deren Pigmente aus Metalloxiden gewonnen werden, zum Beispiel Lichter Ocker.

Expressionismus Revolutionäre Kunstrichtung des frühen 20. Jahrhunderts. Die Expressionisten bringen in ihren Werken ihre eigenen Anschauungen und Erlebnisse zum Ausdruck, Verzerrung der natürlichen Formen bis zur Abstraktion oder Karikatur.

Extender Sich neutral verhaltendes, nicht farbtonbestimmendes, verschnittenes Füllmaterial, meist Kreide, zum Strecken von Farbe oder Grundiermasse.

Farbfeldmalerei siehe Colour Field Painting

Farbton Das Attribut einer Farbe, das zum Beispiel Blau von Gelb unterscheidet.

Fauvismus Stilrichtung der Malerei Anfang des 20. Jahrhunderts. Hauptvertreter: Matisse. Die Werke dieser Künstler zeichnen sich durch reine, grelle Farben und dekorative Flächigkeit aus. Beim Pariser Herbstsalon 1905 nannte sie ein erregter Kritiker deswegen »Les Fauves« (= die Wilden)

Fett Bezeichnung für stark ölhaltige Farbe. Mit »mager« bezeichnet man die Malmittel, zum Beispiel Terpentin, verdünnte Farbe.

Figurative Kunst siehe gegenständliche Kunst

Fixativ Firnisart, die als Schutzfilm auf das Gemälde (besonders Pastellzeichnungen) gesprüht wird, um Verschmutzen zu verhindern.

Fluchtpunkt In der Perspektive der Punkt am Horizont, auf den alle parallelen Geraden an einem dargestellten Gegenstand (außer den zur Bildebene parallelen) zuzustreben scheinen.

Freiluftmalerei Bezeichnung für das Malen in freier Natur.

Freskomalerei Malerei auf dem noch feuchten Putz (ital. »a fresso« = auf das Frische), wobei die Farbpigmente mit dem Kalk abbinden und das Gemälde besonders haltbar machen. Der Begriff wird oft fälschlich für jede Art von Wandmalerei verwendet. Leonardo da Vincis berühmtes Werk »Das Abendmahl« zum Beispiel, wird häufig als Fresko bezeichnet, ist jedoch das Ergebnis eines komplizierten Experiments in der Maltechnik, das zum Teil für den außerordentlich schlechten Zustand des Werkes verantwortlich ist.

Futurismus Von Italien ausgehende literarische und künstlerische Bewegung (1909–ca. 1915), die radikale Erneuerung forderte und alle traditionellen Werte ablehnte.

Gegenständliche Kunst Kunst, die im Gegensatz zur abstrakten Kunst erkennbare Objekte darstellt, besonders den menschlichen Körper. Auch figurative Kunst genannt.

Genre In der bildenden Kunst, besonders der Malerei, versteht man unter »Genre« die Darstellung von Szenen des täglichen Lebens.

Gesso Mischung aus Gips und Leim, in Mittelalter und in der Renaissance zur Grundierung verwendet, bildet eine glatte, leuchtendweiße Oberfläche.

Guasch Opake, wasserlösliche Farbe

Granuliertechnik Maltechnik, bei der der Pinsel mit unverdünnter Farbe ohne großen Druck über den Malgrund geführt wird, so daß die Farbe nur an den Erhabenheiten der Körnung haftet; es entsteht ein gebrochener Pinselstrich.

Graphit Kohlenstoffart, zur Herstellung von »Blei«-stiftminen verwendet.

Gravierkunst Allgemeine Bezeichnung für verschiedene Techniken, bei denen feine Linien in Metallflächen, Stein, Holz oder andere Materialien geritzt werden.

Grisaille Gemälde, das in einer einzigen Farbe ausgeführt ist, meist in Grau, Siena oder einem ähnlich neutralen Ton. Der Name leitet sich vom franz. »gris« (=grau) ab.

Grundierleim Leimwasser zur Grundierung von Leinwand oder Holzmalgrund.

Grundierung Eine (oder mehrere) auf Leinwand, Holz oder sonstigem Malgrund aufgetragene Schicht, die einen zum Bemalen geeigneten Untergrund schafft, zum Beispiel den Malgrund glättet oder weniger saugfähig macht. Gesso (Gips und Leim) ist wohl die bekannteste Grundierung.

Gummiarabicum Saft aus der Rinde verschiedener Akazienarten (besonders Gummiakazie), Bindemittel in wasserlöslichen Farben.

Halbtöne Recht ungenaue Bezeichnung für die Töne in einem Bild, die zwischen den hellsten und den dunkelsten Tönen liegen.

Historische Gemälde Gemälde, die Szenen aus der Geschichte, der Mythologie, der Bibel oder aus bedeutenden literarischen Werken zum Thema haben. Bis zum 19. Jahrhundert galt diese Sparte der Malerei als wichtigste Kunstrichtung.

Holzkohle Zum Zeichnen verwendete Holzkohlenstifte aus Reben- oder Weidenholz.

Hudson River School Amerikanische Schule der romantischen Landschaftsmalerei im 19. Jahrhundert. Hauptmotiv war das Tal des Hudson River.

Ikone Kultbild der Ostkirchen, das Bildnis Christi, Mariae, eines Heiligen oder Darstellung einer biblischen Szene.

Illusionismus Darstellungsweise, die durch künstlerische Mittel Räumlichkeit auf einer zweidimensionalen Fläche vortäuscht. Dazu gehört das »trompe l'oeil« (=Augentäuschung), bei dem zum Beispiel eine Fliege so täuschend realistisch auf den Bilderrahmen gemalt wird, daß der Betrachter sie für echt hält.

Impasto Maltechnik, bei der die Farbe dick aufgetragen wird, um eine texturierte Oberfläche zu schaffen.

Impressionismus Stilrichtung der modernen Kunst, entstanden 1860–1870 in Frankreich. Kennzeichnend ist der Wunsch, den subjektiven Eindruck in einem bestimmten Augenblick einzufangen. Der Impressionismus war die wichtigste künstlerische Bewegung im 19. Jahrhundert. Viele spätere Bewegungen haben sich daraus entwickelt oder sind Reaktionen darauf.

Jugendstil Kunststil, der sich von 1980 bis zu Beginn des Ersten Weltkrieges in allen Kunstgattungen durchsetzte. Charakteristisch für diesen »jungen« Stil waren fließende, gewachsene Formen.

Kadmiumfarben Sehr leuchtende, lichtechte Farben, deren Pigmente aus Kadmiumsulphat gewonnen werden.

Kalligraphie Schönschrift, Handschrift, die als Kunst oder Kunsthandwerk betrachtet wird.

Karton Entwurf für ein Gemälde oder einen Wandteppich in natürlicher Größe.

Klassizismus Bezeichnung für die geordnete Harmonie und Strenge im Rückgriff auf die römisch interpretierte griechische Antike. Der Begriff wird sehr unterschiedlich verwendet, kann sich zum Beispiel auf die direkte Kopierung eines klassischen Modells beziehen oder, weiter gefaßt, auf einen Kunststil, dem mehr an der Wahrung traditioneller Werte als an der persönlichen Entfaltung des Künstlers liegt.

Körnung Rauheit der Oberfläche eines Malgrundes.

Komplementärfarben Farbpaare, die im größtmöglichen Kontrast zueinander stehen, zum Beispiel Orange und Blau, Grün und Rot, Violett und Gelb.

Kopal Baumharz, zur Herstellung von Firnis und Malmittel verwendet.

Kubismus Ab 1907 von Picasso und Braque entwickelter Stil in Malerei und Plastik, Meilenstein der europäischen Kunst. Auflösung des Organischen in geometrische Formen, Betonung des Kubischen, Simultandarstellung als Folge der zerlegenden Strukturprinzipien. Der Begriff »Kubismus« wurde zuerst abwertend benutzt; die Bewegung war Wegbereiter der abstrakten Kunst.

Lasur Transparente Farbschicht, die den darunterliegenden Farbton verändert. In der Ölmalerei kann man durch Lasieren ein herrliches Leuchten herausarbeiten, wie z. B. im Werk Jan van Eycks.

Lavierung Dünner, meist großflächiger Auftrag transparenter Farbe, zum Beispiel Aquarell oder Tusche.

Leimfarbe Wasserlösliche Farbe für großflächige Arbeiten. Nicht so lichtecht wie Fresko. Wird zum Beispiel bei der Gestaltung von Bühnenbildern verwendet.

Lokalfarbe »Objektive« Farbe eines Gegenstandes, unabhängig von jeglicher Veränderung durch die Lichtverhältnisse. So mag die Lokalfarbe eines weit entfernt liegenden Hügels grün sein, obwohl er dem Betrachter blau erscheint; siehe Luftperspektive.

Luftperspektive Optischer Eindruck, der durch Dunst in der Atmosphäre entsteht. Dabei erscheint die im Hintergrund liegende Landschaft in Blautönen, die Konturen verschwimmen.

Malgrund Fläche, auf der die Farbe aufgetragen wird. Leinwand, Holztafeln und Wände (Wandmalerei) sind Malgründe; die meisten müssen vor dem Bemalen grundiert werden.

Malmittel Substanz, mit der das Pigment gemischt wird, um ihm die Konsistenz zu geben, die ein Auftragen mit dem Pinsel ermöglicht. Wasser ist Malmittel bei Aquarell-, Eigelb bei Temperafarben.

Manierismus Moderner Stilbegriff für die Zeit von 1520–1600 (früher: Spätrenaissance). Bewußt antiklassischer Stil, Abkehr von der Harmonie und Schönheit der Hochrenaissance, Streckung der Figuren, kalte Farben, Abstraktion.

Mastix Baumharz, zur Herstellung von Firnissen und Malmitteln verwendet.

Minimal art Stilrichtung der abstrakten Kunst, die als Reaktion auf die Emotionalität des abstrakten Expressionismus ausschließlich lapidar einfache geometrische Formen und flache Farben verwendete; auch ABC-Kunst genannt, die Arbeiten bestehen häufig aus Einzelteilen in serieller Reihung.

Modellieren Durch Schraffur oder Tönung wird der Eindruck von Plastizität des Motivs in der Malerei oder in der Zeichnung hervorgerufen.

Monochromie Ausführung eines Bildes oder einer Zeichnung in einer einzigen beliebigen Farbe.

Montagebild Bild, das durch die Zusammenstellung verschiedener fertiger Elemente, zum Beispiel Fotos u. ä., entsteht. Diese Technik wurde von den Kubisten und vielen Pop-art-Künstlern angewandt.

Nachimpressionismus Allgemeine Bezeichnung für verschiedene Trends in der europäischen Malerei zwischen 1880 und 1905. Der Begriff wurde 1910 von dem englischen Kunstkritiker und Maler Roger Fry anläßlich einer Ausstellung von Werken Cézannes, Gauguins und van Goghs, den Hauptvertretern dieser Richtung, geprägt.

Naive Malerei Stilrichtung, deren Vertreter ihr Motiv auf eine naive, kindliche Art darstellen, so wie sie es sehen und empfinden. Die Gemälde wirken auf den ersten Blick wie Kinder- oder Laienbilder.

Naturalismus Objektive, genaue Darstellung eines Gegenstandes oder einer Szene. Oft werden die Begriffe »Naturalismus« und »Realismus« unterschiedslos gebraucht. Die Bezeichnung »Realismus« kann sich jedoch auch auf eine bestimmte Bewegung in der französischen Malerei des 19. Jahrhunderts beziehen, deren Hauptvertreter Courbet war. In diesem Sinne verwendet, steht »Realismus« auch für die Auseinandersetzung mit dem Leben der unteren Bevölkerungsschichten; oft politische Anklänge.

Neoimpressionismus Auch Divisionismus oder Pointillismus genannt. Malweise, bei der die Bildfläche mit kleinen Punkten reiner Komplementärfarben durchgemustert wird, wodurch optische Mischungen entstehen. Hauptvertreter dieser impressionistischen Farb- und Lichtzerlegungsmethode war Seurat.

Neoklassizismus Stil in der europäischen Kunst Ende des 18., Anfang des 19. Jahrhunderts. Charakteristisch sind strenge, klassische Formen und hohe moralische Ideale, eine Reaktion auf das frivole Leben in der

Zeit des Rokoko; zum Teil inspiriert durch die archäologischen Funde jener Zeit, zum Beispiel Pompeji.

Neoplastizismus Stilrichtung in der abstrakten Kunst. Seine Konzeption, vertreten von der Stijl-Gruppe und besonders Mondrian, läßt nur ein aus Vertikalen und Horizontalen bestehendes Ordnungsprinzip sowie die Primärfarben plus Schwarz, Weiß und Grau zu.

Neue Sachlichkeit 1918 in der deutschen Malerei formierte Gegenbewegung zur Abstraktion des Kubismus und den Emotionen des Expressionismus, bemüht um Realismus und Objektivität. Hauptvertreter: Otto Dix und George Grosz.

Nocturne Nachtszene. Whistler war der Hauptvertreter dieses Genres und verwendete den aus der Musik entliehenen Begriff häufig in seinen Bildtiteln.

Novecento Italienisch für »neunhundert«, entspricht dem 20. Jahrhundert.

Objet trouvé Französisch für »Fundsache«. Bezeichnung für jeden beliebigen Gegenstand, den ein Künstler ohne irgendeine Änderung als Kunstobjekt für betrachtens- oder ausstellenswert hält.

Ölfarbe Farbe, deren Pigment mit einem trocknenden Öl, meist dem aus Flachs gewonnenen Leinöl, gemischt ist. Ölfarbe ist äußerst vielseitig, man kann damit porzellanglatt lasieren oder in der Impastotechnik Strukturen schaffen. Am häufigsten benutzte Farbe in der europäischen Malerei seit dem 16. Jahrhundert.

Ocker Bezeichnung für verschiedene Pigmente von Erdfarben, auch allgemein für Erdfarben verwendet.

Op Art Abkürzung für Optical Art, Bezeichnung für eine Stilrichtung der 60er Jahre, die mit optischen Reizeffekten, optischen Täuschungen z. B. den Eindruck von Bewegung hervorruft. Hauptvertreter dieser Kunstrichtung sind Vasarely und Bridget Riley.

Ottocento italienisch für »achthundert«, entspricht 19. Jahrhundert.

Ovalpinsel Flachpinsel mit verjüngter Spitze.

Palette Meist ovales, mit Daumenloch versehenes Mischbrett für Farben. Die Bezeichnung kann auch für die von einem Künstler mit Vorliebe verwandten Farben benutzt werden. So hat zum Beispiel Manet eine helle Palette, Caravaggio eine dunkle.

Papier Collé Französisch für »geklebtes Papier«. Collagetechnik, die von den Kubisten angewandt wurde; dabei werden zurechtgeschnittene Papierstückchen auf einen flachen Untergrund geklebt. Ähnlich wie die Technik »Découpage« (franz. = ausschneiden).

Pastell Farbpulver, mit Gummiarabikum gebunden. Stiftform ähnlich Wachsmalstiften. Pastellfarben nehmen eine Sonderstellung bei den Farben ein, da sie ohne Malmittel auskommen. Das Gummi dient nur als Bindemittel für das Pigment. Die Farbe ist beim Auftrag trocken und muß fixiert werden.

Perspektive Dreidimensionale (räumliche) Darstellung auf zweidimensionaler Fläche.

Pigment Färbender Bestandteil einer Farbe. Das beigemischte Bindemittel ist ausschlaggebend für die Eigenschaften der Farbe. Pigmente werden heute meist chemisch hergestellt, wurden früher aus tierischen, pflanzlichen, mineralischen Stoffen gewonnen.

Pittoreske Ästhetische Einstellung vor allem im 18. Jahrhundert. Begeisterung für unregelmäßige, außergewöhnliche Formen, zum Beispiel Ruinen. Heute ist pittoresk ein Synonym für malerisch.

Plakafarben Recht preiswerte wasserlösliche opake Farbe, eher im Bereich des Design als der Malerei verwandt.

Plastik Modellierter oder in Form gegossener Kunstgegenstand.

Pleinair siehe Freiluftmalerei

Pointillismus Siehe Neoimpressionismus.

Polyptychon Siehe Diptychon.

Pop Art In den 50er Jahren entstandene Kunstrichtung, die vorfabrizierte Gegenstände der Konsumgesellschaft und Werbeannoncen als Motiv wählt. Andy Warhols berühmte Bilder von Suppendosen gehören zu den besten Beispielen für diese Bewegung.

Post-Painterly Abstraction Kunstrichtung in den 50er und 60er Jahren in Amerika, die sich als Reaktion auf die irrationale und extreme Subjektivität der abstrakten Expressionisten formierte. Die Künstler dieser Bewegung schufen wesentlich emotionslosere Bilder (Farbfeldmalerei und Hardedge).

Präraffaelitische Bruderschaft Vereinigung junger englischer Künstler, 1848 gegründet mit dem Ziel, den sittlichen Ernst, die geistige Vertiefung und die Naturnähe der Malerei vor Raffael wiederherzustellen. Obwohl kurzlebig, hatte die Gruppe großen Einfluß auf die Entwicklung des englischen Jugendstils. Zu den Gründungsmitgliedern gehören Millais und Rossetti.

Primärfarben Die Farben, die nicht durch Mischen anderer Farben entstehen können. Blau, Rot, Gelb sind die drei Primärfarben.

Primamalerei Maltechnik, bei der ein Gemälde, ohne Untermalung, in einer Sitzung fertiggestellt wird; die Bezeichnung kommt aus dem italienischen »alla prima« (= aufs erste) und wird meist in der Ölmalerei verwendet.

Punktiermanier Technik zur Tonabstufung bei Zeichnungen und Gemälden, bei der eng nebeneinandergesetzte Punkte – nicht Linien – verwendet werden. Siehe Pointillismus.

Quattrocento Italienisch für »vierhundert«. Bezeichnung für das 15. Jahrhundert.

Radierung Graviertechnik, bei der die Linien in eine dünne Wachsschicht eingeritzt werden, mit der eine Metallplatte überzogen ist. Die Platte wird anschließend in Säure getaucht (Ätzradierung), die das Metall nur an den nicht von Wachs bedeckten Stellen angreift. Nach dem Entfernen der Wachsschicht wird die Platte eingefärbt und kann zum Drucken benutzt werden. Die Drucke heißen auch Radierungen.

Realismus siehe Naturalismus

Renaissance Französisch für Wiedergeburt, Begriff für die Kunst und Kultur im 15. und 16. Jahrhundert in Italien, die Wiedererweckung der Kunstprinzipien der klassischen Antike. Die Epoche begann 1420 in Florenz, viel früher vorbereitet von Künstlern wie Giotto und Cimabue. Der Höhepunkt der Renaissance (1500–1520), mit Künstlern wie Raffael, wird Hochrenaissance genannt und geht über in die Spätrenaissance (Manierismus). Spätere Verbreitung in ganz Europa.

Rötel Rote Kreide, beliebtes Zeichenmaterial.

Rokoko Eleganter Dekorationsstil zu Beginn des 18. Jahrhunderts, aus dem Barock entwickelt; Boucher ist ein hervorragender Künstler des Rokoko.

Romantik Von England ausgehende Strömung Ende des 18., Anfang des 19. Jahrhunderts. Im Gegensatz zu dem herrschenden neoklassizistischen Stil wird in der Romantik der subjektive Eindruck von Emotionen mit einbezogen. Rückwendung zu Mittelalter und Renaissance. Idealisierte Landschaften, dynamische Formen und leuchtende Farben. Vertreter: Blake, Delacroix, Ph. O. Runge, C. D. Friedrich

Sättigungsgrad Pigmentstärke einer Farbe; je nach Verdünnung nimmt der Sättigungsgrad einer Farbe ab. Auch Buntheitsgrad genannt.

Salon des Refusés Ausstellung 1863 in Paris, bei der Bilder gezeigt wurden – darunter Manets »Olympia« –, die vom offiziellen Salon abgelehnt worden waren. Wichtiges Ereignis für die Entwicklung der modernen Kunst.

Schraffur Zeichen- und Graviertechnik, bei der Töne durch nah beieinanderliegende Linien herausgearbeitet werden.

Seicento Italienisch »sechshundert«, Bezeichnung für das 17. Jahrhundert.

Sekundärfarben Die Farben, die aus der Mischung zweier Primärfarben entstehen. Grün (Blau und Gelb), Orange (Gelb und Rot), Violett (Blau und Rot).

Settecento Italienisch für »siebenhundert«, Bezeichnung für das 18. Jahrhundert.

Sfumato Von Leonardo da Vinci entwickelte Malweise in weichen, dunstig verschwommenen Tönen.

Silberstiftzeichnung Zeichentechnik, bei der mit einem Stift mit Silberspitze und besonders präpariertem Papier ganz feine Effekte erzielt werden können. Sehr beliebt während der Renaissance, später wenig gebraucht, wahrscheinlich, da die Linien nicht leicht korrigiert werden können.

Sozialer Realismus Sozial und politisch engagierter Realismus in der Malerei des ausgehenden 19. Jahrhunderts (Käthe Kollwitz). Nicht zu verwechseln mit dem sozialistischen Realismus, Kunst zur klassenkämpferischen, ideologischen Massenbeeinflussung für das sozialistische System.

Staffelei Gestell zur Stützung des Malgrundes während der Bearbeitung. Es gibt Feld- und Studiostaffeleien.

Stijl-Gruppe 1917 in den Niederlanden gegründete Künstlergruppe, Reduktion des Gegenständlichen auf geometrische Formen. Benannt nach der von ihrem Mitbegründer T. van Doesburg herausgegebenen Monatsschrift »De Stijl« (= Stil). Einfluß auf das Bauhaus. Siehe auch Neoplastizismus.

Surrealismus Künstlerische Bewegung in den 20er und 30er Jahren. Man versuchte, das Unbewußte ohne den ordnenden Eingriff des logisch erklärenden Intellekts darzustellen.

Tempera Bis Ende des 15. Jahrhunderts gebrauchte Farbe, die Eigelb als Malmittel verwendet. In der Renaissance von der Ölfarbe abgelöst.

Tenebroso Ital. für »dunkel, düster«. Verwendung ausschließlich dunkler Töne in einem Bild. Der Begriff wird vorwiegend in Zusammenhang mit Caravaggio und seinen Schülern verwendet.

Textur Oberflächenstruktur der Dingwelt. In der bildenden Kunst: Nachahmung dieser Strukturen durch geeignete bildnerische Techniken, zum Beispiel durch Schraffuren.

Ton Begriff, mit dem die Helligkeit und Dunkelheit einer Farbe bezeichnet wird.

Tonwert Die Helligkeit oder Dunkelheit einer Farbe, im Grunde genommen ein Synonym für Ton, auch wenn der Begriff manchmal in nicht eindeutiger Weise verwendet wird.

Trecento Ital. für »dreihundert«, Bezeichnung für 14. Jahrhundert.

Triptychon Siehe Diptychon.

Trompe l'oeil Französisch für Augentäuschung. Vortäuschung realer Gegenständlichkeit mit malerischen Mitteln auf einem Gemälde. Siehe Illusionismus.

Ultramarin Ungiftige, unlösliche leuchtendblaue Farben (mineralisch).

Unechte Farben Bezeichnung für Farben, deren Pigmente verblassen, besonders unter Einwirkung von Sonnenlicht. Sie sind nicht lichtecht. Vergleiche echte Farben.

Vergolden Auftragen von Blattgold auf eine Oberfläche.

Verkürzung Darstellungsart, die einen Gegenstand optisch vor- oder zurücktreten läßt. Eine Art individuell angewandter Perspektive.

Vertreiben Bei dieser Technik wird opake Farbe über eine bereits vorhandene Farbschicht gelegt, um diese zu dämpfen. Die untere Farbschicht schaut hervor.

Wandgemälde Gemälde, das direkt auf den Putz gearbeitet wird. Siehe auch Fresko.

Wolkigkeit Altersbedingte Verfärbung des Firnisses.

Zeughausschau siehe Armory Show.

Zwinge Metallverbindungsstück zwischen Pinselhaaren und Pinselstiel.

Museen und öffentliche Galerien in Deutschland

Aachen (5100): Neue Galerie-Sammlung Ludwig, Kurhausstraße 2 (Kunst der 60er Jahre und aktuelle Kunst)

Aschaffenburg (8750): Staatsgalerie in Schloß Johannisburg in Aschaffenburg, Cranachzentrum

Augsburg (8900): Städt. Kunstsamml., Maximilianstr. 46 (Dt. Barockgal., Graph. Samml., Wechselausstell. mod. Kunst)

Bad Homburg (6380): Galerie in Stadthaus, Marienbader Platz 1

Baden-Baden (7570): Staatliche Kunsthalle Baden-Baden, Lichtentaler Allee 8 a.

Bamberg (8600): Staatsgalerie in der Neuen Residenz, Domplatz 8

Bayreuth (8580): Staatsgalerie im Neuen Schloß Bayreuth, Ludwigstr. 21

Berlin (1000): Akademie der Künste, Hanseatenweg 10

Berlin (1000): Bauhaus-Archiv, Museum für Gestaltung, Klingelhöferstraße 14 (Industriedesign)

Berlin (1000): Berlinische Galerie, Jebenstr. 2, (Modebild, Graphikdesign)

Berlin (1000): Brücke-Museum, Bussardsteig 9

Berlin (1000): Galerie in Fontanehaus, Wilhelmsruher Damm 142 c

Berlin (1000): Gemäldegalerie, Staatliche Museen Preuß. Kulturbesitz, Arnimallee 23/27 (mit Kupferstichkabinett)

Berlin (1000): Kommunale Galerie, Kunstamt Wilmersdorf, Hohenzollerndamm 174–177

Berlin (1000): Nationalgalerie, Staatliche Museen Preuß. Kulturbesitz, Potsdamer Straße 50

Berlin (1000): Neuer Berliner Kunstverein e. V., Kurfürstendamm 58

Berlin (1000): Staatliche Kunsthalle Berlin, Budapester Straße 44–46

Biberach (7950): Galerie in der Unteren Schranne, Marktplatz 17

Bielefeld (4800): Museen der Stadt Bielefeld, Artur-Ladebeck-Straße 5 (Kunst des 20. Jh.)

Bochum (4630): Museum Bochum, Kortumstraße 147

Bonn (5300): Bonner Kunstverein e. V., Adenauerallee 7

Bonn (5300): Städtisches Kunstmuseum, Rathausgasse 7

Bottrop (4250): Quadrat Bottrop, Im Stadtgarten 20 (mod. Galerie)

Braunschweig (3300): Kunstverein, Lessingplatz 12

Bremen (2800): Gemäldesammlung Paula Becker-Modersohn im Paula-Becker-Modersohn-Haus, Böttcherstr. 8–10

Bremen (2800): Kunsthalle Bremen, Am Wall 207 (Kunst d. 19. Jh., Becker-Modersohn, Max Beckmann)

Bremerhaven (2850): Kunsthalle Bremerhaven, Karlsburg 4

Darmstadt (6100): Ausstellungshallen Mathildenhöhe, Städtische Kunstsammlung und Stadtmuseum, Europaplatz 1

Darmstadt (6100): Hessisches Landesmuseum Darmstadt, Friedensplatz 1 (Jugendstilsammlung)

Dortmund (4600): Museum am Ostwall, Ostwall 7 (Kunst d. 20. Jh.)

Dortmund (4600): Museum für Kunst und Kulturgeschichte der Stadt Dortmund, Hansastraße 4

Düsseldorf (4000): Kunstmuseum, Pempelforterstraße 50–52

Düsseldorf (4000): Kunstsammlung Nordrhein-Westfalen, Schloß Jägerhof, Jacobistraße 2

Düsseldorf (4000): Kunstverein für die Rheinlande und Westfalen, Grabbeplatz 4

Düsseldorf (4000): Städtische Kellergalerie, Palais Wittgenstein, Bilker Straße 7

Düsseldorf (4000): Städtische Kunsthalle Düsseldorf, Grabbeplatz 4

Duisburg (4100): Städtische Sammlungen Duisburg-Rheinhausen, Händelstraße 6

Duisburg (4100): Wilhelm-Lehmbruck-Museum der Stadt Duisburg, Düsseldorfer Straße 51 (Kunst des 20. Jh.)

Edenkoben (6732): Schloß Villa Ludwigshöhe mit Max-Slevogt-Galerie

Erlangen (8520): Gemäldesammlung der Universität Erlangen-Nürnberg, Schloßgarten 1

Erlangen (8520): Städtische Galerie, Palais Stutterheim, Marktplatz 1 (mit Graphothek)

Essen (4300): Museum Folkwang, Goethestr. 41 (Graph. Sammlung, internat. Plakatkunst d. 19. und 20. Jh.)

Esslingen (7300): Galerie der Stadt Esslingen am Neckar, Villa Merkel, Pulverwiesen 24

Frankfurt (6000): Frankfurter Kunstverein e. V., Markt 44

Frankfurt (6000): Kommunale Galerie, Brückenstraße 3–7

Frankfurt (6000): Städelsches Kunstinstitut und Städtische Galerie, Schaumainkai 63

Freiburg (7800): Kunstverein Freiburg, Städtische Galerie Schwarzes Kloster, Rathausgasse 48

Göttingen (3400): Kunstsammlung der Universität, Hospitalstraße 10

Göttingen (3400): Städtisches Museum, Ritterplan 7–8

Hamburg (2000): Hamburger Kunsthalle, Glockengießerwall (Malerei ab 14. Jh., Plastik d. 19. und 20. Jh., Kupferstichkab.)

Hamburg (2000): Kunstverein Hamburg, Ferdinandstor 1

Hamburg (2000): Museum für Kunst und Gewerbe, Steintorplatz

Hamburg (2000): Ernst-Barlach-Haus, Baron-Voght-Str. 50A, Jenischpark

Hannover (3000): Kunstmuseum Hannover mit Sammlung Sprengel, Kurt-Schwitters-Platz

Hannover (3000): Kunstverein Hannover, Sophienstraße 2

Hannover (3000): Niedersächsisches Landesmuseum, Am Maschpark 5

Heidelberg (6900): Kurpfälzisches Museum, Hauptstraße 97

Ingolstadt (8070): Kunstverein Ingolstadt e. V., Parkstraße 10

Iserlohn (5860): Die Welle, Kunstgalerie der Stadt Iserlohn, Heilig-Geist-Passage

Kaiserslautern (6750): Pfalzgalerie des Bezirksverbandes, Museumspl. 1 (Impressionisten dt. Im- und Express., Kunst d. 19. u. 20. Jh.)

Karlsruhe (7500): Badischer Kunstverein e. V., Waldstraße 3

Karlsruhe (7500): Staatliche Kunsthalle, Hans-Thoma-Straße 2–6

Karlsruhe (7500): Städtische Kunstsammlungen, Zähringerstraße 96–98

Kassel (3500): documenta archiv für die Kunst des 20. Jh., Ständeplatz 16

Kassel (3500): Neue Galerie, Staatl. u. Städt. Kunstsamml., Schöne Aussicht 1 (Malerei u. Plastik des 19. u. 20. Jh.)

Kiel (2300): Kunsthalle zu Kiel, Düsternbrooker Weg 1–7 (Express., Rohlfs- u. Noldesamml., zeitgenöss. Malerei, Plastik u. Objekte, Graph. Samml., Dürer, Niederländer, Rembrandt)

Köln (5000): Josef-Haubrich-Kunsthalle Köln, Josef-Haubrich-Hof 1 (mit Kölnischem Kunstverein)

Köln (5000): Wallraf-Richartz-Museum, An der Rechtschule

Konstanz (7750): Kunstverein Konstanz e. V., Wessenbergstraße 41

Landau (6740): Städtische Galerie Villa Streccius, Südring 20

Landshut (8300): Staatsgalerie in der Stadtresidenz

Limburg (6250): Städtische Kunstsammlungen, Werner-Senger-Straße 10, ältere und neuzeitliche Kunst, Graph. Sammlung

Lindau (8990): Städtische Kunstsammlungen im Haus Zum Cavazzen, Marktplatz 4, Gemälde und Plastiken des 15.–20. Jh., Graphische Sammlung

Ludwigsburg (7140): Schloß Ludwigsburg, »Höfische Kunst des Barock«

Ludwigshafen (6700): Wilhelm-Hack-Museum, Berliner Straße 23, Gemälde und Plastiken des 20. Jh.

Lübeck (2400): Museum für Kunst und Kulturgeschichte der Hansestadt Lübeck, Düvekenstraße 21

Lübeck (2400): Overbeck-Gesellschaft, Königstraße 11

Mainz (6500): Gutenberg-Museum, Liebfrauenplatz 5

Mainz (6500): Mittelrheinisches Landesmuseum Mainz, Große Bleiche 49–51

Mannheim (6800): Städtisches Reißmuseum, Zeughaus C 5

Mannheim (6800): Städtische Kunsthalle Mannheim, Moltkestraße 9

Marburg (3550): Marburger Universitätsmuseum für bildende Kunst, Ernst-von-Hülsen-Haus, Biegenstraße 11

Maulbronn (7133): Kunstsammlung im Kloster

Moers (4130): Städtische Galerie Peschkenhaus, Meerstraße 1

München (8000): Alte Pinakothek, Barerstraße 27

München (8000): Staatsgalerie moderner Kunst, Prinzregentenstr. 1

München (8000): Staatsgalerie im Neuen Schloß Schleißheim bei München.

München (8000): Haus der Kunst, Prinzregentenstraße 1

München (8000): Museum Villa Stuck, Prinzregentenstraße 60

München (8000): Die Neue Sammlung, Staatliches Museum für angewandte Kunst, Prinzregentenstraße 3

München (8000): Staatliche Graphische Sammlung, Meiserstraße 10

München (8000): Städtische Galerie im Lenbachhaus, Luisenstraße 33

Münster (4400): Westfälischer Kunstverein, Domplatz 10

Münster (4400): Westfälisches Landesmuseum für Kunst und Kulturgeschichte, Domplatz 10 (Kunst und Geschichte vom Barock bis zur Gegenwart)

Neu-Ulm (7910): Edwin-Scharff-Museum, Silcherstraße 40 (Skulpturen, Malerei, Zeichnungen, Graphik)

Neuss (4040): Clemens-Sels-Museum, Am Obertor (Kunst des späten Mittelalters bis zum Barock, Nazarener, Präraffaeliten und Symbolisten, Naive Kunst)

Nürnberg (8500): Germanisches Nationalmuseum, Kräutergasse 1

Nürnberg (8500): Kunsthalle Nürnberg, Lorenzstraße 32

Nürnberg (8500): Städtische Graphische Sammlung, Karolinenstr. 44 (Nürnberger Künstler vom 16.–20. Jh.)

Offenburg (7600): Städtische Galerie im Spitalspeicher, Steinstraße 2

Oldenburg (2900): Landesmuseum für Kunst und Kulturgeschichte, Schloß, Schloßplatz 1

Oldenburg (2900): Oldenburger Kunstverein, Elisabethstr. 1 a

Oldenburg (2900): Oldenburger Stadtmuseum, Neue Galerie, Raiffeisenstr. (Malerei u. Plastik d. Oldenb. 20. Jh.)

Oldenburg (2900): Oldenburger Stadtmuseum – Städtische Kunstsammlungen –, Raiffeisenstraße 32–33

Prien (8210): Gemäldeausstellung Frauenchiemsee-Frauenwörth

Ravensburg (7980): Galerie Döbele, Marktstr. 59

Regensburg (8400): Museen der Stadt Regensburg, Dachauplatz 2–4, Kunst und Kunsthandwerk des 20. Jh., Graphische Sammlung

Regensburg (8400): Ostdeutsche Galerie Regensburg, Dr.-J.-Maier-Straße 5

Regensburg (8400): Städtische Galerie im Leeren Beutel, Bertoldstraße 9

Rothenburg (8830): Kunstausstellung des Rothenburger Künstlerbundes e. V., Marktplatz 9

Rothenburg (8830): Reichsstadtmuseum im Dominikanerkloster, Klosterhof 5

Rottweil (7210): Kunstsammlung Lorenzkapelle Rottweil, Lorenzgasse 7

Saarbrücken (6600): Moderne Galerie, Bismarckstraße 11–15

Saarbrücken (6600): Alte Sammlung, Karlstraße

St. Ingbert (6670): Kulturhaus der Stadt Ingbert, ständige »Albert-Weisgerber«-Ausstellung, Annastraße 30

Schwäbisch Gmünd (7070): Städtisches Museum, Johannisplatz 3

Schwäbisch Hall (7170): Städtische Galerie am Markt, Am Markt

Seebüll bei Niebüll (2268): Nolde-Museum, Querschnitt durch das Gesamtwerk

Siegen (5900): Städtische Galerie Haus Seel, Kornmarkt 20

Stuttgart (7000): Design Center des Landesgewerbeamtes Baden-Württemberg, Kanzleistraße 19

Stuttgart (7000): Galerie der Stadt Stuttgart, Schloßplatz 2 (Malerei des 19. und 20. Jh. in Baden-Württemberg, Zeichnungen und Druckgraphik)

Stuttgart (7000): Staatsgalerie Stuttgart, Konrad-Adenauer-Str. 32 (Altdt. Malerei 14.–16. Jh., Ital. Malerei 14.–18. Jh., Niederl. Malerei 15.–17. Jh., Schwäb. Klassizismus, Europ. Malerei d. 19. u. 20. Jh., Amerik. Malerei d. Gegenwart, Plastik des 20. Jh.)

Tübingen (7400): Graphisches Kabinett am Kunsthistorischen Institut, Bursagasse 1

Tübingen (7400): Kunsthalle Tübingen, Philosophenweg 76

Tuttlingen (7200): Städtische Galerie, Rathausstraße 7

Ulm (7900): Ulmer Museum, Sammlungen für Kunst und Kulturgeschichte, Neue Straße 92–96

Villingen-Schwenningen (7730): Städtische Galerie, Postf. 1260

Wasserburg (8090): Imaginäres Museum, Sammlung Günter Dietz, Rathaus

Wiesbaden (6200): Museum Wiesbaden, Friedrich-Ebert-Allee 2

Wolfsburg (3180): Städtische Galerie Wolfsburg, Schloß

Wolfsburg (3180): Wolfsburger Kunstverein e. V., Schloß

Worms (6520): Museum der Stadt Worms und Städtische Gemäldegalerie, Weckerlingplatz 7

Worpswede (2862): Große Kunstschau, Lindenallee

Worpswede (2862): Haus im Schluh, Heinrich-Vogeler-Sammlung und Worpsweder Archiv, Im Schluh

Würzburg (8700): Mainfränkisches Museum, Festung Marienberg, Gemälde, Plastik, Meisterwerke Tilman Riemenschneiders

Würzburg (8700): Staatsgalerie im Nordflügel der Residenz, Residenzplatz 2

Würzburg (8700): Städtische Galerie, Hofstraße 3

Wuppertal (5600): Röderhaus Privatmuseum, Sedanstraße 68–68 a

Internationale Museen und öffentliche Galerien

Adelaide, Australien: Art Gallery of South Australia
Amsterdam, Niederlande: Reichsmuseum
Antwerpen, Belgien: Museum der schönen Künste
Athen, Griechenland: Museum Benaki
Auckland, Neuseeland: City Art Gallery
Baltimore, USA: Walters Art Gallery
Barcelona, Spanien: Museum für Katalanische Kunst
Berlin, DDR: Staatliche Kunstsammlungen
Bilbao, Spanien: Museo de Bellas Artes
Boston, USA: Museum of Fine Arts
Brüssel, Belgien: Palais des Beaux Arts
Cambridge Mass., USA: William Hays Fogg Museum
Cambridge, England: Fitzwilliam Museum
Chicago, USA: Art Institute
Detroit, USA: Institute of Arts
Dresden, DDR: Staatliche Kunstsammlungen
Dublin, Irland (Eire): Nationalmuseum
Edinburgh, Schottland Königlich Schottische Akademie
Florenz, Italien: Uffizien
Den Haag, Niederlande: Gemeente Museum
Haifa, Israel: Städtisches Museum
Jerusalem, Israel: Archäologisches Museum
Kapstadt, Südafrika: Nationalgalerie Südafrikas
Kopenhagen, Dänemark: Kunstindustriemuseum
Kyoto, Japan: Nationalmuseum
Leningrad, UdSSR: Eremitage
Livingstone, Sambia: Livingstone Museum
Lüttich, Belgien: Museum der schönen Künste
Madrid, Spanien: Prado
Mailand, Italien: Galleria d'Arte Moderna, Palazzo di Brera
Melbourne, Australien: National Art Gallery
Montreal, Kanada: Museum der schönen Künste
Moskau, UdSSR: Kremlpalast; Puschkin-Museum für bildende Kunst
Neu-Delhi, Indien: Nationalmuseum
New Orleans, USA: Museum of Art
Newport, Wales: Newportmuseum
New York, USA: Metropolitan Museum of Art; Museum of Modern Art, Solomon Guggenheim Museum
Oslo, Norwegen: Nationalgalerie
Ottawa, Kanada: National Gallery of Canada
Paris, Frankreich: Orangerie; Louvre; Museum für Innenarchitektur; Petit Palais; Centre Pompidou
Philadelphia, USA: Museum of Art
Posen, Polen: Historisches Museum
Prag, Tschechoslowakei: Nationalgalerie
Rom, Italien: Villa Borghese
Rotterdam, Niederlande: Museum Boymans van Beuningen
San Diego, USA: Fine Arts Gallery
São Paulo, Brasilien: Museu Paulista
Sydney, Australien: Art Gallery of New South Wales
Tokio, Japan: Nationalmuseum fernöstlicher Kunst; Nationalmuseum der Kunst der westlichen Welt
Toronto, Kanada: Art Gallery of Ontario
Venedig, Italien: Peggy-Guggenheim-Stiftung; Galerie »Accadèmia«
Warschau, Polen: Nationalmuseum
Washington D.C., USA: National Gallery of Art
Wien, Österreich: Galerie in der Akademie der bildenden Künste. Albertina

Hochschulen und Akademien der Künste

Berlin: Ernst-Reuter-Platz 10
Braunschweig: Broitzemer Straße 230
Düsseldorf: Eiskellerstraße 1
Frankfurt: Dürerstraße 10
Hamburg: Lerchenfeld 2
Karlsruhe: Reinhold-Frank-Straße 81
München: Akademiestraße 2
Nürnberg: Bingerstraße 60
Offenbach: Schloßstraße 31
Stuttgart: Am Weißenhof 1

Fachhochschulen

Aachen: Kurbrunnenstraße 22
Augsburg: Baumgärtnerstraße 16
Bielefeld: Kurt-Schumacher-Straße 6
Bremen: Am Wandrahm 23
Darmstadt: Schöfferstraße 1
Dortmund: Emil-Figge-Straße 50
Düsseldorf: Strümpellstraße 4
Hamburg: Winterhuder Weg 29
Hannover: Richlinger Stadtweg 118
Kiel: Westring 385
Köln: Reitweg 1
Mannheim: E 3, 16
München: Lothstraße 34
Münster: Corrensstraße 25
Pforzheim: Holzgartenstraße 36
Schwäbisch Gmünd: Rektor-Klaus-Straße 100

Vereinigungen und Verbände

Arbeitsgemeinschaft bildender Künstler am Mittelrhein e.V., Münzplatz 5–7, 5400 Koblenz

Arbeitsgemeinschaft bildender Künstler e.V., Binger Straße 53, 5404 Bad Salzig

Art Club und Kunstforum, Schwarzwaldstraße 30, 7800 Freiburg

Berliner Künstler Bund e.V., Wassertorstraße 11, 1000 Berlin 61

Berufsverband bildender Künstler: Berlin e.V., Giesebrechtstraße 11, 1000 Berlin 12

Bezirksverband Südbaden, Metzgerau 4, 7800 Freiburg

Frankfurt/Main e.V., Barckhausstraße 1–3, 6000 Frankfurt 1

Hamburg e.V., Ferdinandstor 1, 2000 Hamburg 1

München e.V., Maximilianstraße 42, 8000 München 22

Niederbayern-Oberpfalz, Ludwigstraße 6, 8400 Regensburg

NRW Bezirksverband Köln e.V., Hahnentorburg am Rudolfplatz, 5000 Köln 1

Ober- und Unterfranken-Gruppe Oberfranken e.V., Hoffmannsklause, 8600 Bamberg-Bug

Schwaben-Süd e.V., Uhlandweg 37, 7988 Wangen

Bochumer Künstlerbund e.V., Königsallee 178, 4630 Bochum

Bund Bildender Künstler für Niedersachsen-Landesgruppe Braunschweig, Narzissenweg 8, 3300 Braunschweig-Querum

Bund Bildender Künstlerinnen Württemberg e.V., Eugenstraße 17, 7000 Stuttgart 1

Bundesverband Bildender Künstler e.V., Bernauerstraße 31, 5300 Bonn

Bundesverband Bildender Künstler, Landesverband Hessen e.V., Brasselsbergerstraße 26, 3500 Kassel-Wilhelmshöhe

Bundesverband Bildender Künstler, Sektion Frankfurt/Main, Seckbäker Gasse 4, 6000 Frankfurt/Main 1

Deutscher Künstlerbund e.V., Kurfürstendamm 65, 1000 Berlin 15

Deutscher Werkbund e.V., Alexandraweg 26, 6100 Darmstadt

Deutscher Werkbund e.V. (Landesgruppe NRW), Rosenstraße 19, 4000 Düsseldorf 30

Deutscher Werkbund e.V. (Landesverband Berlin), Hardenbergstraße 9, 1000 Berlin 12

Fabrik K 19 e.V., Klausener Platz 19, 1000 Berlin 19

Forum bildender Künstler, Alfredistraße 2, 4300 Essen

GEDOK, Verband der Gemeinschaften der Künstlerinnen und Kunstfreunde e.V., Kronprinzenstraße 20, 5300 Bonn

Gruppe Kontakt-Kunst Hildesheim, Bischofsmühle, 3200 Hildesheim

Der Kreis, Hammerwerkstraße 16, 8501 Schwarzenbruck

Künstler-Verein Malkasten, Jacobistr. 6, 4000 Düsseldorf

Künstlerbund Tübingen e.V., Brucknerweg 9, 7400 Tübingen

Landesberufsverband Bildender Künstler Rheinland-Pfalz, Messehaus, 6780 Pirmasens

Landesberufsverband des Saarlandes e.V., Richard-Wagner-Straße 81, 6600 Saarbrücken

Neue Münchner Künstlergenossenschaft e.V., Prinzregentenstraße 1, Haus der Kunst, 8000 München

Pfälzer Künstlergenossenschaft e.V., Kreuztorstraße 6, 6720 Speyer

Verband Bildender Künstler Württembergs e.V., Eugenstraße 17, 7000 Stuttgart 1

Auch die Abendakademien und Volkshochschulen bieten Mal- und Zeichenkurse an. Die Adressen finden Sie im Örtlichen Fernsprechverzeichnis.

Literatur

Die folgende Übersicht nennt vor allem solche Bücher, die nützliche Hinweise zur Maltechnik vermitteln. Bücher zur Kunstgeschichte und über die Stilepochen sowie Künstlermonographien sind hier nicht aufgenommen worden.

Allen/Holden: Malen als Hobby, Verlag F. Englisch
Baessler: Grundkurs Federzeichnen, Otto Maier Verlag
Blake: Zeichnen
– mit den Teilen Grundkurs Zeichnen, Landschaften zeichnen, Aktzeichnen mit Bleistift, Kreide und Kohle, Porträtzeichnen mit Bleistift, Kreide und Kohle – die auch einzeln als broschierte Bände aufgelegt sind; Otto Maier Verlag
Blake: Aquarellmalerei
– mit den Teilen Grundkurs Aquarellmalerei, Landschaften in Aquarell und Landschaften am Wasser, in Aquarell gemalt – die auch einzeln als broschierte Bände aufgelegt sind; Otto Maier Verlag
Blake: Ölmalerei
– mit den Teilen Grundkurs Ölmalerei, Landschaften in Öl und Wasserlandschaften in Öl – die auch einzeln als broschierte Bände aufgelegt sind; Otto Maier Verlag
Blake: Kinderporträts in Öl, Otto Maier Verlag
Blake: Porträts in Öl, Otto Maier Verlag
Blake: Grundkurs Acrylmalerei, Otto Maier Verlag
Blake: Farbe in der Aquarellmalerei, Otto Maier Verlag
Blake: Farbe in der Ölmalerei, Otto Maier Verlag
Bro: Zeichnen lernen, DuMont-Buchverlag
Camp: Zeichnen lernen, Otto Maier Verlag
Cherepov: Malen mit Ölfarben, Hörnemann-Verlag
Doerner: Malmaterial und seine Verwendung im Bilde, Enke-Verlag
Dunkelberg: Aktzeichnen, Bauverlag
Edwards: Garantiert zeichnen lernen, Rowohlt-Verlag
Gordon: Porträt zeichnen, Bauverlag
Guptill: Mit Wasserfarben malen, Bauverlag
Handell/Trainor: Ölmalerei, Bauverlag
Hayes: Zeichnen und Malen, Otto Maier Verlag
Heuser: Freihändig zeichnen und skizzieren, Bauverlag
Hickethier: Einmaleins der Farbe, Otto Maier Verlag
Itten: Kunst der Farbe, Otto Maier Verlag
Jaxtheimer: Knaurs großes Zeichenbuch, Droemer-Knaur
Jaxtheimer: Knaurs Mal- und Zeichenbuch, Droemer-Knaur
Jaxtheimer: Malen, Südwest-Verlag
Kaiser: Das große Ravensburger Buch für Hobbymaler, Otto Maier Verlag
Kaiser: Grundkurs Blumen malen, Otto Maier Verlag
Kaiser: Malen und zeichnen nach Fotos, Otto Maier Verlag
Kocher: Sehen – Zeichnen – Erkennen, Hallwag Verlag
Köhler: Zeichnen lernen, Enke-Verlag
Leber: Aquarellieren lernen, DuMont-Buchverlag
Lüdtke: Malen – Zeichnen – Gestalten, Schuler-Verlag
Meilhauer: Grundkurs farbiges Zeichnen, Otto Maier Verlag
Musch: Praktische Hinweise für das Atelier des Ölmalers, Otto Maier Verlag
Pike: Malen mit Wasserfarben, Hörnemann-Verlag
Salzmann: Grundkurs Pastellmalerei, Otto Maier Verlag
Schmidt: Lehre der Perspektive, Bauverlag
Steinbach/Wendler: Tiere zeichnen, Hörnemann-Verlag
Vietinghoff: DuMont's Handbuch zur Technik der Malerei, DuMont-Buchverlag
Wehlte: Werkstoffe und Techniken der Malerei, Otto Maier Verlag
Wilcox: Das praktische Mischbuch für Aquarellfarben, Otto Maier Verlag
Wilcox: Das praktische Mischbuch für Ölfarben, Otto Maier Verlag
Wilcox: Die praktische Farbenlehre für den Aquarellmaler, Otto Maier Verlag
Wilcox: Die praktische Farbenlehre für den Ölmaler, Otto Maier Verlag

Stichwortregister

A

Abstrakte Kunst 503
Abstrakter Expressionismus 503
Abtönung 13
Acrylfarbe 63, 502, 503
Action Painting 503
alla prima 108
Anatomische Zeichnungen 424
Angelico, Fra 497
Aquarelle 92
Aquarellfarben 62, 284, 503, 512
Aquarellpinsel 60
Aquarellskizzen 268
Aquatinta 503
Arbeitslicht 100
Arbeitsplatz 100
Armory Show 503
Ashcan-Schule 503
Atelierstaffelei 24
Audubon, John-James 497
Aufgehellte Farbe 13
Ausrüstung 259
Ausschnittsucher 74
Auswaschen 71
Ausziehtusche 503

B

Bacon, Francis 497
Barbizonschule 503
Barock 503
Bauer 53
Bauhaus 503
Beardsley, Aubrey 178, 219, 497
Beckmann, Max 178, 497
Bellini, Giovanni 96, 458
Bernard, Émile 497
Bewegungsstudien 433
Bildebene 36, 503
Bildgründe 112
Bildträger 102, 103
Blake, Peter 219, 497
Blake, William 497
Blauer Reiter 503
Bleistift 32
Blickwinkel 302
Blumenbild 82
Blumenmalerei 139
Bolus 503
Bonington, Richard 57
Bonnard, Pierre 95, 218, 419, 497
Boote 384, 398
Bosch, Hieronymus 497
Botticelli, Sandro 497
Boudin, Eugène 94, 138, 298, 299, 378, 497
Bouts, Dieric 95
Braque, Georges 138, 497
Bratby, John 178
Brücke 503
Bruegel der Ältere 299, 497
Buffet, Bernard 497
Burne-Jones, Edward 418

C

Camera obscura 503
Camden Town Group 503
Canaletto 378, 497
Caravaggio, Michelangelo Merisi da 338
Cézanne, Paul 97, 138, 497
Chardin, Siméon 20, 96, 138, 497
Chiaroscuro 503
Cimabue 417, 497
Cinquecento 503
Cloisonnismus 503
Collage 503
Colour Field Painting 503
Constable, John 56, 95, 97, 296, 299, 497
Contékreide 44, 47, 186, 503
Copley, John Singleton 459
Corot, Jean Baptiste Camille 97, 299, 497
Cotman, John Sell 57, 299, 378, 497
Courbet, Gustave 299, 497
Cozens, John Robert 57, 497
Crome, John 57, 299, 497
Cuyp, Aelbert 378

D

Dadaismus 503
Dali, Salvador 497
David, Jacques Louis 97, 418, 459, 497
Davis, Stuart 497
Deckfarbe 63, 503
Degas, Edgar 20, 52, 132, 219, 419, 459, 497
Delacroix, Eugène 97, 497
Diptychon 503
Doughty, Thomas 378
Duchamp, Marcel 419
Dürer, Albrecht 52, 56, 138, 298, 498
Dufy, Raoul 379
Dyck, Anthonis van 56, 96, 458, 498

E

Eakins, Thomas 459, 498
Echte Farben 503
Enkaustik 503
Erdfarben 128, 503
Expressionismus 503
Extender 503
Eyck, Jan van 95, 457, 498

F

Farbe 13
Farbenkreis 13, 98
Farbstich 13
Farbton 13, 503
Farbe und Licht 126
Fauvismus 503
Fehhaarpinsel 60
Feldstaffelei 24, 283
Fett 503
Figurative Kunst 503
Figurenmalerei 417
Fixativ 22, 23, 503
Flämische Maler 95
Fluchtlinien 37
Fluchtpunkt 36, 503
Fotografien 48
Fragonard, Jean Honoré 459, 498
Francesca, Piero della 498
Freiluftmalerei 503
Freskomalerei 503
Freskotechnik 55
Freud, Lucien 459
Froschperspektive 37
Fry, Roger 498
Fünf-Minuten-Studien 316
Futurismus 504

G

Gainsborough, Thomas 56, 299, 459, 498
Gassetta, Stefano 217
Gauguin, Paul 97, 498
Gebäude 310
Gegenständliche Kunst 504
Genre 504
Gesso 504
Getrübte Farbe 13
Giacometti, Paul 498
Giorgione 299, 498
Giotto di Bondone 498
Giovane, Palma 96
Girtin, Thomas 57, 498
Gogh, Vincent van 95, 178, 498
Goldener Schnitt 430
Goya, Francisco de 95, 459, 498
Grant, Duncan 498
Granuliertechnik 504
Graphit 504
Gravierkunst 504
Greco, El 418, 458, 498
Grisaille 504
Größenordnung 222
Größenverhältnis 362
Grundfarben 14
Grundieren 105
Grundierleim 504
Grundierung 504
Gummiarabicum 504
Guaschfarbe 55, 63, 504

H

Hadernpapier 64
Hafenszenen 406
Halbtöne 504
Hals, Frans 498
Hassam, Childe 419
Herman, Joseph 419
Hilliard, Nicholas 458
Himmel 312
Hintergründe 78
Hobbema, Meindert 299, 498
Hockney, David 21, 219, 379, 498
Hogarth, William 96, 339, 498
Hokusai 377
Holbein, Hans, der Jüngere 96, 458, 498
Holzkohle 22, 32, 504
Homer, Winslow 299, 378, 498
Hooch, Pieter de 177, 498
Hopper, Edward 178, 339, 419, 498
Horizontlinie 37
Hudson River School 378, 504
Hunt, William Henry 218, 339
Huysum, Jan van 138
Hyperrealisten 178

I

Ikone 504
Illuministen 177, 298, 377
Illusionismus 504
Impasto 96, 110, 504
Impressionismus 504
Impressionisten 97, 138
Ingres, Jean Auguste Dominique 97, 418, 459, 498
Innenräume 177

J

Janssen, Horst 21
John, August 459, 499
Johnson, Jonathan Eastman 218
Jugendstil 504

K

Kadmiumfarben 504
Kalligrafie 504
kalte Farben 13
Kamelhaarpinsel 60
Kandinsky, Wassily 499
Karton 504
Kelly, Ellsworth 499
Kent, Rockwell 419
Klammern 22
Klassizismus 504
Koch, Janos 419
Köpfe zeichnen 438
Körnung 504
Kokoschka, Oskar 498
Komplementärfarben 504
Komposition 72, 120, 181, 304, 306, 307
Kompositionsskizzen 72
Kopal 504
Kreiden 22
Kubismus 504
Künstlerölfarben 78, 106

L

Landschaftsmalerei 297
Landschaftsstrukturen 309
Lasuren 55, 504
Lavierung 70, 78, 272, 504
Léger, Fernand 499
Leimfarbe 504
Leimlösung 105
Leinöl 107
Leonardo da Vinci 20, 96, 418, 458, 499
Leuchtkraft 13
Lever, Haley 58, 59
Licht 248, 373
Lichteinfall 276
Lippi, Fra Filippo 499
Lokalfarbe 504
Lorrain, Claude 96, 299, 499
Louis, Morris 499

Lowry, Lawrence Stephen 339, 499
Luftperspektive 504
Lumpenpapier 64

M

Magritte, René 499
Mallord, Joseph 97
Malfarben 62
Malmaterial 60
Malmittel 107, 504
Malgrund 504
Manet, Édouard 499
Manierismus 504
Mantegna, Andrea 96, 458, 499
Marderhaarpinsel 60, 101
Masaccio 96
Maßgitter 32, 354
Mastix 504
Matisse, Henri 21, 138, 219, 499
McCubbin, Frederick 499
Michelangelo Buonarotti 499
Millais, John Everett 499
Millet, François 97, 499
Miniaturfarbkästen 62
Minimal Art 504
Minton, John 52, 354, 339
Miró, Joan 21, 418, 499
Mischtechniken 315
Mischübung 13
Modellieren 504
Modigliani, Amedeo 419, 499
Mohnöl 107
Mondrian, Piet 339, 499
Monet, Claude 97, 138, 256, 299, 378, 499
Monochrome Skizzen 270
Monochromie 504
Montagebild 504
Munch, Edvard 499
Murillo 458, 459

N

Nachimpressionismus 504
Näpfchen für Aquarellfarben 62
Naive Malerei 504
Nash, Paul 219, 299, 499
Naß-in-Naß-Technik 82
Naturalismus 504
Naturhaarpinsel 60
Neoimpressionismus 505
Neoklassizismus 505
Neoplastizismus 505
Neue Sachlichkeit 505
Nicholson, Ben 95, 499
Nocturne 505
Nolan, Sidney 299, 499
Noland, Kenneth 499
Novecento 505
Nylonpinsel 60, 101

O

Objet trouvé 505
Ocker 505
Ölfarben 95, 106, 502
Ölmalerei 94
Ölmalkreiden 22
O'Keefe, Georgia 500
Op Art 505
Ottocento 505
Ovalpinsel 505

P

Palette 23, 505
Palettmesser 100
Palmer, Samuel 95, 500
Papier 26, 64
Papier aufziehen 65
Papier Collé 505
Papier, getönt 65
Parallelperspektive 37
Parmigianino, Francesco 500
Pastellfarben 22, 30, 280, 502, 505
Pastellzeichnung 34
Patinir, Joachim 299, 500
Perroneau, Jean Baptiste 20, 500
Perspektive 16, 36, 39, 75, 122, 182, 302, 352, 505
Pflanzen zeichnen 50, 161
Picasso, Pablo 21, 138, 500
Pigmente 505
Pinsel 60, 101
Pinselbehälter 61
Piper, John 299, 500
Piranesi, Giovanni Battista 338
Pissarro, Camille 97, 339, 500
Pittoreske 505
Plakattempera, Plakafarbe 63, 505
Plastik 505
Plein air 505
Pointillismus 505
Pollock, Jackson 500
Pop Art 219, 505
Porträts 457
Post-Painterly Abstraction 505
Poussin, Nicolas 96, 299, 500
Präraffaeliten 418, 505
Primärfarben 13, 14, 505
Primamalerei 505
Punktiermanier 505

Q

Quattrocento 505

R

Radierung 505
Raffael 96, 500
Raumausschnitt 188
Realismus 505
Redon, Odilon 20, 500
Reinhardt, Ad 500
Rembrandt van Rijn 52, 96, 378, 418, 459, 500
Renaissance 505
Renoir, Pierre Auguste 459, 500
Retuschierfirnis 107
Reynolds, Sir Joshua 500
Richards, Ceri 54
Rivers, Larry 500
Roberts, Tom 500
Rötel 505
Rokoko 505
Romantik 505
Rosetti, Dante Gabriel 418, 500
Rothko, Mark 500
Rousseau, Théodore 97, 339
Rubens, Peter Paul 56, 96, 137, 299, 418, 500

S

Sättigungsgrad 505
Salon des Refusés 505
Sandby, Paul 57, 500
Sargent, John Singer 500
Schiele, Egon 419, 500
Schraffur 505
Schreibtuschen 23
Schweineborstenpinsel 60, 101
Seestücke 317
Sehvorgang 11
Seicento 505
Sekundärfarben 13, 14, 505
Selbstbildnis 254
Settecento 505
Seurat, Georges 500
Sfumato 505
Shan, Ben 501
Sickert, Walter Richard 510
Signac, Paul 501
Silberstiftzeichnung 505
Skizzenbuch 300, 402
Snow 57
Sozialer Realismus 505
Stadt-Landschaften 290, 337, 340
Stael, Nicolas de 501
Staffelei 24, 505
Stella, Frank 21, 501
Stijl-Gruppe 506
Stillebenmalerei 137
Strandszene 394
Streeton, Sir Arthur 299, 501
Stuart, Gilbert 459
Studienölfarben 78, 106
Stuhlstudie 194
Suchrahmen 74
Sung-Dynastie 298
Surrealismus 506
Sutherland, Graham 501

T

Temperafarbe 55, 506
Tenebroso 506
Tertiärfarben 15
Textur 26, 184, 506
Tiefe 204, 210, 224
Tilson, Michael 59
Tintoretto, Jacopo 501
Tizian 96, 458, 501
Tonabstufung 82
Ton 506
Tonwert 13, 16, 28, 44, 76, 86, 124, 506
Tonwert-Variationen 230
Torone 76
Toulouse-Lautrec, Henri de 459, 501
Trecento 506
Trockenpinseltechnik 318
Trompe l'oeil 506
Tuben für Aquarellfarben 62
Turner, Joseph Mallord William 57, 97, 299, 378, 501
Tusche 33, 313
Tuschelavierung 44

U

Ucello, Paolo 96, 501
Ultramarin 506
Unechte Farben 506
Unterscheidungsvermögen 12
Utrillo, Maurice 339, 501

V

Vasarely, Victor 501
Venezianische Maler 96
Velazquez, Diego Rodriquez de Silva 418, 458, 501
Verdünnung 107
Vergolden 506
Verkürzung 506
Vermeer, Jan 177, 217, 378, 501
Veronese, Paolo 97, 501
Vertreiben 506
Vlaminck, Maurice de 219, 501
Vogelperspektive 37
Vorzeichnung 116
Vuillard, Edouard 56, 136, 501

W

Wachsmalkreiden 22
Wahrnehmung 11, 12, 28
Wandmalerei 55, 506
Warhol, Andy 501
Warme Farben 13
Warner 21
Wasserfall 388
Wasserfarben 55, 58
Wasserlandschaften 377
Wasserspiegelung 375, 386, 414
Watteau, Jean Antoine 501
Wellenformen 390
Wetterstudien 292
Weyden, Roger van der 95
Wilson, Richard 501
Wolkigkeit 506

Z

Zeichenbrett 22
Zeichenfedern 19
Zeichenkohle 32, 47
Zeichenmaterial 22, 502
Zeichenpapiere 26
Zeichenstift 20, 23
Zeichentuschen 23
Zeichnen 19
Zeichnungen 52
Zeichnung, Entwicklung der 20
Zentralperspektive 37
Zeughausschau 506